사전없이 속전속결

개정판

일본어
한자읽기

이동훈 편저

3법칙

다락원

사전없이 속전속결

일본어 한자읽기 3법칙

지은이 이동훈
펴낸이 정규도
펴낸곳 (주)다락원

초판 1쇄 발행 2001년 11월 10일
개정 1판 1쇄 발행 2014년 1월 7일
개정 1판 6쇄 발행 2025년 3월 11일

책임편집 송화록, 손명숙, 임혜련
디자인 박나래, 이창영

다락원 경기도 파주시 문발로 211
내용문의: (02)736-2031 내선 460~465
구입문의: (02)736-2031 내선 250~252
Fax: (02)732-2037
출판등록 1977년 9월 16일 제406-2008-000007호

Copyright ⓒ 2014, 이동훈

저자 및 출판사의 허락 없이 이 책의 일부 또는 전부를 무단 복제·전재·발췌할 수 없습니다. 구입 후 철회는 회사 내규에 부합하는 경우에 가능하므로 구입문의처에 문의하시기 바랍니다. 분실·파손 등에 따른 소비자 피해에 대해서는 공정거래위원회에서 고시한 소비자 분쟁 해결 기준에 따라 보상 가능합니다. 잘못된 책은 바꿔 드립니다.

ISBN 978-89-277-1103-2 13730

http://www.darakwon.co.kr
• 다락원 홈페이지를 방문하시면 상세한 출판 정보와 함께 동영상강좌, MP3 자료 등 다양한 어학 정보를 얻으실 수 있습니다.

개정판을 내면서

『일본어 한자읽기 3법칙』을 출판한 지 벌써 12년이 지났다. 그 동안 많은 독자들의 분에 넘치는 사랑을 받았다. 독자들로부터 감사와 격려의 이메일과 전화를 받을 때마다 '이 책을 출판하기 정말 잘 했구나'하는 보람을 느꼈다. 사실 1997년 일본에서 돌아온 후에도 바쁜 공직생활을 하다 보니 책을 낼 엄두가 나지 않았다. 하지만 나처럼 일본어를 처음 공부하는 사람들이 겪게 될 한자 읽기의 어려움을 덜어주는데 내가 찾아낸 법칙들이 분명 도움이 될 것이라 확신하였기에 바쁜 직장생활을 하면서도 퇴근 후 사무실에 남아 조금씩 정리하여 2001년에 드디어 책으로 출판하게 되었다.

이번에 개정판을 내게 된 것은 일본어 상용한자가 바뀐 데 따른 것이다. 종전에는 상용한자가 1945자였으나 196자가 추가되고 5자가 제외되어 상용한자는 총 191자가 늘어난 2136자가 되었다. 글자 수의 변경에 더하여 음훈의 추가, 변경, 삭제도 일부 있었다. 좀 더 일찍 이러한 변화를 반영한 개정판을 내지 못해 독자들에게 송구스럽기 짝이 없다.

이번 개정판에서는 각 한자 앞에 총 획수를 나타내는 숫자를 표기하였다. 일본 초등교육 과정에서 배우는 교육한자의 총 획수는 숫자에 바탕색을 넣어 구분하였다. 한자의 배열순서는 법칙한자의 경우, 교육한자를 우선으로 일본 초등학교에서 학년별로 배우는 순서에 따랐고 교육한자가 아닌 한자는 총 획수 순으로 하였다. 법칙에 해당하지 않는 예외한자의 경우에는 발음의 수가 많은 순서대로 정렬하였다. 발음의 개수가 같으면 가나(仮名)의 오십음도(五十音図) 순으로 정렬하였다. 그리고 책의 크기도 기존의 국판에서 4×6배판으로 약간 크게 하여 보기에 편하도록 하였고, 예시 단어도 추가하였다. 앞으로도 이 책이 일본어를 공부하는 많은 독자들에게 도움을 주는 길잡이가 될 것으로 기대한다.

이번 개정판을 내는 데에 많은 도움을 준 내 딸 해인이와 다락원 일본어출판부 직원 여러분의 노고에 진심으로 감사 드린다.

해가 저무는 2013년 月仙舍에서
이 동 훈

머리말

일본어를 공부하는 데 넘어야 할 가장 큰 장애물의 하나가 바로 한자 읽기일 것이다. 몇 개의 한자를 제외하고는 한 가지 방법으로만 읽는 우리식과는 달리, 일본어에서는 몇 개의 한자를 제외하고는 하나의 한자를 여러 가지 방법으로 읽는다. 예를 들어, '상'으로만 읽는 '上'이라는 한자를 일본어에서는 음독으로만 카미(かみ), 우에(うえ), 우와(うわ), 죠우(じょう), 쇼우(しょう)의 다섯 가지로 읽는다. 일본어의 상용한자 2136자를 한자 한 자당 평균 세 가지 음으로 읽는다고 하더라도 약 6천 개의 한자 읽기를 외워야 하는 셈이니 그 부담이 어느 정도가 되리라는 것은 따로 설명할 필요가 없을 듯하다.

하지만 우리가 다른 외국인과 비교해 정말로 다행스러운 일은, 일본어 한자를 뜻으로 읽는 훈독(訓読)의 경우는 우리말과 별로 관련이 없지만, 음으로 읽는 음독(音読)의 경우에는 우리말의 한자 발음과 깊은 관련이 있다는 것이다. 나는 이 점에 착안하여 우리말의 한자 발음과 일본어의 한자 발음(음독)의 연관성을 분석하면서 일본어 한자를 공부했다. 이 책은 이러한 나의 공부 경험을 통해 터득한 비결을 일본어 한자를 공부하는 많은 분들에게 전달하여 그 수고를 덜어드려야겠다는 생각에서 쓰게 되었다.

사실 처음에는 우리의 한자 발음과 일본어 한자 발음 간에 법칙을 찾기가 무척 어려웠다. 법칙보다 예외가 너무 많았기 때문이다. 그러나 왜 이런 예외가 생기는가 하는 점을 파고 들어가 보니 이해가 되었다. 우리말과 일본어의 기본적인 차이점을 이해한다면 예외에 대한 납득이 가고, 예외 또한 하나의 법칙으로 생각하여 외워야 한다는 것을 알게 된 것이다.

우리말과 일본어의 차이점 첫째는, 모음 구조이다. 일본어의 모음은 우리말보다 단순하기 때문에 일본어에 없는 모음으로 발음되는 우리말 한자는 당연히 일본어로는 우리말 발음과 다르게 발음될 수밖에 없다. 이것을 이해한다면 우리말로 '애'나 '외'로 발음되는 한자가 일본어로 '아이(あい)'로 발음되고, 우리말로 '위'나 '의'로 발음되는 한자가 일본어로 '이(い)'로 발음되는 것이 이해가 될 것이다. 둘째, 일본어는 우리말과 달리 받침이 없다. 그렇기에 우리말의 받침은 일본어로는 하나의 음절로 발음될 수밖에 없다. 예를 든다면, ㄱ받침은 일본어로는 '쿠(く)'라는 한 음절로 발음된다. 뿐만 아니라 우리말 발음이 ㄹ받침으로 끝나는 경우라면 대부분이 '쓰(つ)'로 발음될 것으로 유추하면 거의 틀림없다.

백제의 왕인 박사가 일본에 천자문을 전해 주었다는 역사적 사실을 들추지 않더라도 일본어의 한자 발음은 우리의 한자 발음과 밀접한 관련이 있다. 한자가 일본으로 들어가는 과정에서 우리가 역할을 한 것은 역사적으로나 지리적으로나 분명한 사실이기 때문이다. 그래서 우리말의 한자 음독과 일본어의 한자 음독은 많은 점에서 비슷하며 그 어떤 법칙 같은 것이 존재하는 것이다. 물론 예외 없는 법칙이 없듯이 그 법칙에는 예외도 많이 있다. 그러나 법칙에 맞는 것은 법칙에 따라 외우고 예외는 예외대로 외운다면 일본어 한자 읽기가 훨씬 쉬워질 것이다. 이 책이 일본어를 공부하는 많은 한국인들에게 도움이 될 것으로 확신한다.

저자 이동훈

이 책의 구성

이 책은 3개의 장으로 구성되어 있다.

제1장 | 일본어 한자 읽기 3법칙
일본어 한자를 읽는 3법칙, 즉, 두음법칙, 음절법칙, 받침법칙에 대해 설명하였다.

제2장 | 3법칙에 따른 일본어 한자 읽기
실제 일본어 한자 읽기가 법칙에 적용되는 예를 들었다.

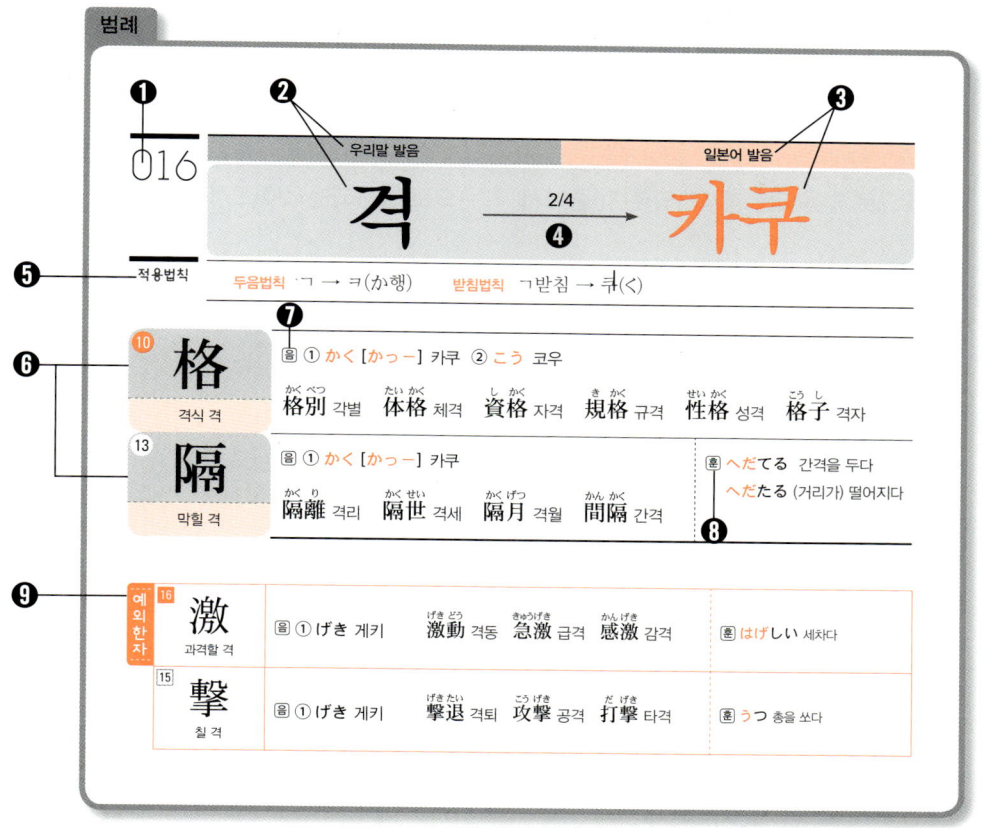

❶ 우리말 발음의 일련번호로 414번까지 있다.

❷ 한자의 우리말 발음이다.

❸ 일본어 발음을 우리말 발음으로 표기한 것으로, 국립국어원의 '외래어 표기법'과 일치하지는 않는다. (표기법은 〈일본어 발음의 한글 표기법〉 참조)

❹ 이 숫자는 우리말 발음에 해당하는 한자 중에서 법칙에 적용되는 한자의 개수와 예외가 되는 한자의 개수를 나타낸 것이다.

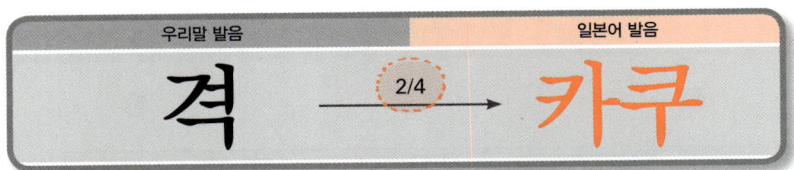

→ '격'으로 발음되는 총 4개의 한자 중에서 '카쿠'로 발음되는 것이 2개라는 뜻이다.

❺ 적용되는 법칙을 표시한 것으로 법칙에 대한 자세한 설명은 〈제1장 일본어 한자 읽기 3법칙〉을 참조한다.

❻

→ ❿의 숫자는 한자의 총 획수를 나타내고, 숫자의 바탕색으로 일본 초등학교의 한자 교육을 위해 지정된 교육한자 1006자를 표시하였다.

→ ⑬의 숫자는 한자의 총 획수를 나타내고, 상용한자 2136자 중에서 교육한자 1006자, 음독이 없는 한자 71자, 일본 한자 7자를 제외한 1052자를 표기하였다.

❼ 상용한자에서 허용하는 음독을 기준으로 하였다.

> 음 ① かく [かっー] 카쿠 ② こう 코우
>
> 格別 각별 体格 체격 資格 자격 規格 규격 性格 성격 格子 격자
> (かく べつ) (たい かく) (し かく) (き かく) (せい かく) (こう し)

→ 상용한자에서 허용하는 음독이 2개 이상일 때는 법칙에 적용되는 것을 ①로 표기하였다.
→ [ ]안의 표기는 앞뒤의 단어와 연결될 때 일어나는 발음의 변화를 나타낸 것이다.

❽ 상용한자에서 허용하는 훈독을 기준으로 하였다.

> 훈 かど 모퉁이
>   つの 뿔

→ 발음 전체가 한자로 표기되는 경우이다.

> 훈 へだてる 간격을 두다
>   へだたる (거리가) 떨어지다

→ 색자(色字)로 표시된 부분이 한자로 표기되는 부분이다.

❾ 예외한자는 각 일련번호에 해당하는 한자 중에서 법칙에 적용되지 않는 한자를 실은 것으로 총 획수의 바탕색으로 교육한자와 교육한자가 아닌 한자를 구별하였고, 각각의 음독 및 훈독을 예시 단어와 함께 실었다. 예외한자는 법칙에 적용되지 않기 때문에 학습자들이 주의를 기울여 외워야 한다.

기타

① 우리말 발음에 대응하는 일본어 발음은 적용되는 법칙에 맞게 대표 발음으로 선정하였기 때문에, 법칙에 적용되는 한자보다 예외한자가 많은 경우도 있다.

② 우리말 발음이 2개 이상인 한자의 경우에는 우리말 발음에 해당하는 곳에 각각 넣었다.
   예 率 비율 률 → 'ㄹ'항목에 표기
   率 거느릴 솔 → 'ㅅ'항목에 표기

③ 상용한자이지만 적용 법칙이 없는 경우에는 일련번호는 매기지 않았으나, 우리말 발음에 해당하는 항목에 넣었다.
   예 璽 옥새 새 → 'ㅅ'항목에 표기

④ 제시된 음독이나 훈독과 다르게 읽히는 단어의 경우에는 약물(◆)로 표시하였다.
   예 ◆乙女(おとめ) 소녀, 처녀 음 おつ 오쓰

⑤ 한자의 배열순서는 법칙한자의 경우, 교육한자를 우선으로 일본 초등학교에서 학년별로 배우는 순서에 따랐고 교육한자가 아닌 한자는 총 획수 순으로 하였다. 법칙에 해당하지 않는 예외한자의 경우에는 발음의 수가 많은 순서대로 정렬하였다. 발음의 개수가 같으면 가나(仮名)의 오십음도(五十音図)순으로 정렬하였다.

제3장 | 부록
- 법칙 적용 일람표
- 상용한자 중 음독이 없는 한자 및 일본 한자 일람표

총획색인
본책에 수록된 모든 한자를 총 획수 순으로 정렬하였다. 한자의 우리말 음과 뜻을 넣었으며, 각 획수에 해당하는 한자를 다시 우리말 발음의 ㄱㄴㄷ순으로 정렬하였다.

일본어 발음의 한글 표기법

일본어 발음의 표기는 한글과 가나(仮名)로 하였으며, 한글 표기는 '외래어 표기법'과 일치하지 않는데, 이것은 우리말과 일본어 발음 간의 유사성을 시각적으로 보이게 하기 위해서이다.

표기법

あ	い	う	え	お	아 이 우 에 오					
か	き	く	け	こ	카 키 쿠 케 코	が ぎ ぐ げ ご	가 기 구 게 고			
さ	し	す	せ	そ	사 시 스 세 소	ざ じ ず ぜ ぞ	자 지 즈 제 조			
た	ち	つ	て	と	타 치 쓰 테 토	だ ぢ づ で ど	다 지 즈 데 도			
な	に	ぬ	ね	の	나 니 누 네 노					
は	ひ	ふ	へ	ほ	하 히 후 헤 호	ば び ぶ べ ぼ	바 비 부 베 보			
						ぱ ぴ ぷ ぺ ぽ	파 피 푸 페 포			
ま	み	む	め	も	마 미 무 메 모					
や		ゆ		よ	야 유 요					
ら	り	る	れ	ろ	라 리 루 레 로					
わ				ん	와　　ㄴ					
きゃ	きゅ	きょ			캬 큐 쿄	ぎゃ ぎゅ ぎょ	갸 규 교			
しゃ	しゅ	しょ			샤 슈 쇼	じゃ じゅ じょ	쟈 쥬 죠			
ちゃ	ちゅ	ちょ			챠 츄 쵸	ぢゃ ぢゅ ぢょ	쟈 쥬 죠			
にゃ	にゅ	にょ			냐 뉴 뇨					
ひゃ	ひゅ	ひょ			햐 휴 효	びゃ びゅ びょ	뱌 뷰 뵤			
						ぴゃ ぴゅ ぴょ	퍄 퓨 표			
みゃ	みゅ	みょ			먀 뮤 묘					

차례

개정판을 내면서 3
이 책의 구성 5
일본어 발음의 한글 표기법 9

제1장 | 일본어 한자 읽기 3법칙

1. 두음법칙 12
2. 음절법칙 14
3. 받침법칙 16

제2장 | 3법칙에 따른 일본어 한자 읽기

1. ㄱ 18
2. ㄴ 63
3. ㄷ 70
4. ㄹ 83
5. ㅁ 104
6. ㅂ 121
7. ㅅ 144
8. ㅇ 180
9. ㅈ 226
10. ㅊ 260
11. ㅋ 285
12. ㅌ 285
13. ㅍ 294
14. ㅎ 305

제3장 | 부록

법칙 적용 일람표 336
상용한자 중 음독이 없는 한자 및 일본 한자 일람표 366

총획색인 368

제1장

일본어 한자 읽기 3법칙

01   두음법칙
02   음절법칙
03   받침법칙

01 두음법칙

일본어 한자를 읽을 때 가장 먼저 적용되는 것으로, 우리말 발음의 두음(초성)에 따라 일본어 발음의 두음이 정해지는 법칙이다. 단, 받침법칙과 비교하면 예외가 있는 편이다.

1 「ㄱ(ㄲ), ㅋ, ㅎ」이 두음에 올 때

두음에 「ㄱ(ㄲ), ㅋ, ㅎ」이 올 때는 「ㅋ(か행)」으로 읽는다.

예 가(家) → 카(か)   쾌(快) → 카이(かい)   하(夏) → 카(か)

2 「ㄴ」이 두음에 올 때

두음에 「ㄴ」이 올 때는 「ㄴ(な행)」으로 읽는다.

예 내(內) → 나이(ない)   남(南) → 난(なん)   년(年) → 넨(ねん)

3 「ㄷ, ㅌ」이 두음에 올 때

두음에 「ㄷ, ㅌ」이 올 때는 「ㅌ(た행)」으로 읽는다.

예 다(多) → 타(た)   달(達) → 타쓰(たつ)   탄(誕) → 탄(たん)

4 「ㄹ」이 두음에 올 때

두음에 「ㄹ」이 올 때는 「ㄹ(ら행)」으로 읽는다.

예 락(樂) → 라쿠(らく)   래(来) → 라이(らい)   론(論) → 론(ろん)

5 「ㅁ」이 두음이 올 때

두음에 「ㅁ」이 올 때는 「ㅁ(ま행)」으로 읽는다.

예 만(滿) → 만(まん)   문(文) → 몬(もん)   밀(蜜) → 미쓰(みつ)

6 「ㅂ, ㅍ」이 두음에 올 때

두음에 「ㅂ, ㅍ」이 올 때는 「ㅎ(は행)」으로 읽는다.

예) 박(博) → 하쿠(はく)　　파(派) → 하(は)　　피(避) → 히(ひ)

7 「ㅅ(ㅆ), ㅈ, ㅊ」이 두음에 올 때

두음에 「ㅅ(ㅆ), ㅈ, ㅊ」이 올 때는 「ㅅ(さ행)」으로 읽는다.

예) 사(思) → 시(し)　　재(財) → 사이(さい)　　차(差) → 사(さ)

8 「ㅇ」이 두음에 올 때

두음에 「ㅇ」이 올 때는 「ㅇ(あ행)」으로 읽는다.

예) 안(安) → 안(あん)　　온(温) → 온(おん)　　위(位) → 이(い)

두음법칙 정리표

한글 두음(초성)	일본어 두음
ㄱ(ㄲ), ㅋ, ㅎ	か행
ㄴ	な행
ㄷ, ㅌ	た행
ㄹ	ら행
ㅁ	ま행
ㅂ, ㅍ	は행
ㅅ(ㅆ), ㅈ, ㅊ	さ행
ㅇ	あ행

02 음절법칙

일본어의 모음은 「あ, い, う, え, お」로 단순하기 때문에 일본어에 없는 모음으로 발음되는 우리말 한자는 당연히 일본어로는 우리말 발음과 다르게 표기될 수밖에 없다.

또한, 'ㅂ'이나 'ㅇ'받침이 들어 있는 음절(音節: 음소가 모여서 이루어진 소리의 한 덩어리. 모음만으로 이루어지거나 모음과 자음, 자음과 모음, 또는 자음과 모음, 자음이 어울려서 이루어짐)의 경우에도 일본어에는 받침이 없기 때문에 하나의 음절로 표기할 수밖에 없다. 즉, 우리말 모음과 'ㅂ', 'ㅇ'받침이 들어 있는 음절을 일본어 모음만으로 표기할 때 생기는 일정한 유형을 법칙화한 것이 음절법칙이다. 음절법칙은 편의상 두음에 'ㅇ'을 넣어서 표기하였다.

1 「아, 와」의 경우
「아, 와」로 읽는 한자는 일본어로 「아(あ)」라고 읽는다.

예 가(家) → 카(か)　　관(館) → 칸(かん)

2 「애, 외, 왜」의 경우
「애, 외, 왜」로 읽는 한자는 일본어로 「아이(あい)」로 읽는다.

예 해(海) → 카이(かい)　　괴(壊) → 카이(かい)　　쇄(砕) → 사이(さい)

3 「어, 여, 워」의 경우
「어, 여, 워」로 읽는 한자는 일본어로 「에(え)」로 읽는다.

예 건(件) → 켄(けん)　　견(見) → 켄(けん)　　권(権) → 켄(けん)

4 「에, 예, 엉, 영」의 경우
「에, 예, 엉, 영」으로 읽는 한자는 일본어로 「에이(えい)」로 읽는다.

예 게(掲) → 케이(けい)　　례(礼) → 레이(れい)　　성(成) → 세이(せい)　　평(平) → 헤이(へい)

5 「오」의 경우
「오」로 읽는 한자는 일본어로 「오(お)」로 읽는다.

예 토(土) → 토(と)　　공(公) → 코우(こう)

6 「압, 앙, 왱, 왕, 윙, 응」의 경우

「압, 앙, 왱, 왕, 윙, 응」으로 읽는 한자는 일본어로 「오우(おう)」로 읽는다.

예 탑(塔) → 토우(とう)　　당(当) → 토우(とう)　　행(幸) → 코우(こう)

광(光) → 코우(こう)　　횡(構) → 코우(こう)　　등(登) → 토우(とう)

7 「야」의 경우

「야」로 읽는 한자는 일본어로 「야(や)」로 읽는다. 이때의 「や」는 요음이 되는 경우가 많다.

예 야(夜) → 야(や)　　략(略) → 랴쿠(りゃく)

8 「요, 양, 엽, 잉」의 경우

「요, 양, 엽, 잉」으로 읽는 한자는 일본어로 「요우(よう)」로 읽는다. 이때의 「よう」는 요음이 되는 경우가 많다.

예 요(要) → 요우(よう)　　양(陽) → 요우(よう)　　렵(猟) → 료우(りょう)　　빙(氷) → 효우(ひょう)

9 「유, 융, 읍, 입」의 경우

「유, 융, 읍, 입」으로 읽는 한자는 일본어로 「유우(ゆう)」로 읽는다. 이때의 「ゆう」는 요음이 되는 경우가 많다.

예 류(流) → 류우(りゅう)　　융(融) → 유우(ゆう)　　습(習) → 슈우(しゅう)　　집(集) → 슈우(しゅう)

10 「위, 웨, 의, 이」의 경우

「위, 웨, 의, 이」로 읽는 한자는 일본어로 「이(い)」로 읽는다.

예 휘(揮) → 키(き)　　궤(机) → 키(き)　　의(議) → 기(ぎ)　　기(気) → 키(き)

03 받침법칙

일본어는 우리말과 달리 받침이 없기 때문에 한글의 받침을 일본어로 표기할 때는 하나의 음절로 표기할 수밖에 없다. 예를 들면, 'ㄱ'받침은 대부분 일본어로는 '쿠(く)'라는 한 음절로 발음되며, 'ㅂ'받침은 일본어의 '우(う)'라는 한 음절로 발음된다. 이것은 한글 받침에 대응하는 일본어 음절이 존재한다는 것을 나타내는 것으로 이것을 법칙화한 것이 받침법칙이다. 이 법칙은 다른 두 법칙에 비해 예외가 적은 편이다.

1 받침이 「ㄱ」인 경우

받침이 「ㄱ」인 경우에는 「쿠(く)」로 읽는다.

예 각(各) → 카쿠(かく)　　락(樂) → 라쿠(らく)　　약(約) → 야쿠(やく)　　착(錯) → 사쿠(さく)
→ 예외로 「리키(りき)」로 읽는 경우가 있다. [력(力) → 리키(りき)]

2 받침이 「ㄴ, ㅁ」인 경우

받침이 「ㄴ, ㅁ」인 경우에는 「ㄴ(ん)」으로 읽는다. 이 경우에는 일본어 「ん」의 표기를 편의상 「ㄴ」으로 하였다.

예 간(間) → 칸(かん)　　감(感) → 칸(かん)　　산(山) → 산(さん)　　삼(三) → 산(さん)

3 받침이 「ㄹ」인 경우

받침이 「ㄹ」인 경우에는 「쓰(つ)」로 읽는다.

예 갈(渴) → 카쓰(かつ)　　돌(突) → 토쓰(とつ)　　살(殺) → 사쓰(さつ)　　혈(血) → 케쓰(けつ)
→ 예외로 「치(ち)」로 읽는 경우가 있다. [길(吉) → 키치(きち)]

4 받침이 「ㅂ, ㅇ」인 경우

받침이 「ㅂ, ㅇ」인 경우에는 「우(う)」로 읽는다.

예 갑(甲) → 코우(こう)　　강(江) → 코우(こう)　　답(答) → 토우(とう)　　등(等) → 토우(とう)
→ 받침이 「ㅂ」인 경우 예외로 「쓰(つ)」로 읽는 경우가 있다. [압(圧) → 아쓰(あつ)]

받침법칙 정리표

한글 받침	일본어 발음
ㄱ	쿠(く)
ㄴ, ㅁ	ㄴ(ん)
ㄹ	쓰(つ)
ㅂ, ㅇ	우(う)

제2장

3법칙에 따른 일본어 한자 읽기

001

우리말 발음		일본어 발음
가	12/13 →	カ

적용법칙 두음법칙 ㄱ → カ(か행)   음절법칙 아 → 아(あ)

⑩	**家** 집 가	음 ① か 카 ② け 케 家族 가족 家庭 가정 武家 무가 本家 본가	훈 いえ 집 〜や 〜가게, 〜꾼
⑭	**歌** 노래 가	음 ① か 카 歌詞 가사 歌手 가수 国歌 국가	훈 うた 노래 うたう 노래를 부르다
⑤	**加** 더할 가	음 ① か 카 加速 가속 加工 가공 加入 가입 追加 추가	훈 くわえる 보태다 くわわる 늘어나다
⑥	**仮** 거짓 가	음 ① か 카 ② け 케 仮定 가정 仮説 가설 仮面 가면 仮病 꾀병	훈 かり 임시, 가설
⑧	**価** 값 가	음 ① か 카 価値 가치 価格 가격 物価 물가 評価 평가	훈 あたい 값
⑤	**可** 옳을 가	음 ① か 카 可能 가능 可決 가결 可否 가부 可変 가변 許可 허가	
⑧	**佳** 아름다울 가	음 ① か 카 佳作 가작 佳境 가경; 흥미진진한 경지 佳人 가인	
⑧	**苛** 가혹할 가	음 ① か 카 苛酷 가혹 苛烈 가열 苛虐 가학	훈 いらだつ 초조하다 いじめる 괴롭히다
⑨	**架** 걸칠 가	음 ① か 카 架設 가설 架橋 가교 書架 서가 担架 들것	훈 かける 설치하다 かかる 설치되다

13	嫁 시집갈 가	음 ① か 카 転嫁 전가; 잘못을 남에게 덮어 씌움　再嫁 재가, 재혼	훈 よめ 며느리 とつぐ 시집가다
13	暇 한가할 가	음 ① か 카 休暇 휴가　余暇 여가	훈 ひま 짧은 시간, 한가함, 틈, 여가
15	稼 농사 가	음 ① か 카 稼動 일함, (기계의) 가동　稼業 직업	훈 かせぐ 돈 벌다

예외한자

12	街 거리 가	음 ① がい 가이　街頭 가두　街路樹 가로수 ② かい 카이　街道 가도, 큰길	훈 まち (번화한) 거리, 시가

002

우리말 발음　　　　　　　일본어 발음
각 ——5/8→ 카쿠

적용법칙　두음법칙 ㄱ → ヵ(か행)　음절법칙 아 → 아(あ)　받침법칙 ㄱ받침 → 쿠(く)

7	角 뿔 각	음 ① かく 카쿠 角度 각도　直角 직각　三角 삼각	훈 かど 모퉁이 つの 뿔
6	各 각각 각	음 ① かく [かっー] 카쿠 各位 여러분　各論 각론　各自 각자　各国 각국	훈 おのおの 각각
12	覚 깨달을 각	음 ① かく 카쿠 感覚 감각　覚悟 각오　視覚 시각　知覚 지각	훈 おぼえる 깨닫다, 외우다 さます 깨우다 さめる (잠이) 깨다

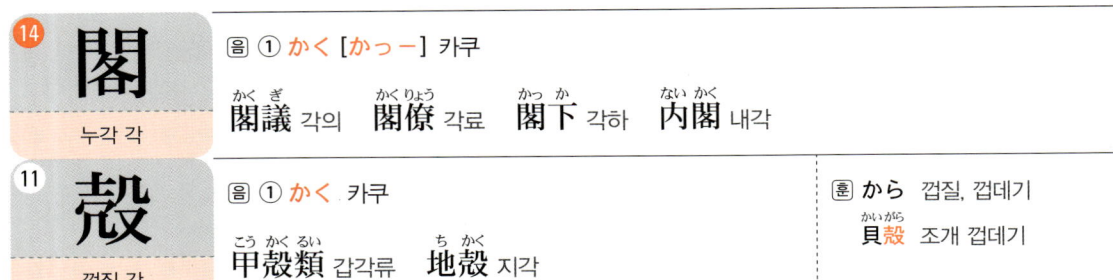

14	閣 누각 각	음 ① かく [かっ-] 카쿠 閣議 각의　閣僚 각료　閣下 각하　内閣 내각	
11	殻 껍질 각	음 ① かく 카쿠 甲殻類 갑각류　地殻 지각	훈 から 껍질, 껍데기 貝殻 조개 껍데기

예외 한자	7	却 물리칠 각	음 ① きゃく [きゃっ-] 캬쿠　却下 각하, 기각　忘却 망각　返却 반환　退却 퇴각	
	11	脚 다리 각	음 ① きゃく [きゃっ-] 캬쿠　脚色 각색　脚本 각본 ② きゃ [-ぎゃ] 캬　脚立 접사다리　行脚 행각, 순례	훈 あし 다리
	8	刻 새길 각	음 ① こく [こっ-] 코쿠　刻印 각인　遅刻 지각 時刻 시각　深刻 심각함	훈 きざむ 새기다

003

우리말 발음		일본어 발음
간	7/9 →	칸

적용법칙　두음법칙 ㄱ → ヵ(か행)　음절법칙 아 → 아(あ)　받침법칙 ㄴ받침 → ん(ん)

12	間 사이 간	음 ① かん 칸　② けん [-げん] 켄 間隔 간격　時間 시간　世間 세간　人間 인간	훈 あいだ 사이 ま 사이
5	刊 책 펴낼 간	음 ① かん 칸 刊行 간행　創刊 창간　発刊 발간　季刊 계간	
13	幹 줄기 간	음 ① かん 칸 幹事 간사　幹部 간부　基幹 기간　根幹 근간	훈 みき 나무 줄기

3	干 방패 간	음 ① かん 칸 かんたく 干拓 간척　かんしょう 干渉 간섭　じゃっかん 若干 약간	훈 ほす 말리다 ひる 마르다
9	看 볼 간	음 ① かん 칸 かんご 看護 간호　かんばん 看板 간판　かんびょう 看病 간병	
18	簡 편지 간	음 ① かん 칸 かんそ 簡素 간소　かんたん 簡単 간단　かんい 簡易 간이　しょかん 書簡 서간, 편지	
7	肝 간 간	음 ① かん 칸 かんじん 肝心 중요함, 요긴함　かんぞう 肝臓 간장	훈 きも 간

예외한자	16	墾 개간할 간	음 ① こん 콘　かいこん 開墾 개간　こんでん 墾田 간전; 새로 개간한 논밭	
	17	懇 정성 간	음 ① こん 콘　こんせい 懇請 간청　こんしんかい 懇親会 친목회	훈 ねんごろだ 친절하다

004

우리말 발음		일본어 발음
갈	4/4 →	카쓰

적용법칙　두음법칙 ㄱ → ヵ(か행)　음절법칙 아 → 아(あ)　받침법칙 ㄹ받침 → 쓰(つ)

11	喝 꾸짖을 갈	음 ① かつ [かっー] 카쓰 かっぱ 喝破 갈파　きょうかつ 恐喝 공갈　いっかつ 一喝 일갈	
11	渇 목마를 갈	음 ① かつ [かっー] 카쓰 かつぼう 渇望 갈망　かっすい 渇水 갈수　こかつ 枯渇 고갈　きかつ 飢渇 기갈	훈 かわく (목이) 마르다 かわき 목마름, 갈증

12 **葛** 칡 갈	음 ① かつ [かっ―] 카쓰 かっ とう 葛藤 갈등	훈 くず 칡 ぐず ゅ 葛湯 갈분탕
13 **褐** 굵은 베옷 갈	음 ① かつ [かっ―] 카쓰 かっ しょく　　かっ たん　　ちゃ かっしょく 褐色 갈색　褐炭 갈탄　茶褐色 다갈색	

005

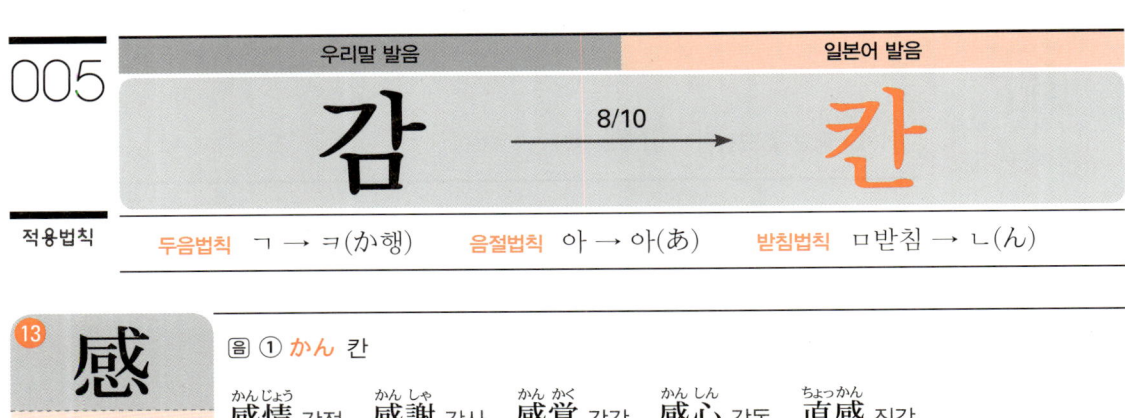

우리말 발음　　　　　　　　　일본어 발음

감　→ 8/10 →　칸

적용법칙　두음법칙 ㄱ → ヵ(か행)　음절법칙 ㅏ → ㅏ(あ)　받침법칙 ㅁ받침 → ㄴ(ん)

13 **感** 느낄 감	음 ① かん 칸 かんじょう　　かん しゃ　　かん かく　　かん しん　　ちょっかん 感情 감정　感謝 감사　感覚 감각　感心 감동　直感 직감	
5 **甘** 달 감	음 ① かん 칸 かん み りょう　　かん じゅ　　かん げん 甘味料 감미료　甘受 감수　甘言 감언	훈 あまい 달다 あまみ 단맛 あまえる 응석을 부리다
11 **勘** 헤아릴 감	음 ① かん 칸 かんじょう　　かん どう　　かん あん　　かん べん 勘定 계산　勘当 의절　勘案 감안　勘弁 용서함	
12 **敢** 감히 감	음 ① かん 칸 かん こう　　ゆう かん　　か かん 敢行 감행　勇敢 용감　果敢 과감	
12 **堪** 견딜 감	음 ① かん 칸 かん にん　　かん のう 堪忍 참음　堪能 (어떤 방면에) 숙달함	훈 たえる 견디다
15 **監** 볼 감	음 ① かん 칸 かん とく　　かん さ　　かん し　　かん きん　　かんしゅう 監督 감독　監査 감사　監視 감시　監禁 감금　監修 감수	

16	憾 섭섭할 감	음 ① かん 칸 遺憾(い かん) 유감	
23	鑑 거울 감	음 ① かん 칸 鑑別(かん べつ) 감별　印鑑(いん かん) 인감　鑑賞(かん しょう) 감상　鑑定(かん てい) 감정	훈 かんがみる 거울 삼아 비추어 보다
예외한자 12	減 덜 감	음 ① げん 겐 減少(げん しょう) 감소　加減(か げん) 가감　増減(ぞう げん) 증감	훈 へる 줄다 へらす 줄이다
11	紺 감색 감	음 ① こん 콘 紺青(こん じょう) 감청　紺色(こん いろ) 감색　濃紺(のう こん) 짙은 감색	

006

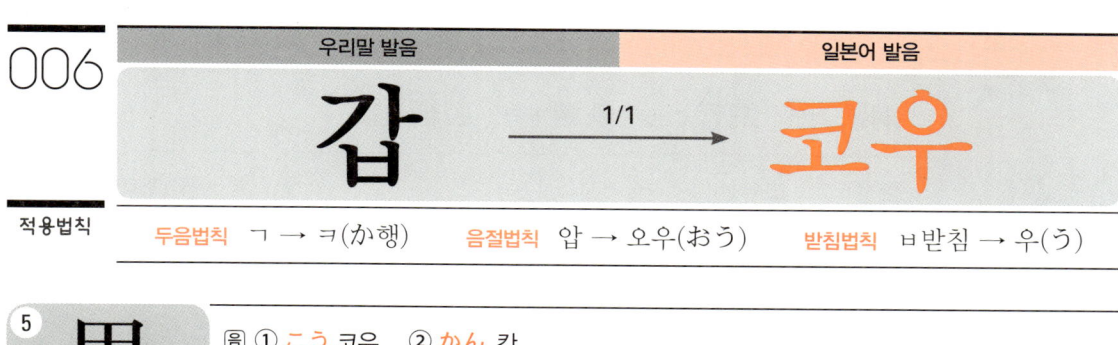

적용법칙　두음법칙 ㄱ → ㅋ(か행)　음절법칙 압 → 오우(おう)　받침법칙 ㅂ받침 → 우(う)

5	甲 갑옷 갑	음 ① こう 코우　② かん 칸 甲骨文字(こう こつ も じ) 갑골 문자　甲乙(こう おつ) 갑을　装甲車(そう こう しゃ) 장갑차　甲板(かん ぱん) 갑판

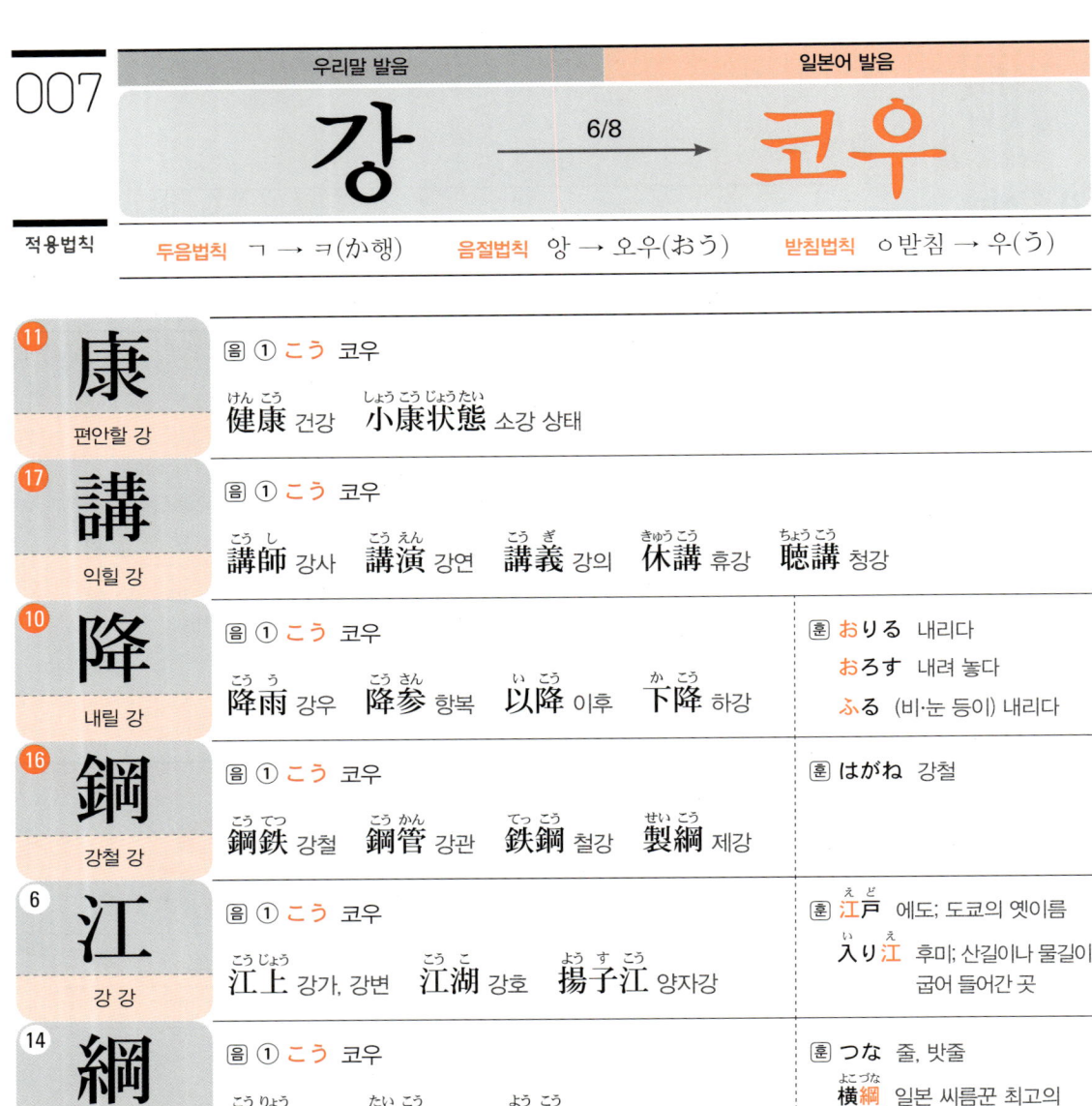

008

우리말 발음		일본어 발음
개	4/9 →	카이

적용법칙 두음법칙 ㄱ → ㅋ(か행)　　음절법칙 애 → 아이(あい)

---

⑫ 開 열 개
- 음 ① かい 카이
- 開放 개방　開始 개시　開催 개최　展開 전개
- 훈 ひらく 펼쳐지다
- ひらける 열리다
- あく 열다, 열리다
- あける 열다

⑦ 改 고칠 개
- 음 ① かい 카이
- 改札 개찰　改革 개혁　改正 개정　改造 개조
- 훈 あらためる 고치다
- あらたまる 고쳐지다

④ 介 중개할 개
- 음 ① かい 카이
- 介護 간호, 병구완　介入 개입　紹介 소개　仲介 중개

⑨ 皆 모두 개
- 음 ① かい 카이
- 皆勤 개근　皆既食 개기식　皆無 전무, 전혀 없음
- 훈 みな 모두

예외한자

⑬ 慨 분개할 개
- 음 ① がい 가이
- 慨嘆 개탄　感慨 감개　憤慨 분개

⑬ 蓋 덮을 개
- 음 ① がい 가이
- 蓋然性 개연성　口蓋 구개; 입천장
- 頭蓋骨 두개골
- 훈 ふた 뚜껑

⑭ 概 대개 개
- 음 ① がい 가이
- 概念 개념　概論 개론　大概 대개, 대부분, 대강

⑭ 箇 낱개 개
- 음 ① か 카
- 箇所 부분, 곳　箇条書き 조목조목 쓴 글

⑩ 個 낱개 개
- 음 ① こ 코
- 個人 개인　個性 개성　一個 한 개

009

우리말 발음: 객 → 1/1 → 일본어 발음:캬쿠

적용법칙 두음법칙 ㄱ → ㅋ(か행)   받침법칙 ㄱ받침 → 쿠(く)

客 손님 객 (9)

[음] ① きゃく[きゃっー] 캬쿠   ② かく 카쿠

客席(きゃくせき) 객석   客観的(きゃっかんてき) 객관적   乗客(じょうきゃく) 승객   旅客(りょかく) 여객

010

우리말 발음: 갱 → 2/2 → 일본어 발음: 코우

적용법칙 두음법칙 ㄱ → ㅋ(か행)   음절법칙 앵 → 오우(おう)   받침법칙 ㅇ받침 → 우(う)

更 다시 갱 (7)

[음] ① こう 코우

更新(こうしん) 갱신   更生(こうせい) 갱생

[훈] さら(に) 다시
ふける (밤이) 깊어지다

坑 구덩이 갱 (7)

[음] ① こう 코우

坑道(こうどう) 갱도   炭坑(たんこう) 탄갱   廃坑(はいこう) 폐광

011

우리말 발음		일본어 발음
거	7/7 →	쿄

적용법칙 두음법칙 ㄱ → カ(か행)

---

⑤ 去 갈 거
- 음 ① きょ 쿄 ② こ 코
- 去年 작년   除去 제거   過去 과거
- 훈 さる 떠나다

⑩ 挙 들 거
- 음 ① きょ 쿄
- 挙行 거행   挙手 거수   選挙 선거
- 훈 あげる 올리다
- あがる (범인이) 잡히다, (증거가) 드러나다

⑧ 居 살 거
- 음 ① きょ 쿄
- 居住 거주   居留 거류   同居 동거
- 훈 いる 있다

⑤ 巨 클 거
- 음 ① きょ 쿄
- 巨人 거인   巨大 거대함   巨額 거액

⑧ 拠 의지할 거
- 음 ① きょ 쿄 ② こ 코
- 拠点 거점   根拠 근거   占拠 점거   証拠 증거

⑧ 拒 막을 거
- 음 ① きょ 쿄
- 拒絶 거절   拒否 거부   抗拒 항거
- 훈 こばむ 막다, 거절하다

⑫ 距 떨어질 거
- 음 ① きょ 쿄
- 距離 거리

012

우리말 발음		일본어 발음
건	4/6 →	켄

적용법칙 두음법칙 ㄱ → ㅋ(か행)   음절법칙 어 → 에(え)   받침법칙 ㄴ받침 → ん(ん)

⑨ 建 세울 건
- 음 ① けん 켄   ② こん 콘
- 建設 건설   建築 건축   建立 건립
- 훈 たつ (건물이) 서다
- たてる (건물을) 세우다

⑪ 健 건강할 건
- 음 ① けん 켄
- 健康 건강   健全 건전   保健 보건
- 훈 すこやかだ 건강하다

⑥ 件 사건 건
- 음 ① けん 켄
- 件数 건수   事件 사건   条件 조건   物件 물건

⑰ 鍵 열쇠 건
- 음 ① けん 켄
- 鍵盤 건반   関鍵 관건
- 훈 かぎ 열쇠

예외한자

⑪ 乾 마를 건
- 음 ① かん 칸   乾燥 건조   乾杯 건배
- 훈 かわく 마르다
- かわかす 말리다

③ 巾 수건 건
- 음 ① きん 킨   頭巾 두건   雑巾 걸레   布巾 행주

013

우리말 발음		일본어 발음
걸	1/1 →	케쓰

적용법칙 두음법칙 ㄱ → ヵ(か행)   음절법칙 어 → 에(え)   받침법칙 ㄹ받침 → 쓰(つ)

---

13 傑 뛰어날 걸

음 ① けつ [けっー] 케쓰

傑作 걸작   傑出 걸출   豪傑 호걸

014

우리말 발음		일본어 발음
검	3/3 →	켄

적용법칙 두음법칙 ㄱ → ヵ(か행)   음절법칙 어 → 에(え)   받침법칙 ㅁ받침 → ㄴ(ん)

---

12 檢 검사할 검

음 ① けん 켄

檢査 검사   檢診 검진   檢事 검사   檢討 검토   点檢 점검

10 儉 검소할 검

음 ① けん 켄

儉約 검약, 절약   勤儉 근검

10 劍 칼 검

음 ① けん 켄   훈 つるぎ 칼

劍道 검도   短劍 단검   木劍 목검

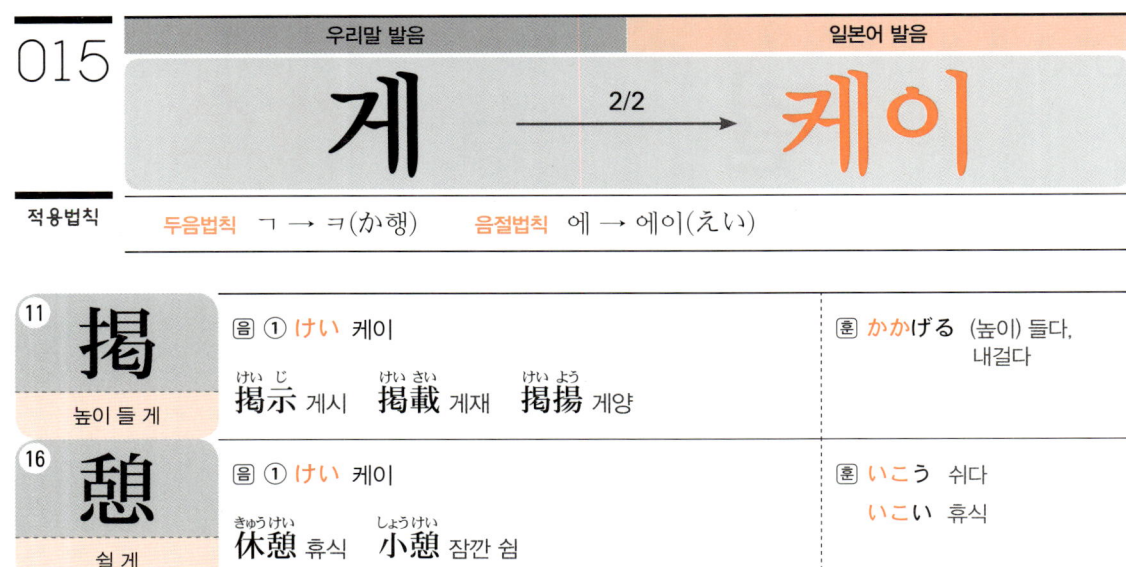

017

우리말 발음		일본어 발음
견	7/7 →	켄

적용법칙   두음법칙 ㄱ → ヵ(か행)   음절법칙 여 → 에(え)   받침법칙 ㄴ받침 → ン(ん)

犬 (4) 개 견
- 음 ① けん 켄
  - 犬猿 けんえん 견원
  - 犬歯 けんし 견치, 송곳니
  - 愛犬 あいけん 애견
- 훈 いぬ 개

見 (7) 볼 견
- 음 ① けん 켄
  - 見学 けんがく 견학
  - 意見 いけん 의견
  - 発見 はっけん 발견
- 훈 みる 보다
  - みえる 보이다
  - みせる 보이다, 보여주다

絹 (13) 비단 견
- 음 ① けん 켄
  - 絹糸 けんし 견사
  - 絹布 けんぷ 견직물
  - 人絹 じんけん 인조 견사
- 훈 きぬ 비단

肩 (8) 어깨 견
- 음 ① けん 켄
  - 肩章 けんしょう 견장
  - 肩甲骨 けんこうこつ 견갑골
  - 比肩 ひけん 비견, 필적함
- 훈 かた 어깨

堅 (12) 굳을 견
- 음 ① けん 켄
  - 堅実 けんじつ 견실
  - 堅固 けんご 견고
  - 中堅 ちゅうけん 중견
- 훈 かたい 굳다, 단단하다, 딱딱하다

遣 (13) 보낼 견
- 음 ① けん 켄
  - 派遣 はけん 파견
  - 分遣 ぶんけん 분견; 나누어 파견함
- 훈 つかう 쓰다, 사용하다
  - つかわす 보내다

繭 (18) 누에고치 견
- 음 ① けん 켄
  - 繭糸 けんし 견사; 누에고치와 실
- 훈 まゆ 누에고치

018

우리말 발음		일본어 발음
결	4/4 →	케쓰

적용법칙 　**두음법칙** ㄱ → ヵ(か행)　**음절법칙** 여 → 에(え)　**받침법칙** ㄹ받침 → 쓰(つ)

⑦ 決 정할 결
- 음 ① けつ [けっ—] 케쓰
  - 決断 결단　決意 결의　決定 결정　解決 해결
- 훈 きまる 결정되다
  - きめる 결정하다

④ 欠 이지러질 결
- 음 ① けつ [けっ—] 케쓰
  - 欠席 결석　欠如 결여　補欠 보결
- 훈 かける 깨지다, 부족하다
  - かく 깨다, 빠지다

⑫ 結 맺을 결
- 음 ① けつ [けっ—] 케쓰
  - 結論 결론　結果 결과　結婚 결혼　団結 단결
- 훈 むすぶ 묶다
  - ゆう 매다, 땋다

⑮ 潔 깨끗할 결
- 음 ① けつ 케쓰
  - 簡潔 간결　清潔 청결　不潔 불결
- 훈 いさぎよい 깨끗하다, 떳떳하다

019

우리말 발음		일본어 발음
겸	2/2 →	켄

적용법칙 　**두음법칙** ㄱ → ヵ(か행)　**음절법칙** 여 → 에(え)　**받침법칙** ㅁ받침 → ㄴ(ん)

⑩ 兼 겸할 겸
- 음 ① けん 켄
  - 兼業 겸업　兼用 겸용　兼任 겸임
- 훈 かねる 겸하다

⑰ 謙 겸손할 겸
- 음 ① けん 켄
  - 謙遜 겸손　謙譲 겸양　謙虚 겸허

020

우리말 발음		일본어 발음
경	10/20 →	케이

적용법칙 두음법칙 ㄱ → カ(か행)   음절법칙 영 → 에이(えい)

---

⑫ 軽 가벼울 경
- 음 ① けい 케이
- 軽快 けいかい 경쾌   軽視 けいし 경시   軽減 けいげん 경감   軽率 けいそつ 경솔
- 훈 かるい 가볍다
- かろやかだ 경쾌하다

⑧ 径 지름길 경
- 음 ① けい 케이
- 径路 けいろ 경로   直径 ちょっけい 직경   口径 こうけい 구경

⑫ 景 경치 경
- 음 ① けい 케이
- 景気 けいき 경기   光景 こうけい 광경   背景 はいけい 배경   風景 ふうけい 풍경

⑪ 経 경서 경
- 음 ① けい 케이   ② きょう 쿄우
- 経営 けいえい 경영   経験 けいけん 경험   経済 けいざい 경제   経典 きょうてん 경전
- 훈 へる (시간이) 흐르다, (과정을) 거치다

⑫ 敬 공경할 경
- 음 ① けい 케이
- 敬老 けいろう 경로   敬意 けいい 경의   尊敬 そんけい 존경
- 훈 うやまう 존경하다

⑲ 警 경계할 경
- 음 ① けい 케이
- 警戒 けいかい 경계   警告 けいこく 경고   警察 けいさつ 경찰   警備 けいび 경비

⑧ 茎 줄기 경
- 음 ① けい 케이
- 地下茎 ちかけい 지하경; 땅 속 줄기
- 훈 くき 줄기

⑬ 傾 기울어질 경
- 음 ① けい 케이
- 傾向 けいこう 경향   傾斜 けいしゃ 경사   傾聴 けいちょう 경청
- 훈 かたむく 기울다
- かたむける 기울이다

	한자	음	예	훈
15	慶 경사 경	음 ① けい 케이	けいじ 慶事 경사　けいが 慶賀 경하　けいちょう 慶弔 경조	
15	憬 깨달을 경	음 ① けい 케이	どうけい 憧憬 동경	

	한자	음	예	훈
예외한자 8	京 서울 경	음 ① きょう 쿄우 ② けい 케이	きょうと 京都 교토　じょうきょう 上京 상경 けいはん 京阪 교토와 오사카	
20	競 다툴 경	음 ① きょう 쿄우 ② けい 케이	きょうごう 競合 경합　きょうそう 競争 경쟁 けいば 競馬 경마	훈 きそう 겨루다 せる 경쟁하다
19	鏡 거울 경	음 ① きょう 쿄우	きょうだい 鏡台 경대　ぼうえんきょう 望遠鏡 망원경	훈 かがみ 거울 ◈ めがね 眼鏡 안경
14	境 경계 경	음 ① きょう 쿄우 ② けい 케이	きょうかい 境界 경계　しんきょう 心境 심경 けいだい 境内 경내	훈 さかい 경계
22	驚 놀랄 경	음 ① きょう 쿄우	きょうい 驚異 경이　きょうたん 驚嘆 경탄	훈 おどろく 놀라다 おどろかす 놀라게 하다
19	鯨 고래 경	음 ① げい 게이	げいゆ 鯨油 경유; 고래 기름　ほげい 捕鯨 포경	훈 くじら 고래
10	耕 밭갈 경	음 ① こう 코우	こうさく 耕作 경작　のうこう 農耕 농경	훈 たがやす 논밭을 갈다
7	更 고칠 경	음 ① こう 코우	こうせい 更正 경정; 고쳐서 바로잡음 こうてつ 更迭 경질　へんこう 変更 변경	훈 さら(に) 그 위에, 더욱더 ふける (밤이) 깊어지다
11	梗 줄기 경	음 ① こう 코우	のうこうそく 脳梗塞 뇌경색　こうがい 梗概 개요; 대강의 줄거리	
12	硬 굳을 경	음 ① こう 코우	こうか 硬貨 경화　こうど 硬度 경도　こうちょく 硬直 경직	훈 かたい 딱딱하다

021 계 → 케이 (9/14)

적용법칙 두음법칙 ㄱ → ヵ(か행)　음절법칙 예 → 에이(えい)

計 셈할 계 (9)
- 음 ① けい 케이
- 計算 계산　計画 계획　合計 합계
- 훈 はかる 측량하다
- はからう (적절히) 조처하다

係 걸릴 계 (9)
- 음 ① けい 케이
- 係数 계수　関係 관계　連係 연계
- 훈 かかる 관계되다
- かかり 담당

系 계통 계 (7)
- 음 ① けい 케이
- 系統 계통　系列 계열　体系 체계　家系 가계

契 맺을 계 (9)
- 음 ① けい 케이
- 契約 계약　契機 계기　黙契 묵계
- 훈 ちぎる (장래를) 약속하다

啓 열 계 (11)
- 음 ① けい 케이
- 啓発 계발　啓示 계시　啓蒙 계몽

渓 시내 계 (11)
- 음 ① けい 케이
- 渓谷 계곡　渓流 계류; 골짜기를 흐르는 시냇물

継 이을 계 (13)
- 음 ① けい 케이
- 継続 계속　中継 중계　後継 후계
- 훈 つぐ 잇다, 계승하다

稽 머무를 계 (15)
- 음 ① けい 케이
- 稽古 학습, 레슨　滑稽 골계; 익살, 해학

19	鶏 닭 계	음 ① **けい** 케이 鶏卵(けいらん) 계란　鶏肉(けいにく) 닭고기　養鶏(ようけい) 양계	훈 にわとり 닭

예외한자	9 界 경계 계	음 ① かい 카이	世界(せかい) 세계, 세상　政界(せいかい) 정계　境界(きょうかい) 경계　限界(げんかい) 한계
	12 階 계단 계	음 ① かい 카이	階段(かいだん) 계단　階級(かいきゅう) 계급
	11 械 기계 계	음 ① かい 카이	機械(きかい) 기계　器械(きかい) 기계, 기기
	7 戒 경계할 계	음 ① かい 카이	戒告(かいこく) 계고; 경고　戒厳令(かいげんれい) 계엄령 警戒(けいかい) 경계	훈 いましめる 훈계하다
	8 季 계절 계	음 ① き 키	季節(きせつ) 계절　四季(しき) 사계　季刊(きかん) 계간

022

우리말 발음	일본어 발음
고	코

11/17

적용법칙 두음법칙 ㄱ → ㅋ(か행)   음절법칙 오 → 오(お)

---

5 古 옛 고
- 음 ① こ 코
- 古代 고대　古典 고전　考古学 고고학
- 훈 ふるい 낡다, 오래되다

10 庫 창고 고
- 음 ① こ 코　② く 쿠
- 車庫 차고　倉庫 창고　庫裏 절의 부엌

8 固 굳을 고
- 음 ① こ 코
- 固定 고정　固有 고유　頑固 완고
- 훈 かたい 굳다, 딱딱하다
  かためる 굳히다
  かたまる 굳다, 딱딱해지다

9 故 연고 고
- 음 ① こ 코
- 故障 고장　故郷 고향　事故 사고
- 훈 ゆえ 이유, 까닭

8 股 넓적다리 고
- 음 ① こ 코
- 股間 사타구니　股関節 고관절　小股 보폭이 좁음
- 훈 また 가랑이

9 孤 외로울 고
- 음 ① こ 코
- 孤独 고독　孤児 고아　孤島 외딴 섬

9 枯 마를 고
- 음 ① こ 코
- 枯渇 고갈　枯木 고목　枯死 고사
- 훈 かれる 시들다
  からす 시들게 하다

12 雇 품살이 고
- 음 ① こ 코
- 雇用 고용　雇員 고용인　解雇 해고
- 훈 やとう 고용하다

번호	한자	음	단어	훈
13	鼓 (북 고)	① こ 코	鼓動 고동　鼓膜 고막　太鼓 북	つづみ 북, 장구
16	錮 (막을 고)	① こ 코	禁錮刑 금고형; 교도소에 가둠	
21	顧 (돌아볼 고)	① こ 코	顧客 고객　顧問 고문　回顧 회고	かえりみる 돌아보다

예외한자

번호	한자	음	단어	훈
6	考 (생각할 고)	① こう 코우	考案 고안　考慮 고려　思考 사고	かんがえる 생각하다
10	高 (높을 고)	① こう 코우	高価 고가　高級 고급　最高 최고	たかい 높다 たかまる 높아지다 たかめる 높이다
15	稿 (볏짚 고)	① こう 코우	原稿 원고　草稿 초고	
9	拷 (두드릴 고)	① ごう 고우	拷問 고문	
7	告 (고할 고)	① こく 코쿠	告示 고시　告白 고백　報告 보고	つげる 알리다
8	苦 (괴로울 고)	① く 쿠	苦労 고생　苦痛 고통	くるしい 괴롭다 くるしむ 괴로워하다 にがい 쓰다

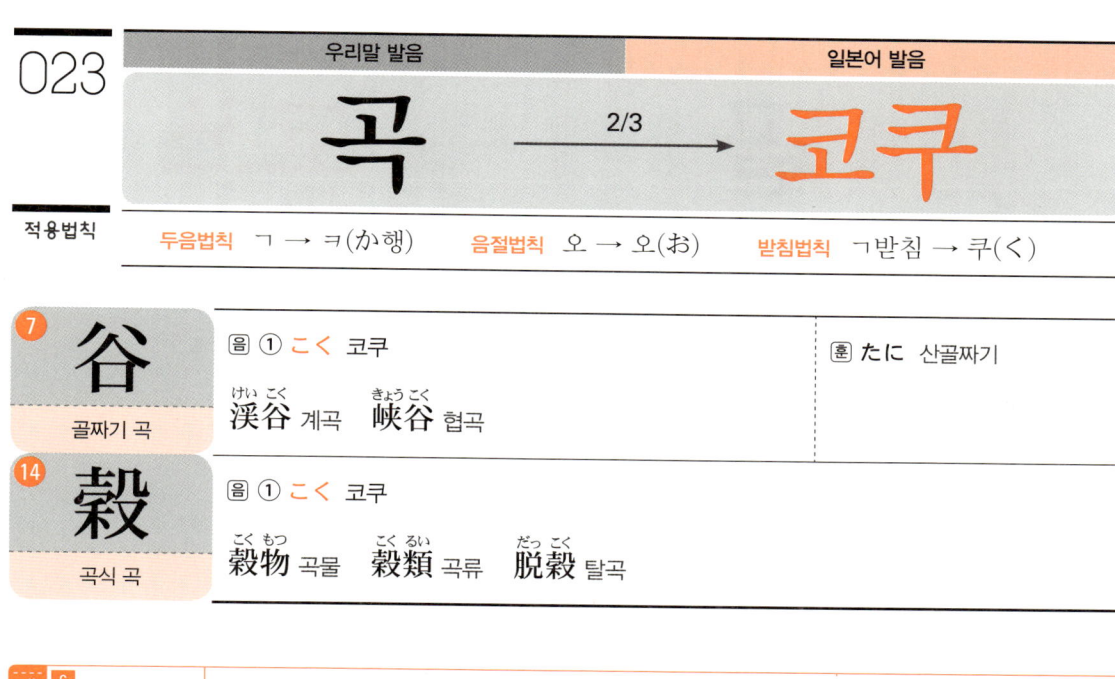

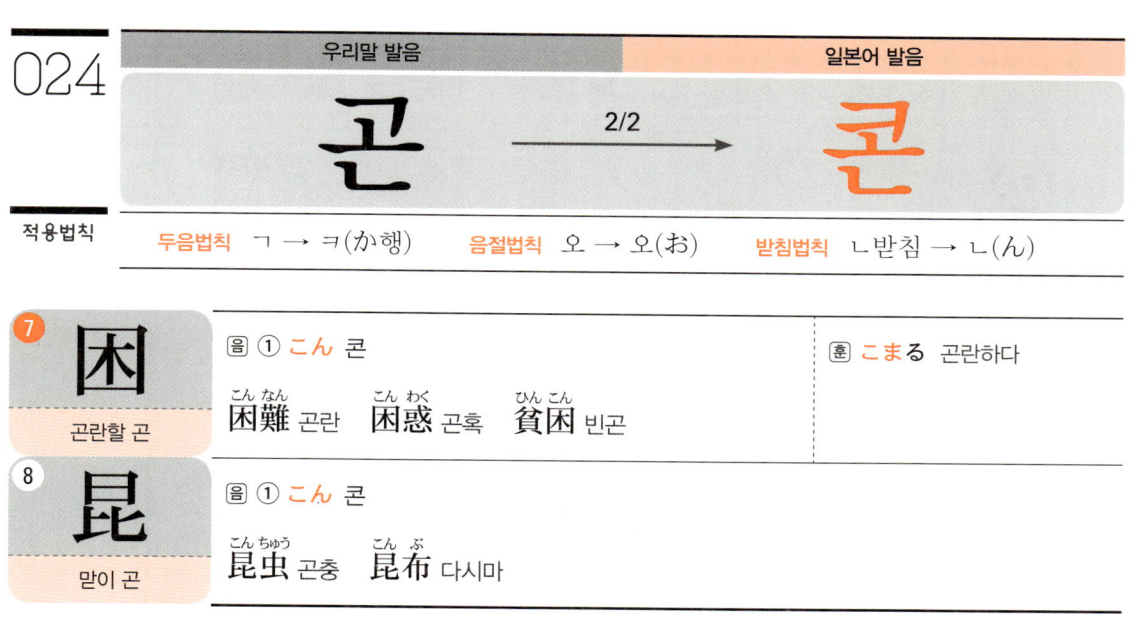

025

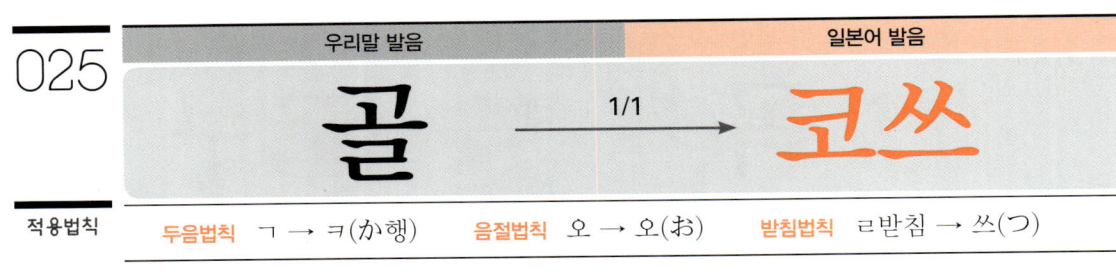

우리말 발음		일본어 발음
골	1/1 →	코쓰

적용법칙

두음법칙 ㄱ → ㅋ(か행)　음절법칙 오 → 오(お)　받침법칙 ㄹ받침 → 쓰(つ)

骨 10 뼈 골

음 ① こつ [こっー] 코쓰

骨髓(こつずい) 골수　骨格(こっかく) 골격　筋骨(きんこつ) 근골

훈 ほね 뼈

026

우리말 발음		일본어 발음
공	7/12 →	코우

적용법칙

두음법칙 ㄱ → ㅋ(か행)　음절법칙 오 → 오(お)　받침법칙 ㅇ받침 → 우(う)

工 3 장인 공

음 ① こう 코우　② く 쿠

工場(こうじょう) 공장　工事(こうじ) 공사　加工(かこう) 가공　工夫(くふう) 궁리　細工(さいく) 세공

公 4 공평할 공

음 ① こう 코우

公園(こうえん) 공원　公害(こうがい) 공해　公平(こうへい) 공평

훈 おおやけ 공공, 공공 단체

功 5 공 공

음 ① こう 코우　② く 쿠

功績(こうせき) 공적　功名(こうみょう) 공명　成功(せいこう) 성공　功徳(くどく) 공덕

孔 4 구멍 공

음 ① こう 코우

気孔(きこう) 기공　眼孔(がんこう) 안공　鼻孔(びこう) 비공; 콧구멍

攻 7 칠 공

음 ① こう 코우

攻撃(こうげき) 공격　攻略(こうりゃく) 공략　専攻(せんこう) 전공

훈 せめる 공격하다

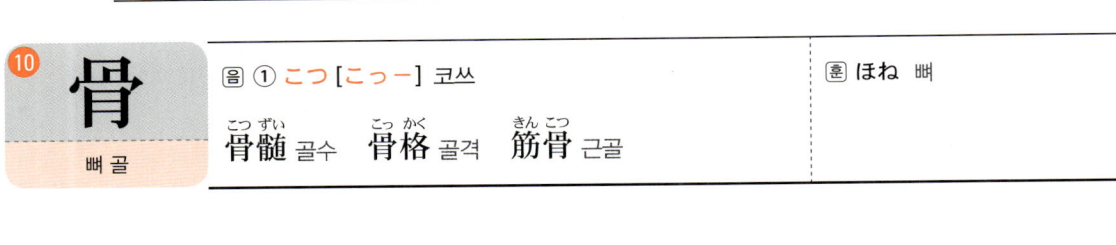

10 貢 바칠 공	음 ① こう 코우　② く 쿠 こう けん　　　　ちょう こう　　　　ねん ぐ 貢献 공헌　朝貢 조공　年貢 연공, 소작료	훈 みつぐ (공물을) 바치다
11 控 당길 공	음 ① こう 코우 こう じょ　　　　こう そ 控除 공제　控訴 공소, 항소	훈 ひかえる 대기하다, 삼가다

예외한자

6 共 함께 공	음 ① きょう 쿄우　共通 공통　共同 공동	훈 とも 같이, 함께, 동시
8 供 이바지할 공	음 ① きょう 쿄우　供給 공급　提供 제공 　② く 쿠　供物 공물　供養 공양	훈 とも 수행원 そなえる 바치다
10 恐 두려울 공	음 ① きょう 쿄우　恐怖 공포　恐喝 공갈	훈 おそれる 두려워하다 おそろしい 두렵다
10 恭 공손할 공	음 ① きょう 쿄우　恭賀 공하　恭敬 공경	훈 うやうやしい 공손하다
8 空 빌 공	음 ① くう 쿠우　空気 공기　空港 공항	훈 そら 하늘 から (속이) 빔 あく 비다

027

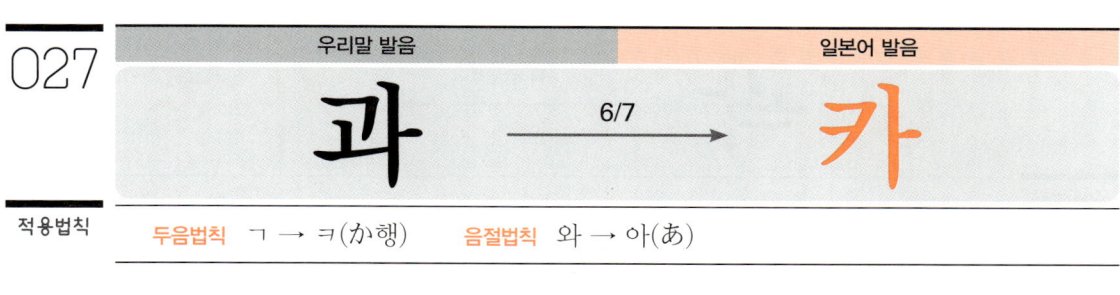

적용법칙　두음법칙 ㄱ → ㅋ(か행)　음절법칙 와 → 아(あ)

9 科 과목 과	음 ① か 카　科学 과학　科目 과목　教科書 교과서　理科 이과

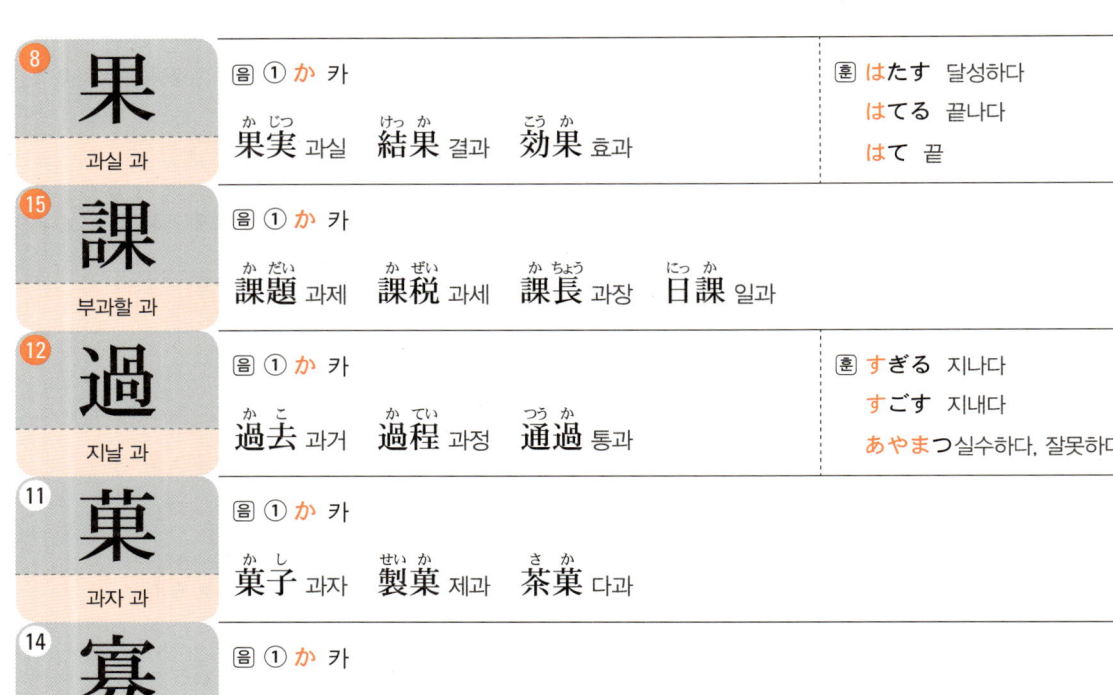

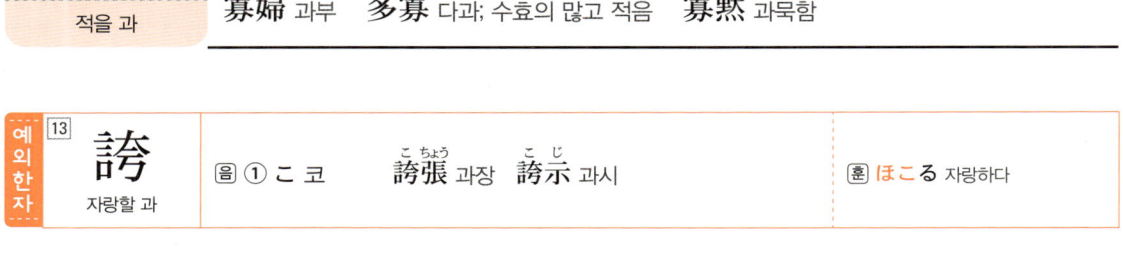

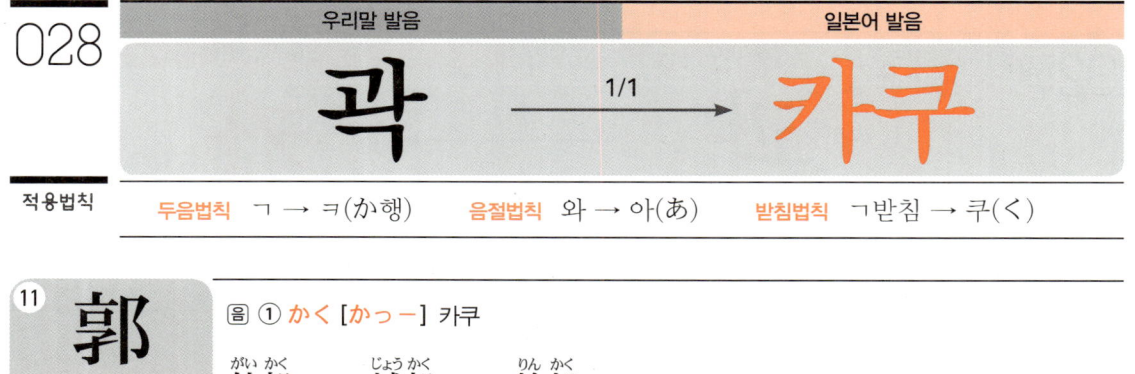

029

우리말 발음		일본어 발음
관	12/12 →	**칸**

적용법칙 **두음법칙** ㄱ → ㅋ(か행)　**음절법칙** 와 → 아(あ)　**받침법칙** ㄴ받침 → ㄴ(ん)

---

⑯ 館 집 관
- 음 ① **かん** 칸
  - かんちょう 館長 관장　としょかん 図書館 도서관　りょかん 旅館 여관
- 훈 やかた 저택, 숙소

⑧ 官 벼슬 관
- 음 ① **かん** 칸
  - かんちょう 官庁 관청　かんりょう 官僚 관료　ほうかん 法官 법관

⑭ 管 대롱 관
- 음 ① **かん** 칸
  - かんり 管理 관리　かんかつ 管轄 관할　けっかん 血管 혈관
- 훈 くだ 관, 대롱

⑱ 観 볼 관
- 음 ① **かん** 칸
  - かんきゃく 観客 관객　かんこう 観光 관광　かんさつ 観察 관찰　しゅかん 主観 주관

⑭ 関 빗장 관
- 음 ① **かん** 칸
  - かんけい 関係 관계　かんせつ 関節 관절　かんれん 関連 관련
- 훈 せき 관문
  - かかわる 관계되다

⑭ 慣 익숙할 관
- 음 ① **かん** 칸
  - かんこう 慣行 관행　かんよう 慣用 관용　しゅうかん 習慣 습관
- 훈 なれる 익숙하다
  - ならす 익히다

⑥ 缶 두레박 관
- 음 ① **かん** 칸
  - かんづめ 缶詰 통조림　あきかん 空缶 빈 깡통

⑨ 冠 갓 관
- 음 ① **かん** 칸
  - かんこんそうさい 冠婚葬祭 관혼상제　おうかん 王冠 왕관
- 훈 かんむり (머리에 쓰는) 관

| 11 | 貫 꿸 관 | 음 ① かん 칸
 かんつう 貫通 관통　かんろく 貫禄 관록　かんてつ 貫徹 관철 | 훈 つらぬく 꿰뚫다, 일관하다 |

| 12 | 棺 관 관 | 음 ① かん 칸
 せっかん 石棺 석관　しゅっかん 出棺 출관　のうかん 納棺 입관 | |

| 12 | 款 정성 관 | 음 ① かん 칸
 しゃっかん 借款 차관　ていかん 定款 정관　らっかん 落款 낙관 | |

| 13 | 寛 너그러울 관 | 음 ① かん 칸
 かんよう 寛容 관용　かんだい 寛大 관대 | |

030

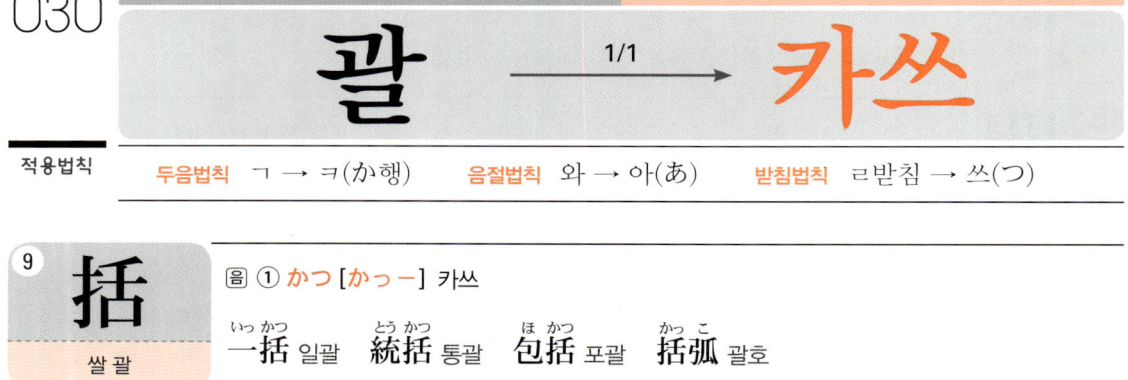

괄 1/1 카쓰

적용법칙　두음법칙 ㄱ → カ(か행)　음절법칙 와 → 아(あ)　받침법칙 ㄹ받침 → 쓰(つ)

| 9 | 括 쌀 괄 | 음 ① かつ [かっー] 카쓰
 いっかつ 一括 일괄　とうかつ 統括 통괄　ほかつ 包括 포괄　かっこ 括弧 괄호 | |

031

우리말 발음		일본어 발음
광	3/4 →	코우

적용법칙 두음법칙 ㄱ → ㅋ(か행)　　음절법칙 왕 → 오우(おう)　　받침법칙 ㅇ받침 → 우(う)

5 広 넓을 광
- 음 ① こう 코우
  - 広告 광고　広大 광대　広報 홍보
- 훈 ひろい 넓다
  - ひろがる 넓어지다
  - ひろげる 넓히다

6 光 빛 광
- 음 ① こう 코우
  - 光景 광경　光栄 영광　観光 관광
- 훈 ひかる 빛나다
  - ひかり 빛

13 鉱 쇳돌 광
- 음 ① こう 코우
  - 鉱山 광산　鉱物 광물　金鉱 금광　鉄鉱 철광

예외한자 7 狂 미칠 광
- 음 ① きょう 쿄우
  - 狂気 광기　狂人 광인　熱狂 열광
- 훈 くるう 미치다
  - くるおしい 미칠 것 같다

032

우리말 발음		일본어 발음
괴	4/4 →	카이

적용법칙 두음법칙 ㄱ → ㅋ(か행)　　음절법칙 외 → 아이(あい)

8 怪 괴이할 괴
- 음 ① かい 카이
  - 怪談 괴담　怪物 괴물　怪力 괴력　奇怪 기괴
- 훈 あやしい 의심스럽다
  - あやしむ 의심하다

8	拐 유인할 괴	음 ① かい 카이 誘拐 유괴		
13	塊 덩어리 괴	음 ① かい 카이 金塊 금괴　血塊 혈괴; 핏덩어리　塊状 덩어리모양	훈 かたまり 덩어리	
16	壊 무너질 괴	음 ① かい 카이 壊滅 괴멸　崩壊 붕괴　破壊 파괴	훈 こわす 부수다 こわれる 부서지다	

033

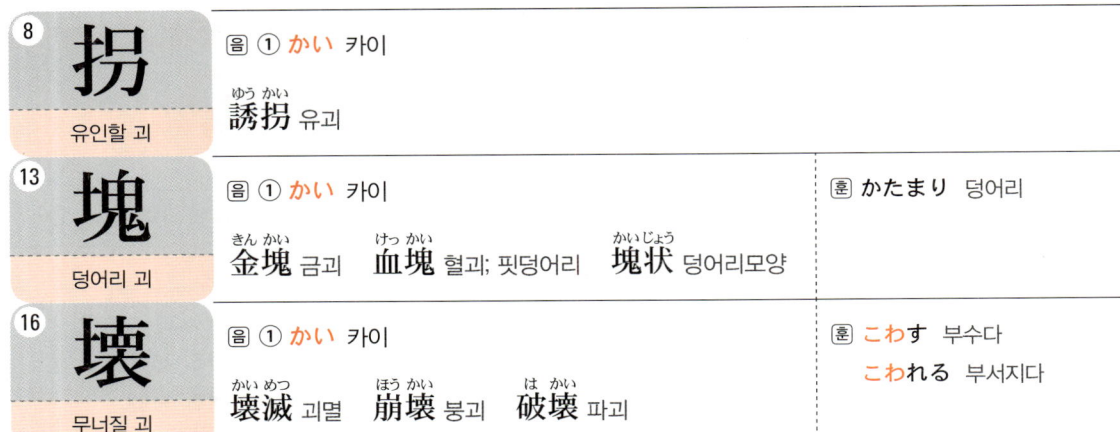

교 → 3/9 → 쿄우

우리말 발음 / 일본어 발음

적용법칙　두음법칙 ㄱ → ㅋ(か행)　음절법칙 요 → 요우(よう)

11	教 가르칠 교	음 ① きょう 쿄우 教育 교육　教室 교실　仏教 불교　宗教 종교	훈 おしえる 가르치다 おそわる 배우다
16	橋 다리 교	음 ① きょう 쿄우 橋脚 교각　鉄橋 철교　歩道橋 육교	훈 はし 다리
17	矯 바로잡을 교	음 ① きょう 쿄우 矯正 교정　矯激 교격; 언동이 과격함, 과격	훈 ためる 바로잡다

예외한자			
10	校 학교 교	음 ① こう 코우　校庭 교정　学校 학교　母校 모교	
6	交 사귈 교	음 ① こう 코우　交渉 교섭　交換 교환　交通 교통	훈 まじる 섞이다 まぜる 섞다 かわす 주고 받다

예외한자			
5 巧 공교로울 교	음 ① こう 코우	巧妙 교묘 技巧 기교	훈 たくみ 솜씨가 좋음
9 郊 들 교	음 ① こう 코우	郊外 교외 近郊 근교	
12 絞 목맬 교	음 ① こう 코우	絞殺 교살 絞首刑 교수형	훈 しぼる 짜내다 しまる 죄이다 しめる 조르다
13 較 비교할 교	음 ① かく 카쿠	比較 비교 較差 교차	

034

우리말 발음		일본어 발음
구	9/22 →	큐우

적용법칙 두음법칙 ㄱ → ヵ(か행)

2 九 아홉 구	음 ① きゅう 큐우 ② く 쿠 九州 규슈 지방 十中八九 십중팔구	훈 ここの〜 아홉〜 ここのつ 아홉 개
7 究 연구할 구	음 ① きゅう 큐우 究明 구명 研究 연구 探究 탐구	훈 きわめる 알아내다, 규명하다
11 球 구슬 구	음 ① きゅう 큐우 球技 구기 野球 야구 地球 지구	훈 たま 구슬
7 求 구할 구	음 ① きゅう 큐우 求人 구인 要求 요구 追求 추구	훈 もとめる 구하다

		음	예	훈
⑪	救 구원할 구	① きゅう 큐우	きゅうえん 救援 구원　きゅうさい 救済 구제　きゅうきゅう 救急 구급　きゅうじょ 救助 구조	すくう 구원하다
③	久 오랠 구	① きゅう 큐우　② く 쿠	えいきゅう 永久 영구　たいきゅう 耐久 내구　くおん 久遠 영원	ひさしい 오래되다, 오래간만이다
⑤	旧 옛 구	① きゅう 큐우	きゅうしき 旧式 구식　ふっきゅう 復旧 복구　しんきゅう 新旧 신구	
⑤	丘 언덕 구	① きゅう 큐우	きゅうりょう 丘陵 구릉　さきゅう 砂丘 사구	おか 언덕
⑥	臼 절구 구	① きゅう 큐우	きゅうし 臼歯 구치; 어금니　だっきゅう 脱臼 탈구; 관절이 어긋남	うす 절구　いしうす 石臼 돌절구

예외한자		음	예	훈
③	口 입 구	① こう 코우　② く 쿠	こうじつ 口実 구실　じんこう 人口 인구　くちょう 口調 말투　くでん 口伝 구전	くち 입
⑭	構 얽을 구	① こう 코우	こうせい 構成 구성　こうぞう 構造 구조	かまう 구애받다　かまえる 꾸미다, 준비하다
④	勾 굽을 구	① こう 코우	こうりゅう 勾留 구치　こうばい 勾配 경사, 기울기	
⑧	拘 잡을 구	① こう 코우	こうそく 拘束 구속　こうりゅう 拘留 구류　こうち 拘置 구치	
⑬	溝 도랑 구	① こう 코우	げすいこう 下水溝 하수구　はいすいこう 排水溝 배수구	みぞ 도랑
⑰	購 살 구	① こう 코우	こうにゅう 購入 구입　こうばい 購買 구매　こうどく 購読 구독	

예외한자			
4 区 구역 구	음 ① く 쿠	区分 구분　区別 구별　地区 지구	
5 句 글 구	음 ① く 쿠	句点 마침표　俳句 일본 고유의 단시(短詩)	
14 駆 몰 구	음 ① く 쿠	駆使 구사　先駆 선구	훈 かる (소,말 등을) 몰다　かける 달리다
8 欧 노래할 구	음 ① おう 오우	欧州 구주; 유럽　欧米 구미; 유럽과 미국　西欧 서구, 서유럽	
8 殴 때릴 구	음 ① おう 오우	殴殺 때려 죽임　殴打 구타	훈 なぐる 때리다
8 具 갖출 구	음 ① ぐ 구	具体的 구체적　家具 가구　道具 도구	
11 惧 두려워할 구	음 ① ぐ 구	危惧 걱정하고 두려워함	

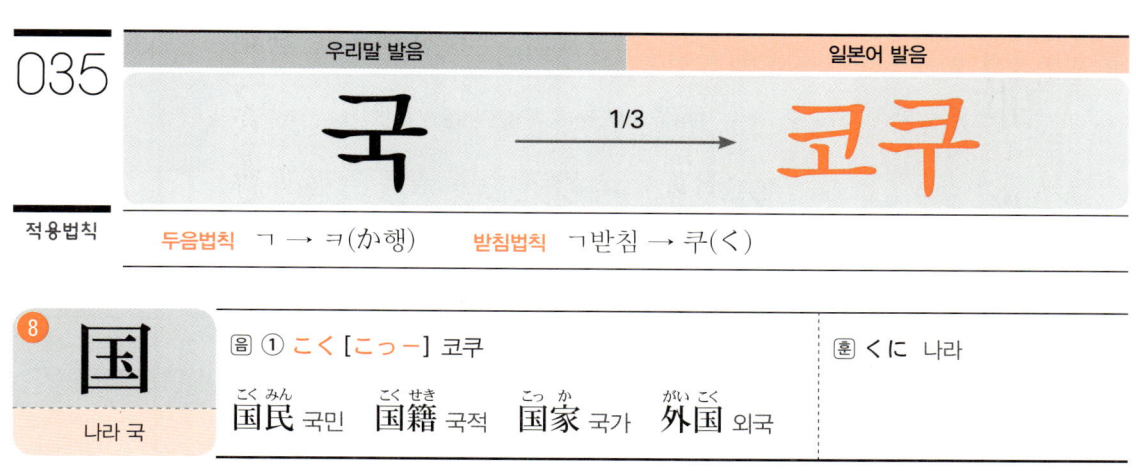

035

우리말 발음 국 → 1/3 → 일본어 발음 코쿠

적용법칙　두음법칙 ㄱ → カ(か행)　받침법칙 ㄱ받침 → 쿠(く)

| 8 国 나라 국 | 음 ① こく [こっー] 코쿠　国民 국민　国籍 국적　国家 국가　外国 외국 | 훈 くに 나라 |

예외한자	⑦ 局 판 국	음 ① きょく 쿄쿠 局面 국면 局長 국장 結局 결국
	⑪ 菊 국화 국	음 ① きく[きっ-/-ぎく] 키쿠 菊人形 국화 꽃으로 꾸민 인형 菊花 국화 春菊 쑥갓 野菊 들국화

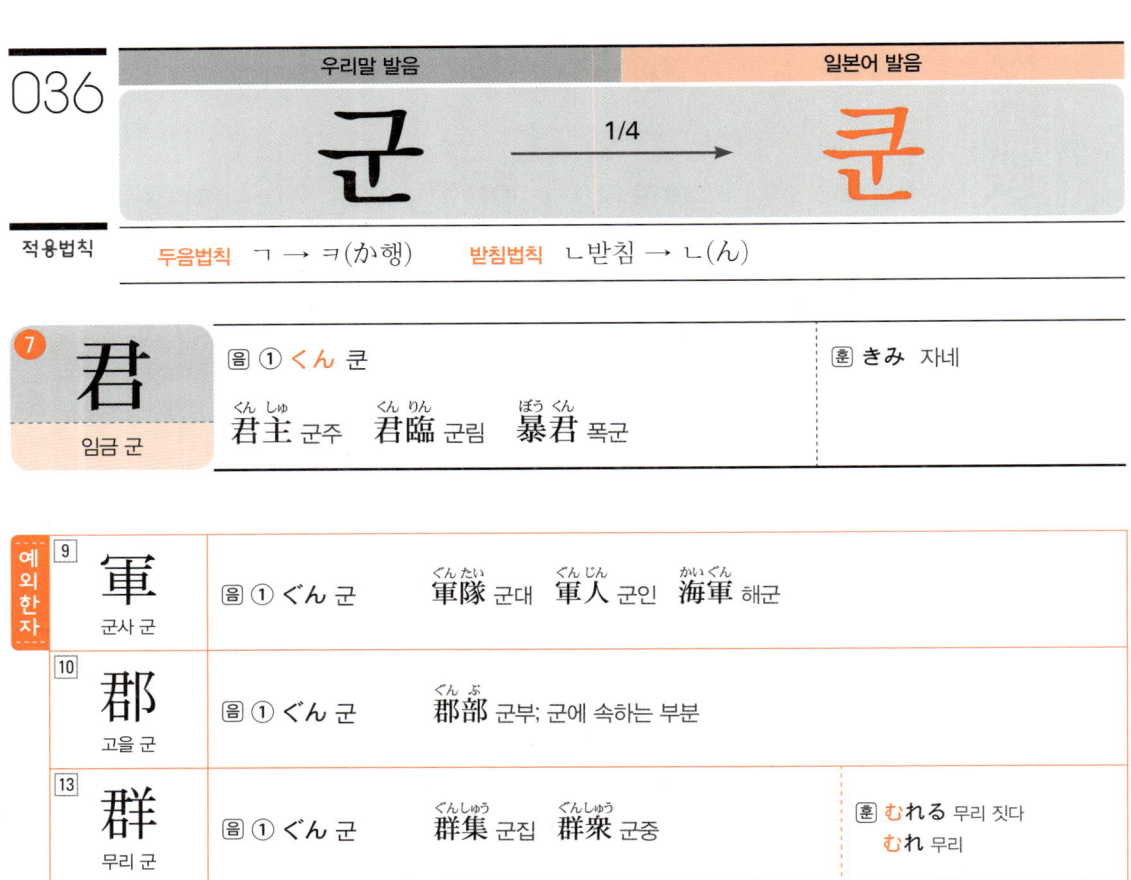

	⑦ 君 임금 군	음 ① くん 쿤 君主 군주 君臨 군림 暴君 폭군	훈 きみ 자네

예외한자	⑨ 軍 군사 군	음 ① ぐん 군 軍隊 군대 軍人 군인 海軍 해군	
	⑩ 郡 고을 군	음 ① ぐん 군 郡部 군부; 군에 속하는 부분	
	⑬ 群 무리 군	음 ① ぐん 군 群集 군집 群衆 군중	훈 むれる 무리 짓다 むれ 무리

037

우리말 발음		일본어 발음
굴	3/3 →	쿠쓰

적용법칙 두음법칙 ㄱ → ヵ(か행)   받침법칙 ㄹ받침 → 쓰(つ)

8 屈 굽을 굴	음 ① くつ [くっー] 쿠쓰 くつじょく 屈辱 굴욕 くっし 屈指 굴지 くせつ 屈折 굴절 くっきょく 屈曲 굴곡 くっぷく 屈服 굴복	
11 掘 팔 굴	음 ① くつ [くっー] 쿠쓰 くっさく 掘削 굴착 さいくつ 採掘 채굴 はっくつ 発掘 발굴	훈 ほる 땅을 파다
13 窟 굴 굴	음 ① くつ 쿠쓰 がんくつ 岩窟 바위굴 そうくつ 巣窟 소굴 どうくつ 洞窟 동굴	

038

우리말 발음		일본어 발음
궁	3/3 →	큐우

적용법칙 두음법칙 ㄱ → ヵ(か행)   받침법칙 ㅇ받침 → 우(う)

3 弓 활 궁	음 ① きゅう 큐우 きゅうどう 弓道 궁도 きゅうじょう 弓状 활 모양 ようきゅう 洋弓 양궁	훈 ゆみ 활
10 宮 집 궁	음 ① きゅう 큐우 ② ぐう 구우 きゅうでん 宮殿 궁전 おうきゅう 王宮 왕궁 じんぐう 神宮 신궁	훈 みや 궁궐, 신사
15 窮 궁할 궁	음 ① きゅう 큐우 きゅうち 窮地 궁지 きゅうきょく 窮極 궁극 きゅうくつ 窮屈 거북함 きゅうぼう 窮乏 궁핍	훈 きわまる 극히 ~하다 きわめる 극하다

039

우리말 발음		일본어 발음
권	4/6 →	켄

적용법칙 　두음법칙 ㄱ → カ(か행)　　음절법칙 워 → 에(え)　　받침법칙 ㄴ받침 → ㄴ(ん)

⑧ 券 문서 권	음 ① けん 켄 券売機(けんばいき) 매표기　証券(しょうけん) 증권　旅券(りょけん) 여권　入場券(にゅうじょうけん) 입장권
⑮ 権 권세 권	음 ① けん 켄　② ごん 곤 権利(けんり) 권리　権力(けんりょく) 권력　権威(けんい) 권위　権益(けんえき) 권익　権化(ごんげ) 화신
⑩ 拳 주먹 권	음 ① けん 켄　② げん 겐　　　　　　　　　　　훈 こぶし 주먹 拳法(けんぽう) 권법　拳銃(けんじゅう) 권총　鉄拳(てっけん) 철권　拳骨(げんこつ) 주먹
⑫ 圏 우리 권	음 ① けん 켄 圏内(けんない) 권내　圏外(けんがい) 권외　首都圏(しゅとけん) 수도권

예외한자

⑨ 巻 책 권	음 ① かん 칸　巻頭(かんとう) 권두　圧巻(あっかん) 압권	훈 まく 말다, 감다 まき 말이, 감은 것, 권
⑬ 勧 권할 권	음 ① かん 칸　勧告(かんこく) 권고　勧誘(かんゆう) 권유	훈 すすめる 권하다

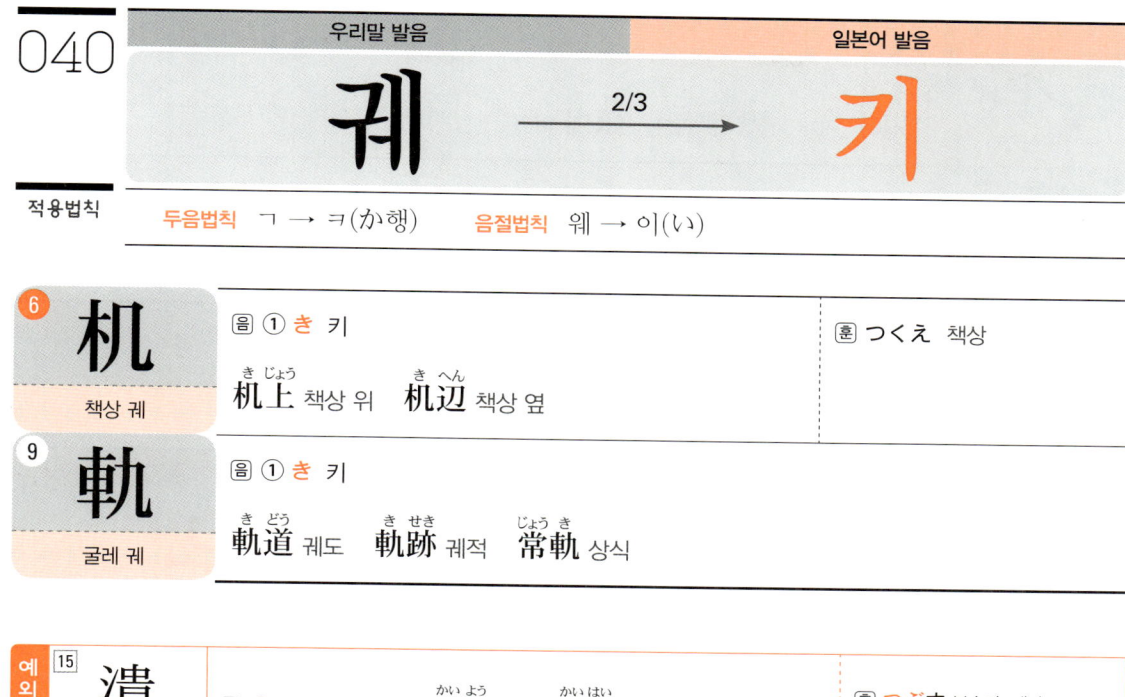
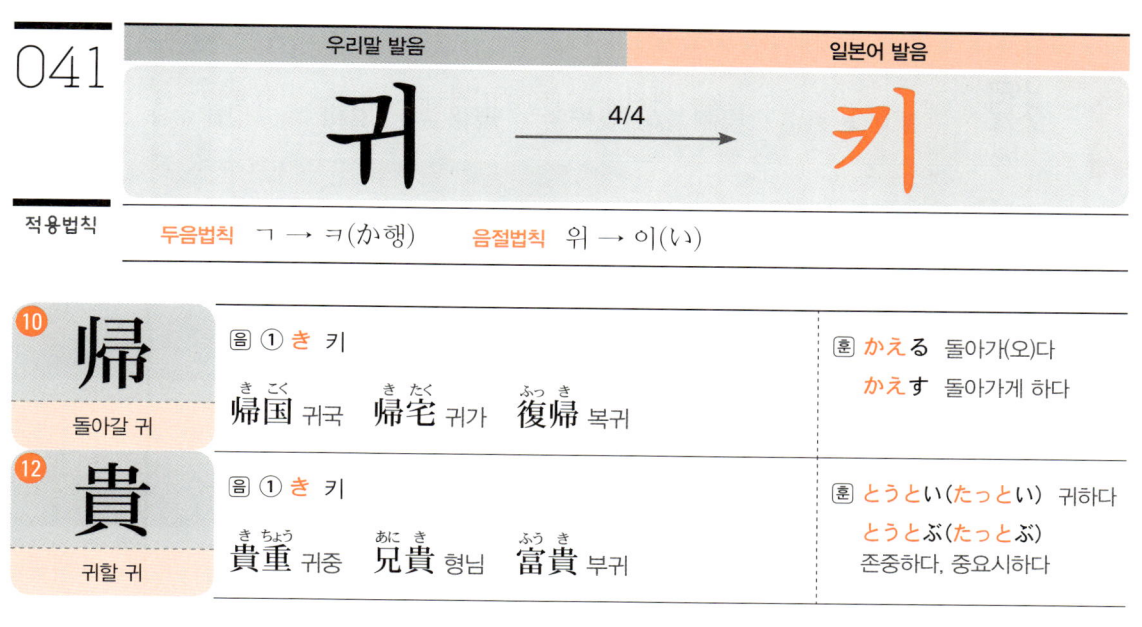

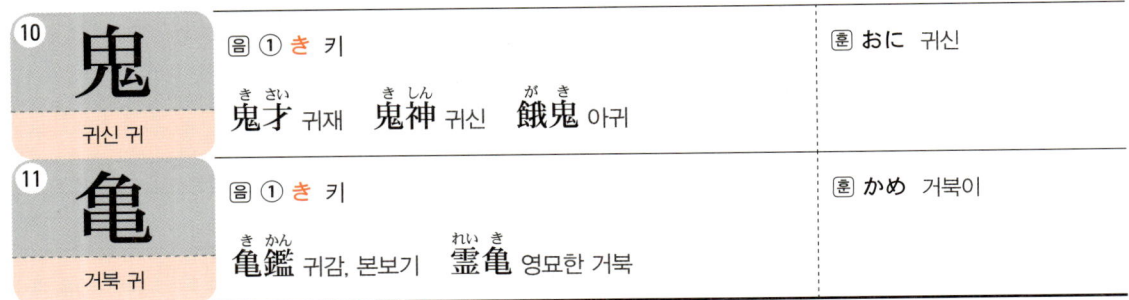

10 鬼 귀신 귀	음 ① **き** 키　　鬼才 きさい 귀재　鬼神 きしん 귀신　餓鬼 がき 아귀	훈 おに 귀신
11 亀 거북 귀	음 ① **き** 키　　亀鑑 きかん 귀감, 본보기　霊亀 れいき 영묘한 거북	훈 かめ 거북이

042

우리말 발음　규　→ 1/3 →　일본어 발음　큐우

적용법칙　두음법칙 ㄱ → ㅋ(か행)　　음절법칙 유 → 유우(ゆう)

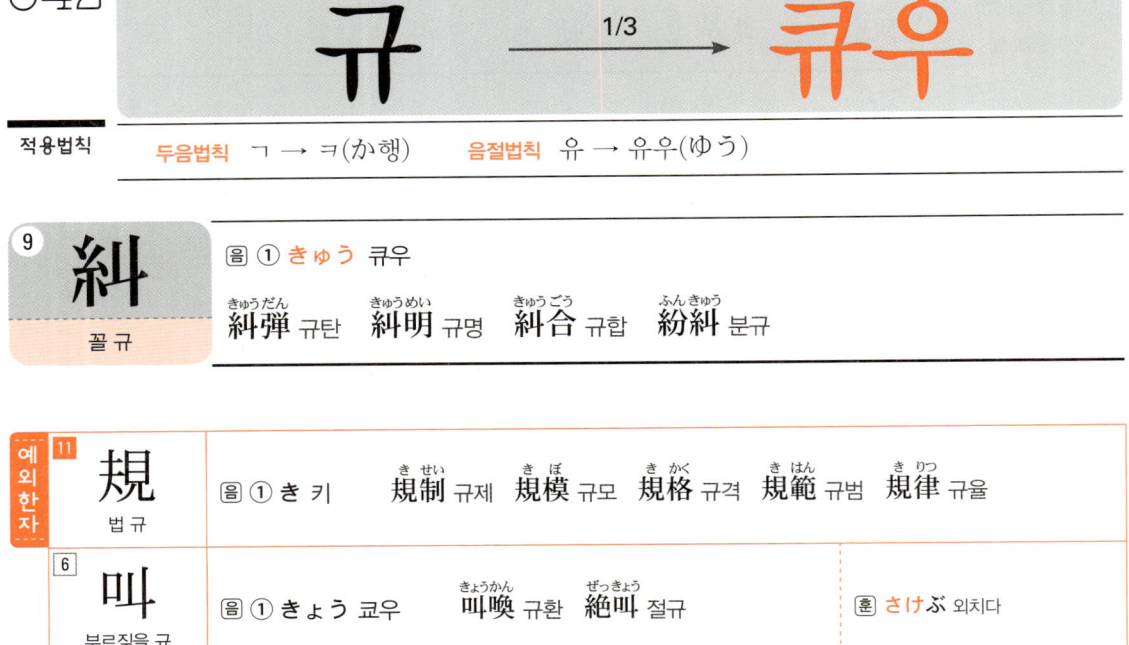

| 9 糾 꼴 규 | 음 ① **きゅう** 큐우　　糾弾 きゅうだん 규탄　糾明 きゅうめい 규명　糾合 きゅうごう 규합　紛糾 ふんきゅう 분규 | |

예외한자	11 規 법 규	음 ① **き** 키　規制 きせい 규제　規模 きぼ 규모　規格 きかく 규격　規範 きはん 규범　規律 きりつ 규율	
	6 叫 부르짖을 규	음 ① **きょう** 쿄우　叫喚 きょうかん 규환　絶叫 ぜっきょう 절규	훈 さけぶ 외치다

043

우리말 발음		일본어 발음
균	2/3 →	킨

적용법칙
두음법칙 ㄱ → ㅋ(か행)　　받침법칙 ㄴ받침 → ん(ん)

7 均 고를 균
- 음 ① きん 킨
- 均衡 きんこう 균형　均一 きんいつ 균일　均等 きんとう 균등　平均 へいきん 평균

11 菌 버섯 균
- 음 ① きん 킨
- 菌 きん 균, 세균　細菌 さいきん 세균　菌類 きんるい 균류　殺菌 さっきん 살균　病原菌 びょうげんきん 병원균

예외한자 11 亀 터질 균
- 음 ① き 키
- 亀裂 きれつ 균열

044

우리말 발음		일본어 발음
극	1/4 →	쿄쿠

적용법칙
두음법칙 ㄱ → ㅋ(か행)　　받침법칙 ㄱ받침 → 쿠(く)

12 極 지극할 극
- 음 ① きょく 쿄쿠　② ごく 고쿠
- 極度 きょくど 극도　極限 きょくげん 극한　南極 なんきょく 남극　極秘 ごくひ 극비
- 훈 きわめる 다하다　きわまる 극도에 달하다

예외한자 15 劇 심할 극
- 음 ① げき 게키
- 劇場 げきじょう 극장　演劇 えんげき 연극　喜劇 きげき 희극　悲劇 ひげき 비극

예외한자			
13	隙 틈 극	음 ① げき 게키　間隙 간극　寸隙 촌극	훈 すき 틈, 빈 틈 隙間 빈틈, 틈새, 짬
7	克 이길 극	음 ① こく[こっ—] 코쿠　克服 극복　克己 극기　相克 상극	

045

우리말 발음　　근　→ 6/7 →　킨　일본어 발음

적용법칙　두음법칙　ㄱ → ヵ(か행)　　받침법칙　ㄴ받침 → ン(ん)

7	近 가까울 근	음 ① きん 킨　近代 근대　近所 근처　最近 최근	훈 ちかい 가깝다
12	勤 부지런할 근	음 ① きん 킨　② ごん 곤　勤務 근무　勤労 근로　勤行 근행; 열심히 불도를 닦음	훈 つとめる 근무하다 つとまる 맡을 수 있다
12	筋 힘줄 근	음 ① きん 킨　筋肉 근육　鉄筋 철근　腹筋 복근	훈 すじ 힘줄
4	斤 근 근	음 ① きん 킨　斤量 근량, 근수　一斤 한 근; 600g	
13	僅 겨우 근	음 ① きん 킨　僅少 근소　僅差 근소한 차　僅僅 근근, 겨우	훈 わずか 불과, 조금 (부사)
17	謹 삼가할 근	음 ① きん 킨　謹賀新年 근하신년　謹厳 근엄　謹慎 근신	훈 つつしむ 삼가다

예외한자 10 根 뿌리 근
- 음 ① こん 콘　根本 근본　根拠 근거　根気 끈기
- 훈 ね 뿌리

046

우리말 발음		일본어 발음
금	5/6 →	킨

적용법칙 두음법칙 ㄱ → ヵ(か행)　받침법칙 ㅁ받침 → ㄴ(ん)

8 金 쇠 금
- 음 ① きん 킨　② こん 콘
  - 金庫 금고　金額 금액　金剛石 금강석
- 훈 かね 쇠　かな~ 쇠로 된 ~

13 禁 금할 금
- 음 ① きん 킨
  - 禁煙 금연　禁止 금지　禁物 금물　厳禁 엄금

12 琴 거문고 금
- 음 ① きん 킨
  - 琴線 거문고의 줄, 심금　木琴 목금
- 훈 こと 거문고

16 錦 비단 금
- 음 ① きん 킨
  - 錦衣 비단옷　錦秋 단풍이 비단처럼 아름다운 가을
- 훈 にしき 비단, 아름답고 훌륭한 것

18 襟 옷깃 금
- 음 ① きん 킨
  - 襟度 금도, 도량　胸襟 흉금; 가슴 속에 품은 생각
- 훈 えり 옷깃

예외한자 4 今 이제 금
- 음 ① こん 콘　今回 이번　今後 이후, 차후　昨今 작금; 요즘
  - ② きん 킨　今上 금상; 현재의 왕

047

우리말 발음		일본어 발음
급	4/4 →	きゅう

적용법칙　두음법칙 ㄱ → カ(か행)　음절법칙 읍 → 유우(ゆう)　받침법칙 ㅂ받침 → 우(う)

⑨ 急 급할 급
[음] ① きゅう 큐우
急速 급속　急激 급격　緊急 긴급　特急 특급
[훈] いそぐ 서두르다

⑨ 級 등급 급
[음] ① きゅう 큐우
級友 급우　高級 고급　階級 계급　上級 상급

⑫ 給 줄 급
[음] ① きゅう 큐우
給料 급료　給食 급식　月給 월급　配給 배급

③ 及 미칠 급
[음] ① きゅう 큐우
及第 급제　普及 보급　追求 추궁, 추적
[훈] およぶ 미치다
　　および ～및/과/와
　　およぼす 미치게 하다

048

우리말 발음		일본어 발음
긍	1/1 →	こう

적용법칙　두음법칙 ㄱ → カ(か행)　음절법칙 응 → 오우(ゆう)　받침법칙 ㅇ받침 → 우(う)

⑧ 肯 긍정할 긍
[음] ① こう 코우
肯定 긍정　肯綮 급소, 요소　首肯 수긍

049

우리말 발음		일본어 발음
기	25/28 →	키

적용법칙   두음법칙 ㄱ → ㅋ(か행)   음절법칙 이 → 이(い)

---

⑥ 気 (기운 기)
[음] ① き 키 ② け 케
気温 기온 気分 기분 気持ち 마음, 기분 気配 기척, 낌새

⑦ 汽 (김 기)
[음] ① き 키
汽車 기차 汽笛 기적 汽船 기선

⑩ 記 (기록할 기)
[음] ① き 키
記録 기록 記事 기사 記憶 기억 記号 기호
[훈] しるす 기록하다

⑩ 起 (일어날 기)
[음] ① き 키
起立 기립 起床 기상 起源 기원
[훈] おきる 기상하다, 일어나다
　　おこる 일어나다, 발생하다
　　おこす 일으키다

⑫ 期 (기약할 기)
[음] ① き 키 ② ご 고
期間 기간 期待 기대 最期 최후, 임종

⑨ 紀 (벼리 기)
[음] ① き 키
紀行 기행 紀元 기원 世紀 세기

⑭ 旗 (기 기)
[음] ① き 키
旗手 기수 反旗 반기 国旗 국기 校旗 교기
[훈] はた 기, 깃발

⑮ 器 (그릇 기)
[음] ① き 키
器用 재주가 있음 陶器 도기 食器 식기
[훈] うつわ 그릇

	한자	음	훈
⑯	**機** 베틀 기	① き 키 機会 기회　機械 기계　危機 위기	はた 베틀
⑪	**基** 터 기	① き 키 基礎 기초　基準 기준　基本 기본	もと 기본 もとい 근본, 기초
⑪	**寄** 부칠 기	① き 키 寄贈 기증　寄付 기부　寄与 기여	よる 들르다 よせる 가까이 대다
③	**己** 몸 기	① き 키　② こ 코 知己 지기　克己 극기　自己 자기　利己 이기	おのれ 자신
⑥	**伎** 재간 기	① き 키 歌舞伎 일본 전통 민중 연극	
⑥	**企** 꾀할 기	① き 키 企業 기업　企画 기획　企図 기도	くわだてる 꾀하다
⑦	**忌** 꺼릴 기	① き 키 忌避 기피　忌中 상중　禁忌 금기	いむ 꺼리다 いまわしい 불길하다
⑦	**岐** 갈래 나뉠 기	① き 키 岐路 기로　多岐 다기　分岐 분기	
⑧	**祈** 빌 기	① き 키 祈願 기원　祈念 기념	いのる 빌다
⑧	**奇** 기이할 기	① き 키 奇跡 기적　奇妙 기묘　奇数 홀수　怪奇 괴기	

	한자	음	예	훈
10	既 이미 기	① き 키	既婚 기혼　既成 기성　既知 기지	すでに 이미
10	飢 굶주릴 기	① き 키	飢餓 기아　飢饉 기근　飢渇 기갈	うえる 굶주리다
12	幾 몇 기	① き 키	幾何学 기하학	いく 몇, 얼마
12	棋 바둑 기	① き [－ぎ] 키	棋士 기사　棋譜 기보　将棋 장기	
13	棄 버릴 기	① き 키	棄権 기권　遺棄 유기　廃棄 폐기　放棄 포기	
15	畿 경기 기	① き 키	畿内 기나이; 메이지시대 이전의 황거 부근의 직할지 近畿 긴키; 교토를 중심으로 한 혼슈 중서부 지방	
18	騎 말탈 기	① き 키	騎馬 기마　騎手 기수　騎士 기사	

예외 한자

	한자	음	예	훈
7	技 재주 기	① ぎ 기	技術 기술　技能 기능　技巧 기교 技量 기량　技法 기법	わざ 재주, 기술
12	欺 속일 기	① ぎ 기	欺瞞 기만　詐欺 사기	あざむく 속이다
13	碁 바둑 기	① ご 고	碁石 바둑돌　碁盤 바둑판　囲碁 바둑	

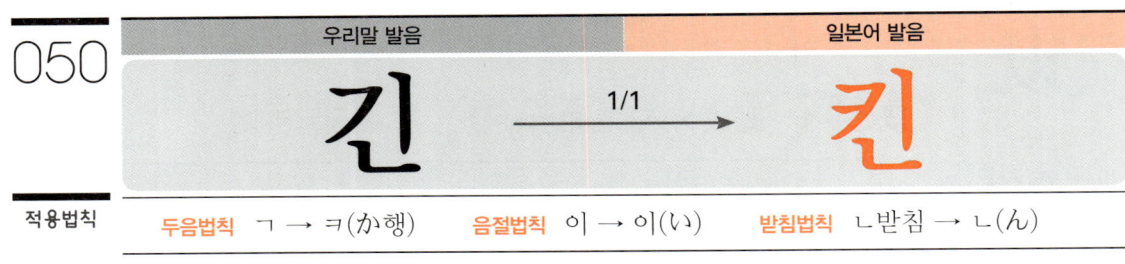

적용법칙　두음법칙 ㄱ → ヵ(か행)　음절법칙 이 → 이(い)　받침법칙 ㄴ받침 → ん(ん)

15 緊 요긴할 긴

음 ① きん 킨

緊張 긴장　緊急 긴급　緊密 긴밀

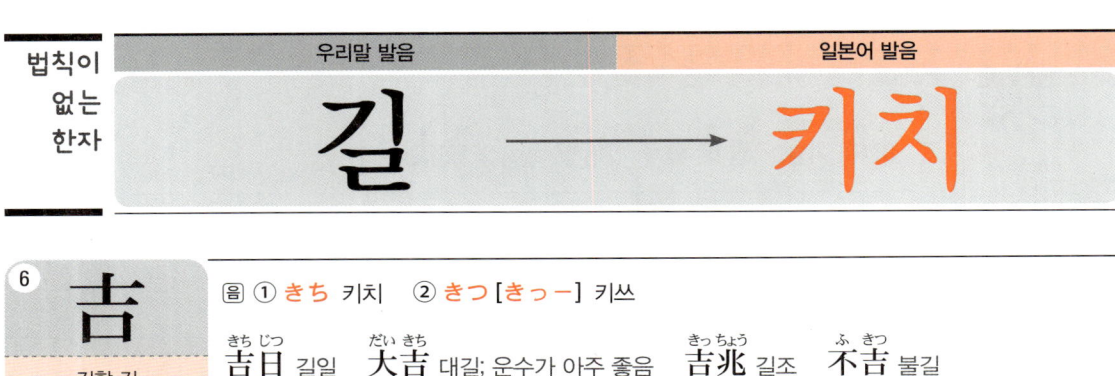

6 吉 길할 길

음 ① きち 키치　② きつ [きっー] 키쓰

吉日 길일　大吉 대길; 운수가 아주 좋음　吉兆 길조　不吉 불길

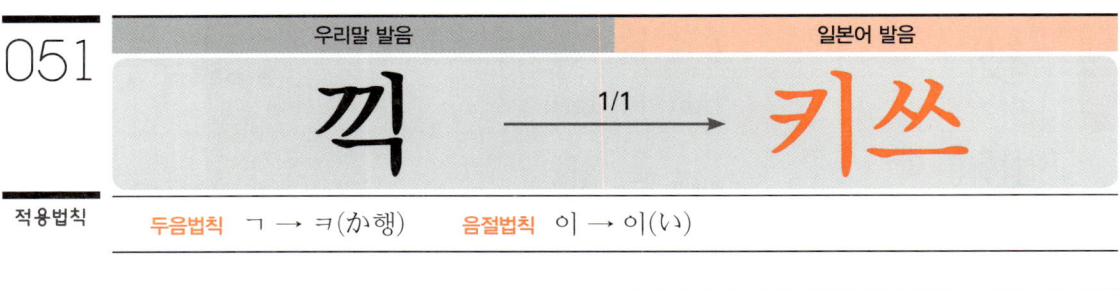

적용법칙　두음법칙 ㄱ → ヵ(か행)　음절법칙 이 → 이(い)

12 喫 마실 끽

음 ① きつ [きっー] 키쓰

喫煙 끽연, 흡연　喫茶店 찻집, 다방　満喫 만끽

052

우리말 발음		일본어 발음
나	2/2 →	な

적용법칙 두음법칙 ㄴ → ㄴ(な행)   음절법칙 아 → 아(あ)

7 那 어찌 나
음 ① な 나
旦那 나리, 주인, 남편   刹那 찰나

8 奈 나락 나
음 ① な 나
奈辺 나변; 어디   奈落 나락, 지옥   奈良 나라 지방

053

우리말 발음		일본어 발음
난	1/2 →	난

적용법칙 두음법칙 ㄴ → ㄴ(な행)   음절법칙 아 → 아(あ)   받침법칙 ㄴ받침 → ㄴ(ん)

18 難 어려울 난
음 ① なん 난
難易 난이   避難 피난   非難 비난   困難 곤란

훈 むずかしい 어렵다
かたい 힘들다, 곤란하다

예외한자 13 暖 따뜻할 난
음 ① だん 단
暖房 난방   暖流 난류   温暖 온난

훈 あたたかい 따뜻하다
あたたまる 따뜻해지다
あたためる 따뜻하게 하다

054

우리말 발음		일본어 발음
남	1/2 →	난

적용법칙 　**두음법칙** ㄴ → ㄴ(な행)　**음절법칙** 아 → 아(あ)　**받침법칙** ㅁ받침 → ん(ん)

⑨ 南 남녘 남
- 음 ① なん 난　② な 나
  - なんごく 南国 남국
  - なんぶ 南部 남부
  - なんぼく 南北 남북
  - なむ 南無 나무
- 훈 みなみ 남쪽

예외한자 ⑦ 男 사내 남
- 음 ① だん 단
  - だんし 男子 남자
  - だんせい 男性 남성
- ② なん 난
  - ちょうなん 長男 장남
  - びなん 美男 미남
- 훈 おとこ 남자, 남성

055

우리말 발음		일본어 발음
납	1/1 →	노우

적용법칙 　**두음법칙** ㄴ → ㄴ(な행)　**음절법칙** 압 → 오우(おう)　**받침법칙** ㅂ받침 → 우(う)

⑩ 納 바칠 납
- 음 ① のう 노우
  - のうひん 納品 납품
  - のうぜい 納税 납세
  - しゅうのう 収納 수납
  - のうにゅう 納入 납입
- 훈 おさめる 거두다, 수납하다
  - おさまる 수납되다, 수습되다

納의 다른 읽기

納 바칠 납
- ② なっ 낫　納豆 낫토; 삶은 콩을 발효한 식품　納得 납득
- ③ な 나　納屋 헛간
- ④ なん 난　納戸 옷방, 골방
- ⑤ とう 토우　出納 출납

056

우리말 발음		일본어 발음
내	1/2 →	나이

적용법칙 　**두음법칙** ㄴ → ㄴ(な행)　　**음절법칙** 애 → 아이(あい)

④ 内 안 내

- 음 ① ない 나이　② だい 다이
- 内閣(ないかく) 내각　内面(ないめん) 내면　内外(ないがい) 내외　内裏(だいり) 궁궐
- 훈 うち 안

예외한자 ⑨ 耐 견딜 내

- 음 ① たい 타이　耐久性(たいきゅうせい) 내구성　耐震(たいしん) 내진
- 훈 たえる 견디다

057

우리말 발음		일본어 발음
년	1/1 →	넨

적용법칙 　**두음법칙** ㄴ → ㄴ(な행)　　**음절법칙** 여 → 에(え)　　**받침법칙** ㄴ받침 → ん(ん)

⑥ 年 해 년

- 음 ① ねん 넨
- 年賀(ねんが) 연하　年配(ねんぱい) 연배　少年(しょうねん) 소년　豊年(ほうねん) 풍년
- 훈 とし 해, 나이

058

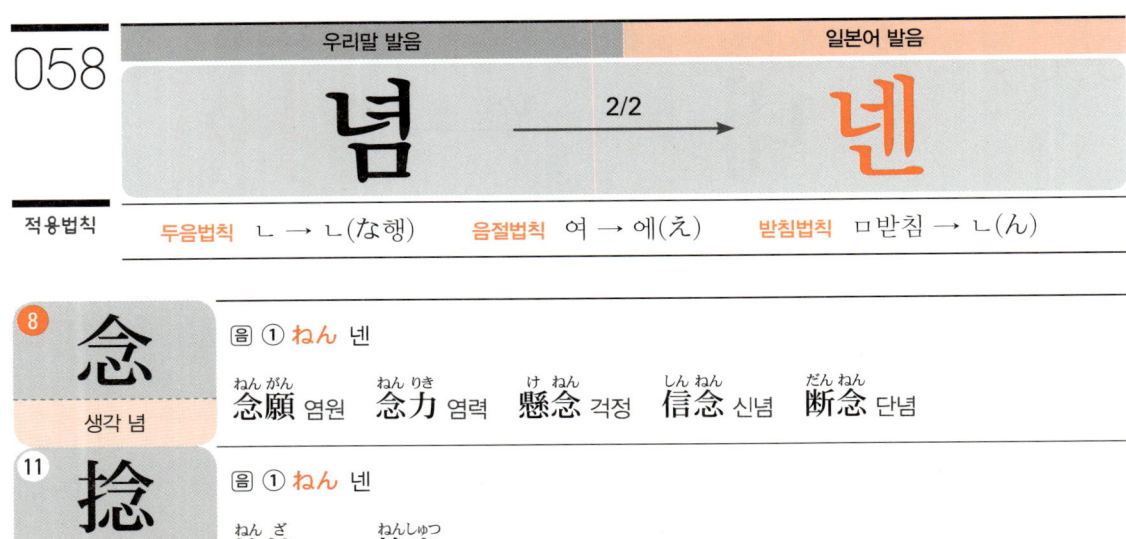

적용법칙 두음법칙 ㄴ → ㄴ(な행)   음절법칙 여 → 에(え)   받침법칙 ㅁ받침 → ㄴ(ん)

⑧ 念 생각 념
[음] ① ねん 넨
念願 염원   念力 염력   懸念 걱정   信念 신념   断念 단념

⑪ 捻 비틀 념
[음] ① ねん 넨
捻挫 염좌   捻出 염출; 짜냄, 생각해 냄

059

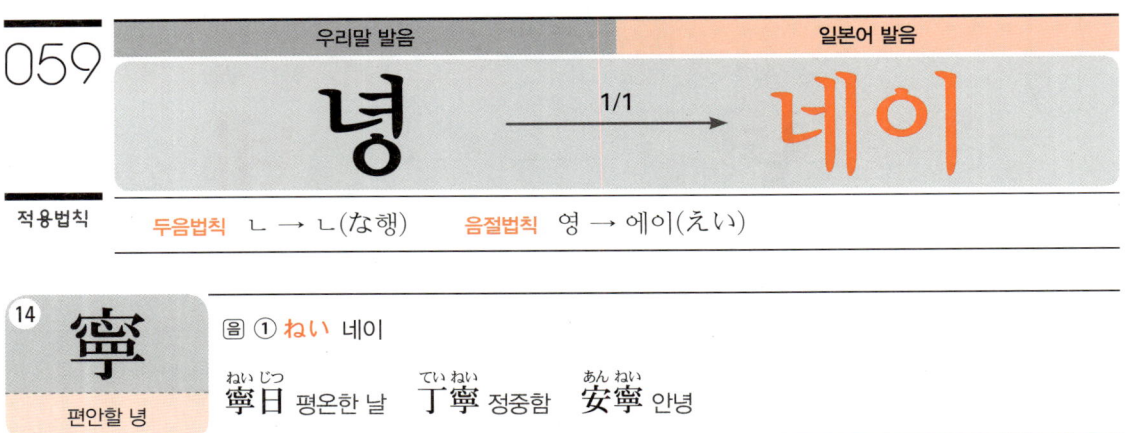

적용법칙 두음법칙 ㄴ → ㄴ(な행)   음절법칙 영 → 에이(えい)

⑭ 寧 편안할 녕
[음] ① ねい 네이
寧日 평온한 날   丁寧 정중함   安寧 안녕

060

우리말 발음		일본어 발음
노	3/3 →	도

적용법칙 **음절법칙** 오 → 오(お)

⑦ 努 힘쓸 노
- 음 ① ど 도
  - 努力 노력
- 훈 つとめる 노력하다, 최선을 다하다

5 奴 종 노
- 음 ① ど 도
  - 奴隷 노예   守銭奴 수전노

9 怒 성낼 노
- 음 ① ど 도
  - 怒気 노기   喜怒哀楽 희로애락   激怒 격노
- 훈 いかる 화내다
  - おこる 화내다

061

우리말 발음		일본어 발음
농	2/2 →	노우

적용법칙 **두음법칙** ㄴ → ㄴ(な행)   **음절법칙** 오 → 오(お)   **받침법칙** ㅇ받침 → 우(う)

⑬ 農 농사 농
- 음 ① のう 노우
  - 農業 농업   農村 농촌   農場 농장   農家 농가   農耕 농경   農民 농민

16 濃 짙을 농
- 음 ① のう 노우
  - 濃厚 농후   濃度 농도   濃縮 농축   濃密 농밀
- 훈 こい 짙다

062

우리말 발음		일본어 발음
뇌	→2/2	노우

적용법칙 두음법칙 ㄴ → ㄴ(な행)

⑪ 脳 뇌 뇌
- 음 ① のう 노우
- 脳波 뇌파 脳髄 뇌수 脳裏 뇌리; 머릿속 頭脳 두뇌 首脳 수뇌

⑩ 悩 번뇌할 뇌
- 음 ① のう 노우
- 悩殺 뇌쇄 苦悩 고뇌 煩悩 번뇌
- 훈 なやむ 고민하다
-   なやます 고민하게 하다

063

우리말 발음		일본어 발음
뇨	→1/1	뇨우

적용법칙 두음법칙 ㄴ → ㄴ(な행)   음절법칙 요 → 요우(よう)

⑦ 尿 오줌 뇨
- 음 ① にょう 뇨우
- 尿道 요도 尿意 요의; 오줌이 마려운 느낌 利尿 이뇨 夜尿症 야뇨증

064

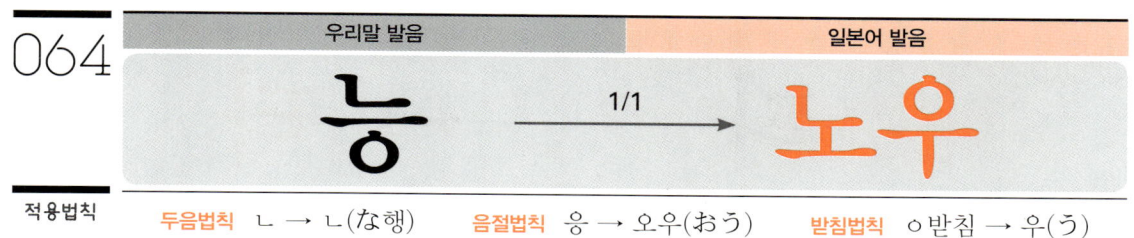

우리말 발음		일본어 발음
능	1/1 →	노우

적용법칙 두음법칙 ㄴ → ㄴ(な행)   음절법칙 응 → 오우(おう)   받침법칙 ㅇ받침 → 우(う)

10 能 능할 능
- 음 ① のう 노우
- 能力(のうりょく) 능력   能率(のうりつ) 능률   可能(かのう) 가능   知能(ちのう) 지능   芸能(げいのう) 예능

065

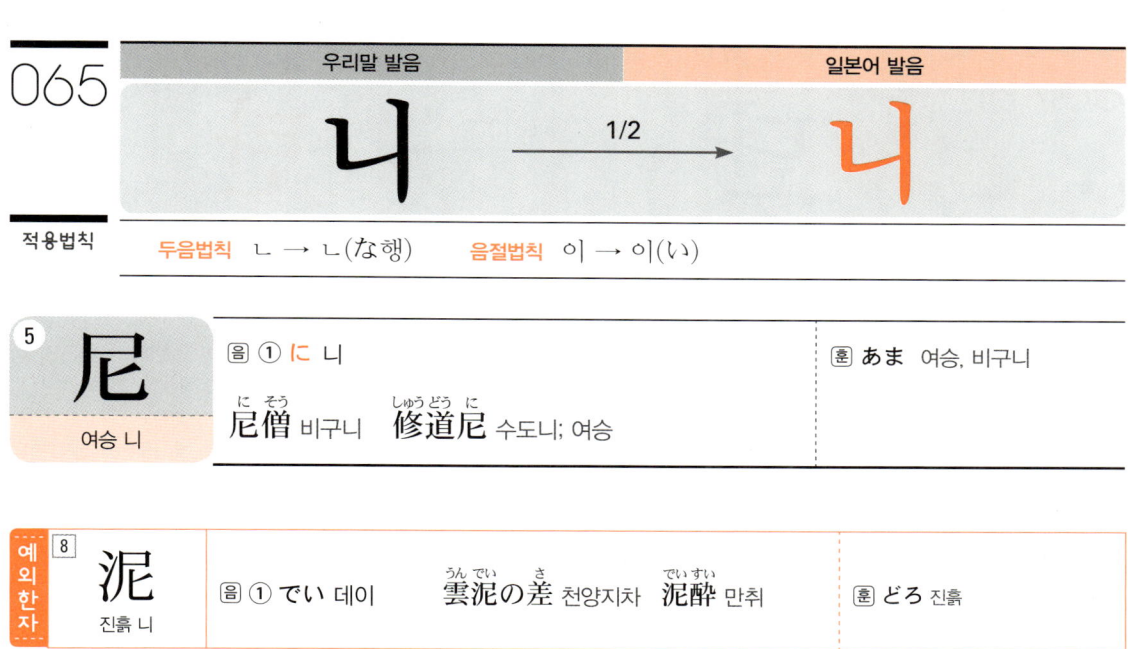

우리말 발음		일본어 발음
니	1/2 →	니

적용법칙 두음법칙 ㄴ → ㄴ(な행)   음절법칙 이 → 이(い)

5 尼 여승 니
- 음 ① に 니
- 尼僧(にそう) 비구니   修道尼(しゅうどうに) 수도니; 여승
- 훈 あま 여승, 비구니

예외한자 8 泥 진흙 니
- 음 ① でい 데이   雲泥の差(うんでいのさ) 천양지차   泥酔(でいすい) 만취
- 훈 どろ 진흙

066

우리말 발음		일본어 발음
다	1/1 →	타

적용법칙 두음법칙 ㄷ → ㅌ(た행)   음절법칙 아 → 아(あ)

| ⑥ 多 많을 다 | 음 ① た 타
た しょう   た すう   た さい   た りょう
多少 다소   多数 다수   多才 다재   多量 다량 | 훈 おおい 많다 |

067

우리말 발음		일본어 발음
단	6/10 →	탄

적용법칙 두음법칙 ㄷ → ㅌ(た행)   음절법칙 아 → 아(あ)   받침법칙 ㄴ받침 → ん(ん)

⑫ 短 짧을 단	음 ① たん 탄 たん き たん しょ ちょうたん 短期 단기 短所 단점 長短 장단	훈 みじかい 짧다
⑨ 単 홑 단	음 ① たん 탄 たん い たんじゅん たん どく たん ご かん たん 単位 단위 単純 단순 単独 단독 単語 단어 簡単 간단	
④ 丹 붉을 단	음 ① たん 탄 たん ねん たん せい たん せい ぼ たん 丹念 정성을 들임 丹青 채색, 그림 丹精 정성을 다함 牡丹 모란	
⑤ 旦 아침 단	음 ① たん 탄 ② だん 단 たん せき がん たん いっ たん だん な 旦夕 조석 元旦 설 一旦 일단 旦那 주인, 나리, 남편	
⑭ 端 끝 단	음 ① たん 탄 たん ご たん まつ きょくたん ほったん 端午 단오 端末 단말 極端 극단 発端 발단	훈 はし 끝, 끄트머리, 시초 はた 가장자리, 곁, 옆 は 끝, 가장자리, 끝수

| 17 | 鍛 단련할 단 | 음 ① たん 탄
鍛錬 단련　鍛造 단조　鍛鉄 단철, 연철 | 훈 きたえる 단련하다 |

예외한자				
6	団 둥글 단	음 ① だん 단 ② とん 톤	団体 단체　団結 단결　団地 단지　集団 집단 布団 이불, 요	
11	断 끊을 단	음 ① だん 단	断念 단념　横断 횡단　判断 판단	훈 たつ 자르다 ことわる 거절하다
9	段 층계 단	음 ① だん 단	段階 단계　段落 단락　手段 수단　階段 계단	
16	壇 제단 단	음 ① だん 단 ② たん 탄	壇上 단상　花壇 화단　文壇 문단 土壇場 막판, 마지막 순간	

068

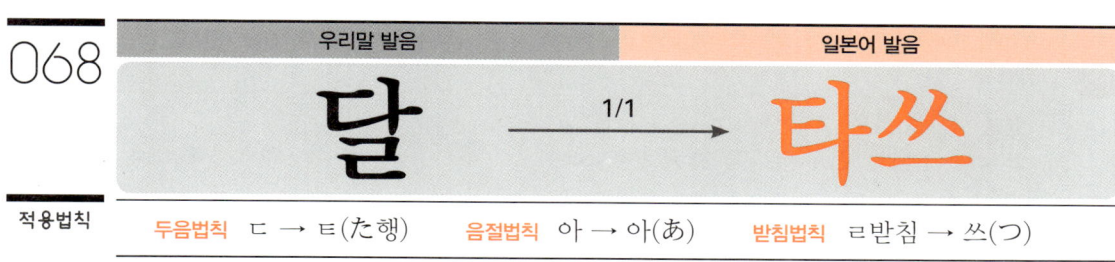

	우리말 발음	일본어 발음
	달	1/1 → 타쓰

적용법칙　두음법칙 ㄷ → ㅌ(た행)　음절법칙 아 → 아(あ)　받침법칙 ㄹ받침 → 쓰(つ)

| 12 | 達 통달할 달 | 음 ① たつ [たっー] 타쓰
達人 달인　達弁 달변　達成 달성　伝達 전달　発達 발달　◆ 友達 친구 |

069

우리말 발음		일본어 발음
담	3/5 →	탄

적용법칙　두음법칙 ㄷ → ト(た행)　음절법칙 아 → 아(あ)　받침법칙 ㅁ받침 → ン(ん)

8 担 멜 담
- 음 ① たん 탄
- 担当 담당　担任 담임　負担 부담
- 훈 かつぐ 메다　になう 떠맡다

9 胆 쓸개 담
- 음 ① たん 탄
- 胆力 담력　胆石 담석　胆汁 담즙　大胆 대담

11 淡 묽을 담
- 음 ① たん 탄
- 淡白 담백　淡水 담수　冷淡 냉담　濃淡 농담
- 훈 あわい 묽다, 엷다

예외한자

15 談 말씀 담
- 음 ① だん 단
- 談話 담화　談笑 담소　談合 담합　雑談 잡담　相談 상담

16 曇 날 흐릴 담
- 음 ① どん 돈
- 曇天 흐린 날씨
- 훈 くもる 흐리다

070

우리말 발음		일본어 발음
답	2/2 →	토우

적용법칙　두음법칙 ㄷ → ト(た행)　음절법칙 압 → 오우(おう)　받침법칙 ㅂ받침 → 우(う)

12 答 대답할 답
- 음 ① とう 토우
- 答案 답안　答弁 답변　答礼 답례　応答 응답
- 훈 こたえる 대답하다　こたえ 대답, 답변

15 踏 밟을 답

- 음 ① とう 토우
- 踏襲 답습　踏査 답사　舞踏 무도, 춤
- 훈 ふむ 밟다
- ふまえる 근거하다

071

우리말 발음 **당** → 4/5 → 일본어 발음 **토우**

적용법칙: 두음법칙 ㄷ → タ(た행)　음절법칙 앙 → 오우(おう)　받침법칙 ㅇ받침 → 우(う)

6 当 마땅할 당

- 음 ① とう 토우
- 当然 당연　当選 당선　妥当 타당　担当 담당
- 훈 あたる 맞다, 해당하다
- あたりまえ 당연함, 보통
- あてる 맞히다, 대다

10 党 무리 당

- 음 ① とう 토우
- 党派 당파　党員 당원　党争 당쟁　政党 정당

16 糖 사탕 당

- 음 ① とう 토우
- 糖分 당분　糖尿 당뇨　糖類 당류　果糖 과당　砂糖 설탕

10 唐 당나라 당

- 음 ① とう 토우
- 唐突 당돌　唐辛子 고추　荒唐 황당
- 훈 から 당, 당나라

예외한자 11 堂 집 당

- 음 ① どう 도우　堂々と 당당히　食堂 식당　講堂 강당

072

우리말 발음		일본어 발음
대	7/10 →	타이

적용법칙 두음법칙 ㄷ → タ(た행)   음절법칙 애 → 아이(あい)

---

⑦ 対 — 대답할 대
- 음 ① たい 타이 ② つい 쓰이
- 対策(たいさく) 대책 / 対決(たいけつ) 대결 / 絶対(ぜったい) 절대 / 反対(はんたい) 반대 / 対句(ついく) 대구

⑨ 待 — 기다릴 대
- 음 ① たい 타이
- 待避(たいひ) 대피 / 待望(たいぼう) 대망 / 期待(きたい) 기대
- 훈 まつ 기다리다

⑩ 帯 — 띠 대
- 음 ① たい 타이
- 帯出(たいしゅつ) 대출 / 携帯(けいたい) 휴대 / 熱帯(ねったい) 열대 / 連帯(れんたい) 연대
- 훈 おびる 띠다, 머금다 / おび 띠

⑫ 隊 — 무리 대
- 음 ① たい 타이
- 隊員(たいいん) 대원 / 隊長(たいちょう) 대장 / 軍隊(ぐんたい) 군대 / 部隊(ぶたい) 부대

⑫ 貸 — 빌릴 대
- 음 ① たい 타이
- 貸借(たいしゃく) 대차 / 貸与(たいよ) 대여 / 賃貸(ちんたい) 임대
- 훈 かす 빌려 주다

⑪ 袋 — 자루 대
- 음 ① たい 타이
- 薬袋(やくたい) 약봉지 / 郵袋(ゆうたい) 우편 행낭
- 훈 ふくろ 자루, 주머니

⑰ 戴 — 일 대
- 음 ① たい 타이
- 戴冠式(たいかんしき) 대관식 / ◇ 頂戴(ちょうだい) 받음

예외한자 ③ 大 — 큰 대
- 음 ① だい 다이   大臣(だいじん) 대신 / 大事(だいじ) 중요함
-    ② たい 타이   大使(たいし) 대사 / 大会(たいかい) 대회
- 훈 大型(おおがた) 대형 / おおきい 크다 / おおいに 크게, 많이

예외한자	5 台 토대 대	음 ① だい 다이 ② たい 타이	台所 부엌　灯台 등대 台風 태풍　舞台 무대	
	5 代 대신할 대	음 ① だい 다이 ② たい 타이	代表 대표　現代 현대 代謝 대사　交代 교대	훈 かわる 바뀌다 かえる 대신하다

073

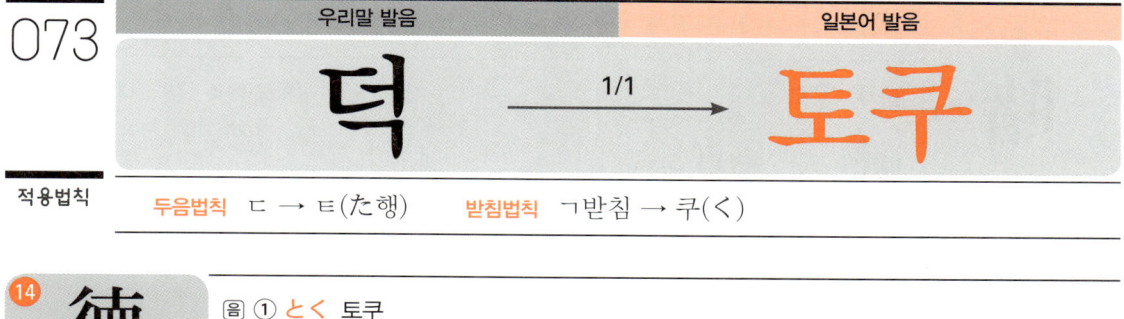

적용법칙　두음법칙　ㄷ → タ(た행)　받침법칙　ㄱ받침 → ク(く)

| 14 德 큰 덕 | 음 ① とく 토쿠
徳目 덕목　徳望 덕망　道徳 도덕　美徳 미덕 |

074

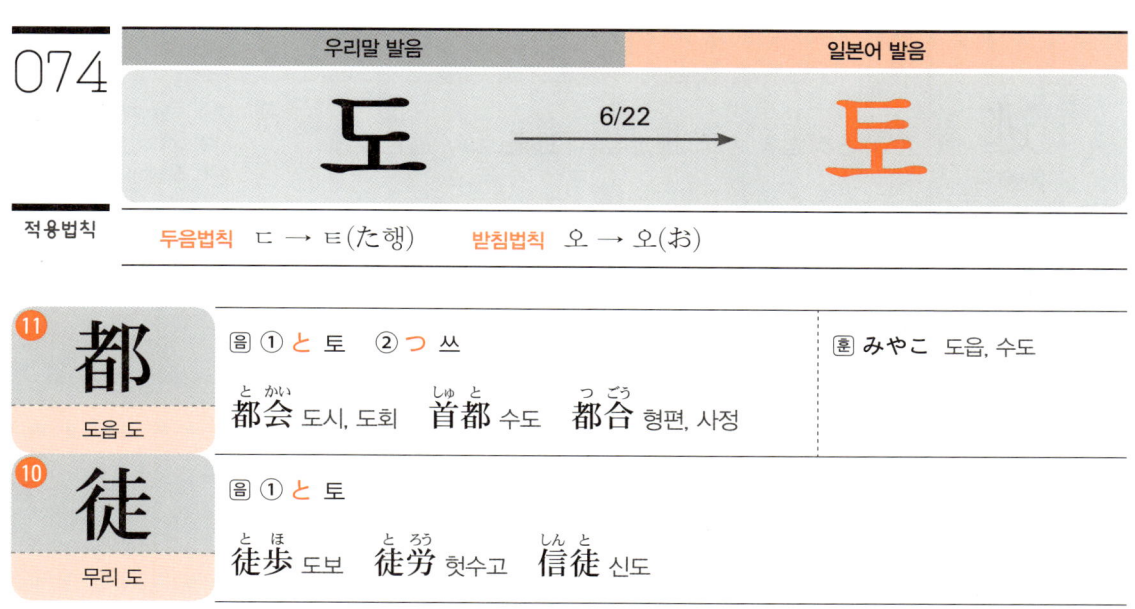

적용법칙　두음법칙　ㄷ → タ(た행)　받침법칙　오 → 오(お)

| 11 都 도읍 도 | 음 ① と 토　② つ 쓰
都会 도시, 도회　首都 수도　都合 형편, 사정 | 훈 みやこ 도읍, 수도 |
| 10 徒 무리 도 | 음 ① と 토
徒歩 도보　徒労 헛수고　信徒 신도 | |

획수	한자	음	예시	훈
10	途 길 도	① と 토	途中 도중　前途 전도, 앞길	
12	渡 건널 도	① と 토	渡河 도하　渡航 도항　譲渡 양도	わたる 건너다 わたす 건네다
13	塗 바를 도	① と 토	塗料 도료　塗装 도장　塗布 도포	ぬる 바르다
16	賭 내기 도	① と 토	賭博 도박　賭場 노름판	かける 걸다, 내기하다 かけ 내기, 도박, 노름

예외한자

획수	한자	음	예시	훈
2	刀 칼 도	① とう 토우	刀剣 도검　短刀 단도　名刀 명도	かたな 칼, 검
10	島 섬 도	① とう 토우	列島 열도　無人島 무인도	しま 섬
8	到 이를 도	① とう 토우	到達 도달　到着 도착　殺到 쇄도	
9	逃 달아날 도	① とう 토우	逃走 도주　逃避 도피　逃亡 도망	にげる 도망치다 のがす 놓치다 のがれる 달아나다
10	倒 넘어질 도	① とう 토우	倒産 도산　転倒 전도　圧倒 압도	たおれる 넘어지다 たおす 넘어뜨리다
10	桃 복숭아 도	① とう 토우	桃源 도원　白桃 백도	もも 복숭아
11	陶 질그릇 도	① とう 토우	陶器 도기　陶芸 도예　陶磁器 도자기	
11	悼 슬퍼할 도	① とう 토우	哀悼 애도　追悼 추도	いたむ 애도하다

예외한자				
11	盗 도둑 도	음 ① とう 토우	盗難 도난　盗塁 도루　強盗 강도	훈 ぬすむ 훔치다
14	稲 벼 도	음 ① とう 토우	水稲 수도　陸稲 육도	훈 いね 벼 　　いな～ 벼~
12	道 길 도	음 ① どう 도우 ② とう 토우	道路 도로　道徳 도덕　報道 보도 神道 신도	훈 みち 길
15	導 인도할 도	음 ① どう 도우	導入 도입　指導 지도	훈 みちびく 인도하다
9	挑 돋울 도	음 ① ちょう 쵸우	挑戦 도전　挑発 도발	훈 いどむ 도전하다
13	跳 뛸 도	음 ① ちょう 쵸우	跳躍 도약　跳馬 도마; 뜀틀	훈 はねる 튀다 　　とぶ 뛰다
7	図 그림 도	음 ① ず ズ ② と 토	図表 도표　地図 지도 図書 도서　意図 의도	훈 はかる 꾀하다
9	度 법도 도	음 ① ど 도 ② と 토 ③ たく 타쿠	態度 태도　毎度 매번　制度 제도 法度 법령 支度 준비, 채비	훈 たび 때, 횟수

075

우리말 발음		일본어 발음
독	2/5 →	토쿠

적용법칙　　두음법칙　ㄷ → ㅌ(た행)　　음절법칙　오 → 오(お)　　받침법칙　ㄱ받침 → 쿠(く)

| 13 | 督 감독할 독 | 음 ① とく 토쿠
督促 독촉　督励 독려　監督 감독　総督 총독 |

16 篤 두터울 독	음 ① とく [とっー] 토쿠 篤実 독실　篤信 독신; 신앙이 깊음　危篤 위독	
예외한자 14 読 읽을 독	음 ① どく 도쿠　読者 독자　読書 독서　音読 음독 ② とく 토쿠　読本 독본 ③ とう 토우　読点 쉼표	훈 よむ 읽다
8 毒 독할 독	음 ① どく 도쿠　毒物 독물　毒薬 독약　毒舌 독설　中毒 중독	
9 独 홀로 독	음 ① どく 도쿠　独立 독립　独特 독특 独断 독단　単独 단독	훈 ひとり 혼자

076

우리말 발음		일본어 발음
돈	2/2 →	톤

적용법칙　두음법칙　ㄷ → ㅌ(た행)　음절법칙　오 → 오(お)　받침법칙　ㄴ받침 → ㄴ(ん)

11 豚 돼지 돈	음 ① とん 톤 豚カツ 돈가스, 포크 커틀릿　養豚 양돈	훈 ぶた 돼지
13 頓 조아릴 돈	음 ① とん 톤 頓挫 좌절　頓死 급사　整頓 정돈	

077

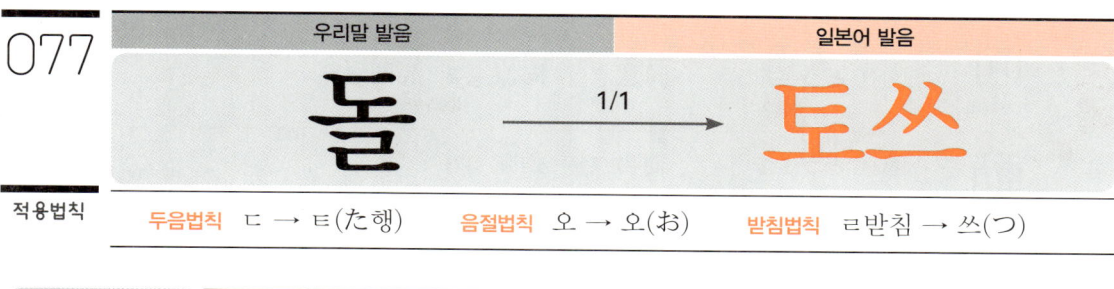

우리말 발음		일본어 발음
돌	1/1 →	토쓰

적용법칙 　두음법칙 ㄷ → ㅌ(た행)　음절법칙 오 → 오(お)　받침법칙 ㄹ받침 → 쓰(つ)

8 突 부딪칠 돌
- 음 ① とつ [とっ—] 토쓰
  - 突然 とつぜん 돌연, 갑자기　突破 とっぱ 돌파　衝突 しょうとつ 충돌
- 훈 つく 찌르다

078

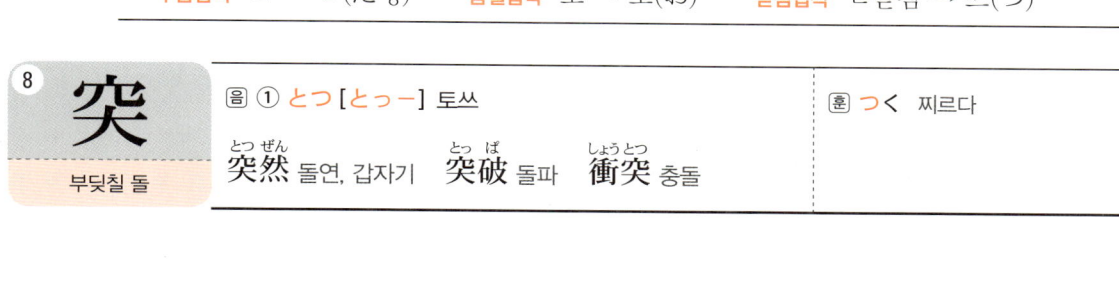

우리말 발음		일본어 발음
동	4/12 →	토우

적용법칙 　두음법칙 ㄷ → ㅌ(た행)　음절법칙 오 → 오(お)　받침법칙 ㅇ받침 → 우(う)

5 冬 겨울 동
- 음 ① とう 토우
  - 冬眠 とうみん 동면　冬季 とうき 동계　立冬 りっとう 입동
- 훈 ふゆ 겨울

8 東 동녘 동
- 음 ① とう 토우
  - 東京 とうきょう 동경　東西 とうざい 동서　東洋 とうよう 동양　極東 きょくとう 극동
- 훈 ひがし 동쪽

10 凍 얼 동
- 음 ① とう 토우
  - 凍死 とうし 동사　凍傷 とうしょう 동상　冷凍 れいとう 냉동
- 훈 こおる 얼다
  - こごえる 얼어붙다

12 棟 용마루 동
- 음 ① とう 토우
  - 棟梁 とうりょう 동량　上棟 じょうとう 상량　病棟 びょうとう 병동
- 훈 むね 용마루

예외한자		음	훈
6	同 한가지 동	① どう 도우 同意 동의 同僚 동료 混同 혼동	おなじ 같음
11	動 움직일 동	① どう 도우 動物 동물 動脈 동맥 動力 동력 活動 활동	うごく 움직이다 うごかす 움직이게 하다
12	童 아이 동	① どう 도우 童話 동화 童顔 동안 童謡 동요 児童 아동	わらべ 어린아이
14	銅 구리 동	① どう 도우 銅像 동상 銅版 동판 銅貨 동화, 동전	
9	洞 골 동	① どう 도우 洞察 통찰 洞窟 동굴 鍾乳洞 종유동	ほら 동굴
10	胴 큰 창자 동	① どう 도우 胴体 동체; 몸통 胴回り 허리 둘레	
17	瞳 눈동자 동	① どう 도우 瞳孔 동공 瞳子 눈동자	ひとみ 눈동자
15	憧 동경할 동	① しょう 쇼우 憧憬・憧憬 동경	あこがれる 동경하다

079

우리말 발음		일본어 발음
두	3/4 →	토우

적용법칙 **두음법칙** ㄷ → ㅌ(た행)

| 16 | 頭 머리 두 | 음 ① とう 토우 ② ず 즈 ③ と [−ど] 토 頭部 두부 頭角 두각 頭痛 두통 音頭 선창 | 훈 あたま 머리 かしら 머리, 우두머리 |

7 豆 콩두
- 음 ① とう 토우　② ず 즈
- 훈 まめ 콩

豆腐 두부　豆乳 두유　大豆 대두, 콩

12 痘 마마두
- 음 ① とう 토우

天然痘 천연두　種痘 종두, 우두

예외한자 4 斗 말두
- 음 ① と 토

斗酒 두주, 말술　北斗七星 북두칠성

080

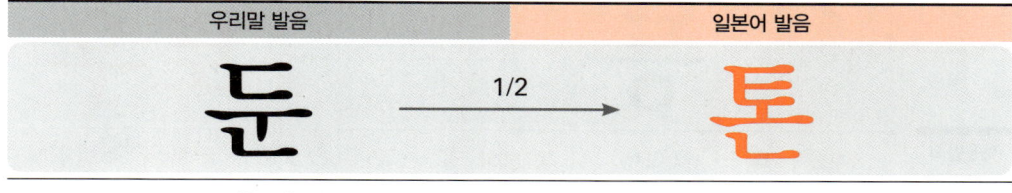

우리말 발음		일본어 발음
둔	1/2 →	톤

적용법칙　두음법칙 ㄷ → ト(た행)　받침법칙 ㄴ받침 → ん(ン)

4 屯 모일둔
- 음 ① とん 톤

屯田 둔전　屯営 군영; 군대가 주둔한 곳　駐屯 주둔

예외한자 12 鈍 둔할둔
- 음 ① どん 돈
- 훈 にぶい 둔하다　にぶる 둔해지다

鈍感 둔감　鈍角 둔각　愚鈍 우둔

081

우리말 발음: 득 → 1/1 → 토쿠 (일본어 발음)

적용법칙 두음법칙 ㄷ → ㅌ(た행)   받침법칙 ㄱ받침 → 쿠(く)

⑪ 得 얻을 득
- 음 ① とく 토쿠
  - 得意 とくい 자신 있음   得点 とくてん 득점   説得 せっとく 설득
- 훈 える 얻다
  - うる 얻다

082

우리말 발음: 등 → 6/6 → 토우 (일본어 발음)

적용법칙 두음법칙 ㄷ → ㅌ(た행)   음절법칙 응 → 오우(おう)   받침법칙 ㅇ받침 → 우(う)

⑫ 登 오를 등
- 음 ① とう 토우 ② と 토
  - 登校 とうこう 등교   登場 とうじょう 등장   登録 とうろく 등록   登山 とざん 등산
- 훈 のぼる (높은 곳에) 오르다

⑫ 等 무리 등
- 음 ① とう [ーどう] 토우
  - 等級 とうきゅう 등급   同等 どうとう 동등   平等 びょうどう 평등
- 훈 ひとしい 동등하다

⑥ 灯 등잔 등
- 음 ① とう 토우
  - 点灯 てんとう 점등   街灯 がいとう 가로등   電灯 でんとう 전등
- 훈 ひ 불

⑰ 謄 베낄 등
- 음 ① とう 토우
  - 謄本 とうほん 등본   謄写 とうしゃ 등사

⑱ 藤 등나무 등
- 음 ① とう 토우
  - 葛藤 かっとう 갈등
- 훈 ふじ 등나무

20 騰 — 오를 등

- 음 ① とう 토우
- 急騰 급등　沸騰 비등; (물이) 끓음　暴騰 폭등

083

우리말 발음 **라** → 2/2 → 일본어 발음 **라**

적용법칙　두음법칙 ㄹ → ㄹ(ら행)　음절법칙 아 → 아(あ)

13 裸 — 벌거숭이 라

- 음 ① ら 라
- 裸身 나신, 알몸　裸体 나체　全裸 전라
- 훈 はだか 알몸

19 羅 — 벌일 라

- 음 ① ら 라
- 羅針盤 나침반　羅列 나열　網羅 망라

084

우리말 발음 **락** → 4/5 → 일본어 발음 **라쿠**

적용법칙　두음법칙 ㄹ → ㄹ(ら행)　음절법칙 아 → 아(あ)　받침법칙 ㄱ받침 → 쿠(く)

13 樂 — 즐길 락

- 음 ① らく 라쿠
- 樂天的 낙천적　樂園 낙원　極樂 극락
- 훈 たのしい 즐겁다
- たのしむ 즐기다

12 落 — 떨어질 락

- 음 ① らく [らっー] 라쿠
- 落書 낙서　落語 만담　落下 낙하
- 훈 おちる 떨어지다
- おとす 떨어뜨리다

12	絡 이을 락	음 ① らく 라쿠 連絡 연락 脈絡 맥락 短絡 단락	훈 からむ 얽히다 からまる 얽히다 からめる 휘감다, 얽다
13	酪 진한 유즙 락	음 ① らく 라쿠 酪農 낙농	

예외한자	15 諾 대답할 락	음 ① だく 다쿠 承諾 승낙 許諾 허락 応諾 응낙

085

우리말 발음 **란** → 일본어 발음 **란** (3/3)

적용법칙 두음법칙 ㄹ → ラ(ら행)   음절법칙 아 → 아(あ)   받침법칙 ㄴ받침 → ㄴ(ん)

⑦	乱 어지러울 란	음 ① らん 란 乱暴 난폭 混乱 혼란 反乱 반란	훈 みだれる 흐트러지다 みだす 흐트리다
⑦	卵 알 란	음 ① らん 란 卵巣 난소 産卵 산란 排卵 배란	훈 たまご 알, 계란
20	欄 난간 란	음 ① らん 란 欄干 난간 空欄 공란 求人欄 구인란	

086

우리말 발음		일본어 발음
랄	1/1 →	라쓰

적용법칙 두음법칙 ㄹ → ㄹ(ら행)   음절법칙 아 → 아(あ)   받침법칙 ㄹ받침 → 쓰(つ)

14 辣 매울 랄

음 ① らつ 라쓰

悪辣 (あくらつ) 악랄   辛辣 (しんらつ) 신랄

087

우리말 발음		일본어 발음
람	3/3 →	란

적용법칙 두음법칙 ㄹ → ㄹ(ら행)   음절법칙 아 → 아(あ)   받침법칙 ㅁ받침 → ㄴ(ん)

17 覽 볼 람

음 ① らん 란

回覧 (かいらん) 회람   観覧 (かんらん) 관람   展覧会 (てんらんかい) 전람회

18 濫 넘칠 람

음 ① らん 란

濫用 (らんよう) 남용   濫発 (らんぱつ) 남발   氾濫 (はんらん) 범람

18 藍 쪽 람

음 ① らん 란

藍青 (らんせい) 남청(색)   出藍 (しゅつらん) 출람; 청출어람의 준말

훈 あい (식물) 쪽, 남빛
藍色 (あいいろ) 남색, 쪽빛

법칙이 없는 한자	우리말 발음	일본어 발음
	랍 →	라

8 拉 끌 랍
- 음 ① ら 라
- 拉致 납치

088

	우리말 발음		일본어 발음
	랑	4/4 →	로우

적용법칙　두음법칙 ㄹ → ら(ら행)　음절법칙 앙 → 오우(おう)　받침법칙 ㅇ받침 → 우(う)

10 朗 밝을 랑
- 음 ① ろう 로우
- 朗読 낭독　朗報 낭보　明朗 명랑
- 훈 ほがらかだ 명랑하다

9 郞 사내 랑
- 음 ① ろう 로우
- 新郞 신랑　郞君 낭군　野郞 녀석, 놈

10 浪 물결 랑
- 음 ① ろう 로우
- 浪人 낭인, 재수생　浪費 낭비　波浪 파랑, 파도　放浪 방랑

12 廊 행랑 랑
- 음 ① ろう 로우
- 廊下 복도　画廊 화랑　回廊 회랑

089

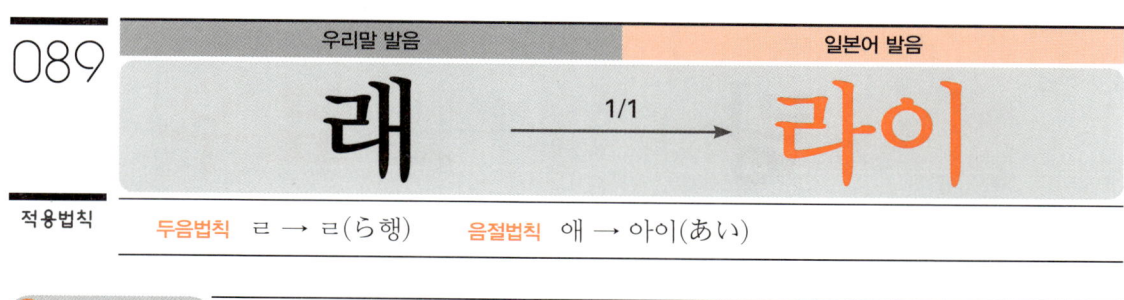

우리말 발음		일본어 발음
래	1/1 →	라이

적용법칙 　두음법칙　ㄹ → ㄹ(ら행)　　음절법칙　애 → 아이(あい)

来　올 래

- 음 ① らい 라이
  - 来年 내년　来客 방문객　将来 장래
- 훈 くる 오다
  - きたす 초래하다
  - きたる 오는, 다가오는

090

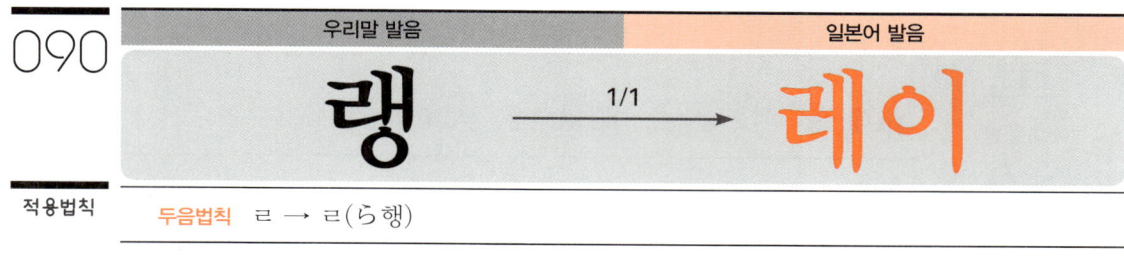

우리말 발음		일본어 발음
랭	1/1 →	레이

적용법칙 　두음법칙　ㄹ → ㄹ(ら행)

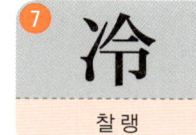

冷　찰 랭

- 음 ① れい 레이
  - 冷房 냉방　冷凍 냉동　冷蔵庫 냉장고
- 훈 つめたい 차갑다
  - ひえる 식다, 차가워 지다
  - ひやす 차게 하다

091

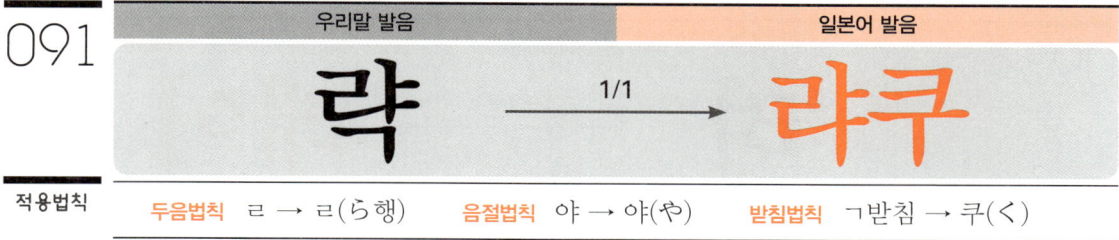

우리말 발음		일본어 발음
략	1/1 →	랴쿠

적용법칙 　두음법칙　ㄹ → ㄹ(ら행)　　음절법칙　야 → 야(や)　　받침법칙　ㄱ받침 → 쿠(く)

略　간략할 략

- 음 ① りゃく 랴쿠
  - 略式 약식　計略 계략　侵略 침략　戦略 전략

092

우리말 발음		일본어 발음
량	5/5 →	료우

적용법칙 두음법칙 ㄹ → ら(ら행)   음절법칙 양 → 요우(よう)   받침법칙 ㅇ받침 → 우(う)

⑥ 両 — 두 량
음 ① りょう 료우
- りょうしん 両親 양친
- りょうこく 両国 양국
- りょうきょくたん 両極端 양극단
- りょうめん 両面 양면
- しゃりょう 車両 차량

⑦ 良 — 어질 량
음 ① りょう 료우
- りょうしん 良心 양심
- かいりょう 改良 개량
- ふりょう 不良 불량

훈 よい 좋다

⑫ 量 — 헤아릴 량
음 ① りょう 료우
- りょうさん 量産 양산
- ぎりょう 技量 기량
- そくりょう 測量 측량
- たいりょう 大量 대량

훈 はかる (무게를) 달다

⑪ 涼 — 서늘할 량
음 ① りょう 료우
- こうりょう 荒涼 황량
- のうりょう 納涼 납량
- せいりょう 清涼 청량

훈 すずしい 서늘하다
　すずむ 시원한 바람을 쐬다

⑱ 糧 — 양식 량
음 ① りょう 료우   ② ろう 로우
- りょうしょく 糧食 양식
- しょくりょう 食糧 식량
- ひょうろう 兵糧 군량

훈 かて 양식, 식량

093

우리말 발음		일본어 발음
려	3/7 →	레이

적용법칙 두음법칙 ㄹ → ら(ら행)

⑦ 戻 — 되돌려줄 려
음 ① れい 레이
- へんれい 返戻 반려
- れいにゅう 戻入 되돌려 넣음

훈 もどす 되돌리다
　もどる 되돌아가(오)다

7	励 힘쓸 려	음 ① れい 레이 激励 격려 奨励 장려 督励 독려	훈 はげむ 힘쓰다 はげます 격려하다
19	麗 고울 려	음 ① れい 레이 華麗 화려 美辞麗句 미사여구	훈 うるわしい 아름답다

예외한자

10	旅 나그네 려	음 ① りょ 료 旅館 여관 旅行 여행 旅券 여권	훈 たび 여행
9	侶 짝 려	음 ① りょ 료 伴侶 반려 僧侶 승려	
15	慮 생각할 려	음 ① りょ 료 遠慮 사양, 겸손 配慮 배려 考慮 고려	
7	呂 음률 려	음 ① ろ 로 風呂 목욕 語呂 말의 가락	

094

우리말 발음		일본어 발음
력	2/3 →	레키

적용법칙 두음법칙 ㄹ → ㄹ(ら행)   음절법칙 여 → 에(え)

14	歴 지낼 력	음 ① れき 레키 歴史 역사 来歴 내력 経歴 경력	
14	暦 책력 력	음 ① れき 레키 陰暦 음력 還暦 환갑 太陽暦 태양력	훈 こよみ 달력

| 예외한자 2 | 力 힘 력 | 음 ① りょく 료쿠
② りき 리키 | 努力(どりょく) 노력　実力(じつりょく) 실력
力作(りきさく) 역작　力量(りきりょう) 역량 | 훈 ちから 힘 |

095

우리말 발음		일본어 발음
련	4/4 →	렌

적용법칙　두음법칙 ㄹ → ㄹ(ら행)　음절법칙 여 → 에(え)　받침법칙 ㄴ받침 → ん(ん)

14 練 익힐 련	음 ① れん 렌 練習(れんしゅう) 연습　洗練(せんれん) 세련　試練(しれん) 시련	훈 ねる 다듬다, 쌓다
10 連 이을 련	음 ① れん 렌 連勝(れんしょう) 연승　連載(れんさい) 연재　連休(れんきゅう) 연휴	훈 つらなる 나란히 늘어서다 つらねる 늘어놓다 つれる 데리고 가다
10 恋 사모할 련	음 ① れん 렌 恋愛(れんあい) 연애　失恋(しつれん) 실연　悲恋(ひれん) 비련	훈 こい 사랑 こいしい 그립다
16 錬 단련할 련	음 ① れん 렌 錬金術(れんきんじゅつ) 연금술　錬磨(れんま) 연마　鍛錬(たんれん) 단련　精錬(せいれん) 정련	

096

우리말 발음		일본어 발음
렬	4/4 →	레쓰

적용법칙 　두음법칙 ㄹ → ら(ら행)　음절법칙 여 → 에(え)　받침법칙 ㄹ받침 → 쓰(つ)

6 列 줄 렬
- 음 ① れつ [れっ-] 레쓰
- 列車 열차　列島 열도　陳列 진열

6 劣 못할 렬
- 음 ① れつ [れっ-] 레쓰
- 劣等 열등　優劣 우열　卑劣 비열
- 훈 おとる 열등하다

10 烈 매울 렬
- 음 ① れつ [れっ-] 레쓰
- 烈士 열사　烈火 열화　強烈 강렬　痛烈 통렬　猛烈 맹렬

12 裂 찢어질 렬
- 음 ① れつ [れっ-] 레쓰
- 分裂 분열　亀裂 균열　決裂 결렬　破裂 파열
- 훈 さく 찢다
- さける 찢어지다

097

우리말 발음		일본어 발음
렴	1/1 →	렌

적용법칙 　두음법칙 ㄹ → ら(ら행)　음절법칙 여 → 에(え)　받침법칙 ㅁ받침 → ㄴ(ん)

13 廉 청렴할 렴
- 음 ① れん 렌
- 廉価 염가　清廉 청렴　低廉 저렴　破廉恥 파렴치

098

우리말 발음		일본어 발음
렵	1/1 →	료우

적용법칙 두음법칙 ㄹ → ㄹ(ら행)   음절법칙 엽 → 요우(よう)   받침법칙 ㅂ받침 → 우(う)

11 猟 사냥할 렵
- 음 ① りょう 료우
- 猟師 사냥꾼   禁猟 금렵   狩猟 수렵   密猟 밀렵

099

우리말 발음		일본어 발음
령	5/6 →	레이

적용법칙 두음법칙 ㄹ → ㄹ(ら행)   음절법칙 영 → 에이(えい)

5 令 명령할 령
- 음 ① れい 레이
- 令状 영장   法令 법령   命令 명령

13 鈴 방울 령
- 음 ① れい 레이   ② りん 린
- 훈 すず 방울
- 銀鈴 은방울   亜鈴 아령   風鈴 풍경

13 零 떨어질 령
- 음 ① れい 레이
- 零細 영세   零点 영점   零下 영하

15 霊 신령 령
- 음 ① れい 레이   ② りょう 료우
- 훈 たま 영혼
- 霊感 영감   心霊 심령   悪霊 악령

17 齢 나이 령
- 음 ① れい 레이
- 高齢 고령   樹齢 수령   年齢 연령

| 예외한자 | 14 領 옷깃 령 | 음 ① りょう 료우 | 領土 영토　横領 횡령　受領 수령　大統領 대통령 |

100

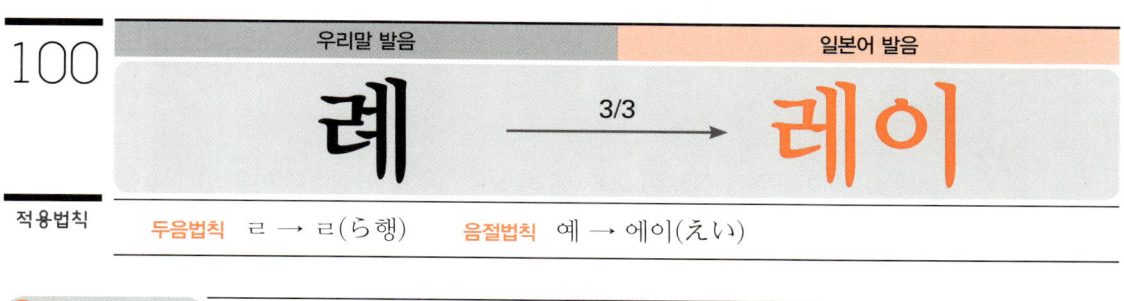

| 적용법칙 | 두음법칙 ㄹ → ら(ら행)　음절법칙 예 → 에이(えい) |

5	礼 예도 례	음 ① れい 레이　② らい 라이	礼金 예금　礼儀 예의　礼物 예물, 사례품　礼賛 예찬
8	例 법식 례	음 ① れい 레이	例外 예외　例文 예문　例年 예년　実例 실례	훈 たとえる 예를 들다
16	隷 종 례	음 ① れい 레이	隷属 예속　隷書体 예서체　奴隷 노예

101

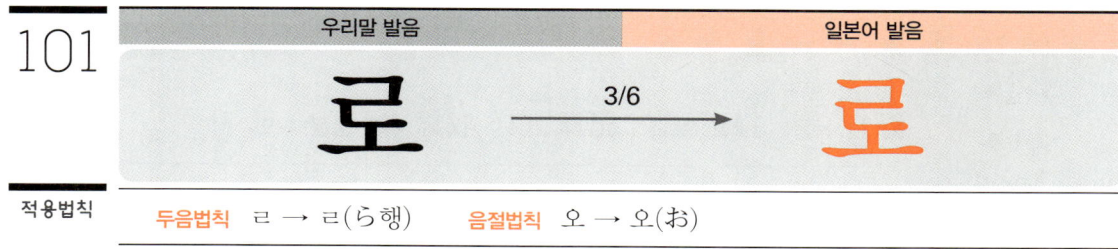

| 적용법칙 | 두음법칙 ㄹ → ら(ら행)　음절법칙 오 → 오(お) |

| 13 | 路 길 로 | 음 ① ろ 로 | 路上 노상　道路 도로　迷路 미로 | 훈 旅路 여행길 |

8 炉 화로 로	음 ① ろ 로 炉端 화롯가　香炉 향로　暖炉 난로　原子炉 원자로	
21 露 이슬 로	음 ① ろ 로　② ろう 로우 露天 노천　露店 노점　披露 피로	훈 つゆ 이슬

예외한자

7 労 수고로울 로	음 ① ろう 로우　労組 노조　労働 노동　苦労 고생　疲労 피로	
6 老 늙을 로	음 ① ろう 로우　老人 노인　敬老 경로	훈 おいる 늙다 ふける 늙다
13 虜 사로잡을 로	음 ① りょ 료　虜獲 노획　捕虜 포로	

102

우리말 발음		일본어 발음
록	2/3 →	로쿠

적용법칙　두음법칙 ㄹ → ら(ら행)　음절법칙 오 → 오(お)　받침법칙 ㄱ받침 → 쿠(く)

16 録 기록할 록	음 ① ろく 로쿠 録音 녹음　録画 녹화　記録 기록　収録 수록, 녹음, 녹화	
19 麓 산기슭 록	음 ① ろく 로쿠 山麓 산록	훈 ふもと 산기슭

| 예외한자 14 | 緑 푸를 록 | 음 ① りょく[りょうー] 료쿠
 ② ろく 로쿠 | 緑陰(りょくいん) 녹음 新緑(しんりょく) 신록
 緑青(ろくしょう) 녹청 | 훈 みどり 녹색 |

103

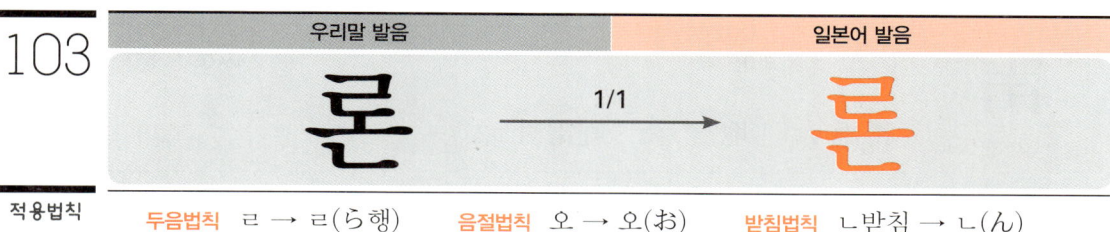

적용법칙 두음법칙 ㄹ → ㄹ(ら행)   음절법칙 오 → 오(お)   받침법칙 ㄴ받침 → ㄴ(ん)

| 15 | 論 논의할 논 | 음 ① ろん 론
 論理(ろんり) 논리 論文(ろんぶん) 논문 論説(ろんせつ) 논설 理論(りろん) 이론 議論(ぎろん) 의논 |

104

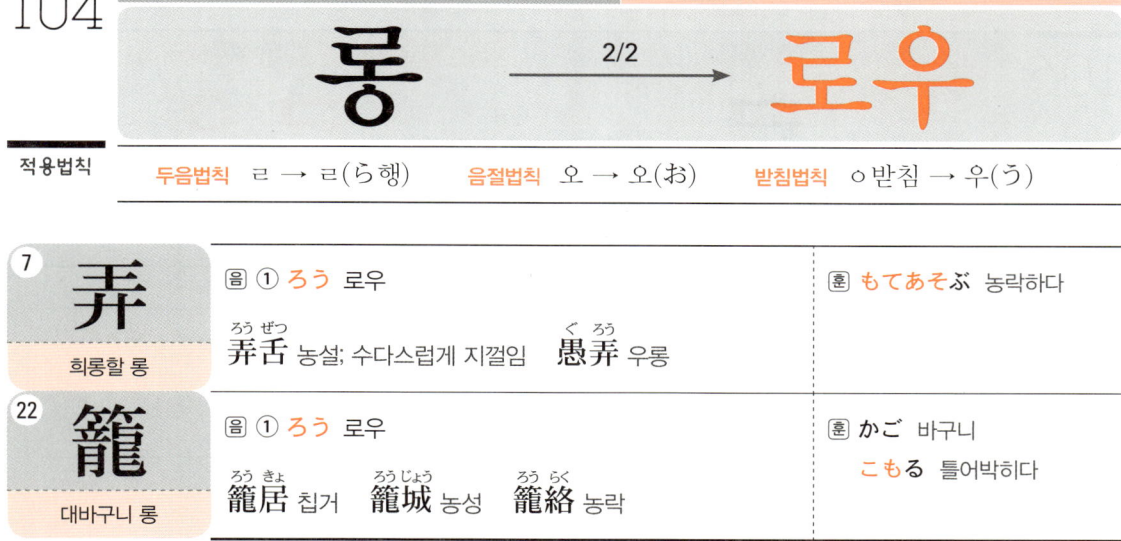

적용법칙 두음법칙 ㄹ → ㄹ(ら행)   음절법칙 오 → 오(お)   받침법칙 ㅇ받침 → 우(う)

| 7 | 弄 희롱할 롱 | 음 ① ろう 로우
 弄舌(ろうぜつ) 농설; 수다스럽게 지껄임 愚弄(ぐろう) 우롱 | 훈 もてあそぶ 농락하다 |
| 22 | 籠 대바구니 롱 | 음 ① ろう 로우
 籠居(ろうきょ) 칩거 籠城(ろうじょう) 농성 籠絡(ろうらく) 농락 | 훈 かご 바구니
 こもる 틀어박히다 |

105

우리말 발음		일본어 발음
뢰	2/3 →	라이

적용법칙　두음법칙 ㄹ → ㄹ(ら행)　음절법칙 외 → 아이(あい)

13 雷 우뢰 뢰
- 음 ① らい 라이
- 雷雨 뇌우　地雷 지뢰　避雷針 피뢰침
- 훈 かみなり 천둥

16 頼 믿을 뢰
- 음 ① らい 라이
- 依頼 의뢰　信頼 신뢰
- 훈 たのむ 부탁하다
  - たのもしい 믿음직하다
  - たよる 의지하다

예외한자 13 賂 뇌물 뢰
- 음 ① ろ 로
- 賄賂 뇌물

106

우리말 발음		일본어 발음
료	6/6 →	료우

적용법칙　두음법칙 ㄹ → ㄹ(ら행)　음절법칙 요 → 요우(よう)

10 料 헤아릴 료
- 음 ① りょう 료우
- 料理 요리　料金 요금　資料 자료　材料 재료

2 了 마칠 료
- 음 ① りょう 료우
- 了解 양해　完了 완료　終了 수료

14 僚 동료 료
- 음 ① りょう 료우
- 官僚 관료　同僚 동료　閣僚 각료

15 寮 집 료
- 음 ① りょう 료우
- 寮生 기숙생　寮費 기숙사비　寮長 사감

17 療 병고칠 료
- 음 ① りょう 료우
- 療養 요양　医療 의료　診療 진료　治療 치료

17 瞭 밝을 료
- 음 ① りょう 료우
- 瞭然 똑똑하고 분명함　明瞭 명료

107

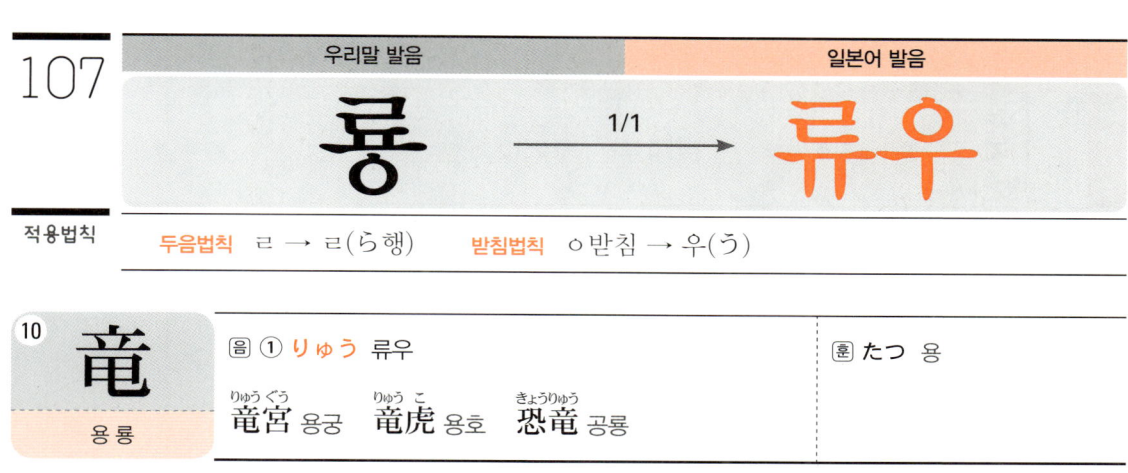

적용법칙　두음법칙 ㄹ → ㄹ(ら행)　받침법칙 ㅇ받침 → 우(う)

10 竜 용 룡
- 음 ① りゅう 류우
- 竜宮 용궁　竜虎 용호　恐竜 공룡
- 훈 たつ 용

108

우리말 발음		일본어 발음
루	3/5 →	루이

적용법칙 두음법칙 ㄹ → ら(ら행)

10 涙 눈물 루	음 ① るい 루이 涙腺 눈물샘 血涙 혈루, 피눈물 落涙 낙루	훈 なみだ 눈물
11 累 여러 루	음 ① るい 루이 累計 누계 累積 누적 累進 누진	
12 塁 진 루	음 ① るい 루이 塁審 (야구) 누심 満塁 만루 盗塁 도루 進塁 진루	

예외한자 13 楼 다락 루	음 ① ろう 로우 楼閣 누각 摩天楼 마천루	
14 漏 샐 루	음 ① ろう 로우 漏水 누수 漏電 누전	훈 もる 새다 もれる 새다 もらす 새게 하다

109

우리말 발음		일본어 발음
류	4/6 →	류우

적용법칙 두음법칙 ㄹ → ら(ら행)   음절법칙 유 → 유우(ゆう)

10 流 흐를 류	음 ① りゅう 류우 ② る 루 流行 유행 流血 유혈 電流 전류 流布 유포	훈 ながす 흘리다 ながれる 흐르다

	음	훈
⑩ 留 머무를 류	① りゅう 류우　② る 루 留学 유학　留意 유의　留守 부재중	とまる 머무르다 とめる 머무르게 하다
⑨ 柳 버들 류	① りゅう 류우 柳眉 유미; 가늘고 예쁜 눈썹　川柳 일본의 단시(短詩)	やなぎ 버드나무
⑫ 硫 유황 류	① りゅう 류우 硫酸 황산　硫安 황산암모늄　◆硫黄 유황	

예외한자	음	훈
18 類 무리 류	① るい 루이　分類 분류　人類 인류　種類 종류	たぐい 종류
14 瑠 유리 류	① る 루　浄瑠璃 조루리; 일본 전통 음곡에 맞춰 낭창하는 옛 이야기	

110

우리말 발음		일본어 발음
륙	1/1 →	リク

적용법칙　두음법칙 ㄹ → ら(ら행)　받침법칙 ㄱ받침 → ク(く)

⑪ 陸 뭍 륙	음 ① りく [りっー] 리쿠 陸上 육상　陸地 육지　陸橋 육교　大陸 대륙　着陸 착륙

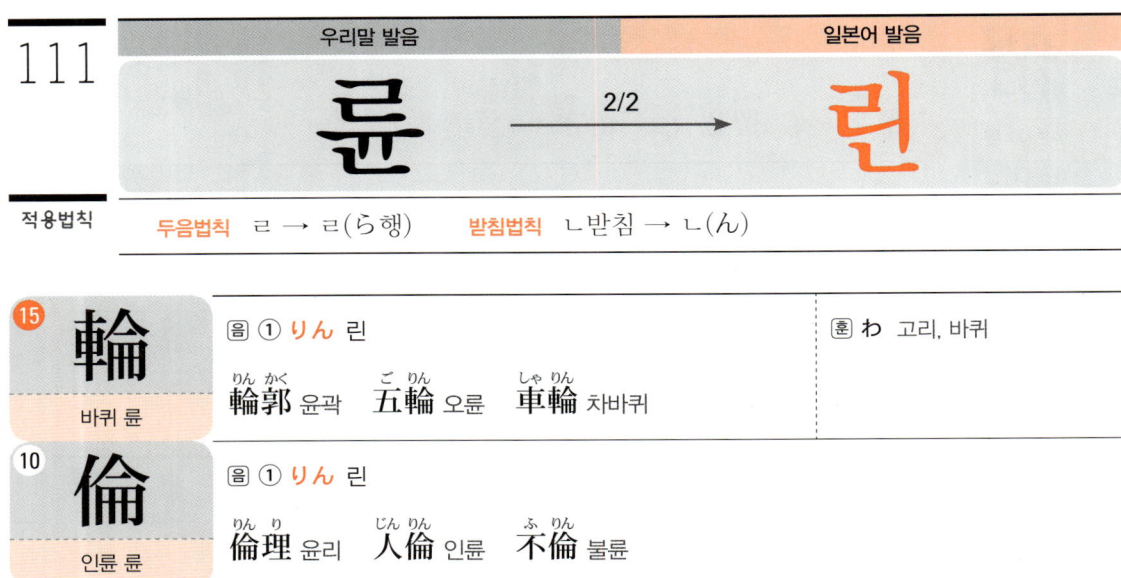

113

우리말 발음		일본어 발음
륭	1/1 →	류우

적용법칙 　**두음법칙** ㄹ → ㄹ(ら행)　　**음절법칙** 융 → 유우(ゆう)　　**받침법칙** ㅇ받침 → 우(う)

隆 높을 륭 (11)
음 ① りゅう 류우
隆起 융기　隆盛 융성　興隆 융성, 흥성
(りゅうき)　(りゅうせい)　(こうりゅう)

114

우리말 발음		일본어 발음
릉	1/1 →	료우

적용법칙 　**두음법칙** ㄹ → ㄹ(ら행)　　**받침법칙** ㅇ받침 → 우(う)

陵 언덕 릉 (11)
음 ① りょう 료우
陵辱 능욕　陵墓 능묘　丘陵 구릉
(りょうじょく)　(りょうぼ)　(きゅうりょう)
훈 みささぎ 능

115

우리말 발음		일본어 발음
리	9/10 →	리

적용법칙 　**두음법칙** ㄹ → ㄹ(ら행)　　**음절법칙** 이 → 이(い)

里 마을 리 (7)
음 ① り 리
里程標 이정표　海里 해리　郷里 고향
(りていひょう)　(かいり)　(きょうり)
훈 さと 마을

11	**理** 다스릴 리	음 ① り 리	理由 이유 理想 이상 理論 이론 理屈 이치, 도리 整理 정리	
7	**利** 이로울 리	음 ① り 리	利用 이용 利益 이익 利己 이기 便利 편리	훈 きく 좋다, 잘 듣다, 효과가 있다
13	**裏** 속 리	음 ① り 리	裏面 이면 表裏 표리 脳裏 뇌리	훈 うら 뒤, 속
6	**吏** 관리 리	음 ① り 리	吏員 공무원 官吏 관리 能吏 유능한 관리	
12	**痢** 이질 리	음 ① り 리	下痢 설사 赤痢 이질 疫痢 이질	
15	**履** 신 리	음 ① り 리	履歴 이력 履行 이행 履修 이수	훈 はく (신발을) 신다
15	**璃** 유리 리	음 ① り 리	浄瑠璃 조루리; 일본 전통 음곡에 맞춰 낭창하는 옛 이야기	
19	**離** 떠날 리	음 ① り 리	離婚 이혼 離別 이별 距離 거리 別離 별리	훈 はなれる 떨어지다 はなす 떼어내다

예외한자

9	**厘** 리 리	음 ① りん 린	一分一厘 일 푼 일 리; 아주 적음 2割3分5厘 2할 3푼 5리

116

우리말 발음		일본어 발음
린	1/1 →	린

적용법칙 두음법칙 ㄹ → ら(ら행) 음절법칙 이 → 이(い) 받침법칙 ㄴ받침 → ん(ん)

16 隣 이웃 린
- 음 ① りん 린
  - りんせつ 隣接 인접
  - りんじん 隣人 이웃 사람
  - きんりん 近隣 근린; 가까운 곳
- 훈 となる 인접하다
  - となり 이웃

117

우리말 발음		일본어 발음
림	2/2 →	린

적용법칙 두음법칙 ㄹ → ら(ら행) 음절법칙 이 → 이(い) 받침법칙 ㅁ받침 → ん(ん)

8 林 수풀 림
- 음 ① りん 린
  - りんぎょう 林業 임업
  - さんりん 山林 산림
  - しんりん 森林 삼림
- 훈 はやし 숲

18 臨 임할 림
- 음 ① りん 린
  - りんかい 臨海 임해
  - りんじ 臨時 임시
  - りんじゅう 臨終 임종
- 훈 のぞむ 임하다

118

우리말 발음		일본어 발음
립	1/2 →	류우

적용법칙 두음법칙 ㄹ → ㄹ(ら행)   음절법칙 입 → 유우(ゆう)   받침법칙 ㅂ받침 → 우(う)

11 粒 (낟알 립)
- 음 ① りゅう 류우
  - 粒子(りゅうし) 입자   顆粒(かりゅう) 과립   素粒子(そりゅうし) 소립자
- 훈 つぶ 알, 알갱이

예외한자 5 立 (설 립)
- 음 ① りつ [りっー] 리쓰
  - 立法(りっぽう) 입법   確立(かくりつ) 확립
  ② りゅう 류우
  - 建立(こんりゅう) 건립
- 훈 たつ 일어서다
  - たてる 세우다

119

우리말 발음		일본어 발음
마	4/5 →	마

적용법칙 두음법칙 ㅁ → ㅁ(ま행)   음절법칙 아 → 아(あ)

11 麻 (삼 마)
- 음 ① ま 마
  - 麻酔(ますい) 마취   麻薬(まやく) 마약   大麻(たいま) 대마
- 훈 あさ 삼, 모시

15 摩 (문지를 마)
- 음 ① ま 마
  - 摩擦(まさつ) 마찰   摩天楼(まてんろう) 마천루

16 磨 (갈 마)
- 음 ① ま 마
  - 磨滅(まめつ) 마멸   磨耗(まもう) 마모   研磨(けんま) 연마
- 훈 みがく 갈고 닦다

21 魔 마귀 마
음 ① ま 마

魔法 마법　魔女 마녀　魔術 마술　魔王 마왕　悪魔 악마　邪魔 방해

예외한자 10 馬 말 마
음 ① ば 바　　馬車 마차　乗馬 승마　競馬 경마　　훈 うま 말

120

우리말 발음		일본어 발음
막	2/3 →	마쿠

적용법칙: 두음법칙 ㅁ → ㅁ(ま행)　음절법칙 아 → 아(あ)　받침법칙 ㄱ받침 → 쿠(く)

13 幕 휘장 막
음 ① まく 마쿠　② ばく [ばっー] 바쿠

幕間 막간　字幕 자막　開幕 개막　幕府 막부　幕舎 막사

14 膜 막 막
음 ① まく 마쿠

粘膜 점막　鼓膜 고막　網膜 망막

예외한자 13 漠 사막 막
음 ① ばく 바쿠　漠然 막연　砂漠 사막　索漠 삭막

121

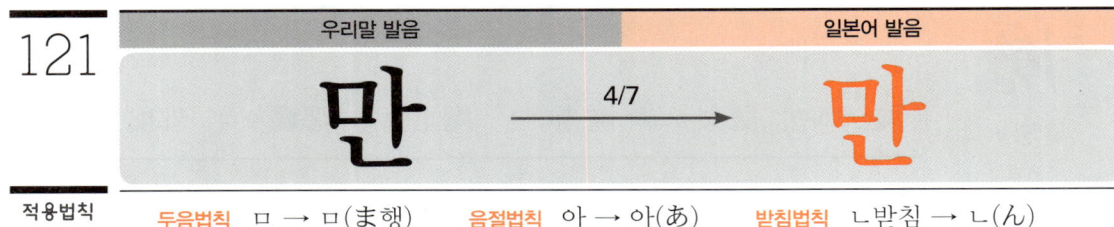

적용법칙　두음법칙 ㅁ → ㅁ(ま행)　음절법칙 아 → 아(あ)　받침법칙 ㄴ받침 → ん(ん)

③ 万 일만 만	음 ① まん 만　② ばん 반	まんびょう 万病 만병　まんいち 万一 만일　ばんざい 万歳 만세　ばんかん 万感 만감
⑫ 滿 찰 만	음 ① まん 만	まんぞく 満足 만족　まんかい 満開 만개　まんきつ 満喫 만끽　ふまん 不満 불만 　　훈 みちる 가득 차다　みたす 채우다
⑭ 慢 거만할 만	음 ① まん 만	まんせい 慢性 만성　じまん 自慢 자만　たいまん 怠慢 태만　がまん 我慢 참음, 견딤
⑭ 漫 부질없을 만	음 ① まん 만	まんだん 漫談 만담　まんが 漫画 만화　さんまん 散漫 산만

예외한자 ⑫ 晩 늦을 만	음 ① ばん 반	ばんしゅう 晩秋 만추　ばんねん 晩年 만년　こんばん 今晩 오늘 밤　まいばん 毎晩 매일 밤
⑫ 蛮 오랑캐 만	음 ① ばん 반	ばんゆう 蛮勇 만용　ばんこう 蛮行 만행　やばん 野蛮 야만
⑫ 湾 물굽이 만	음 ① わん 완	わんきょく 湾曲 만곡; 활 모양으로 굽음　こうわん 港湾 항만　たいわん 台湾 대만

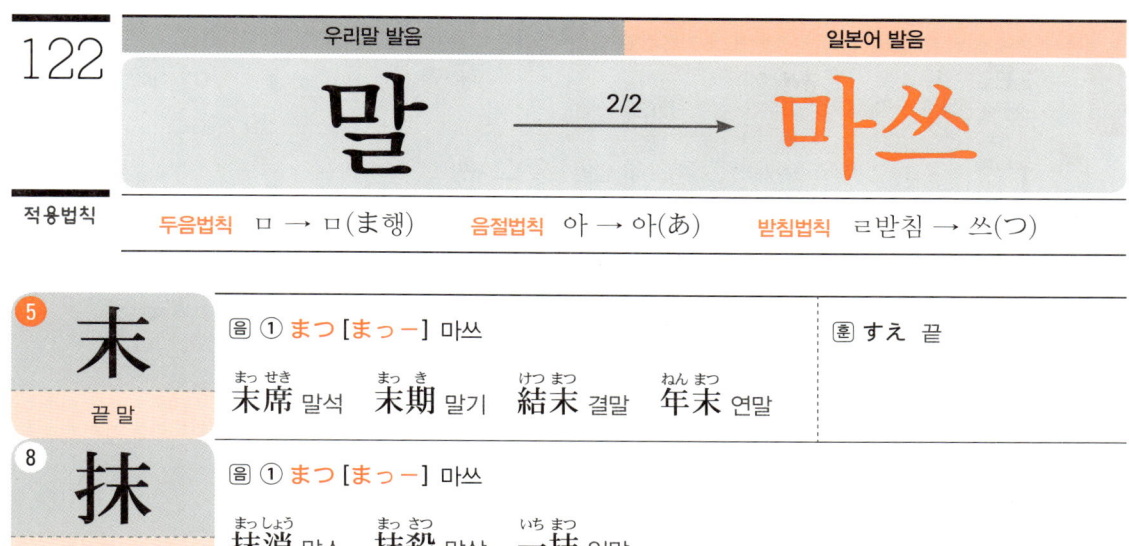

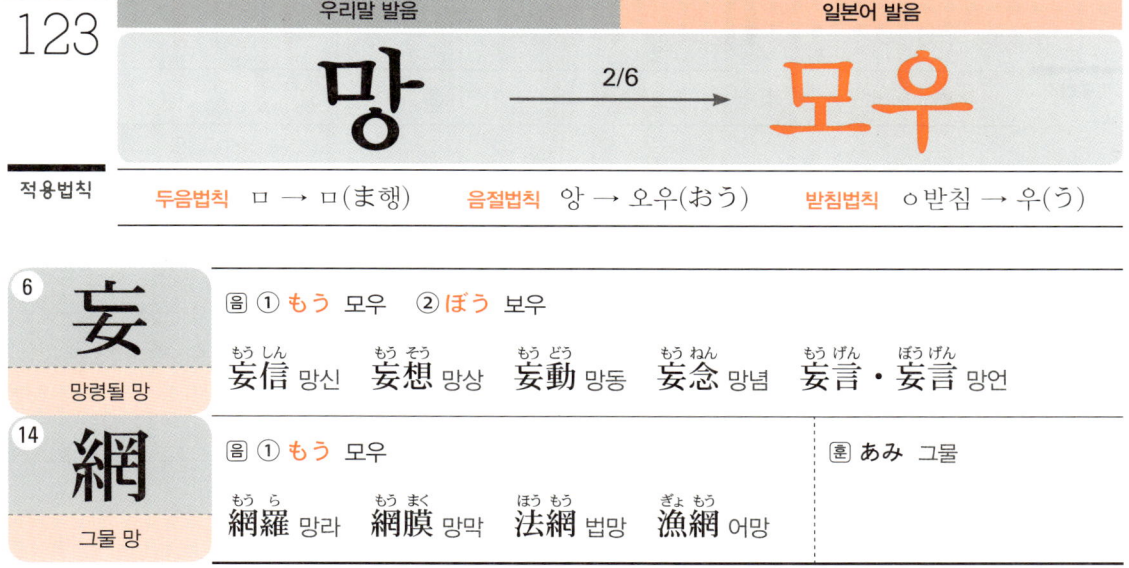

예외한자				
11 望 바랄 망	음 ① ぼう 보우 ② もう 모우	希望 희망　展望 전망 所望 소망		훈 のぞむ 바라다
3 亡 망할 망	음 ① ぼう 보우 ② もう 모우	亡命 망명　死亡 사망 亡者 망자　損亡 손실		훈 ない 죽다
7 忘 잊을 망	음 ① ぼう 보우	忘却 망각　健忘症 건망증		훈 わすれる 잊다
6 忙 바쁠 망	음 ① ぼう 보우	忙中閑 망중한　多忙 다망		훈 いそがしい 바쁘다

124

우리말 발음	일본어 발음
매　5/11 →	마이

적용법칙　두음법칙 ㅁ → ㅁ(ま행)　음절법칙 애 → 아이(あい)

6 毎 매양 매	음 ① まい 마이 毎日 매일　毎度 매번　毎週 매주　毎晩 매일 밤, 밤마다	
8 妹 손아랫누이 매	음 ① まい 마이 姉妹 자매　弟妹 제매; 남동생과 여동생	훈 いもうと 여동생
8 枚 낱 매	음 ① まい 마이 枚数 매수　枚挙 일일이 셈	
9 昧 어두울 매	음 ① まい 마이 曖昧 애매　愚昧 우매　蒙昧 몽매	
10 埋 묻을 매	음 ① まい 마이 埋設 매설　埋没 매몰　埋蔵 매장	훈 うめる 묻다 うまる 메워지다 うもれる 파묻히다

예외한자	7 売 팔 매	음 ① ばい 바이	売買 매매　商売 장사　販売 판매	훈 うる 팔다 うれる (잘)팔리다
	12 買 살 매	음 ① ばい 바이	買収 매수　購買 구매	훈 かう 사다
	10 梅 매화 매	음 ① ばい 바이	梅林 매화나무 숲　梅雨前線 장마 전선	훈 うめ 매화나무
	12 媒 중매 매	음 ① ばい 바이	媒介 매개　媒体 매체　触媒 촉매	
	15 罵 꾸짖을 매	음 ① ば 바	怒罵 성내어 욕을 퍼부음　罵倒 매도	훈 ののしる 몹시 욕하다
	15 魅 도깨비 매	음 ① み 미	魅力 매력　魅了 매료　魅惑 매혹	

125

우리말 발음		일본어 발음
맥	1/2 →	먀쿠

적용법칙　두음법칙 ㅁ → ㅁ(ま행)　받침법칙 ㄱ받침 → 쿠(く)

10 脈 맥 맥	음 ① みゃく 먀쿠
	脈拍 맥박　脈略 맥락　山脈 산맥　人脈 인맥　動脈 동맥

예외한자	7 麦 보리 맥	음 ① ばく 바쿠	麦芽糖 맥아당　燕麦 귀리	훈 むぎ 보리

126

우리말 발음		일본어 발음
맹	2/3 →	모우

적용법칙 두음법칙 ㅁ → ㅁ(ま행)   음절법칙 앵 → 오우(おう)   받침법칙 ㅇ받침 → 우(う)

8 盲 소경 맹
- 음 ① もう 모우
- 盲点 もうてん 맹점   盲目 もうもく 맹목   盲信 もうしん 맹신   盲腸 もうちょう 맹장   文盲 もんもう 문맹

11 猛 사나울 맹
- 음 ① もう 모우
- 猛毒 もうどく 맹독   猛烈 もうれつ 맹렬   猛攻 もうこう 맹공   猛獣 もうじゅう 맹수   勇猛 ゆうもう 용맹

예외한자 13 盟 맹세할 맹
- 음 ① めい 메이
- 盟主 めいしゅ 맹주   加盟 かめい 가맹   同盟 どうめい 동맹   連盟 れんめい 연맹

127

우리말 발음		일본어 발음
면	4/6 →	멘

적용법칙 두음법칙 ㅁ → ㅁ(ま행)   음절법칙 여 → 에(え)   받침법칙 ㄴ받침 → ㄴ(ん)

9 面 낯 면
- 음 ① めん 멘
- 面積 めんせき 면적   面会 めんかい 면회   面談 めんだん 면담   正面 しょうめん 정면
- 훈 おもて 얼굴, 가면, 표면
- つら 얼굴, 겉모습

14 綿 솜 면
- 음 ① めん 멘
- 綿密 めんみつ 면밀   綿花 めんか 면화   純綿 じゅんめん 순면
- 훈 わた 솜

8 免 면할 면	음 ① めん 멘 免許 면허　免除 면제　免疫 면역　免税 면세	훈 まぬかれる 면하다, 피하다
16 麵 밀가루 면	음 ① めん 멘 麵類 면류　乾麵 건면　素麵 소면　製麵 제면	
예외한자 10 勉 힘쓸 면	음 ① べん 벤　勉強 공부　勉学 면학　勤勉 근면	
10 眠 잠잘 면	음 ① みん 민　睡眠 수면　冬眠 동면　不眠 불면	훈 ねむる 자다 ねむい 졸리다

128

우리말 발음		일본어 발음
멸	1/2 →	메쓰

적용법칙　두음법칙 ㅁ → ま(ま행)　음절법칙 여 → 에(え)　받침법칙 ㄹ받침 → 쓰(つ)

13 滅 멸망할 멸	음 ① めつ [めっー] 메쓰 滅亡 멸망　滅菌 멸균　消滅 소멸　絶滅 절멸	훈 ほろびる 멸망하다 ほろぼす 멸망시키다
예외한자 14 蔑 업신여길 멸	음 ① べつ [べっー] 베쓰 蔑視 멸시　軽蔑 경멸　侮蔑 모멸	훈 さげすむ 깔보다

130

우리말 발음	4/14	일본어 발음
모	→	보

적용법칙 음절법칙 오 → 오(お)

⑤ 母 어미 모

- 음 ① ぼ 보
  - 母性(ぼせい) 모성　母校(ぼこう) 모교　母国(ぼこく) 모국　祖母(そぼ) 조모
- 훈 はは 어머니
  - ◆ お母(かあ)さん 어머니

⑭ 暮 저물 모

- 음 ① ぼ 보
  - 暮色(ぼしょく) 모색; 황혼·석양의 경치　歳暮·歳暮(さいぼ·せいぼ) 세모
- 훈 くれる 저물다
  - くらす 생활하다

⑫ 募 모을 모

- 음 ① ぼ 보
  - 募集(ぼしゅう) 모집　応募(おうぼ) 응모　公募(こうぼ) 공모
- 훈 つのる 모집하다, 점점 심해지다

⑭ 慕 사모할 모

- 음 ① ぼ 보
  - 慕情(ぼじょう) 모정　思慕(しぼ) 사모　恋慕(れんぼ) 연모
- 훈 したう 사모하다

예외한자

⑨ 某 아무 모

- 음 ① ぼう 보우　某氏(ぼうし) 모씨　某月某日(ぼうげつぼうじつ) 모월 모일

⑨ 冒 무릅쓸 모

- 음 ① ぼう 보우　冒険(ぼうけん) 모험　冒頭(ぼうとう) 모두, 첫머리, 시작
- 훈 おかす 무릅쓰다

⑫ 帽 모자 모

- 음 ① ぼう 보우　帽子(ぼうし) 모자　角帽(かくぼう) 각모, 사각 모자

⑭ 貌 모양 모

- 음 ① ぼう 보우　外貌(がいぼう) 외모　美貌(びぼう) 미모　容貌(ようぼう) 용모　面貌(めんぼう) 면모

⑯ 謀 꾀할 모

- 음 ① ぼう 보우　謀略(ぼうりゃく) 모략　謀議(ぼうぎ) 모의
  - ② む 무　謀反(むほん) 모반, 반역
- 훈 はかる 꾀하다

예외한자	[4] 毛 털 모	음 ① もう 모우	毛布 모포　脱毛 탈모	훈 け 털
	[10] 耗 소모할 모	음 ① もう 모우 ② こう 코우	消耗 소모　磨耗 마모 心神耗弱 심신쇠약	
	[8] 侮 업신여길 모	음 ① ぶ 부	侮辱 모욕　侮蔑 모멸　軽侮 경멸	훈 あなどる 업신여기다
	[5] 矛 창 모	음 ① む 무	矛盾 모순	훈 ほこ 창
	[14] 模 법 모	음 ① も 모 ② ぼ 보	模型 모형　模範 모범　模倣 모방　模索 모색 規模 규모	

131

우리말 발음	일본어 발음
목	1/4 → 모쿠

적용법칙　두음법칙 ㅁ → ㅁ(ま행)　음절법칙 ㅗ → ㅗ(お)　받침법칙 ㄱ받침 → 쿠(く)

[5] 目 눈 목	음 ① もく[もっー] 모쿠　② ぼく 보쿠	훈 め 눈
	目的 목적　目前 목전　目次 목차　面目 면목	

예외한자	[4] 木 나무 목	음 ① ぼく[ぼっー] 보쿠 ② もく[もっー] 모쿠	木石 목석　土木 토목 木造 목조　木工 목공	훈 き 나무
	[8] 牧 칠 목	음 ① ぼく[ぼっー] 보쿠	牧場 목장　牧畜 목축	훈 まき 목장
	[13] 睦 화목할 목	음 ① ぼく[ぼっー] 보쿠	親睦 친목　和睦 화목	훈 むつまじい 정답다, 사이가 좋다

132

우리말 발음		일본어 발음
몰	→1/1→	보쓰

적용법칙 음절법칙 오 → 오(お)   받침법칙 ㄹ받침 → 쓰(つ)

⑦ 没 빠질 몰

음 ① ぼつ [ぼっ─] 보쓰

没落 몰락   没収 몰수   出没 출몰   沈没 침몰

133

우리말 발음		일본어 발음
몽	→1/1→	무

적용법칙 두음법칙 ㅁ → ㅁ(ま행)

⑬ 夢 꿈 몽

음 ① む 무

夢中 열중함   夢想 몽상   悪夢 악몽

훈 ゆめ 꿈

134

우리말 발음		일본어 발음
묘	→1/5→	묘우

적용법칙 두음법칙 ㅁ → ㅁ(ま행)   음절법칙 요 → 요우(よう)

⑦ 妙 묘할 묘

음 ① みょう 묘우

妙案 묘안   妙味 묘미   妙策 묘책   奇妙 기묘   微妙 미묘

예외한자	8 苗 싹 묘	음 ① びょう 보우 　種苗 종묘　育苗 육묘	훈 なえ 모종
	11 描 그릴 묘	음 ① びょう 보우 　描写 묘사　素描 소묘	훈 えがく 그리다　かく 그리다
	11 猫 고양이 묘	음 ① びょう 보우 　猫額 고양이 이마처럼 좁음	훈 ねこ 고양이　猫舌 뜨거운 것을 잘 못 먹는 사람
	13 墓 무덤 묘	음 ① ぼ 보 　墓地 묘지　墓碑 묘비	훈 はか 무덤

135

우리말 발음		일본어 발음
무	3/7 →	무

적용법칙　두음법칙　ㅁ → ㅁ(ま행)

12 無 없을 무	음 ① む 무　② ぶ 부　無休 무휴　無理 무리　無事 무사　無礼 무례	훈 ない 없다
11 務 힘쓸 무	음 ① む 무　外務 외무　事務 사무　義務 의무　任務 임무	훈 つとめる 일하다　つとまる 맡은 일을 잘 할 수 있다
19 霧 안개 무	음 ① む 무　霧散 무산　濃霧 농무; 짙은 안개	훈 きり 안개

예외한자	8 武 군사 무	음 ① ぶ 부 ② む 무	武家 무가 　武器 무기 　武士 무사 　武力 무력 武者 무사	
	15 舞 춤출 무	음 ① ぶ 부	舞台 무대 　舞踊 무용	훈 まう 춤추다 まい 춤, 무용
	12 貿 바꿀 무	음 ① ぼう 보우	貿易 무역 　貿易港 무역항	
	8 茂 무성할 무	음 ① も 모	繁茂 초목이 무성함	훈 しげる 무성하다, 우거지다

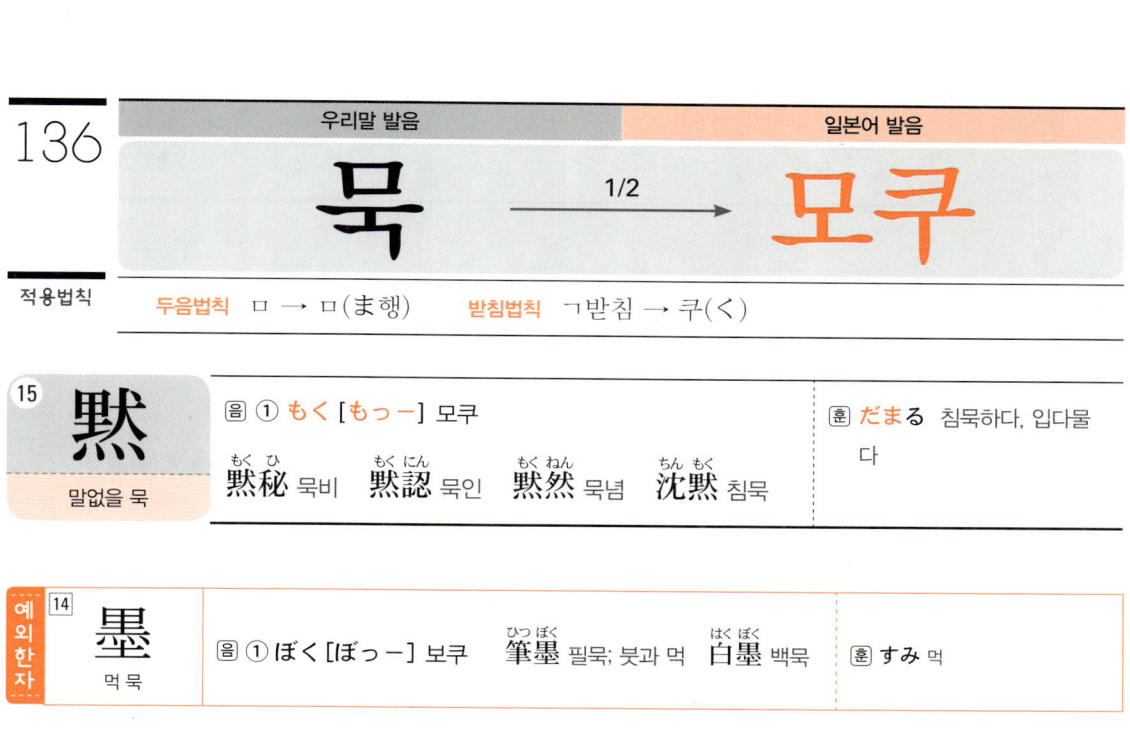

136

우리말 발음 묵 → 1/2 → 일본어 발음 모쿠

적용법칙 두음법칙 ㅁ → ㅁ(ま행)   받침법칙 ㄱ받침 → 쿠(く)

15 黙 말없을 묵	음 ① もく [もっ-] 모쿠 黙秘 묵비 　黙認 묵인 　黙然 묵념 　沈黙 침묵	훈 だまる 침묵하다, 입다물다
예외한자 14 墨 먹 묵	음 ① ぼく [ぼっ-] 보쿠 筆墨 필묵; 붓과 먹 　白墨 백묵	훈 すみ 먹

137

우리말 발음	일본어 발음
문 → 3/5 →	몬

적용법칙 두음법칙 ㅁ → ま(ま행)   받침법칙 ㄴ받침 → ん(ん)

8 門 (문 문)
- 음 ① もん 몬
  - 門下 もんか 문하
  - 正門 せいもん 정문
  - 專門 せんもん 전문, 전공
- 훈 かど 문

11 問 (물을 문)
- 음 ① もん 몬
  - 問題 もんだい 문제
  - 問答 もんどう 문답
  - 質問 しつもん 질문
  - 学問 がくもん 학문
- 훈 とう 묻다
  - とい 질문

10 紋 (무늬 문)
- 음 ① もん 몬
  - 紋章 もんしょう 문장; 국가·가문·단체 등이 표시로 쓰는 무늬
  - 指紋 しもん 지문
  - 波紋 はもん 파문

예외한자

4 文 (글월 문)
- 음 ① ぶん 분
  - 文明 ぶんめい 문명
  - 文章 ぶんしょう 문장
- 음 ② もん 몬
  - 文盲 もんもう 문맹
  - 注文 ちゅうもん 주문
- 훈 ふみ 글, 편지

14 聞 (들을 문)
- 음 ① ぶん 분
  - 新聞 しんぶん 신문
  - 見聞 けんぶん 견문
- 음 ② もん 몬
  - 前代未聞 ぜんだいみもん 전대미문
- 훈 きく 듣다
  - きこえる 들리다

법칙이 없는 한자

우리말 발음	일본어 발음
물 →	부쓰

8 物 (물건 물)
- 음 ① ぶつ 부쓰 ② もつ 모쓰
  - 人物 じんぶつ 인물
  - 動物 どうぶつ 동물
  - 荷物 にもつ 짐
  - 貨物 かもつ 화물
- 훈 もの 물건

138

우리말 발음		일본어 발음
미	2/8 →	み

적용법칙 두음법칙 ㅁ → ま(ま행)   음절법칙 이 → い(い)

8 味 맛 미	음 ① み 미 味覚 미각 味方 자기편 意味 의미 興味 흥미	훈 あじ 맛 あじわう 맛보다
5 未 아닐 미	음 ① み 미 未来 미래 未満 미만 未熟 미숙 未婚 미혼 未開 미개	

예외한자			
9 美 아름다울 미	음 ① び 비	美人 미인 美貌 미모 美術 미술	훈 うつくしい 아름답다
7 尾 꼬리 미	음 ① び 비	尾行 미행 後尾 후미	훈 お 꼬리
9 眉 눈썹 미	음 ① び 비 ② み 미	眉目・眉目 용모, 체면 焦眉 초미 眉間 미간	훈 まゆ 눈썹
13 微 작을 미	음 ① び 비	微細 미세 微笑 미소 微動 미동 微量 미량 微力 미력	
9 迷 미혹할 미	음 ① めい 메이	迷惑 귀찮음, 폐 迷路 미로	훈 まよう 망설이다, 헤매다
6 米 쌀 미	음 ① べい 베이 ② まい 마이	日米 일본과 미국 渡米 도미 玄米 현미 新米 햅쌀, 신참	훈 こめ 쌀

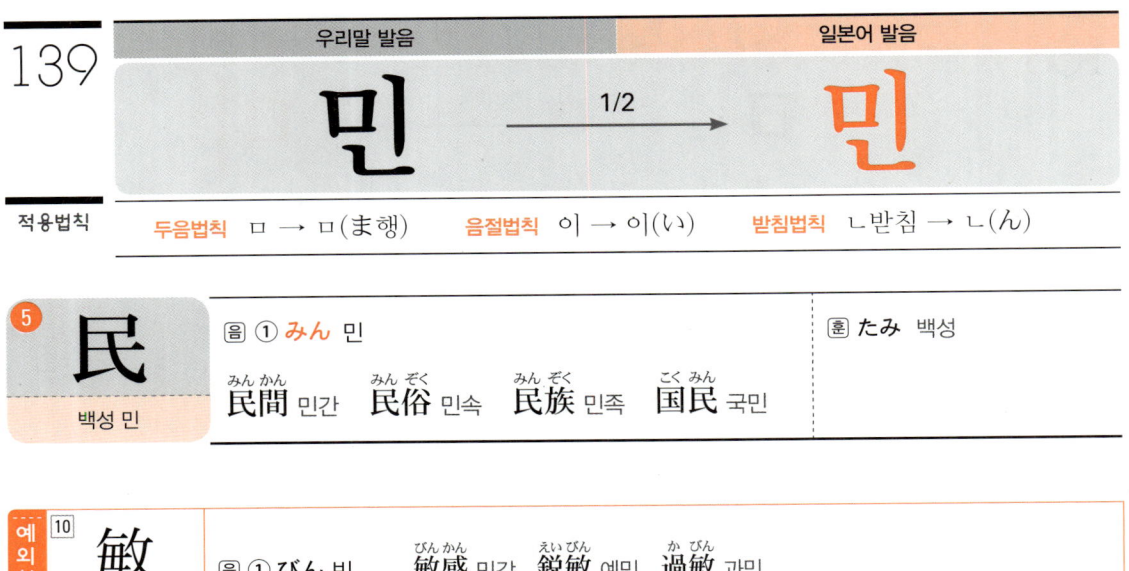

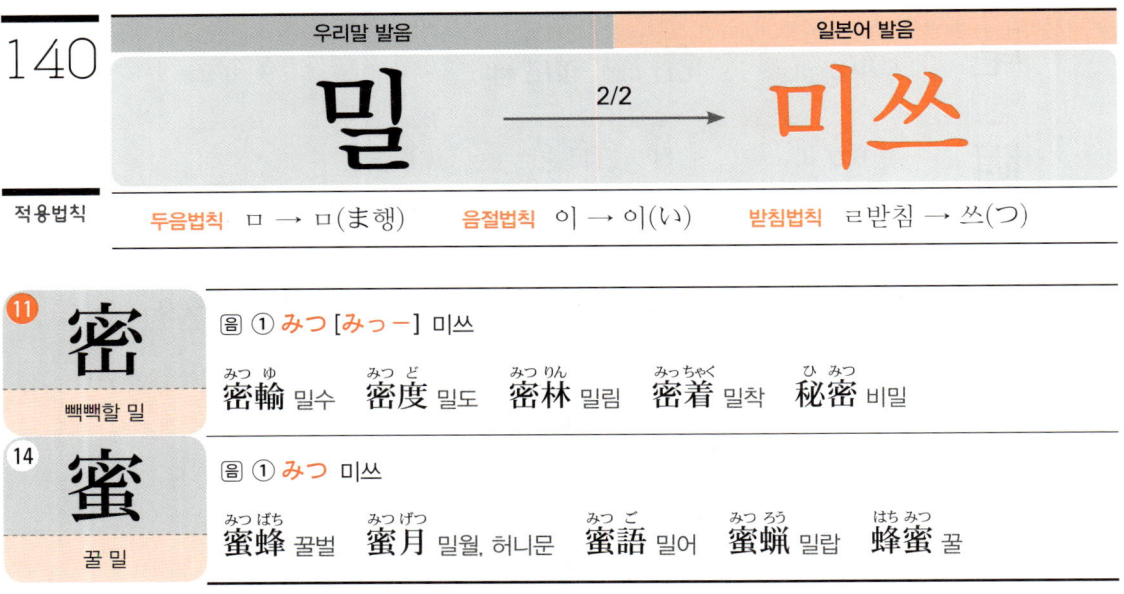

141

우리말 발음		일본어 발음
박	7/10 →	하쿠

적용법칙 두음법칙 ㅂ → ㅎ(は행)   음절법칙 아 → 아(あ)   받침법칙 ㄱ받침 → 쿠(く)

博 (12) 넓을 박
음 ① はく [-ぱく] 하쿠 ② ばく 바쿠
博識 박식   博覧会 박람회   博愛 박애   博徒 노름꾼   賭博 도박

迫 (8) 핍박할 박
음 ① はく [-ぱく] 하쿠
迫力 박력   脅迫 협박   圧迫 압박
훈 せまる 다가오다, 좁혀지다

拍 (8) 손뼉칠 박
음 ① はく [-ぱく] 하쿠 ② ひょう 효우
拍手 박수   拍車 박차   一拍 한 박자   拍子 박자

泊 (8) 배 댈 박
음 ① はく [-ぱく] 하쿠
宿泊 숙박   外泊 외박   淡泊 담백
훈 とまる 묵다
   とめる 묵게 하다

剝 (10) 벗길 박
음 ① はく 하쿠
剝製 박제   剝奪 박탈
훈 はがす 벗기다, 떼다
   はぐ 벗기다, 박탈하다
   はげる 벗겨지다

舶 (11) 큰 배 박
음 ① はく [-ぱく] 하쿠
舶来 수입(품)   船舶 선박

薄 (16) 엷을 박
음 ① はく [はっ-/-ぱく] 하쿠
薄弱 박약   薄命 박명   希薄 희박   軽薄 경박
훈 うすい 엷다
   うすめる 엷어지게 하다
   うすまる 엷어지다

예외한자

朴 (6) 순박할 박
음 ① ぼく 보쿠   素朴 소박   純朴 순박

예외한자			
15	撲 두드릴 박	음 ① ぼく 보쿠	撲滅 박멸　撲殺 박살　打撲 타박
16	縛 묶을 박	음 ① ばく 바쿠　束縛 속박　捕縛 포박	훈 しばる 묶다

142

우리말 발음		일본어 발음
반	10/12 →	한

적용법칙　두음법칙 ㅂ → ㅎ(は행)　음절법칙 아 → 아(あ)　받침법칙 ㄴ받침 → ㄴ(ん)

5	半 반 반	음 ① はん [-ぱん] 한 半島 반도　半分 절반　半円 반원	훈 なかば 절반
4	反 돌이킬 반	음 ① はん 한　② ほん 혼 反対 반대　反面 반면　反応 반응　謀反 모반	훈 そる (몸을) 뒤로 젖히다 そらす (뒤로) 젖히다
12	飯 밥 반	음 ① はん 한 朝ご飯 아침 식사　炊飯 밥을 지음	훈 めし 밥
10	班 나눌 반	음 ① はん 한 班長 반장　救護班 구호반, 구조대	
7	伴 짝 반	음 ① はん 한　② ばん 반 伴侶 반려　同伴 동반　伴奏 반주	훈 ともなう 동반하다
10	般 옮길 반	음 ① はん [-ぱん] 한 諸般 제반　全般 전반　一般 일반	

10	畔 물가 반	음 ① はん 한 湖畔 호반　河畔 강변, 강가
12	斑 얼룩 반	음 ① はん 한 斑点 반점　紅斑 홍반
13	搬 운반할 반	음 ① はん [-ぱん] 한 搬出 반출　搬入 반입　運搬 운반
13	頒 반포할 반	음 ① はん 한 頒布 반포, 배포　頒価 널리 배포하는 가격

예외 한자	7	返 돌이킬 반	음 ① へん 헨 返還 반환　返却 반환　返事 답장	훈 かえす 되돌려주다 かえる 되돌아가다
	15	盤 쟁반 반	음 ① ばん 반 地盤 지반　基盤 기반	

143　우리말 발음　　일본어 발음
발 → 2/5 → 하쓰

적용법칙　두음법칙 ㅂ → ㅎ(は행)　음절법칙 아 → 아(あ)　받침법칙 ㄹ받침 → 쓰(つ)

9	発 필 발	음 ① はつ [はっ-] 하쓰　② ほつ [ほっ-] 호쓰 発音 발음　発売 발매　発見 발견　発端 발단; 일의 시초　発作 발작

14 髪 터럭 발	음 ① はつ [-ぱつ] 하쓰 長髪 ちょうはつ 장발　理髪 りはつ 이발　金髪 きんぱつ 금발	훈 かみ 머리 (카락)

예외한자			
7	抜 뺄 발	음 ① ばつ[ばっー] 바쓰　抜群 ばつぐん 발군　選抜 せんばつ 선발	훈 ぬく 뽑다 ぬける 빠지다
13	鉢 바리때 발	음 ① はち[-ばち] 하치　鉢物 はちもの 분재　火鉢 ひばち 화로 ② はつ 하쓰　托鉢 たくはつ 탁발	
9	勃 우쩍 일어날 발	음 ① ぼつ[ぼっー] 보쓰　勃興 ぼっこう 발흥; 갑자기 세력이 강해짐 勃発 ぼっぱつ 발발; 사건 등이 별안간 발생함	

144 방 → 호우 (6/13)

적용법칙　두음법칙 ㅂ → ㅎ(は행)　음절법칙 앙 → 오우(おう)　받침법칙 ㅇ받침 → 우(う)

4 方 모 방	음 ① ほう [-ぽう] 호우 方法 ほうほう 방법　方言 ほうげん 방언　漢方 かんぽう 한방　地方 ちほう 지방	훈 かた 분 (남에 대한 높임말), 방향, 쪽, 편 ～かた ～하는 방법
8 放 놓을 방	음 ① ほう 호우 放送 ほうそう 방송　放牧 ほうぼく 방목　解放 かいほう 해방　追放 ついほう 추방	훈 はなす 놓아주다 はなれる 풀리다 ほうる 내던지다, 포기하
11 訪 찾을 방	음 ① ほう [-ぽう] 호우 訪問 ほうもん 방문　来訪 らいほう 내방　探訪 たんぼう 탐방	훈 おとずれる 찾아오다 たずねる 방문하다

	한자	음	예	훈
7	芳 꽃다울 방	① ほう 호우	芳香 방향 / 芳年 방년 / 芳名録 방명록	かんばしい 향기롭다
7	邦 나라 방	① ほう [－ぽう] 호	邦画 방화 / 友邦 우방 / 連邦 연방	
10	倣 본받을 방	① ほう 호우	模倣 모방	ならう 모방하다

예외한자

	한자	음	예	훈
7	防 막을 방	① ぼう 보우	防衛 방위 / 防火 방화 / 防備 방비	ふせぐ 막다, 방지하다
7	坊 동네 방	① ぼう 보우	坊主 승려, 꼬마 / 寝坊 늦잠, 잠꾸러기	
7	妨 방해할 방	① ぼう 보우	妨害 방해	さまたげる 방해하다
8	房 방 방	① ぼう 보우	暖房 난방 / 冷房 냉방	ふさ 송이
8	肪 기름 방	① ぼう 보우	脂肪 지방	
10	紡 실 뽑을 방	① ぼう 보우	紡織 방직 / 紡績 방적	つむぐ 길쌈하다
12	傍 곁 방	① ぼう 보우	傍聴 방청 / 傍観 방관	かたわら 곁, 옆

145

우리말 발음		일본어 발음
배	7/12 →	하이

적용법칙 두음법칙 ㅂ → ㅎ(は행)   음절법칙 애 → 아이(あい)

配 나눌 배 (10)
- 음 ① はい [−ぱい] 하이
  - 配置 배치   配達 배달   配分 배분   心配 걱정
- 훈 くばる 나누어 주다

俳 광대 배 (10)
- 음 ① はい 하이
  - 俳優 배우   俳句 하이쿠; 일본 고유의 단시

拝 절 배 (8)
- 음 ① はい [−ぱい] 하이
  - 拝啓 배견   崇拝 숭배   参拝 참배
- 훈 おがむ (합장) 배례하다

背 등 배 (9)
- 음 ① はい 하이
  - 背景 배경   背後 배후   後背 뒤쪽
- 훈 せ・せい 등, 키
  - そむく 등지다
  - そむける (얼굴·눈길을) 돌리다

杯 잔 배 (8)
- 음 ① はい [−ぱい] 하이
  - 祝杯 축배   苦杯 고배   乾杯 건배
- 훈 さかずき 술잔

排 물리칠 배 (11)
- 음 ① はい 하이
  - 排気 배기   排出 배출   排水 배수   排斥 배척   排除 배제

輩 무리 배 (15)
- 음 ① はい [−ぱい] 하이
  - 輩出 배출   後輩 후배   先輩 선배

예외한자

倍 곱 배 (10)
- 음 ① ばい 바이
  - 倍加 배가   倍率 배율   二倍 두 배

예외한자			
[11] 培 북돋을 배	음 ① ばい 바이	培養 배양　栽培 재배	훈 つちかう 북돋우다
[11] 陪 도울 배	음 ① ばい 바이	陪席 배석　陪審 배심	
[15] 賠 배상할 배	음 ① ばい 바이	賠償 배상	
[5] 北 달아날 배	음 ① ほく[−ぼく] 호쿠	敗北 패배	

146

우리말 발음		일본어 발음
백	2/3 →	하쿠

적용법칙　두음법칙　ㅂ → ㅎ(は행)　　받침법칙　ㄱ받침 → 쿠(く)

[5] 白 흰 백	음 ① はく[−ぱく] 하쿠　② びゃく 뱌쿠 白紙 백지　紅白 홍백　潔白 결백　白夜 백야	훈 しろ 흰색, 무죄 しろい 희다
[7] 伯 맏 백	음 ① はく 하쿠 伯仲 백중　伯爵 백작　画伯 화백　◆ 伯父 숙부　伯母 숙모	

예외한자		
[6] 百 일백 백	음 ① ひゃく[ひゃっ−] 햐쿠	百人 백인, 백 명　百科事典 백과사전

147

우리말 발음		일본어 발음
번	3/5 →	한

적용법칙　두음법칙　ㅂ → は(は행)　받침법칙　ㄴ받침 → ん(ん)

13 煩 (번거로울 번)
- 음 ① はん 한　② ぼん 본
- 煩雑(はんざつ) 번잡　煩悶(はんもん) 번민　煩悩(ぼんのう) 번뇌
- 훈 わずらう 걱정하다　わずらわす 괴롭히다

16 繁 (번성할 번)
- 음 ① はん [ぱん-] 한
- 繁盛(はんじょう) 번성　繁栄(はんえい) 번영　頻繁(ひんぱん) 빈번

18 藩 (울타리 번)
- 음 ① はん 한
- 藩主(はんしゅ) 번주　藩士(はんし) 번사; 영주의 신하

예외한자 12 番 (차례 번)
- 음 ① ばん 반　番号(ばんごう) 번호　番組(ばんぐみ) (방송) 프로그램　順番(じゅんばん) 순번

18 翻 (펄럭일 번)
- 음 ① ほん 혼　翻訳(ほんやく) 번역　翻案(ほんあん) 번안
- 훈 ひるがえる 뒤집히다　ひるがえす 뒤집다

148

우리말 발음		일본어 발음
벌	3/3 →	바쓰

적용법칙　받침법칙　ㄹ받침 → 쓰(つ)

6 伐 (칠 벌)
- 음 ① ばつ [ばっ-] 바쓰
- 伐採(ばっさい) 벌채　征伐(せいばつ) 정벌　討伐(とうばつ) 토벌　殺伐(さつばつ) 살벌

14 **罰** 벌줄 벌

음 ① ばつ [ばっ－] 바쓰 ② ばち 바치

罰金(ばっきん) 벌금 刑罰(けいばつ) 형벌 罰当たり(ばちあたり) 천벌을 받음

14 **閥** 문벌 벌

음 ① ばつ 바쓰

財閥(ざいばつ) 재벌 派閥(はばつ) 파벌 学閥(がくばつ) 학벌

ㅂ

149

우리말 발음		일본어 발음
범	5/6 →	한

적용법칙 두음법칙 ㅂ → ㅎ(は행) 받침법칙 ㅁ받침 → ㄴ(ん)

5 **犯** 범할 범

음 ① はん [－ぱん] 한

훈 おかす 범하다, 저지르다

犯罪(はんざい) 범죄 犯人(はんにん) 범인 防犯(ぼうはん) 방범

5 **氾** 넘칠 범

음 ① はん 한

氾濫(はんらん) 범람

6 **汎** 넓을 범

음 ① はん 한

汎愛(はんあい) 범애, 박애 汎称(はんしょう) 범칭; 총칭 汎用(はんよう) 범용

6 **帆** 돛 범

음 ① はん [－ぱん] 한

훈 ほ 돛

帆船(はんせん) 범선 帆走(はんそう) 범주 出帆(しゅっぱん) 출범

15 **範** 법 범

음 ① はん [－ぱん] 한

範囲(はんい) 범위 規範(きはん) 규범 典範(てんぱん) 전범

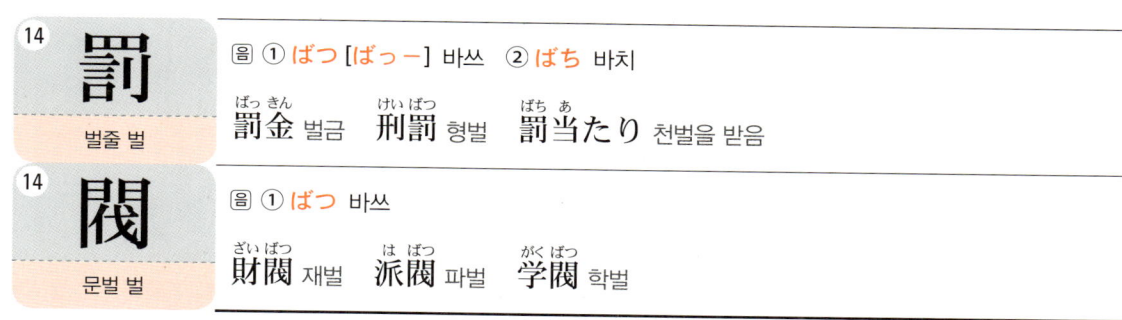

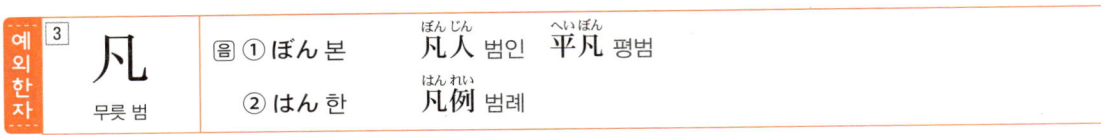

예외한자 3	凡 무릇 범	음 ① ぼん 본 凡人 범인 平凡 평범 ② はん 한 凡例 범례

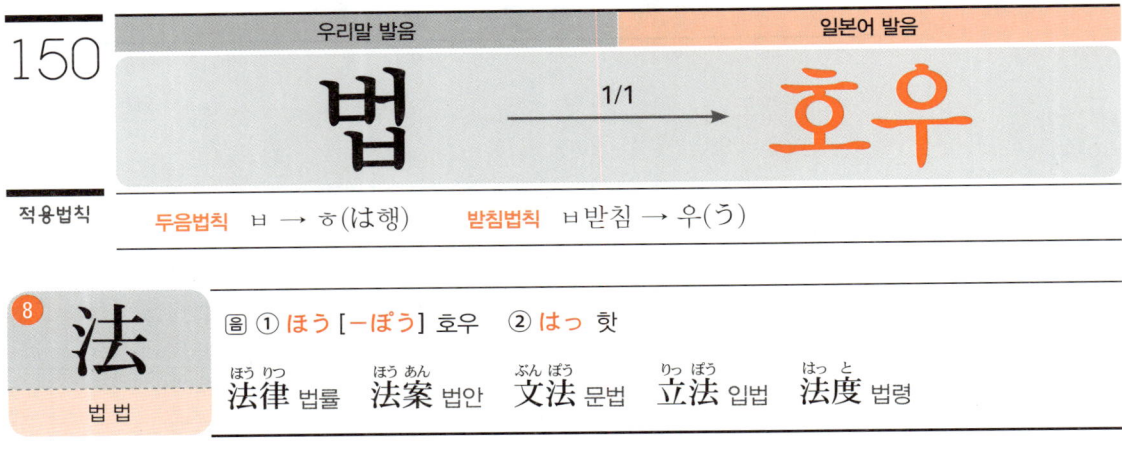

150

우리말 발음 **법** → 1/1 → 일본어 발음 **호우**

적용법칙 두음법칙 ㅂ → ㅎ(は행)   받침법칙 ㅂ받침 → 우(う)

8 法 법 법	음 ① ほう [ーぽう] 호우 ② はっ 핫 法律 법률 法案 법안 文法 문법 立法 입법 法度 법령

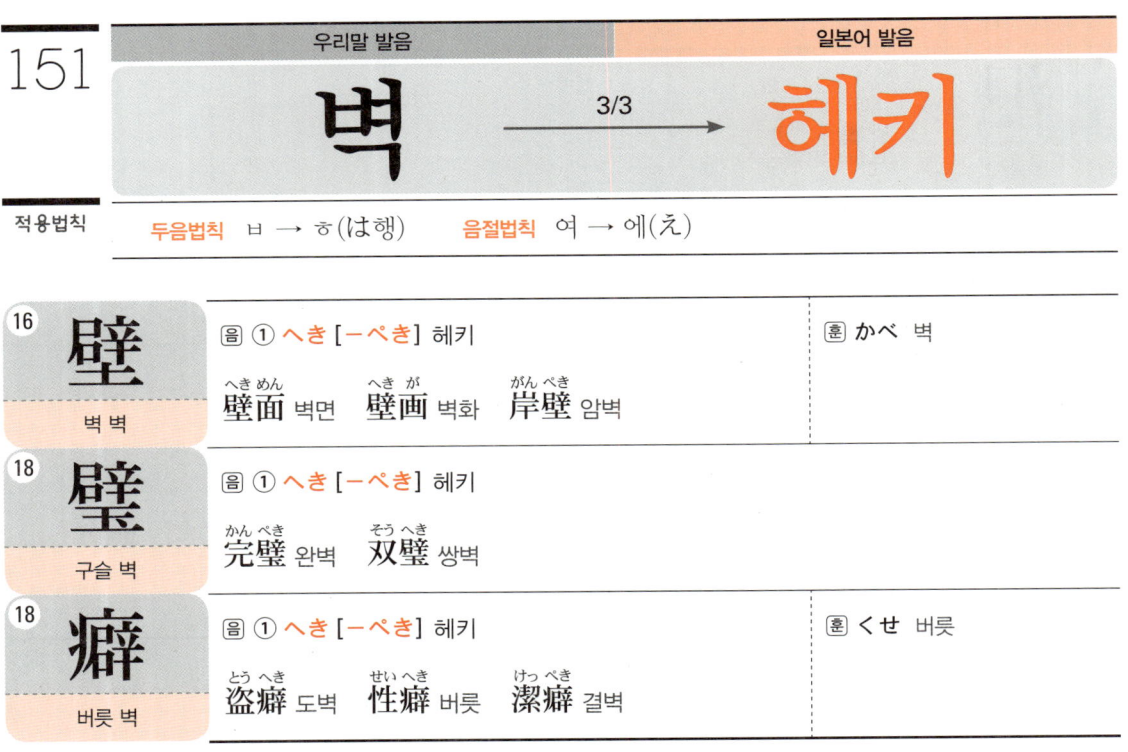

151

우리말 발음 **벽** → 3/3 → 일본어 발음 **헤키**

적용법칙 두음법칙 ㅂ → ㅎ(は행)   음절법칙 여 → 에(え)

16 壁 벽 벽	음 ① へき [ーぺき] 헤키 壁面 벽면 壁画 벽화 岸壁 암벽	훈 かべ 벽
18 璧 구슬 벽	음 ① へき [ーぺき] 헤키 完璧 완벽 双璧 쌍벽	
18 癖 버릇 벽	음 ① へき [ーぺき] 헤키 盗癖 도벽 性癖 버릇 潔癖 결벽	훈 くせ 버릇

152

우리말 발음		일본어 발음
변	2/4 →	헨

적용법칙 두음법칙 ㅂ → ㅎ(は행)　음절법칙 여 → 에(え)　받침법칙 ㄴ받침 → ㄴ(ん)

⑨ 変 변할 변
- 음 ① へん [－べん] 헨
  - 変化 변화　変革 변혁　大変 큰일　一変 일변
- 훈 かわる 변하다
  - かえる 바꾸다

⑤ 辺 가 변
- 음 ① へん [－ぺん] 헨
  - 辺境 변경　周辺 주변　近辺 근처
- 훈 あたり 주변
  - ～べ ～가, 근처

예외한자

⑨ 便 똥오줌 변
- 음 ① べん 벤　便器 변기　便所 변소, 화장실

⑤ 弁 말 잘할 변
- 음 ① べん 벤　弁護 변호　弁論 변론

153

우리말 발음		일본어 발음
별	1/1 →	베쓰

적용법칙 음절법칙 여 → 에(え)　받침법칙 ㄹ받침 → 쓰(つ)

⑦ 別 다를 별
- 음 ① べつ [べっ－] 베쓰
  - 別人 딴 사람　別居 별거　区別 구별　特別 특별
- 훈 わかれる 헤어지다

154

우리말 발음		일본어 발음
병	7/9 →	헤이

적용법칙 두음법칙 ㅂ → ㅎ(は행)   음절법칙 영 → 에이(えい)

---

7 兵 군사 병
- 음 ① へい 헤이 ② ひょう 효우
- 兵役 병역   兵士 병사   兵器 병기   兵糧 군량

8 並 아우를 병
- 음 ① へい 헤이
- 並行 병행   並列 병렬   並立 병립
- 훈 なみ 보통   ならべる 늘어놓다   ならぶ 줄을 서다

5 丙 남녘 병
- 음 ① へい 헤이
- 甲乙丙丁 갑을병정   丙種 병종

8 倂 아우를 병
- 음 ① ヘイ [－ペイ] 헤이
- 倂記 병기   倂合 병합   合倂 합병
- 훈 あわせる 합치다

9 柄 자루 병
- 음 ① へい [－ぺい] 헤이
- 横柄 건방짐   権柄ずく 우격다짐
- 훈 がら 무늬   え 손잡이, 자루

12 塀 담장 병
- 음 ① へい [－べい] 헤이
- 板塀 널판장   土塀 토담

15 餅 떡 병
- 음 ① へい [－べい] 헤이
- 煎餅 센베, 전병
- 훈 もち 떡

예외한자

10 病 병들 병
- 음 ① びょう 보우   病院 병원   病気 병
- ② へい[－ぺい] 헤이   疾病 질병
- 훈 やむ 병들다   やまい 병

11 瓶 병 병
- 음 ① びん 빈   瓶詰め 병조림   花瓶 꽃병   土瓶 질주전자

155 보 → 호 (3/7)

적용법칙 두음법칙 ㅂ → ㅎ(は행) 음절법칙 오 → 오(お)

⑧ **歩** 걸을 보	음 ① ほ [ーぽ] 호 ② ぶ 부 歩行(ほこう) 보행 散歩(さんぽ) 산책 歩合(ぶあい) 수수료	훈 あるく 걷다 あゆむ 걷다
⑨ **保** 보호할 보	음 ① ほ [ーぽ] 호 保健(ほけん) 보건 保安(ほあん) 보안 保存(ほぞん) 보존 担保(たんぽ) 담보	훈 たもつ 유지하다
⑫ **補** 기울 보	음 ① ほ 호 補佐(ほさ) 보좌 補充(ほじゅう) 보충 候補(こうほ) 후보	훈 おぎなう 보충하다

예외한자

⑫ **報** 갚을 보	음 ① ほう [ーぽう] 호우 報告(ほうこく) 보고 予報(よほう) 예보	훈 むくいる 보답하다
⑧ **宝** 보배 보	음 ① ほう 호우 宝石(ほうせき) 보석 家宝(かほう) 가보 国宝(こくほう) 국보	훈 たから 보물
⑫ **普** 넓을 보	음 ① ふ 후 普通(ふつう) 보통 普遍(ふへん) 보편 普及(ふきゅう) 보급	
⑲ **譜** 계보 보	음 ① ふ [ーぷ] 후 楽譜(がくふ) 악보 系譜(けいふ) 계보 年譜(ねんぷ) 연보	

156 복 → 후쿠 (7/8)

적용법칙: 두음법칙 ㅂ → ㅎ(は행)　받침법칙 ㄱ받침 → 쿠(く)

8 服 옷 복
- 음 ① ふく [－ぷく] 후쿠
- 服装 복장　洋服 양복　征服 정복　制服 제복　感服 감복, 감탄

13 福 복 복
- 음 ① ふく [－ぷく] 후쿠
- 福祉 복지　幸福 행복　祝福 축복

12 復 회복할 복
- 음 ① ふく [ふっー] 후쿠
- 復習 복습　復唱 복창　復古 복고　往復 왕복

14 複 겹칠 복
- 음 ① ふく 후쿠
- 複合 복합　複雑 복잡　重複・重複 중복

13 腹 배 복
- 음 ① ふく [－ぷく] 후쿠
- 腹痛 복통　空腹 공복　満腹 배가 부름
- 훈 はら 배

6 伏 엎드릴 복
- 음 ① ふく [－ぷく] 후쿠
- 伏線 복선　伏兵 복병　潜伏 잠복
- 훈 ふせる 엎드리다
- ふす 엎드리다

18 覆 엎을 복
- 음 ① ふく [ふっー/－ぷく] 후쿠
- 覆面 복면　転覆 전복
- 훈 おおう 덮다
- くつがえす 뒤집다
- くつがえる 뒤집히다

예외한자 14 僕 종 복
- 음 ① ぼく 보쿠　公僕 공복, 공무원　下僕 하인, 머슴

157

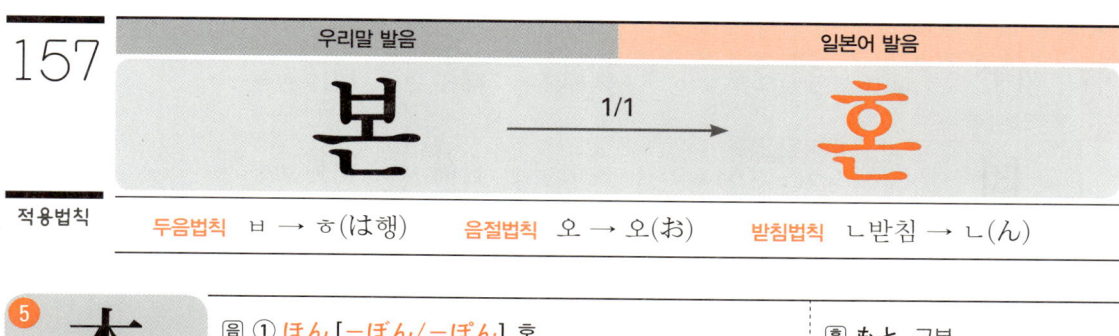

	우리말 발음		일본어 발음
	본	1/1 →	혼

적용법칙: 두음법칙 ㅂ → ㅎ(は행)　음절법칙 오 → 오(お)　받침법칙 ㄴ받침 → ㄴ(ん)

⑤ 本 근본 본	음 ① ほん [ーぽん/ーぽん] 혼 基本 기본　単行本 단행본　原本 원본	훈 もと 근본

158

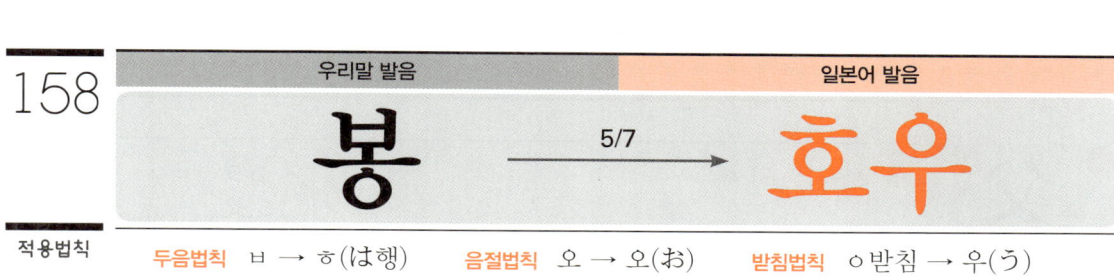

	우리말 발음		일본어 발음
	봉	5/7 →	호우

적용법칙: 두음법칙 ㅂ → ㅎ(は행)　음절법칙 오 → 오(お)　받침법칙 ㅇ받침 → 우(う)

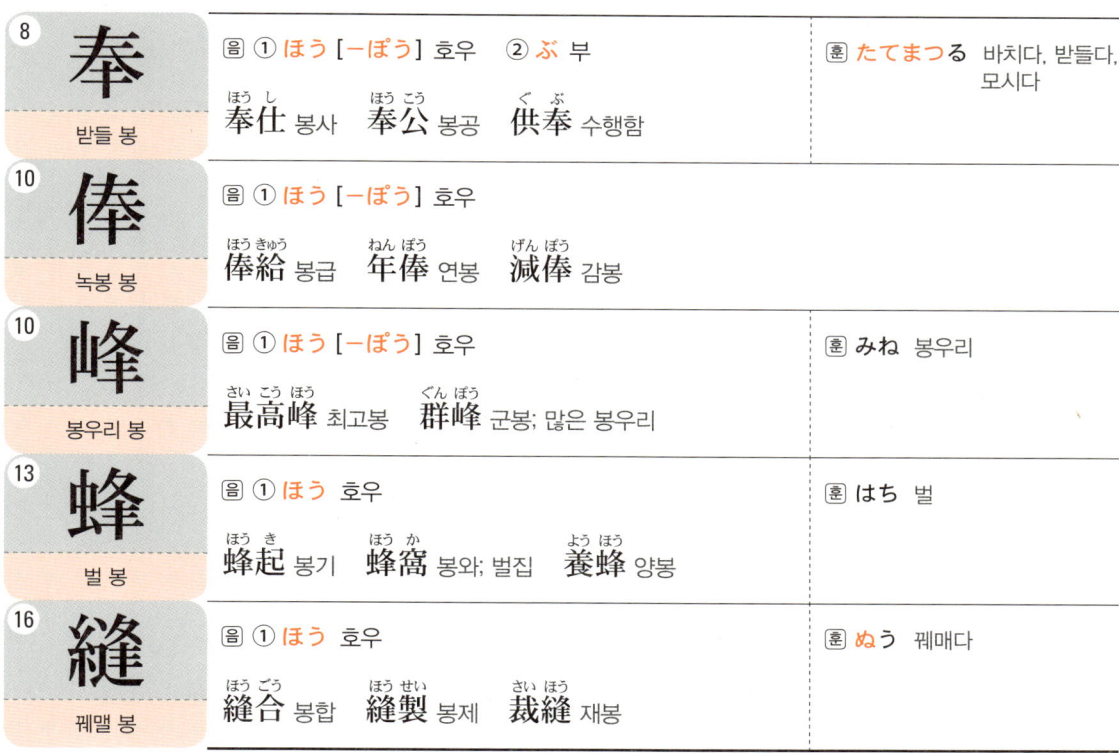

8 奉 받들 봉	음 ① ほう [ーぽう] 호우　② ぶ 부 奉仕 봉사　奉公 봉공　供奉 수행함	훈 たてまつる 바치다, 받들다, 모시다
10 俸 녹봉 봉	음 ① ほう [ーぽう] 호우 俸給 봉급　年俸 연봉　減俸 감봉	
10 峰 봉우리 봉	음 ① ほう [ーぽう] 호우 最高峰 최고봉　群峰 군봉; 많은 봉우리	훈 みね 봉우리
13 蜂 벌 봉	음 ① ほう 호우 蜂起 봉기　蜂窩 봉와; 벌집　養蜂 양봉	훈 はち 벌
16 縫 꿰맬 봉	음 ① ほう 호우 縫合 봉합　縫製 봉제　裁縫 재봉	훈 ぬう 꿰매다

예외한자	12 棒 몽둥이 봉	음 ① ぼう 보우	鉄棒 철봉 (てつ ぼう)	綿棒 면봉 (めん ぼう)	棍棒 곤봉 (こん ぼう)
	9 封 봉할 봉	음 ① ふう[－ぷう] 후우 ② ほう 호우	封鎖 봉쇄 (ふう さ) 封建 봉건 (ほう けん)	封筒 봉투 (ふう とう)	密封 밀봉 (みっ ぷう)

159

우리말 발음		일본어 발음
부	18/24 →	ふ

적용법칙 두음법칙 ㅂ → ㅎ(は행)

4 父 아비 부	음 ① ふ [－ぷ] 후 父母 부모 (ふ ぼ)　父兄 부형 (ふ けい)　神父 신부 (しん ぷ)	훈 ちち 아버지 ◆ お父さん 아버지 (とう)
9 負 짐질 부	음 ① ふ [－ぷ] 후 負傷 부상 (ふ しょう)　負担 부담 (ふ たん)　勝負 승부 (しょう ぶ)	훈 まける 지다 おう 짊어지다
4 夫 사내 부	음 ① ふ [－ぷ] 후 ② ふう 후우 夫妻 부부 (ふ さい)　人夫 인부 (にん ぷ)　夫婦 부부 (ふう ふ)　工夫 궁리함 (く ふう)	훈 おっと 남편
5 付 줄 부	음 ① ふ [－ぷ] 후 付加 부가 (ふ か)　寄付 기부 (き ふ)　添付 첨부 (てん ぷ)	훈 つける 붙이다 つく 붙다
8 府 마을 부	음 ① ふ 후 政府 정부 (せい ふ)　幕府 막부 (ばく ふ)	
11 婦 며느리 부	음 ① ふ [－ぷ] 후 婦人 부인 (ふ じん)　主婦 주부 (しゅ ふ)　新婦 신부 (しん ぷ)　夫婦 부부 (ふう ふ)	

한자	음	훈
12 富 넉넉할 부	① ふ [－ぷ] 후　② ふう 후우 富裕 부유　豊富 풍부　貧富 빈부　富貴 부귀	とむ 풍부하다 とみ 부, 재산
7 扶 도울 부	① ふ 후 扶助 부조　扶養 부양	
8 附 붙일 부	① ふ 후 附属 부속　附録 부록　寄附 기부	
8 阜 언덕 부	① ふ 후 岐阜県 기후현; 일본 중부지방 서부 내륙에 있는 현(県)	
9 訃 부고 부	① ふ 후 訃音 부음　訃報 부고	
9 赴 다다를 부	① ふ 후 赴任 부임	おもむく 부임하다
10 浮 뜰 부	① ふ 후 浮動 부동　浮力 부력　浮上 부상	うく 뜨다 うかぶ 뜨다 うかべる 띄우다
11 符 부신 부	① ふ [－ぷ] 후 符合 부합　切符 표　音符 음부, 음표	
14 腐 썩을 부	① ふ [－ぷ] 후 腐敗 부패　豆腐 두부　陳腐 진부	くさる 썩다 くさらす 썩게 하다
15 敷 펼 부	① ふ 후 敷設 부설　敷衍 부연	しく 깔다

15 **膚** 살갗 부	음 ① ふ [ーぷ] 후	皮膚 피부　完膚 상처가 없는 피부
15 **賦** 구실 부	음 ① ふ [ーぷ] 후	賦課 부과　賦与 부여　賦役 부역　天賦 천부, 천성

예외한자			
11 **副** 버금 부	음 ① ふく[ふっー] 후쿠	副詞 부사　副作用 부작용　副業 부업	
12 **復** 다시 부	음 ① ふく[ふっー] 후쿠	復活 부활　復興 부흥	
7 **否** 아닐 부	음 ① ひ[ーぴ] 히	否定 부정　否認 부인　安否 안부	훈 いな 반대, 아님
11 **部** 떼 부	음 ① ぶ 부	部品 부품　部下 부하　部門 부문　部落 부락, 마을　◆部屋 방	
19 **簿** 장부 부	음 ① ぼ 보	簿記 부기　名簿 명부　帳簿 장부	
10 **剖** 쪼갤 부	음 ① ぼう 보우	解剖 해부	

160

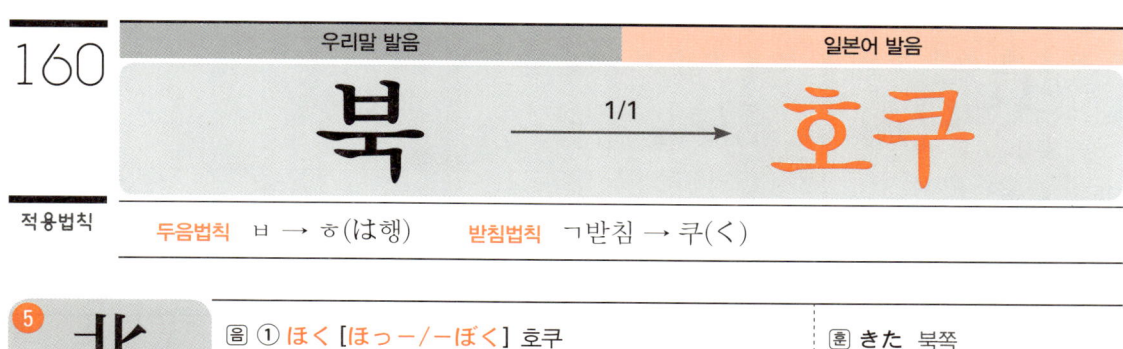

우리말 발음		일본어 발음
북	1/1 →	호쿠

적용법칙 두음법칙 ㅂ → ㅎ(は행) 받침법칙 ㄱ받침 → 쿠(く)

北 ⑤ 북녘 북
- 음 ① ほく [ほっ－／－ぼく] 호쿠
  - 北上 북상 北極 북극 南北 남북
- 훈 きた 북쪽

161

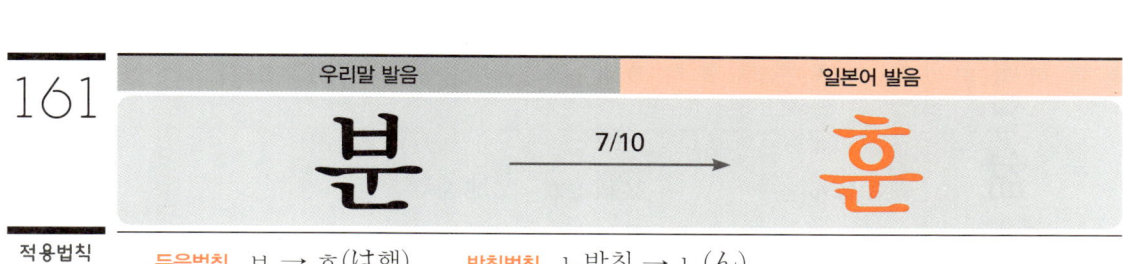

우리말 발음		일본어 발음
분	7/10 →	훈

적용법칙 두음법칙 ㅂ → ㅎ(は행) 받침법칙 ㄴ받침 → ㄴ(ん)

粉 ⑩ 가루 분
- 음 ① ふん [－ぷん] 훈
  - 粉乳 분유 粉末 분말 金粉 금가루
- 훈 こ 가루
  - こな 가루

奮 ⑯ 떨칠 분
- 음 ① ふん [－ぷん] 훈
  - 奮起 분기 興奮 흥분 発奮 분발
- 훈 ふるう 흥분하다, 분발하다

紛 ⑩ 어지러울 분
- 음 ① ふん [－ぷん] 훈
  - 紛争 분쟁 紛失 분실 内紛 내분
- 훈 まぎれる 헷갈리다
  - まぎらす 얼버무리다
  - まぎらわしい 헷갈리기 쉽다

雰 ⑫ 안개 분
- 음 ① ふん 훈
  - 雰囲気 분위기

噴 ⑮ 뿜을 분
- 음 ① ふん 훈
  - 噴火 분화 噴水 분수 噴出 분출
- 훈 ふく 뿜다

15	墳 무덤 분	음 ① ふん 훈	墳墓 분묘 　古墳 고분	
15	憤 성낼 분	음 ① ふん [-ぷん] 훈	憤慨 분개　憤怒 분노　悲憤 비분　発憤 분발	훈 いきどおる 분개하다

예외한자 4	分 나눌 분	음 ① ぶん 분 ② ふん 훈 ③ ぶ 부	分化 분화　自分 자기 分別 분별 大分 제법	훈 わける 나누다 わかる 알다, 이해하다
8	奔 달아날 분	음 ① ほん[-ぽん] 혼	奔走 분주　奔流 급류, 격류　出奔 도망침	
9	盆 동이 분	음 ① ぼん 본	盆栽 분재　盆地 분지	

162

우리말 발음		일본어 발음
불	1/3 →	후쓰

적용법칙　두음법칙　ㅂ → ㅎ(は행)　　받침법칙　ㄹ받침 → 쓰(つ)

5	払 떨칠 불	음 ① ふつ [ふっ-] 후쓰	払拭 불식　払底 (물건이) 바닥남	훈 はらう 떨치다

예외한자 4	不 아닐 불 (부)	음 ① ふ 후 ② ぶ 부	不安 불안　不足 부족　不満 불만 不作法 무례함　不用心 부주의함　不器用 서투름	
4	仏 부처 불	음 ① ぶつ[ぶっ-] 부쓰	仏像 불상　仏教 불교	훈 ほとけ 부처

163

우리말 발음		일본어 발음
붕	1/1 →	호우

적용법칙 두음법칙 ㅂ → ㅎ(は행)   받침법칙 ㅇ받침 → 우(う)

崩 (11) 무너질 붕
- 음 ① ほう 호우
  - 崩壊(ほうかい) 붕괴 崩落(ほうらく) 붕락 崩御(ほうぎょ) 붕어; 승하
- 훈 くずれる 무너지다
  - くずす 무너뜨리다

164

우리말 발음		일본어 발음
비	12/16 →	히

적용법칙 두음법칙 ㅂ → ㅎ(は행)   음절법칙 이 → 이(い)

悲 (12) 슬플 비
- 음 ① ひ 히
  - 悲運(ひうん) 비운 悲劇(ひげき) 비극 悲鳴(ひめい) 비명
- 훈 かなしい 슬프다
  - かなしむ 슬퍼하다

飛 (9) 날 비
- 음 ① ひ [-ぴ] 히
  - 飛行(ひこう) 비행 飛躍(ひやく) 비약 突飛(とっぴ) 엉뚱함, 별남
- 훈 とぶ 날다
  - とばす 날리다

費 (12) 소비할 비
- 음 ① ひ [-ぴ] 히
  - 費用(ひよう) 비용 消費(しょうひ) 소비 雑費(ざっぴ) 잡비
- 훈 ついやす 소비하다
  - ついえる 줄어들다

比 (4) 견줄 비
- 음 ① ひ [-ぴ] 히
  - 比較(ひかく) 비교 比重(ひじゅう) 비중 対比(たいひ) 대비
- 훈 くらべる 비교하다

肥 (8) 살찔 비
- 음 ① ひ [-ぴ] 히
  - 肥料(ひりょう) 비료 肥満(ひまん) 비만 肥大(ひだい) 비대
- 훈 こえる 살찌다
  - こやす 살찌게 하다

⑧ 非 아닐 비	음 ① ひ [-び] 히	非常 ひじょう 비상　非難 ひなん 비난　非行 ひこう 비행　是非 ぜひ 시비; 옳고 그름, 꼭, 반드시
⑦ 批 비평할 비	음 ① ひ 히	批判 ひはん 비판　批評 ひひょう 비평　批准 ひじゅん 비준
⑩ 秘 숨길 비	음 ① ひ [-び] 히 / 훈 ひめる 비밀로 하다	秘密 ひみつ 비밀　秘書 ひしょ 비서　神秘 しんぴ 신비
⑥ 妃 왕비 비	음 ① ひ 히	王妃 おうひ 왕비　皇太子妃 こうたいしひ 황태자비
⑨ 卑 낮을 비	음 ① ひ [-び] 히 / 훈 いやしい 천하다　いやしむ 깔보다　いやしめる 깔보다	卑劣 ひれつ 비열　卑屈 ひくつ 비굴　卑怯 ひきょう 비겁
⑫ 扉 문짝 비	음 ① ひ [-び] 히 / 훈 とびら 문짝	開扉 かいひ 문짝을 엶　門扉 もんぴ 문(짝)
⑭ 碑 비석 비	음 ① ひ [-び] 히	碑文 ひぶん 비문　碑銘 ひめい 비명　記念碑 きねんひ 기념비

예외한자

⑭ 鼻 코 비	음 ① び 비 / 훈 はな 코	鼻炎 びえん 비염　鼻音 びおん 비음　耳鼻科 じびか 이비인후과
⑫ 備 갖출 비	음 ① び 비 / 훈 そなえる 준비하다　そなわる 갖추어지다	備考 びこう 비고　準備 じゅんび 준비　守備 しゅび 수비
⑧ 泌 분비할 비	음 ① ひつ [-ぴつ] 히쓰　② ひ [-ぴ] 히	分泌 ぶんぴつ 분비　内分泌 ないぶんぴつ 내분비　泌尿 ひにょう 비뇨
⑧ 沸 끓을 비	음 ① ふつ [ふっ-] 후쓰 / 훈 わく 끓다　わかす 끓이다	煮沸 しゃふつ 펄펄 끓임　沸騰 ふっとう 비등

165

우리말 발음		일본어 발음
빈	4/4 →	힌

적용법칙 두음법칙 ㅂ → ㅎ(は행) 음절법칙 이 → 이(い) 받침법칙 ㄴ받침 → ㄴ(ん)

ㅂ

11 貧 가난할 빈

음 ① ひん [－ぴん] 힌 ② びん 빈

훈 まずしい 가난하다

ひんこん 貧困 빈곤　ひんけつ 貧血 빈혈　ひんじゃく 貧弱 빈약　びんぼう 貧乏 빈곤

10 浜 물가 빈

음 ① ひん 힌

훈 はま 바닷가

かいひん 海浜 해변　けいひん 京浜 도쿄와 요코하마

15 賓 손 빈

음 ① ひん 힌

きひん 貴賓 귀빈　らいひん 来賓 내빈　こくひん 国賓 국빈　しゅひん 主賓 주빈

17 頻 빈번할 빈

음 ① ひん [－ぴん] 힌

ひんぱん 頻繁 빈번　ひんぱつ 頻発 빈발　ひんど 頻度 빈도

166

우리말 발음		일본어 발음
빙	1/1 →	효우

적용법칙 두음법칙 ㅂ → ㅎ(は행) 음절법칙 잉 → 요우(よう) 받침법칙 ㅇ받침 → 우(う)

5 氷 얼음 빙

음 ① ひょう [－ぴょう] 효우

훈 こおり 얼음

ひょうが 氷河 빙하　ひょうざん 氷山 빙산　かいひょう 解氷 해빙　けっぴょう 結氷 결빙

167 사 → 사 (5/35)

적용법칙 두음법칙 ㅅ → ㅅ(さ행)　음절법칙 아 → 아(あ)

9 査 조사할 사	음 ① さ 사 査察 사찰　調査 조사　検査 검사　監査 감사	
9 砂 모래 사	음 ① さ 사　② しゃ 샤 砂漠 사막　砂金 사금　砂糖 설탕　土砂 토사	훈 すな 모래
7 沙 모래 사	음 ① さ 사 沙漠 사막　沙汰 기별, 소식	
10 唆 부추길 사	음 ① さ 사 示唆 시사　教唆 교사	훈 そそのかす 부추기다
12 詐 속일 사	음 ① さ 사 詐欺 사기　詐称 사칭　詐取 사취	

예외한자

5 四 넉 사	음 ① し 시　四海 사해　四角 사각　四季 사계	훈 よ・よん 넷 よつ・よっつ 넷, 네 개
6 糸 실 사	음 ① し 시　製糸 제사　絹糸 명주실	훈 いと 실
9 思 생각 사	음 ① し 시　思想 사상　思考 사고　意思 의사	훈 おもう 생각하다
5 仕 벼슬 사	음 ① し 시　仕事 일　仕様 방법, 도리 ② じ 지　給仕 사환	훈 つかえる 섬기다, 봉사하다

예외한자			
[6] **死** 죽을 사	음 ① し 시	死亡 사망　死体 사체　必死 필사	훈 しぬ 죽다
[8] **使** 하여금 사	음 ① し 시	使用 사용　使命 사명　駆使 구사	훈 つかう 사용하다
[3] **士** 선비 사	음 ① し 시	士気 사기　紳士 신사　武士 무사	
[5] **史** 역사 사	음 ① し 시	史学 사학　史料 사료　歴史 역사	
[5] **司** 맡을 사	음 ① し 시	司法 사법　司会 사회　上司 상사	
[10] **師** 스승 사	음 ① し 시	恩師 은사　教師 교사　医師 의사	
[13] **飼** 먹일 사	음 ① し 시	飼育 사육　飼料 사료	훈 かう 기르다, 사육하다
[7] **私** 사사로울 사	음 ① し 시	私立 사립　私用 사용	훈 わた(く)し 나, 저 (대명사)
[12] **詞** 말 사	음 ① し 시	名詞 명사　歌詞 가사　作詞 작사	
[7] **伺** 엿볼 사	음 ① し 시	伺候 윗사람에게 문안 드림	훈 うかがう 찾아뵙다, 여쭙다
[13] **嗣** 이을 사	음 ① し 시	嗣子 대를 이을 아들　継嗣 후계(자)	
[15] **賜** 줄 사	음 ① し 시	恩賜 은사, 하사　下賜 하사	훈 たまわる 받잡다, 주시다
[7] **社** 모일 사	음 ① しゃ[-じゃ] 샤	社員 사원　会社 회사　神社 신사	훈 やしろ 신사

	한자	음	훈
예외한자 5	写 베낄 사	① しゃ [-じゃ] 샤 　写真 사진　描写 묘사	うつす 베끼다 うつる 찍다, 비치다
8	舎 집 사	① しゃ 샤　舎監 사감　校舎 교사　◆田舎 시골	
17	謝 사례할 사	① しゃ 샤　謝罪 사죄　謝礼 사례　感謝 감사	あやまる 사과하다
10	射 쏠 사	① しゃ 샤　射殺 사살　謝注 주사　発射 발사	いる 쏘다
11	捨 버릴 사	① しゃ 샤　喜捨 희사　取捨 취사	すてる 버리다
11	斜 비낄 사	① しゃ 샤　斜面 사면, 비탈　斜線 사선	ななめ 비스듬함
11	赦 용서할 사	① しゃ 샤　赦免 사면　特赦 특사	
6	寺 절 사	① じ 지　寺院 사원　寺社 절과 신사	てら 절
8	事 일 사	① じ 지　事件 사건　事故 사고　無事 무사 ② ず 즈　好事家 호사가	こと 일
13	辞 말 사	① じ 지　辞書 사전　辞職 사직　辞退 사퇴	やめる 그만두다
7	似 같을 사	① じ 지　類似 유사　近似 근사	にる 닮다
8	邪 간사할 사	① じゃ 쟈　邪魔 방해　邪悪 사악　◆風邪 감기	
11	蛇 뱀 사	① じゃ 쟈　蛇口 수도꼭지　毒蛇 독사 ② だ 다　蛇足 사족　長蛇の列 장사진	へび 뱀

168

우리말 발음		일본어 발음
삭	1/1 →	사쿠

적용법칙

두음법칙 ㅅ → ㅅ(さ행) 음절법칙 아 → 아(あ) 받침법칙 ㄱ받침 → 쿠(く)

削 9 — 깎을 삭

음 ① さく 사쿠

削減(さくげん) 삭감 削除(さくじょ) 삭제 添削(てんさく) 첨삭

훈 けずる 깎다

169

우리말 발음		일본어 발음
산	6/6 →	산

적용법칙

두음법칙 ㅅ → ㅅ(さ행) 음절법칙 아 → 아(あ) 받침법칙 ㄴ받침 → ㄴ(ん)

山 3 — 뫼 산

음 ① さん [ーざん] 산

山脈(さんみゃく) 산맥 山林(さんりん) 산림 登山(とざん) 등산

훈 やま 산

算 14 — 셈할 산

음 ① さん [ーざん] 산

算数(さんすう) 산수 計算(けいさん) 계산 暗算(あんざん) 암산 予算(よさん) 예산

産 11 — 낳을 산

음 ① さん [ーざん] 산

産業(さんぎょう) 산업 産地(さんち) 산지 生産(せいさん) 생산 流産(りゅうざん) 유산

훈 うむ 낳다
うまれる 태어나다

散 12 — 흩을 산

음 ① さん [ーざん] 산

散歩(さんぽ) 산책 分散(ぶんさん) 분산 発散(はっさん) 발산

훈 ちる 흩어지다
ちらす 흩뜨리다
ちらかす 어지르다

酸 14 — 초 산

음 ① さん 산

酸素(さんそ) 산소 酸化(さんか) 산화 酸性(さんせい) 산성

훈 すい 시다, 신맛이 나다

| 12 傘 우산 산 | 음 ① さん 산
傘下 산하 落下傘 낙하산 | 훈 かさ 우산 |

170

우리말 발음		일본어 발음
살	1/1 →	사쓰

적용법칙 두음법칙 ㅅ → さ(さ행)   음절법칙 아 → 아(あ)   받침법칙 ㄹ받침 → 쓰(つ)

| 10 殺 죽일 살 | 음 ① さつ [さっ—] 사쓰
殺人 살인 自殺 자살 殺菌 살균 殺虫 살충 | 훈 ころす 죽이다 |

171

우리말 발음		일본어 발음
삼	1/2 →	산

적용법칙 두음법칙 ㅅ → さ(さ행)   음절법칙 아 → 아(あ)   받침법칙 ㅁ받침 → ㄴ(ん)

| 3 三 석 삼 | 음 ① さん 산
三角 삼각 三人 세 명 三時 세 시 | 훈 み 셋
みっつ 셋, 세 개 |

| 예외한자 12 森 나무 빽빽할 삼 | 음 ① しん 신
森林 삼림 森厳 삼엄함 | 훈 もり 숲 |

172

우리말 발음		일본어 발음
삽	1/2 →	소우

적용법칙 두음법칙 ㅅ → ㅅ(さ행)   음절법칙 압 → 오우(おう)   받침법칙 ㅂ받침 → 우(う)

10 挿 꽂을 삽
- 음 ① そう 소우
  - 挿入(そうにゅう) 삽입 挿話(そうわ) 삽화, 일화
- 훈 さす 꽂다

예외한자 11 渋 떫을 삽
- 음 ① じゅう 쥬우
  - 渋滞(じゅうたい) 정체, 지체 苦渋(くじゅう) 고뇌
- 훈 しぶ 떫은 맛 しぶい 떫다

173

우리말 발음		일본어 발음
상	6/19 →	소우

적용법칙 두음법칙 ㅅ → ㅅ(さ행)   음절법칙 앙 → 오우(おう)   받침법칙 ㅇ받침 → 우(う)

9 相 서로 상
- 음 ① そう [-ぞう] 소우 ② しょう 쇼우
  - 相談(そうだん) 상담 真相(しんそう) 진상 首相(しゅしょう) 수상
- 훈 あい~ 서로, ~함께

13 想 생각할 상
- 음 ① そう 소우 ② そ 소
  - 想像(そうぞう) 상상 感想(かんそう) 감상 思想(しそう) 사상 愛想(あいそ) 붙임성

10 桑 뽕나무 상
- 음 ① そう 소우
  - 桑園(そうえん) 뽕밭 桑田(そうでん) 뽕밭
- 훈 くわ 뽕(나무)

⑪ 爽 시원할 상	음 ① そう 소우	爽快 상쾌　爽秋 상추; 상쾌한 가을	훈 さわやかだ 상쾌하다
⑫ 喪 초상 상	음 ① そう 소우	喪失 상실　喪心 상심　喪家 상가	훈 も 상, 상중
⑰ 霜 서리 상	음 ① そう 소우	霜害 서리 피해　星霜 성상　風霜 풍상	훈 しも 서리

예외한자				
⑪ 商 장사 상	음 ① しょう 쇼우	商店 상점　商売 장사		훈 あきなう 장사하다
⑫ 象 코끼리 상	음 ① しょう 쇼우 ② ぞう 조우	象徴 상징　現象 현상　対象 대상 象牙 상아		
⑮ 賞 상줄 상	음 ① しょう 쇼우	賞金 상금　賞品 상품　受賞 수상		
⑬ 傷 상할 상	음 ① しょう 쇼우	傷害 상해　重傷 중상		훈 きず 상처 いたむ 상하다 いためる 상하게 하다
⑦ 床 평상 상	음 ① しょう 쇼우	起床 기상　病床 병상		훈 とこ 잠자리 ゆか 마루, 바닥
⑧ 尚 오히려 상	음 ① しょう 쇼우	尚早 상조　尚武 상무　高尚 고상		
⑩ 祥 상서로울 상	음 ① しょう 쇼우	発祥 발상　吉祥 길조　不祥事 불상사		
⑬ 詳 자세할 상	음 ① しょう 쇼우	詳細 상세　未詳 미상		훈 くわしい 상세하다
⑰ 償 갚을 상	음 ① しょう 쇼우	賠償 배상　補償 보상　弁償 변상		훈 つぐなう 보상하다

예외한자				
3	上 위 상	음 ① じょう 죠우 ② しょう 쇼우	上級 상급 上下 상하 地上 지상 身上 재산, 가계	훈 うえ 위 あげる 올리다 あがる 올라가다
7	状 모양 상	음 ① じょう 죠우	状態 상태 状況 상황 症状 증상	
11	常 항상 상	음 ① じょう 죠우	常識 상식 日常 일상	훈 つね 항상, 늘
14	像 형상 상	음 ① ぞう 조우	映像 영상 想像 상상 仏像 불상	

174 새 →1/2→ 사이

적용법칙 두음법칙 ㅅ → ㅅ(さ행)   음절법칙 애 → 아이(あい)

13	塞 변방 새	음 ① さい 사이 要塞 요새

예외한자 19	璽 옥새 새	음 ① じ 지 玉璽 옥새 御璽 어새, 옥새

175

우리말 발음		일본어 발음
색	1/3 →	쇼쿠

적용법칙　두음법칙　ㅅ → さ(さ행)　받침법칙　ㄱ받침 → 쿠(く)

⑥ 色 빛 색
- 음 ① しょく 쇼쿠　② しき [ーじき] 시키
- 훈 いろ 색깔
- 特色 특색　敗色 패색　色彩 색채　色調 색조

예외한자 ⑩ 索 찾을 색
- 음 ① さく 사쿠
- 索引 색인　捜索 수색　検索 검색　探索 탐색

⑬ 塞 막힐 색
- 음 ① そく 소쿠
- 閉塞 폐색　脳梗塞 뇌경색
- 훈 ふさぐ 막다, 닫다

176

우리말 발음		일본어 발음
생	3/3 →	세이

적용법칙　두음법칙　ㅅ → さ(さ행)

⑤ 生 날 생
- 음 ① せい [ーぜい] 세이　② しょう [ーじょう] 쇼우
- 훈 なま 날 것　いきる 생존하다　うむ 낳다
- 生活 생활　生物 생물　生涯 생애　誕生 탄생

⑨ 省 절약할 생
- 음 ① せい 세이　② しょう 쇼우
- 훈 かえりみる 반성하다　はぶく 생략하다
- 省文 글자의 자획이나 문구를 생략　省略 생략

⑨ 牲 희생 생
- 음 ① せい 세이
- 犠牲 희생

177

우리말 발음		일본어 발음
서	5/12 →	しょ

적용법칙 두음법칙 ㅅ → シ(さ행)

		음	훈
⑩	書 글 서	① しょ 쇼 書店 서점　書類 서류　図書 도서　読書 독서	かく 쓰다
⑫	暑 더울 서	① しょ 쇼 避暑 피서　酷暑 혹서　残暑 늦더위	あつい 덥다
⑬	署 관청 서	① しょ 쇼 署名 서명　署長 서장　部署 부서	
⑪	庶 여러 서	① しょ 쇼 庶務 서무　庶民 서민　庶子 서자	
⑭	緒 실마리 서	① しょ 쇼　② ちょ 쵸 緒論 서론　情緒・情緒 정서　由緒 유서	お 끈, (악기의) 줄

예외한자		음		훈
⑥	西 서녘 서	① せい 세이 ② さい [ーざい] 사이	西部 서부　西欧 서구 関西 관서　東西 동서	にし 서쪽
⑩	逝 갈 서	① せい 세이	逝去 서거　急逝 급서; 급사	ゆく 죽다 いく 죽다
⑫	婿 사위 서	① せい 세이	女婿 사위	むこ 사위
⑭	誓 맹세할 서	① せい 세이	誓約 서약　宣誓 선서	ちかう 맹세하다

예외한자 7	序 차례 서	음 ① じょ 죠　　序列 서열　秩序 질서　順序 순서	
9	叙 펼 서	음 ① じょ 죠　　叙事詩 서사시　叙述 서술　叙景 서경; 경치를 문장으로 서술함	
10	徐 천천히 할 서	음 ① じょ 죠　　徐行 서행　徐々に 서서히	

178

우리말 발음 **석** — 6/7 → 일본어 발음 **세키**

적용법칙　두음법칙 ㅅ → ス(さ행)　음절법칙 ㅓ → 에(え)

3	夕 저녁 석	음 ① せき 세키 今夕 오늘 밤　一朝一夕 일조일석	훈 ゆう 저녁 夕方 해질녘, 저녁때
5	石 돌 석	음 ① せき [せっー] 세키　② しゃく 샤쿠 石炭 석탄　石灰 석회　宝石 보석　磁石 자석	훈 いし 돌
8	昔 옛 석	음 ① せき 세키　② しゃく [ーじゃく] 샤쿠 昔日 옛날　昔年 옛날　今昔 지금과 옛날	훈 むかし 옛날
10	席 자리 석	음 ① せき [せっー] 세키 席巻 석권　欠席 결석　出席 출석	
8	析 쪼갤 석	음 ① せき 세키 解析 해석, 분석　分析 분석	

⑪ 惜 아낄 석

- 음 ① せき 세키
  - 惜別 석별   惜敗 석패   哀惜 애석
- 훈 おしい 아깝다
  - おしむ 아쉬워하다

예외한자 ⑪ 釈 풀 석

- 음 ① しゃく 샤쿠
  - 釈放 석방   解釈 해석   保釈 보석

179

우리말 발음		일본어 발음
선	11/15 →	센

적용법칙
- 두음법칙 ㅅ → さ(さ행)
- 음절법칙 어 → 에(え)
- 받침법칙 ㄴ받침 → ん(ん)

⑥ 先 먼저 선

- 음 ① せん 센
  - 先生 선생   先日 요전(날)   先発 선발
- 훈 さき 앞, 선두, 끝

⑪ 船 배 선

- 음 ① せん 센
  - 船員 선원   船長 선장   船舶 선박
- 훈 ふね 배
  - ふな~ 배~

⑮ 線 줄 선

- 음 ① せん 센
  - 線路 선로   伏線 복선   視線 시선   点線 점선   実線 실선   光線 광선

⑮ 選 가릴 선

- 음 ① せん 센
  - 選出 선출   選挙 선거   選択 선택   当選 당선
- 훈 えらぶ 고르다, 선택하다

⑨ 宣 베풀 선

- 음 ① せん 센
  - 宣言 선언   宣伝 선전   宣誓 선서

5 **仙** 신선 선	음 ① せん 센	仙境 선경　仙人 선인　神仙 신선	
10 **扇** 부채 선	음 ① せん 센	扇子 쥘부채　扇風機 선풍기　扇動 선동	훈 おうぎ 쥘부채
11 **旋** 돌 선	음 ① せん 센	旋回 선회　旋律 선율　周旋 주선	
13 **腺** 샘 선	음 ① せん 센	前立腺 전립선　涙腺 눈물샘	
13 **羨** 부러워할 선	음 ① せん 센	羨望 선망　欽羨 흠선; 존경하면서 부러워함	훈 うらやむ 부러워하다 うらやましい 부럽다
17 **鮮** 고울 선	음 ① せん 센	鮮血 선혈　鮮明 선명　新鮮 신선	훈 あざやかだ 선명하다

예외한자 12 **善** 착할 선	음 ① ぜん 젠	善悪 선악　善処 선처	훈 よい 착하다
13 **禅** 사양할 선	음 ① ぜん 젠	禅宗 선종　座禅 좌선　参禅 참선	
16 **膳** 반찬 선	음 ① ぜん 젠	御膳 밥상　食膳 음식상　配膳 배선, 배식	
18 **繕** 기울 선	음 ① ぜん 젠	修繕 수선　営繕 영선	훈 つくろう 수선하다

180

우리말 발음		일본어 발음
설	3/4 →	세쓰

적용법칙 두음법칙 ㅅ → ㅅ(さ행)　음절법칙 어 → 에(え)　받침법칙 ㄹ받침 → 쓰(つ)

⑪ 雪 눈 설	음 ① せつ [せっ–] 세쓰　雪原 설원　雪辱 설욕　残雪 잔설	훈 ゆき 눈
⑭ 説 말씀 설	음 ① せつ [せっ–] 세쓰　説明 설명　説得 설득　解説 해설	훈 とく 설명하다
⑪ 設 베풀 설	음 ① せつ [せっ–] 세쓰　設立 설립　設備 설비　設計 설계	훈 もうける 설치하다

예외한자 ⑥ 舌 혀 설	음 ① ぜつ [ぜっ–] 제쓰　舌戦 설전　毒舌 독설	훈 した 혀

181

우리말 발음		일본어 발음
섬	1/1 →	센

적용법칙 두음법칙 ㅅ → ㅅ(さ행)　음절법칙 어 → 에(え)　받침법칙 ㅁ받침 → ㄴ(ん)

⑰ 繊 가늘 섬	음 ① せん 센　繊維 섬유　繊細 섬세　繊毛 섬모

182

우리말 발음		일본어 발음
섭	1/2 →	쇼우

적용법칙 　**두음법칙** ㅅ → さ(さ행)　　**받침법칙** ㅂ받침 → 우(う)

11 涉 건널 섭
- 음 ① しょう 쇼우
- しょうがい 涉外 섭외　かんしょう 干涉 간섭　こうしょう 交涉 교섭

예외한자 13 摂 당길 섭
- 음 ① せつ[せっー] 세쓰
- せつり 摂理 섭리　せっしゅ 摂取 섭취　せっしょう 摂政 섭정

183

우리말 발음		일본어 발음
성	10/11 →	세이

적용법칙 　**두음법칙** ㅅ → さ(さ행)　　**음절법칙** 엉 → 에이(えい)

7 声 소리 성
- 음 ① せい 세이　② しょう[ーじょう] 쇼우
- せいえん 声援 성원　せいたい 声帯 성대　だいおんじょう 大音声 큰 목소리
- 훈 こえ 목소리　こわいろ 음색

9 星 별 성
- 음 ① せい 세이　② しょう[ーじょう] 쇼우
- せいざ 星座 성좌, 별자리　えいせい 衛星 위성　みょうじょう 明星 금성
- 훈 ほし 별

6 成 이룰 성
- 음 ① せい 세이　② じょう 죠우
- せいか 成果 성과　せいこう 成功 성공　かんせい 完成 완성　じょうじゅ 成就 성취
- 훈 なる 되다, 완성되다　なす 이루다

	한자	음	훈
⑨	**省** 살필 성	① せい 세이　② しょう 쇼우 反省 반성　帰省 귀성　外務省 외무성	はぶく 생략하다 かえりみる 반성하다
⑧	**性** 성품 성	① せい 세이　② しょう [−じょう] 쇼우 性格 성격　性能 성능　相性 성격이 맞음　根性 근성, 끈기	
⑪	**盛** 성할 성	① せい 세이　② じょう 죠우 盛大 성대　盛況 성황　盛衰 성쇠　繁盛 번성	もる (수북이) 담다 さかんだ 왕성하다 さかる 번창하다, 성하다
⑬	**聖** 성인 성	① せい 세이 聖人 성인　聖火 성화　神聖 신성	
⑬	**誠** 정성 성	① せい 세이 誠意 성의　誠実 성실　至誠 지성	まこと 참, 진실
⑧	**姓** 성 성	① せい 세이　② しょう [−じょう] 쇼우 姓名 성명　同姓 동성　百姓 백성	
⑯	**醒** 깰 성	① せい 세이 覚醒 각성　半醒 반성; 반쯤 깨어 있는 상태	

예외한자

	한자	음	훈
⑨	**城** 성 성	① じょう 죠우 城主 성주　城壁 성벽	しろ 성

184

우리말 발음	2/7	일본어 발음
세	→	세이

적용법칙 두음법칙 ㅅ → ㅅ(さ행)   음절법칙 에 → 에이(えい)

	한자	음	훈
5	**世** 대 세	① せい 세이 ② せ 세 せいき 世紀 세기 こうせい 後世 후세 せかい 世界 세계 せけん 世間 세간	よ 세상, 사회
13	**勢** 기세 세	① せい [-ぜい] 세이 せいりょく 勢力 세력 じょうせい 情勢 정세 ゆうせい 優勢 우세 おおぜい 大勢 여럿	いきおい 기세

예외한자

	한자	음	훈
11	**細** 가늘 세	① さい 사이 しょうさい 詳細 상세 さいく 細工 세공, 잔꾀	ほそい 가늘다 こまかい 잘다
13	**歳** 해 세	① さい [-ざい] 사이 さいげつ 歳月 세월 さいにゅう 歳入 세입 ばんざい 万歳 만세 ◆ はたち 二十歳 스무 살 ② せい 세이 せいぼ 歳暮 세모	
14	**説** 달랠 세	① ぜい 제이 ゆうぜい 遊説 유세	とく 설명하다
12	**税** 세금 세	① ぜい 제이 ぜいきん 税金 세금 ぜいかん 税関 세관 のうぜい 納税 납세	
9	**洗** 씻을 세	① せん 센 せんれん 洗練 세련 せんざい 洗剤 세제 せんたく 洗濯 세탁	あらう 씻다, 빨다

185 | 소 → そ (5/19)

우리말 발음: 소
일본어 발음: そ

적용법칙: 두음법칙 ㅅ → さ(さ행)　　음절법칙 오 → 오(お)

한자	음	예	훈
素 (10) 질박할 소	① そ 소　② す 스	素朴(そぼく) 소박　素材(そざい) 소재　元素(げんそ) 원소　素敵(すてき) 멋짐	
疎 (12) 성길 소	① そ 소	疎外(そがい) 소외　疎遠(そえん) 소원　疎通(そつう) 소통	うとい 소원하다　うとむ 멀리하다
訴 (12) 하소연할 소	① そ 소	訴訟(そしょう) 소송　起訴(きそ) 기소　告訴(こくそ) 고소　上訴(じょうそ) 상소	うったえる 호소하다
塑 (13) 토우 소	① そ 소	塑像(そぞう) 소상; 찰흙·석고로 만든 상　彫塑(ちょうそ) 조소	
遡 (14) 거슬러 올라갈 소	① そ 소	遡及(そきゅう) 소급　遡上(そじょう) 거슬러 올라감	さかのぼる (물의) 흐름과 반대로 거슬러 올라가다

예외한자

한자	음	예	훈
小 (3) 작을 소	① しょう 쇼우	小説(しょうせつ) 소설　小心(しょうしん) 소심　大小(だいしょう) 대소	こ・お〜 작은〜　ちいさい 작다
少 (4) 적을 소	① しょう 쇼우	少年(しょうねん) 소년　少女(しょうじょ) 소녀　減少(げんしょう) 감소	すこし 조금　すくない 적다
昭 (9) 밝을 소	① しょう 쇼우	昭和(しょうわ) 쇼와; 1926〜1989년까지의 일본 연호	
消 (10) 끌 소	① しょう 쇼우	消火(しょうか) 소화　消費(しょうひ) 소비	きえる 꺼지다　けす 끄다, 지우다

	한자	음	훈
예외한자 [12]	焼 불사를 소	음 ① しょう 쇼우　焼失 소실　焼却 소각	훈 やく 태우다　やける 불타다
[10]	笑 웃을 소	음 ① しょう 쇼우　微笑 미소　談笑 담소	훈 わらう 웃다　えむ 미소 짓다
[5]	召 부를 소	음 ① しょう 쇼우　召集 소집　召還 소환　召喚 소환	훈 めす 불러들이다
[8]	沼 늪 소	음 ① しょう 쇼우　沼沢 소택; 늪과 못　湖沼 호수와 늪	훈 ぬま 늪
[10]	宵 밤 소	음 ① しょう 쇼우　春宵 봄 밤　徹宵 철야	훈 よい 초저녁
[11]	紹 이을 소	음 ① しょう 쇼우　紹介 소개	
[11]	巣 새집 소	음 ① そう 소우　巣窟 소굴　卵巣 난소	훈 す 둥지, 소굴
[11]	掃 쓸 소	음 ① そう 소우　掃除 청소　清掃 청소	훈 はく 쓸다
[18]	騒 시끄러울 소	음 ① そう 소우　騒音 소음　騒動 소동	훈 さわぐ 시끄럽게 하다
[8]	所 바 소	음 ① しょ[ーじょ] 쇼　所有 소유　所在 소재　近所 근처	훈 ところ 장소, 곳

186

우리말 발음		일본어 발음
속	2/5 →	소쿠

적용법칙 두음법칙 ㅅ → ㅅ(さ행)   음절법칙 오 → 오(お)   받침법칙 ㄱ받침 → 쿠(く)

⑩ 速 빠를 속	음 ① そく [そっー] 소쿠 速度 속도 速攻 속공 早速 즉시	훈 はやい 빠르다 すみやかだ 빠르다 はやまる 빨라지다
⑦ 束 묶을 속	음 ① そく 소쿠 束縛 속박 約束 약속 拘束 구속 結束 결속	훈 たば 묶음, 다발
예외한자 ⑬ 続 이을 속	음 ① ぞく [ぞっー] 조쿠 続行 속행 継続 계속 接続 접속	훈 つづく 계속되다 つづける 계속하다
⑫ 属 붙을 속	음 ① ぞく 조쿠 所属 소속 付属 부속 専属 전속 従属 종속	
⑨ 俗 풍속 속	음 ① ぞく 조쿠 俗語 속어 俗説 속설 風俗 풍속 民俗 민속	

187

우리말 발음		일본어 발음
손	3/3 →	손

적용법칙 두음법칙 ㅅ → ㅅ(さ행)   음절법칙 오 → 오(お)   받침법칙 ㄴ받침 → ㄴ(ん)

⑩ 孫 손자 손	음 ① そん 손 子孫 자손 皇孫 황손 王孫 왕손	훈 まご 손주, 손녀

	損	음 ① そん 손	훈 そこなう 부수다
⑬	덜 손	損害 손해　損失 손실　破損 파손	そこねる 상하게 하다
⑭	遜	음 ① そん 손	
	겸손할 손	遜色 손색　謙遜 겸손　不遜 불손	

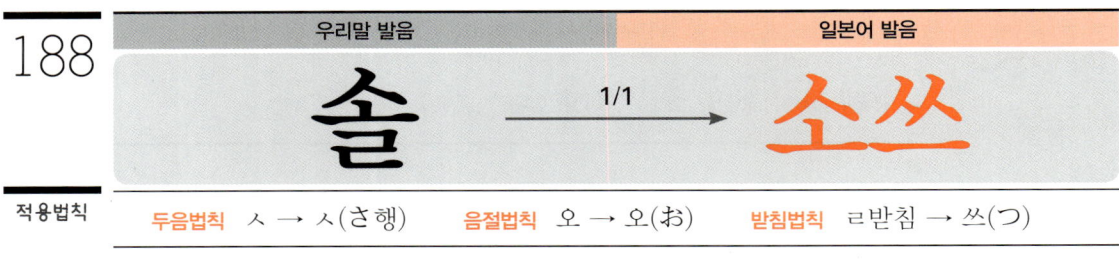

	率	음 ① そつ [そっー] 소쓰	훈 ひきいる 거느리다
⑪	거느릴 솔	率先 솔선　引率 인솔　軽率 경솔	

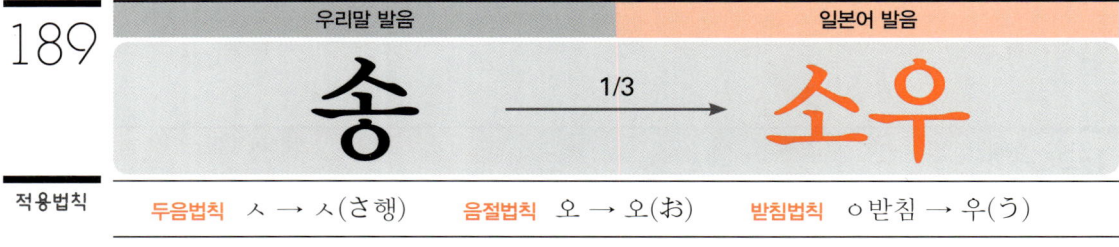

	送	음 ① そう 소우	훈 おくる 보내다
⑨	보낼 송	送信 송신　送金 송금　運送 운송　放送 방송	

예외한자	8 松 소나무 송	음 ① しょう 쇼우 　　松竹梅 송죽매　青松 청송	훈 まつ 소나무
	11 訟 송사 송	음 ① しょう 쇼우 　　訴訟 소송　争訟 쟁송; 소송을 일으켜 싸움	

190

우리말 발음		일본어 발음
쇄	2/4 →	사이

적용법칙　두음법칙　ㅅ → ス(さ행)　　음절법칙　왜 → 아이(あい)

10 殺 상쇄할 쇄	음 ① さい 사이　② さつ 사쓰 相殺 상쇄　減殺 감쇄　悩殺 뇌쇄	훈 ころす 죽이다
9 砕 부술 쇄	음 ① さい 사이 砕石 쇄석; 암석을 깨뜨려 부숨　粉砕 분쇄	훈 くだく 부수다 　くだける 부서지다

예외한자	8 刷 인쇄할 쇄	음 ① さつ[さっー] 사쓰　刷新 쇄신　印刷 인쇄	훈 する 인쇄하다
	18 鎖 쇠사슬 쇄	음 ① さ 사　鎖国 쇄국　閉鎖 폐쇄　封鎖 봉쇄	훈 くさり 쇠사슬

191

우리말 발음		일본어 발음
쇠	1/1 →	스이

적용법칙　두음법칙　ㅅ → ㅅ(さ행)

10 衰 쇠약할 쇠

음 ① すい 스이
衰弱 쇠약　衰退 쇠퇴　老衰 노쇠

훈 おとろえる 약해지다, 쇠퇴하다

192

우리말 발음		일본어 발음
수	7/33 →	스이

적용법칙　두음법칙　ㅅ → ㅅ(さ행)

4 水 물 수

음 ① すい [ーずい] 스이
水温 수온　水泳 수영　海水 해수　洪水 홍수

훈 みず 물

8 垂 드리울 수

음 ① すい 스이
垂線 수직선　垂直 수직　懸垂 턱걸이

훈 たれる 늘어뜨리다
　　たらす 늘어뜨리다

9 帥 장수 수

음 ① すい 스이
元帥 원수　統帥 통수　総帥 총수

10 粹 순수할 수

음 ① すい 스이
純粋 순수　精粋 정수　抜粋 발췌

훈 いき 세련됨, 멋있음

12 遂 드디어 수

음 ① すい 스이
遂行 수행　未遂 미수　完遂 완수

훈 とげる 이루다, 완수하다

13 睡 졸 수	음 ① すい 스이 睡眠 수면 睡魔 수마 午睡 오수; 낮잠 昏睡 혼수	
15 穂 이삭 수	음 ① すい 스이 穂状 이삭 모양 出穂 출수; 이삭이 나옴	훈 ほ 이삭

예외한자

10 修 닦을 수	음 ① しゅう 슈우 修正 수정 修理 수리 　② しゅ 슈 修行 수행	훈 おさめる 익히다, 수양하다 　おさまる 고쳐지다, 바로잡히다
4 収 거둘 수	음 ① しゅう 슈우 収納 수납 収入 수입 回収 회수	훈 おさめる 받아들이다, 거두다 　おさまる 진정되다, 수습되다
5 囚 가둘 수	음 ① しゅう 슈우 囚人 수인, 죄수 死刑囚 사형수	
7 秀 빼어날 수	음 ① しゅう 슈우 秀才 수재 優秀 우수	훈 ひいでる 빼어나다
10 袖 소매 수	음 ① しゅう 슈우 袖手傍観 수수방관 領袖 영수	훈 そで 소매
11 羞 부끄러울 수	음 ① しゅう 슈우 羞恥 수치 羞悪 수오; 악행을 부끄러워하는 마음	
13 愁 근심 수	음 ① しゅう 슈우 哀愁 애수 郷愁 향수 憂愁 우수	훈 うれえる 근심하다 　うれい 근심, 걱정
13 酬 잔 돌릴 수	음 ① しゅう 슈우 報酬 보수 応酬 응수	
4 手 손 수	음 ① しゅ 슈 手術 수술 手段 수단	훈 て 손

예외한자 9	首 머리 수	음 ① しゅ 슈	首相 수상　首脳 수뇌　首席 수석	훈 くび 목
6	守 지킬 수	음 ① しゅ 슈 　② す 스	守備 수비　守護 수호　保守 보수 留守 부재중	훈 まもる 지키다 もり 지키는 일 (사람)
9	狩 사냥할 수	음 ① しゅ 슈	狩猟 수렵	훈 かる 사냥하다 かり 사냥
10	殊 다를 수	음 ① しゅ 슈	殊勲 수훈　特殊 특수	훈 ことに 특히
8	受 받을 수	음 ① じゅ 쥬	受賞 수상　受験 수험　甘受 감수	훈 うける 받다 うかる 합격하다
11	授 줄 수	음 ① じゅ 쥬	授業 수업　教授 교수　伝授 전수	훈 さずかる 수여받다 さずける 수여하다
16	樹 나무 수	음 ① じゅ 쥬	樹液 수액　樹木 수목　樹立 수립　落葉樹 낙엽수	
7	寿 목숨 수	음 ① じゅ 쥬	寿命 수명　長寿 장수	훈 ことぶき 축하, 축사
14	需 구할 수	음 ① じゅ 쥬	需要 수요　内需 내수　軍需 군수　必需品 필수품	
12	随 따를 수	음 ① ずい 즈이	随筆 수필　随行 수행　随伴 수반	
19	髄 골수 수	음 ① ずい 즈이	骨髄 골수　真髄 진수　精髄 정수　脳髄 뇌수	
10	捜 찾을 수	음 ① そう 소우	捜査 수사　捜索 수색	훈 さがす 찾다
12	痩 여윌 수	음 ① そう 소우	痩身 여윈 몸	훈 やせる 마르다 こける 여위다, 야위다

	한자	음	훈
예외한자 [16]	獣 짐승 수	① じゅう 쥬우　猛獣 맹수　怪獣 괴수	けもの 짐승
[12]	須 모름지기 수	① す 스　必須 필수	
[13]	数 셀 수	① すう[ーずう] 스우　数字 숫자　数学 수학 ② す[ーず] 스　人数 인원 수	かず 수 かぞえる 세다
[16]	輸 실어낼 수	① ゆ 유　輸入 수입　輸出 수출　輸送 수송　密輸 밀수	

193　숙 → 슈쿠　4/6

적용법칙　두음법칙 ㅅ → ㅅ(さ행)　받침법칙 ㄱ받침 → 쿠(く)

	한자	음	훈
[11]	宿 잘 숙	① しゅく[ーじゅく] 슈쿠 宿題 숙제　宿泊 숙박　宿命 숙명　野宿 노숙	やど 숙소, 집 やどる 머물다
[8]	叔 아재비 숙	① しゅく 슈쿠 叔夫 숙부　叔母 숙모	
[11]	淑 맑을 숙	① しゅく 슈쿠 淑女 숙녀　貞淑 정숙	
[11]	粛 엄숙할 숙	① しゅく 슈쿠 粛然 숙연　自粛 자숙　厳粛 엄숙　静粛 정숙	

예외한자	15 熟 익을 숙	음 ① じゅく[じゅっー] 쥬쿠　熟考 숙고　成熟 성숙	훈 うれる 익다
	14 塾 글방 숙	음 ① じゅく 쥬쿠　塾生 사숙에서 배우는 학생　私塾 사숙	

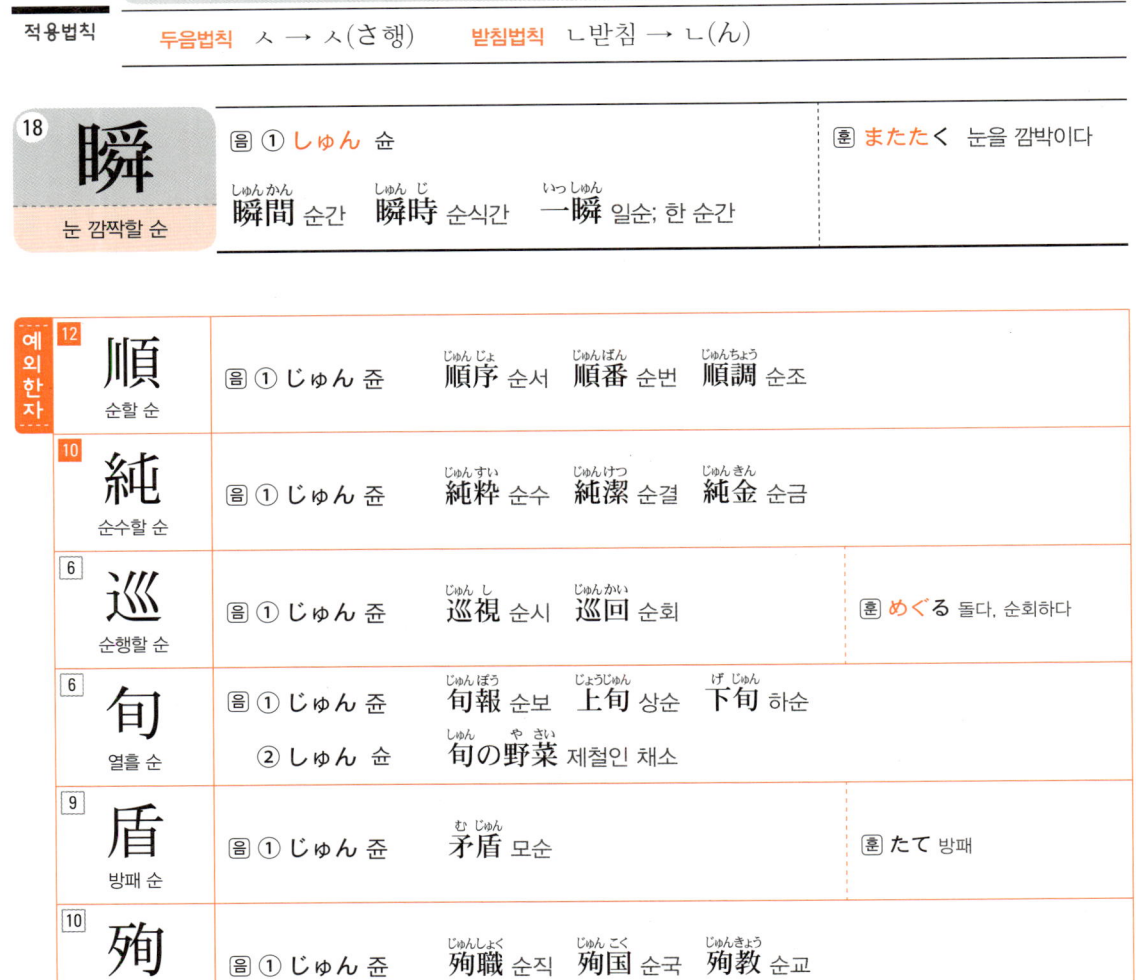

194 순 → しゅん (1/9)

적용법칙　두음법칙 ㅅ → さ(さ행)　　받침법칙 ㄴ받침 → ん(ん)

18 瞬 눈 깜짝할 순	음 ① しゅん 슌　瞬間 순간　瞬時 순식간　一瞬 일순; 한 순간	훈 またたく 눈을 깜박이다

예외한자	12 順 순할 순	음 ① じゅん 쥰　順序 순서　順番 순번　順調 순조	
	10 純 순수할 순	음 ① じゅん 쥰　純粋 순수　純潔 순결　純金 순금	
	6 巡 순행할 순	음 ① じゅん 쥰　巡視 순시　巡回 순회	훈 めぐる 돌다, 순회하다
	6 旬 열흘 순	음 ① じゅん 쥰　旬報 순보　上旬 상순　下旬 하순 ② しゅん 슌　旬の野菜 제철인 채소	
	9 盾 방패 순	음 ① じゅん 쥰　矛盾 모순	훈 たて 방패
	10 殉 따라죽을 순	음 ① じゅん 쥰　殉職 순직　殉国 순국　殉教 순교	

예외한자			
12 循 돌 순	음 ① じゅん 쥰	循環 순환　悪循環 악순환	
10 唇 입술 순	음 ① しん 신	唇音 순음; 입술 소리　口唇 입술	훈 くちびる 입술

195

우리말 발음 　술　 2/2 → 　일본어 발음 　쥬쓰

적용법칙　받침법칙　ㄹ받침 → 쓰(つ)

8 述 지을 술	음 ① じゅつ [じゅっー] 쥬쓰　記述 기술　陳述 진술　叙述 서술	훈 のべる 말하다, 진술하다
11 術 재주 술	음 ① じゅつ [じゅっー] 쥬쓰　術策 술책　術数 술수　技術 기술　芸術 예술　美術 미술	

196

우리말 발음 　숭　 1/1 → 　일본어 발음 　스우

적용법칙　두음법칙　ㅅ → ㅅ(さ행)　　받침법칙　ㅇ받침 → 우(う)

11 崇 높일 숭	음 ① すう 스우　崇高 숭고　崇拝 숭배　崇敬 존경

197

우리말 발음		일본어 발음
습	→3/4→	슈우

적용법칙　**두음법칙** ㅅ → ㅅ(さ행)　**음절법칙** 읍 → 유우(ゆう)　**받침법칙** ㅂ받침 → 우(う)

⑨ 拾 주을 습
- 음 ① しゅう 슈우　② じゅう 쥬우
  - しゅうとく 拾得 습득　　しゅうしゅう 収拾 수습　　じゅうまんえん 拾万円 10만 엔
- 훈 ひろう 줍다

⑪ 習 익힐 습
- 음 ① しゅう 슈우
  - しゅうかん 習慣 습관　　しゅうとく 習得 습득　　れんしゅう 練習 연습
- 훈 ならう 배우다

㉒ 襲 엄습할 습
- 음 ① しゅう 슈우
  - しゅうげき 襲撃 습격　　しゅうらい 襲来 내습　　せしゅう 世襲 세습
- 훈 おそう 공격하다, 덮치다

예외한자 ⑫ 湿 젖을 습
- 음 ① しつ[しっー] 시쓰
  - しつど 湿度 습도　　しっけ 湿気 습기
- 훈 しめる 축축해지다
  - しめす 축이다

198

우리말 발음		일본어 발음
승	1/7 →	소우

적용법칙 두음법칙 ㅅ → ㅅ(さ행)   음절법칙 승 → 오우(おう)   받침법칙 ㅇ받침 → 우(う)

---

13 僧 중 승

음 ① そう 소우

そうりょ 僧侶 승려   そういん 僧院 절   こうそう 高僧 고승

예외한자

12 **勝** 이길 승	음 ① しょう 쇼우	しょうぶ 勝負 승부 しょうり 勝利 승리 ゆうしょう 優勝 우승	훈 かつ 이기다 まさる 낫다, 우수하다
8 **承** 이을 승	음 ① しょう 쇼우	しょうにん 承認 승인 しょうだく 承諾 승낙 けいしょう 継承 계승	훈 うけたまわる 받잡다
4 **升** 되 승	음 ① しょう 쇼우	にしょう 二升 두 되	훈 ます 되
8 **昇** 오를 승	음 ① しょう 쇼우	しょうしん 昇進 승진 じょうしょう 上昇 상승	훈 のぼる 오르다
9 **乗** 탈 승	음 ① じょう 죠우	じょうしゃ 乗車 승차 じょうきゃく 乗客 승객	훈 のる 타다 のせる 태우다
15 **縄** 노 승	음 ① じょう 죠우	じょうもん 縄文 새끼줄 무늬 ほじょう 捕縄 포승	훈 なわ 새끼줄

199

우리말 발음		일본어 발음
시	7/11 →	시

적용법칙 두음법칙 ㅅ → ㅅ(さ행)   음절법칙 이 → 이(い)

⑤ **市** 저자 시	음 ① し 시 市民 시민 市外 시외 都市 도시		훈 いち 시장, 장
⑤ **矢** 화살 시	음 ① し 시 一矢 화살 한 개 嚆矢 효시		훈 や 화살
⑧ **始** 비로소 시	음 ① し 시 始動 시동 始終 시종 開始 개시		훈 はじまる 시작되다 はじめる 시작하다
⑬ **詩** 글귀 시	음 ① し 시 詩人 시인 詩集 시집 漢詩 한시		
⑬ **試** 시험할 시	음 ① し 시 試合 시합 試験 시험 入試 입시		훈 こころみる 시험하다 ためす 시험하다
⑪ **視** 볼 시	음 ① し 시 視界 시계 視線 시선 視力 시력 無視 무시		
⑨ **施** 베풀 시	음 ① し 시 ② せ 세 施行 시행 施設 시설 施策 시책 布施 보시		훈 ほどこす 베풀다, 행하다

예외한자 10 時 때 시	음 ① じ 지	時間 じかん 시간　時代 じだい 시대　時刻 じこく 시각	훈 とき 때, 시간
5 示 보일 시	음 ① じ 지 ② し 시	示威 じい 시위　指示 しじ 지시　告示 こくじ 고사 示唆 しさ 시사	훈 しめす 보이다, 가리키다
8 侍 모실 시	음 ① じ 지	侍女 じじょ 시녀　侍医 じい 시의, 주치의	훈 さむらい 무사
9 是 옳을 시	음 ① ぜ 제	是非 ぜひ 시비, 제발　是正 ぜせい 시정　是認 ぜにん 시인	

200

우리말 발음	일본어 발음
식 5/8	쇼쿠

적용법칙　두음법칙　ㅅ → ㅅ(さ행)　받침법칙　ㄱ받침 → 쿠(く)

9 食 밥 식	음 ① しょく [しょっ-] 쇼쿠　② じき 지키 食事 しょくじ 식사　食器 しょっき 식기　断食 だんじき 단식	훈 くう 먹다 たべる 먹다
12 植 심을 식	음 ① しょく 쇼쿠 植物 しょくぶつ 식물　植樹 しょくじゅ 식수　移植 いしょく 이식	훈 うわる 심어지다 うえる 심다
9 拭 씻을 식	음 ① しょく 쇼쿠 払拭 ふっしょく 불식; 깨끗이 씻어냄	훈 ふく 닦다, 훔치다 ぬぐう 닦다, 씻다
12 殖 번식할 식	음 ① しょく 쇼쿠 繁殖 はんしょく 번식　増殖 ぞうしょく 증식　養殖 ようしょく 양식	훈 ふえる (재산이) 늘다 ふやす (재산을) 늘리다

| 13 | 飾
꾸밀 식 | 음 ① しょく 쇼쿠　装飾 장식　虚飾 허식　服飾 복식 | 훈 かざる 장식하다 |

예외한자

6	式 법 식	음 ① しき 시키　式場 식장　形式 형식　方式 방식	
19	識 알 식	음 ① しき 시키　常識 상식　意識 의식　知識 지식	
10	息 숨쉴 식	음 ① そく 소쿠　消息 소식　休息 휴식	훈 いき 숨

201

우리말 발음		일본어 발음
신	12/14 →	しん

적용법칙　두음법칙 ㅅ → サ(さ행)　음절법칙 이 → 이(い)　받침법칙 ㄴ받침 → ん(ん)

13	新 새 신	음 ① しん 신　新年 신년　新品 신품　新鮮 신선　新聞 신문	훈 あたらしい 새롭다 あらた 새롭다
5	申 진술할 신	음 ① しん 신　申告 신고　申請 신청　答申 답신	훈 もうす 말씀드리다
7	身 몸 신	음 ① しん [-じん] 신　身長 신장　身体 신체　独身 독신	훈 み 몸, 신체
9	神 귀신 신	음 ① しん 신　② じん 진　神話 신화　神経 신경　精神 정신　神社 신사	훈 かみ 신, 하느님

7 **臣** 신하 신	음 ① しん 신 ② じん 진	臣下 신하　重臣 중신　大臣 대신
9 **信** 믿을 신	음 ① しん 신	信仰 신앙　信頼 신뢰　信用 신용　自信 자신
7 **辛** 매울 신	음 ① しん 신 / 훈 からい 맵다	辛苦 고생　辛抱 참음　香辛料 향신료
7 **伸** 펼 신	음 ① しん 신 / 훈 のびる 커지다, 펴지다　のばす 펴다, 기르다　のべる 펴다, 늘이다	伸長 신장　伸縮 신축　追伸 추신
10 **娠** 아이밸 신	음 ① しん 신	妊娠 임신
11 **紳** 큰 띠 신	음 ① しん 신	紳士 신사
13 **慎** 삼갈 신	음 ① しん 신 / 훈 つつしむ 삼가다	慎重 신중　謹慎 근신
16 **薪** 섶나무 신	음 ① しん 신 / 훈 たきぎ 땔나무	薪炭 장작과 숯　薪水 땔나무와 물, 부엌일

예외한자

6 **迅** 빠를 신	음 ① じん 진	迅速 신속　迅雷 심한 우뢰
13 **腎** 콩팥 신	음 ① じん 진	腎臓 신장　腎不全 신부전

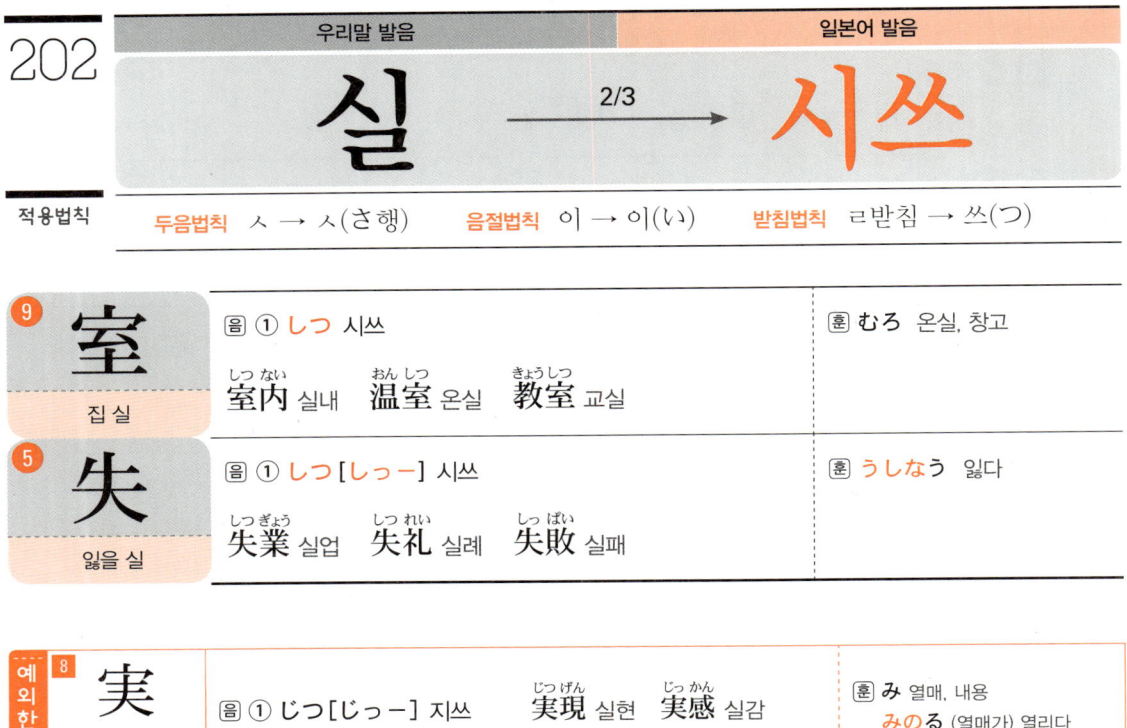

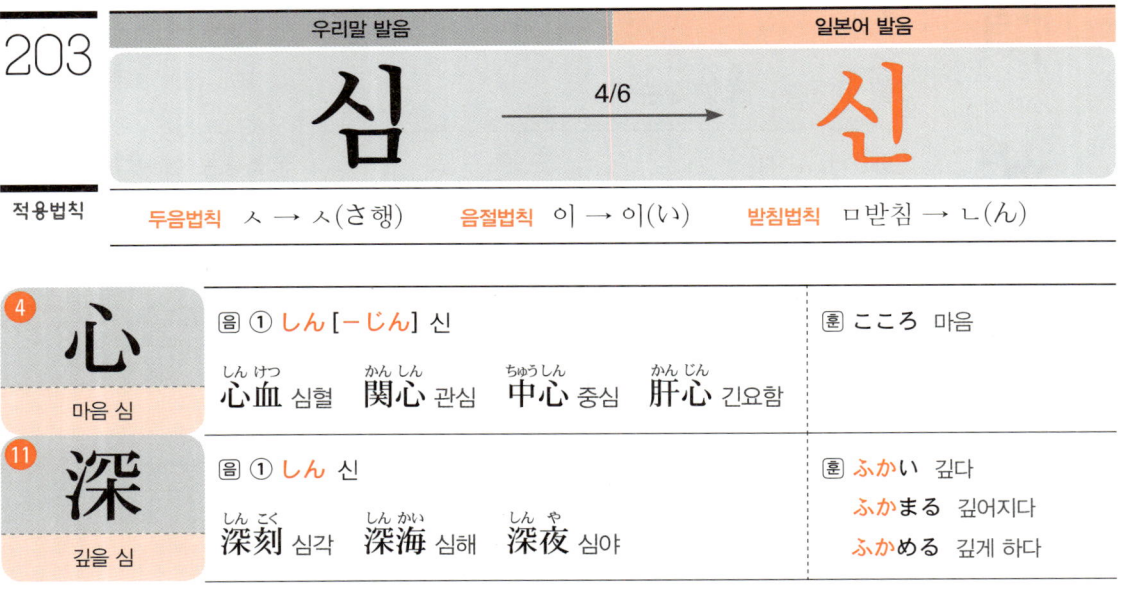

7 芯 골풀 심	음 ① しん 신 芯地(しんじ) 심지		
15 審 살필 심	음 ① しん 신 審判(しんぱん) 심판　審査(しんさ) 심사　審議(しんぎ) 심의		
예외한자 9 甚 심할 심	음 ① じん 진　甚大(じんだい) 심대, 막대　深甚(しんじん) 심심	훈 はなはだ 심히, 매우 はなはだしい 아주 심하다	
12 尋 찾을 심	음 ① じん 진　尋問(じんもん) 심문　尋常(じんじょう) 심상, 보통	훈 たずねる 찾다, 묻다	

204

우리말 발음		일본어 발음
십	1/1 →	쥬우

적용법칙　받침법칙　ㅂ받침 → 우(う)

2 十 열 십	음 ① じゅう 쥬우　② じっ 집 十字架(じゅうじか) 십자가　十分(じゅうぶん) 충분함　十分(じっぷん) 십분	훈 とお 열 と〜 열〜

205

우리말 발음		일본어 발음
쌍	1/1 →	소우

적용법칙 두음법칙 ㅆ → ㅅ(さ행)　음절법칙 앙 → 오우(おう)　받침법칙 ㅇ받침 → 우(う)

④ 双 쌍 쌍
- 음 ① そう 소우
  - 双方 쌍방 （そう ほう）
  - 双生児 쌍생아, 쌍둥이 （そう せい じ）
- 훈 ふた〜 이, 양, 쌍

206

우리말 발음		일본어 발음
씨	1/1 →	시

적용법칙 두음법칙 ㅆ → ㅅ(さ행)　음절법칙 이 → 이(い)

④ 氏 성씨
- 음 ① し 시
  - 氏名 성명 （し めい）
  - 氏族 씨족 （し ぞく）
  - 姓氏 성씨 （せい し）
- 훈 うじ 성, 성씨

207

우리말 발음		일본어 발음
아	1/7 →	아

적용법칙 두음법칙 ㅇ → ㅇ(あ행)　음절법칙 아 → 아(あ)

⑦ 亜 버금 아
- 음 ① あ 아
  - 亜流 아류 （あ りゅう）
  - 亜鉛 아연 （あ えん）
  - 亜熱帯 아열대 （あ ねったい）

	한자	음	예	훈
예외한자 8	芽 싹 아	① が 가	発芽 はつが 발아　胚芽 はいが 배아　麦芽 ばくが 엿기름	め 싹
7	我 나 아	① が 가	我慢 がまん 참음　無我 むが 무아　自我 じが 자아	われ 자기 자신, 나 わ 우리의, 나의
4	牙 어금니 아	① が 가 ② げ 게	牙城 がじょう 아성　歯牙 しが 치아, 이 象牙 ぞうげ 상아	きば 어금니
13	雅 아담할 아	① が 가	雅号 がごう 아호　雅趣 がしゅ 아취　優雅 ゆうが 우아	
15	餓 주릴 아	① が 가	餓死 がし 아사　餓鬼 がき 아귀　飢餓 きが 기아	
7	児 아이 아	① じ 지 ② に 니	児童 じどう 아동　幼児 ようじ 유아　育児 いくじ 육아 小児科 しょうにか 소아과	

208

우리말 발음		일본어 발음
악	2/5 →	아쿠

적용법칙　두음법칙 ㅇ → ㅇ(あ행)　음절법칙 아 → 아(あ)　받침법칙 ㄱ받침 → 쿠(く)

	한자	음	예	훈
11	悪 악할 악	① あく 아쿠	悪質 あくしつ 악질　悪魔 あくま 악마　邪悪 じゃあく 사악	わるい 나쁘다
12	握 잡을 악	① あく 아쿠	握手 あくしゅ 악수　握力 あくりょく 악력　把握 はあく 파악	にぎる 쥐다

예외한자	[13] 楽 풍류 악	음 ① がく [がっー] 가쿠　楽器 악기　音楽 음악	훈 たのしい 즐겁다 たのしむ 즐기다
	[8] 岳 큰 산 악	음 ① がく 가쿠　岳父 악부, 장인　山岳 산악	훈 たけ 높은 산
	[18] 顎 턱 악	음 ① がく 가쿠　上顎 상악　顎関節 악관절	훈 あご 턱 顎鬚 턱수염

209

우리말 발음		일본어 발음
안	2/5 →	안

적용법칙　두음법칙 ㅇ → ㅇ(あ행)　음절법칙 아 → 아(あ)　받침법칙 ㄴ받침 → ん(ん)

[6] 安 편안할 안	음 ① あん 안 安全 안전　安定 안정　安心 안심	훈 やすい 값싸다
[10] 案 책상 안	음 ① あん 안 案内 안내　案外 의외　提案 제안	

예외한자	[18] 顔 얼굴 안	음 ① がん 간　顔面 안면　紅顔 홍안　童顔 동안	훈 かお 얼굴
	[8] 岸 언덕 안	음 ① がん 간　海岸 해안　沿岸 연안	훈 きし 물가
	[11] 眼 눈 안	음 ① がん 간　眼球 안구　眼前 눈 앞　主眼 주안 ② げん 겐　開眼 개안; 새로 만든 불상을 공양하는 의식	훈 まなこ 눈

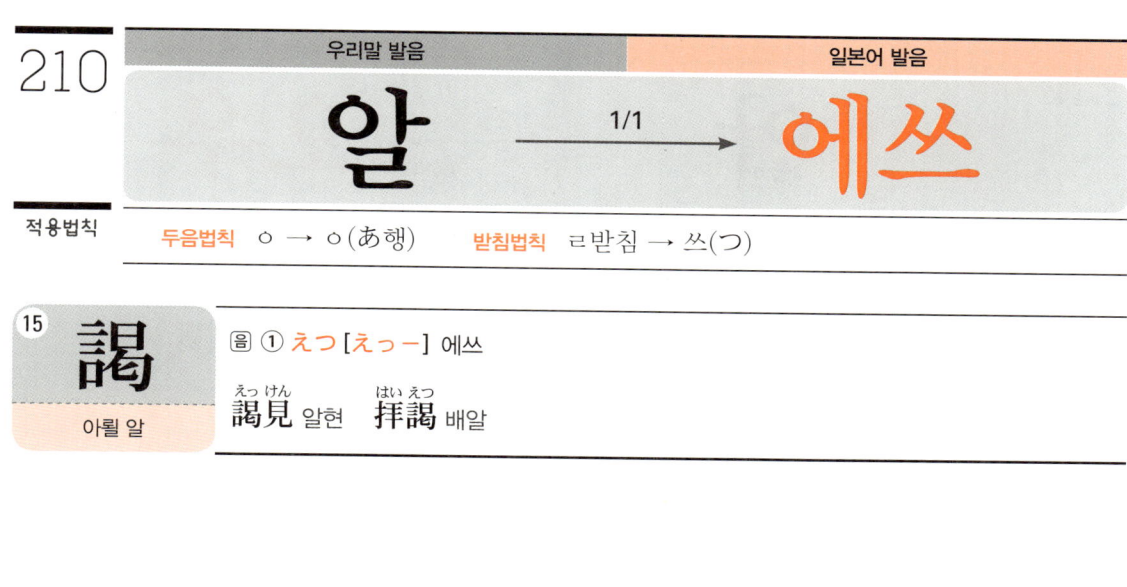

210

우리말 발음		일본어 발음
알	1/1 →	에쓰

적용법칙 **두음법칙** ㅇ → ㅇ(あ행)　**받침법칙** ㄹ받침 → 쓰(つ)

15 謁 아뢸 알
- 음 ① えつ [えっー] 에쓰
  - 謁見 알현　拝謁 배알

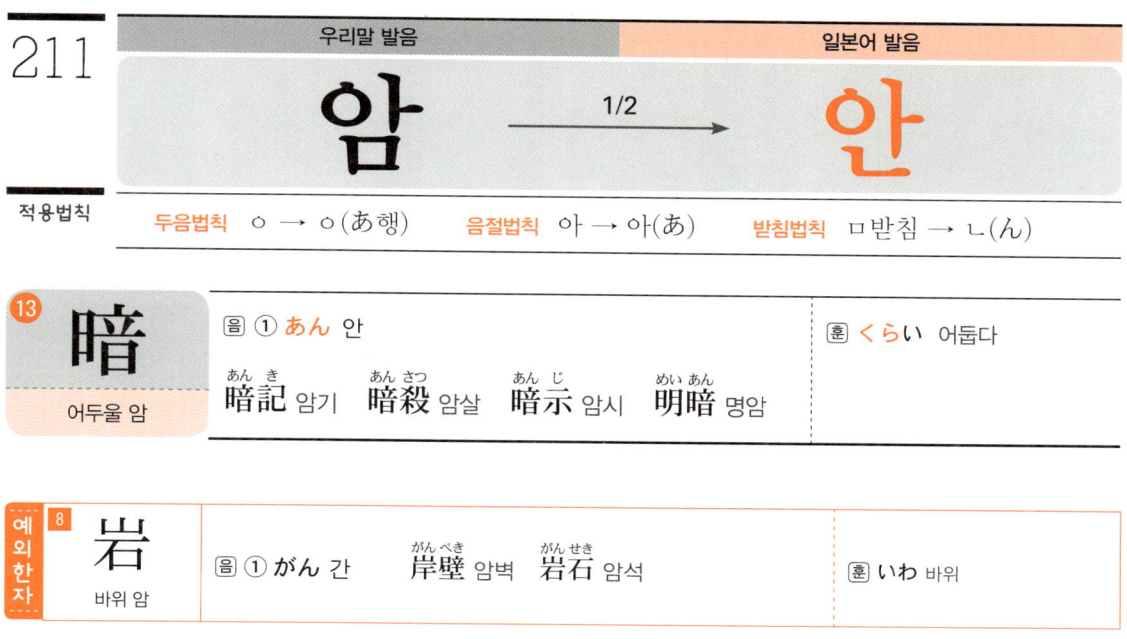

211

우리말 발음		일본어 발음
암	1/2 →	안

적용법칙 **두음법칙** ㅇ → ㅇ(あ행)　**음절법칙** 아 → 아(あ)　**받침법칙** ㅁ받침 → ㄴ(ん)

13 暗 어두울 암
- 음 ① あん 안
  - 暗記 암기　暗殺 암살　暗示 암시　明暗 명암
- 훈 くらい 어둡다

예외한자 8 岩 바위 암
- 음 ① がん 간
  - 岸壁 암벽　岩石 암석
- 훈 いわ 바위

212

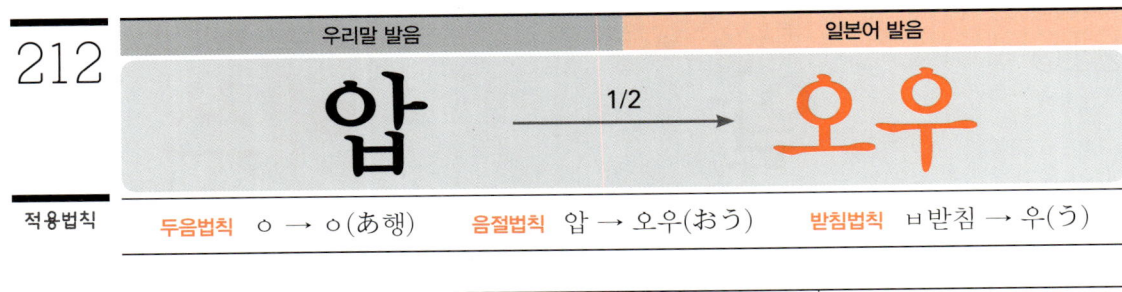

우리말 발음		일본어 발음
압	1/2 →	오우

적용법칙 두음법칙 ㅇ → ㅇ(あ행)   음절법칙 압 → 오우(おう)   받침법칙 ㅂ받침 → 우(う)

押 누를 압 ⑧

- 음 ① おう 오우
  - 押収 _{おうしゅう} 압수
  - 押印 _{おういん} 날인
  - 押韻 _{おういん} 압운
- 훈 おす 밀다, 누르다
  - おさえる 누르다

예외한자 圧 누를 압 ⑤

- 음 ① あつ[あっー] 아쓰
  - 圧力 _{あつりょく} 압력
  - 圧迫 _{あっぱく} 압박
  - 気圧 _{きあつ} 기압

213

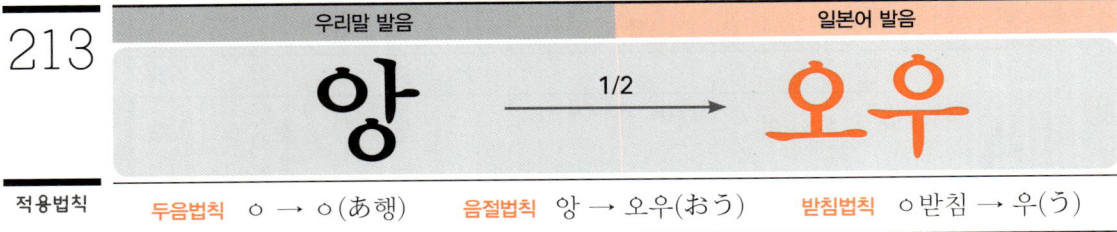

우리말 발음		일본어 발음
앙	1/2 →	오우

적용법칙 두음법칙 ㅇ → ㅇ(あ행)   음절법칙 앙 → 오우(おう)   받침법칙 ㅇ받침 → 우(う)

央 가운데 앙 ⑤

- 음 ① おう 오우
  - 中央 _{ちゅうおう} 중앙
  - 震央 _{しんおう} 진앙

예외한자 仰 우러를 앙 ⑥

- 음 ① ぎょう 교우
  - 仰天 _{ぎょうてん} 깜짝 놀람
  - 仰望 _{ぎょうぼう} 우러러봄
- ② こう[ーごう] 코우
  - 信仰 _{しんこう} 신앙
- 훈 あおぐ 우러르다
  - おおせ 분부, 말씀

214

우리말 발음		일본어 발음
애	4/6 →	아이

적용법칙 　**두음법칙** ㅇ → ㅇ(あ행)　　**음절법칙** 애 → 아이(あい)

13 愛 사랑 애	음 ① **あい** 아이　　あい こく **愛国** 애국　　あい じょう **愛情** 애정　　あい よう **愛用** 애용　　れん あい **恋愛** 연애
9 哀 슬플 애	음 ① **あい** 아이　　あい しゅう **哀愁** 애수　　あい せき **哀惜** 애석　　あい がん **哀願** 애원　　ひ あい **悲哀** 비애 ‖ 훈 **あわれ** 슬픔, 비애　　**あわれむ** 동정하다
10 挨 칠 애	음 ① **あい** 아이　　あい さつ **挨拶** 인사
17 曖 가릴 애	음 ① **あい** 아이　　あい まい **曖昧** 애매함

예외한자 11 涯 물가 애	음 ① **がい** 가이　　しょう がい **生涯** 생애　　てん がい **天涯** 천애　　きょう がい **境涯** 처지
11 崖 언덕 애	음 ① **がい** 가이　　だん がい **断崖** 낭떠러지 ‖ 훈 **がけ** 벼랑　　がけ みち **崖道** 벼랑길

215

우리말 발음		일본어 발음
액	1/3 →	야쿠

적용법칙 두음법칙 ㅇ → ㅇ(あ행)   받침법칙 ㄱ받침 → 쿠(く)

[4] 厄 재앙 액
- 음 ① やく [やっ-] 야쿠
- 厄年 액년; 운수가 사나운 해   厄介 귀찮음

예외한자 [11] 液 진 액
- 음 ① えき 에키   液体 액체   液状 액상   血液 혈액

[18] 額 이마 액
- 음 ① がく 가쿠   額面 액면   金額 금액
- 훈 ひたい 이마

216

우리말 발음		일본어 발음
앵	1/1 →	오우

적용법칙 두음법칙 ㅇ → ㅇ(あ행)   음절법칙 앵 → 오우(おう)   받침법칙 ㅇ받침 → 우(う)

[10] 桜 벚꽃 앵
- 음 ① おう 오우   桜桃 앵두   桜花 벚꽃
- 훈 さくら 벚꽃

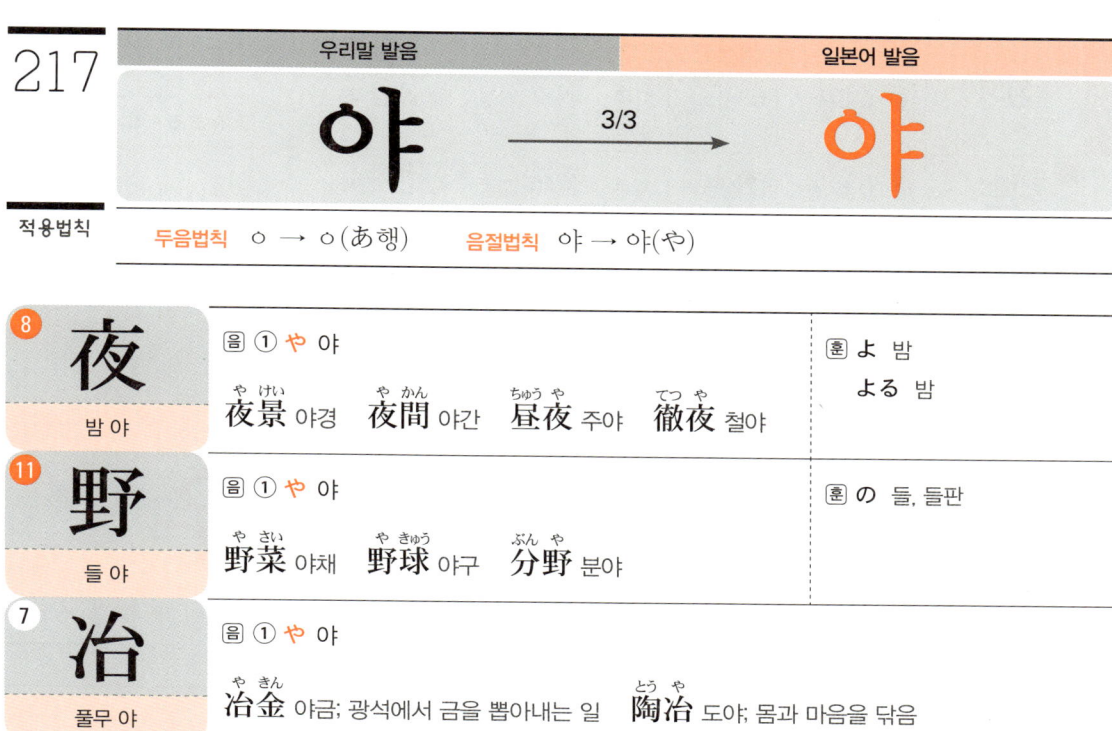

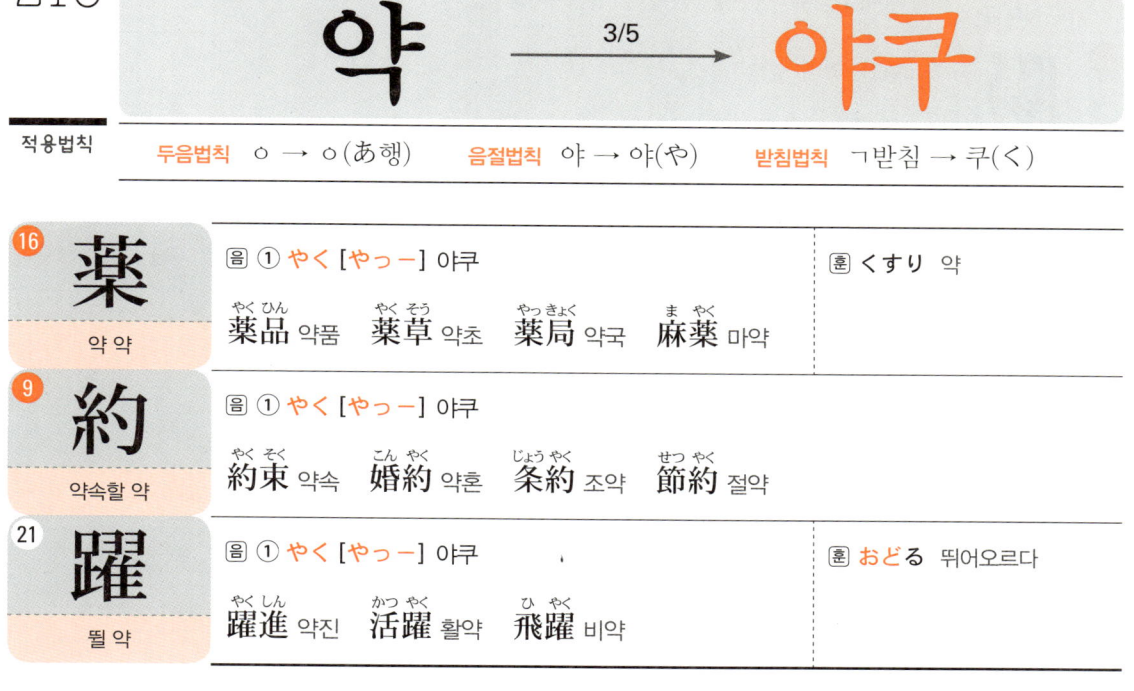

예외한자 10	弱 약할 약	음 ① じゃく[じゃっー] 쟈쿠　弱点 약점　強弱 강약	훈 よわい 약하다　よわる 약해지다　よわまる 약해지다
8	若 어릴 약	음 ① じゃく[じゃっー] 쟈쿠　若年 젊음　若干 약간 ② にゃく 냐쿠　老若男女 남녀노소	훈 わかい 젊다　もしくは 혹은

219　양 → 요우 (7/11)

적용법칙　두음법칙 ㅇ → ㅇ(あ행)　음절법칙 양 → 요우(よう)　받침법칙 ㅇ받침 → 우(う)

6 羊 양 양	음 ① よう 요우 羊水 양수　羊毛 양모　牧羊 목양	훈 ひつじ 양
9 洋 큰 바다 양	음 ① よう 요우 洋酒 양주　洋服 양복　西洋 서양	
12 陽 볕 양	음 ① よう 요우 陽気 날씨, 기후, 명랑함, 쾌활함　太陽 태양　陰陽 음양	
14 様 모양 양	음 ① よう 요우 様子 모습　模様 무늬　多様 다양	훈 さま 모양　〜さま 〜님
15 養 기를 양	음 ① よう 요우 養成 양성　養育 양육　栄養 영양	훈 やしなう 기르다
12 揚 날릴 양	음 ① よう 요우 掲揚 게양　高揚 고양　宣揚 선양	훈 あがる (높이) 오르다　あげる 올리다, 튀기다

14 瘍 종기 양	음 ① よう 요우	胃潰瘍 위궤양　　腫瘍 종양	

예외한자 **16** 壤 흙 양	음 ① じょう 죠우	土壌 토양	
16 嬢 계집애 양	음 ① じょう 죠우	令嬢 영양　　お嬢さん 아가씨	
20 譲 사양할 양	음 ① じょう 죠우	譲歩 양보　　譲渡 양도	훈 ゆずる 양보하다
20 醸 술 빚을 양	음 ① じょう 죠우	醸造 양조　　醸成 양성	훈 かもす 양조하다, 자아내다

법칙이 없는 한자	우리말 발음	일본어 발음
	어 →	고 / 교 / 료우

14 語 말씀 어	음 ① ご 고 語学 어학　語調 어조　国語 국어	훈 かたる 이야기하다 かたらう 대화하다
11 魚 물고기 어	음 ① ぎょ 교 金魚 금붕어　人魚 인어　魚網 어망	훈 さかな 물고기, 생선 うお 물고기
14 漁 고기잡을 어	음 ① ぎょ 교　② りょう 료우 漁業 어업　漁村 어촌　漁船 어선　漁師 어부　出漁 출어	

| 12 | 御
 어거할 어 | 음 ① ぎょ 교 ② ご 고
 制御 제어 防御 방어 御飯 밥 | 훈 おん〜 존경·공손의 접두어 |

220 억 →(3/4)→ オク

적용법칙 두음법칙 ㅇ → ○(あ행)   받침법칙 ㄱ받침 → ク(く)

15	億 억 억	음 ① おく 오쿠 億万長者 억만장자 一億 1억
16	憶 생각할 억	음 ① おく 오쿠 憶測 억측 記憶 기억 追憶 추억
17	臆 가슴 억	음 ① おく 오쿠 臆中 마음 속 臆測 억측 臆病者 겁쟁이

| 예외한자 7 | 抑
 누를 억 | 음 ① よく 요쿠   抑制 억제 抑圧 억압 | 훈 おさえる 억누르다 |

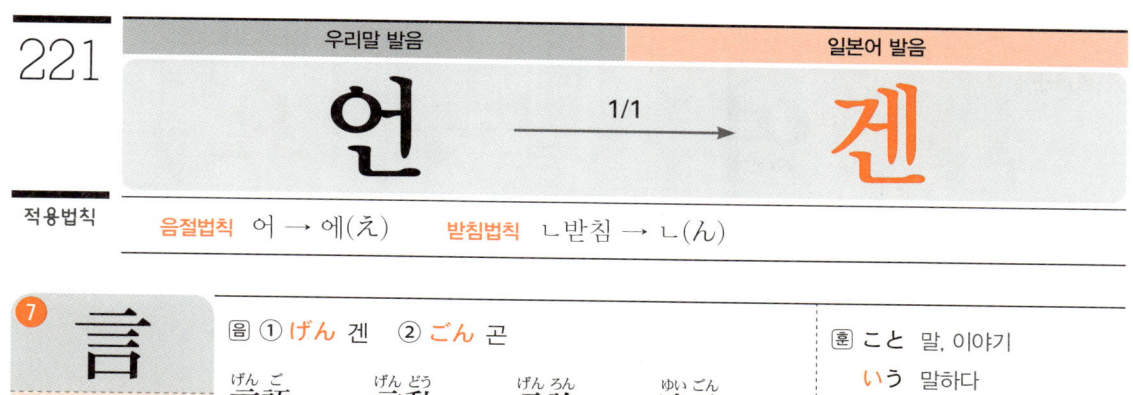

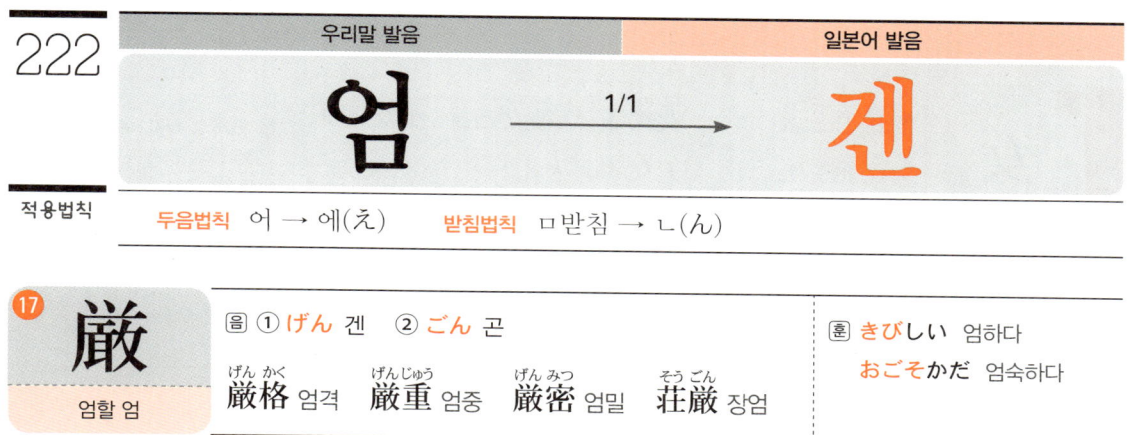

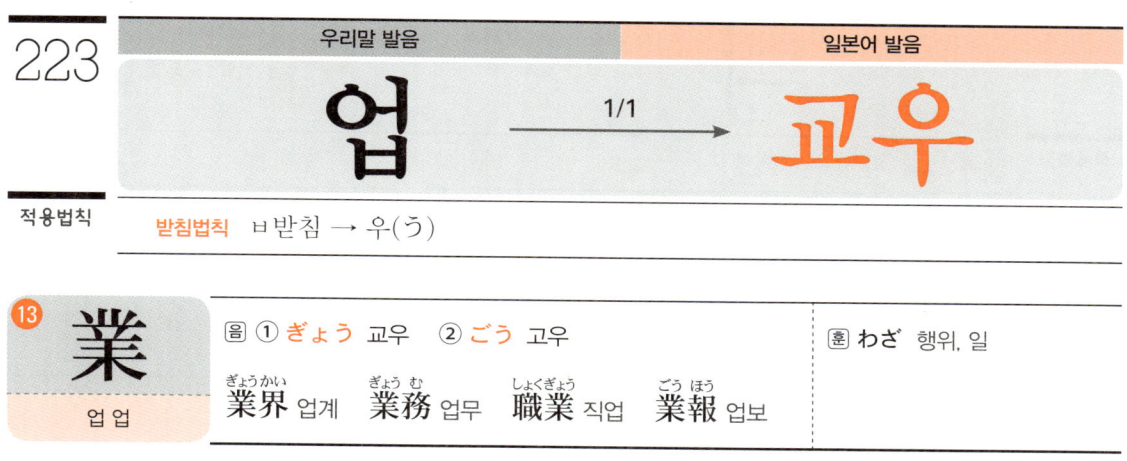

224

우리말 발음		일본어 발음
여	2/4 →	よ

적용법칙 두음법칙 ㅇ → ぉ(あ행)

7 余 남을 여
- 음 ① よ 요
- 余暇 よか 여가　余韻 よいん 여운　余地 よち 여지　余裕 よゆう 여유
- 훈 あまる 남다, 벅차다
- あます 남기다

3 与 줄 여
- 음 ① よ 요
- 与党 よとう 여당　給与 きゅうよ 급여　関与 かんよ 관여
- 훈 あたえる 주다

예외한자 3 女 계집 여(녀)
- 음 ① じょ 죠　女性 じょせい 여성　彼女 かのじょ 그녀　少女 しょうじょ 소녀
- ② にょ 뇨　天女 てんにょ 천녀, 선녀
- ③ にょう 뇨우　女房 にょうぼう 마누라, 아내
- 훈 おんな 여자, 여성
- め 여자, 여성
- 女神 めがみ 여신

6 如 같을 여
- 음 ① じょ 죠　欠如 けつじょ 결여　突如 とつじょ 갑자기
- ② にょ 뇨　如実 にょじつ 여실　如来 にょらい 여래

225

우리말 발음		일본어 발음
역	3/7 →	에키

적용법칙 두음법칙 ㅇ → ぉ(あ행)　음절법칙 여 → 에(え)

14 駅 역 역
- 음 ① えき 에키
- 駅員 えきいん 역무원　駅長 えきちょう 역장　駅前 えきまえ 역전

⑧ 易 바꿀 역	음 ① えき 에키 えき しゃ　　　ぼう えき　　　こう えき 易者 점쟁이　貿易 무역　交易 교역	
⑨ 疫 염병 역	음 ① えき 에키　② やく 야쿠 えき り　　めん えき　　ぼう えき　　やくびょう　　やくびょうがみ 疫痢 이질　免疫 면역　防疫 방역　疫病 역병　疫病神 역귀	

예외한자 ⑦ 役 부릴 역	음 ① やく 야쿠　　やく わり 　やく しょ 　　　　　　　　役割 역할　役所 관청, 관공서 ② えき 에키　　めん えき 　へい えき 　　　　　　　　免役 면역　兵役 병역	
⑪ 訳 통변할 역	음 ① やく[やっ—] 야쿠　つう やく 통역　ちょく やく 직역 　　　　　　　　　　　　　　通訳　　　　直訳 　　　　　　　　　　　ほん やく 번역 　　　　　　　　　　　翻訳	훈 わけ 이유
⑪ 域 지경 역	음 ① いき 이키　いき ない 역내　ち いき 지역　く いき 구역 　　　　　　　域内　　　　地域　　　　区域	
⑨ 逆 거스를 역	음 ① ぎゃく 갸쿠　ぎゃくせつ 역설　ぎゃくてん 역전 　　　　　　　　逆説　　　　逆転	훈 さか 역 さからう 거스르다, 거역하다

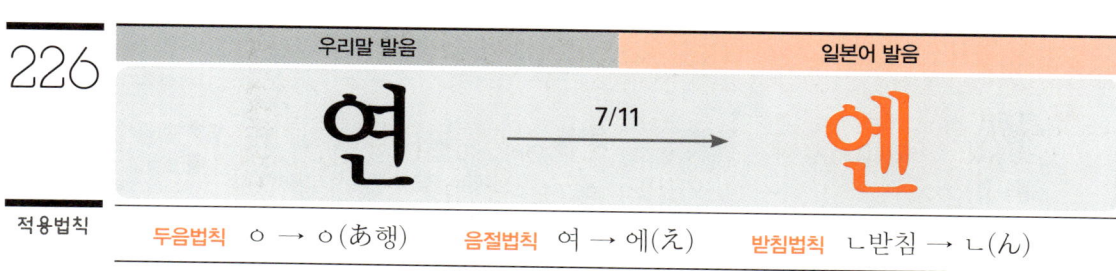

226　우리말 발음　7/11　일본어 발음
연 → エン

적용법칙　두음법칙 ㅇ → ㅇ(あ행)　음절법칙 여 → 에(え)　받침법칙 ㄴ받침 → ん(ん)

⑭ 演 행할 연	음 ① えん 엔 えん ぜつ 연설　えん ぎ 연기　えん そう 연주　こう えん 공연 演説　　　　演技　　　　演奏　　　　公演	
⑧ 延 끌 연	음 ① えん 엔 えんちょう 연장　えん き 연기　えん めい 연명　ち えん 지연 延長　　　　延期　　　　延命　　　　遅延	훈 のびる 길어지다 のばす 연장시키다 のべる 늘이다, 연장하다

	한자	음	훈
8	沿 물 따라 내려갈 연	① えん 엔 沿海 연해　沿岸 연안　沿道 연도	そう 따라가다
10	宴 잔치 연	① えん 엔 宴会 연회　宴席 연회석　披露宴 피로연　酒宴 주연	
13	煙 연기 연	① えん 엔 煙幕 연막　煙突 굴뚝　煙霧 연무　禁煙 금연	けむる 연기가 나다 けむり 연기
13	鉛 납 연	① えん 엔 鉛筆 연필　亜鉛 아연　黒鉛 흑연	なまり 납
15	縁 인연 연	① えん 엔 縁側 툇마루　縁談 혼담　縁故 연고　血縁 혈연	ふち 가장자리, 테두리
예외한자 9	研 갈 연	① けん [-げん] 켄　研究 연구　研修 연수	とぐ 갈다
12	然 그럴 연	① ぜん 젠　自然 자연　当然 당연　突然 돌연 ② ねん 넨　天然 천연	
16	燃 불탈 연	① ねん 넨　燃料 연료　燃費 연비　可燃性 가연성	もやす 불태우다 もえる 불타다
11	軟 연할 연	① なん 난　軟弱 연약　軟骨 연골　柔軟 유연함	やわらかい 부드럽다 やわらかだ 부드럽다

227

우리말 발음		일본어 발음
열	2/3 →	에쓰

적용법칙 　두음법칙 ㅇ → ㅇ(あ행)　　음절법칙 여 → 에(え)　　받침법칙 ㄹ받침 → 쓰(つ)

10 悦 기쁠 열
[음] ① えつ [えっー] 에쓰
悦楽 열락　喜悦 희열

15 閲 볼 열
[음] ① えつ 에쓰
閲覧 열람　校閲 교열　檢閲 검열

예외한자 15 熱 더울 열
[음] ① ねつ [ねっー] 네쓰
熱心 열심　熱病 열병　加熱 가열　情熱 정열
[훈] あつい 뜨겁다

228

우리말 발음		일본어 발음
염	3/4 →	엔

적용법칙 　두음법칙 ㅇ → ㅇ(あ행)　　음절법칙 여 → 에(え)　　받침법칙 ㅁ받침 → ㄴ(ん)

13 塩 소금 염
[음] ① えん 엔
塩分 염분　塩酸 염산　食塩 식염
[훈] しお 소금

8 炎 불꽃 염
[음] ① えん 엔
炎天 염천　炎症 염증　肺炎 폐렴　火炎 화염
[훈] ほのお 불꽃

| 19 | 艶 고울 염 | 음 ① えん 엔
艶聞 염문 妖艶 요염 | 훈 つや 윤, 광택 |

| 예외한자 9 | 染 물들 염 | 음 ① せん[-ぜん] 센
染色 염색 汚染 오염 | 훈 そめる 물들이다
そまる 물들다
しみる 베다, 번지다 |

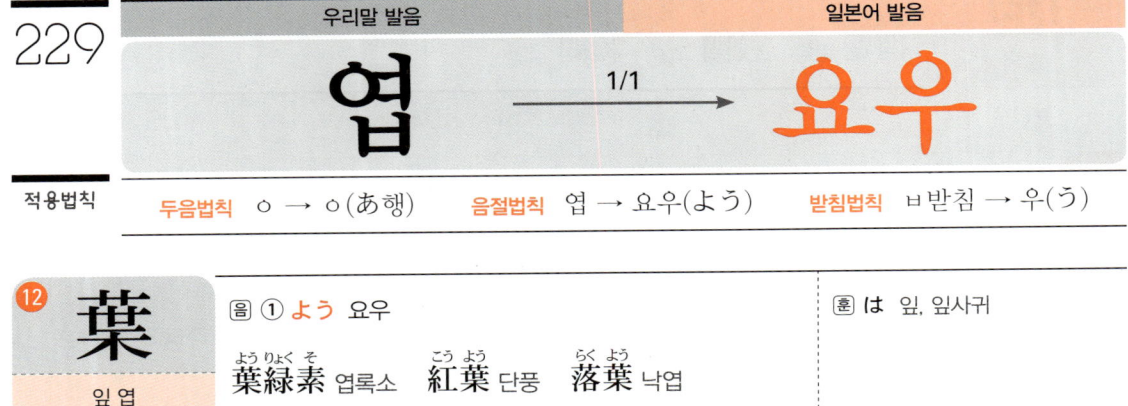

229 우리말 발음 엽 → 일본어 발음 요우 1/1

적용법칙 두음법칙 ㅇ → ㅇ(あ행) 음절법칙 엽 → 요우(よう) 받침법칙 ㅂ받침 → 우(う)

| 12 | 葉 잎 엽 | 음 ① よう 요우
葉緑素 엽록소 紅葉 단풍 落葉 낙엽 | 훈 は 잎, 잎사귀 |

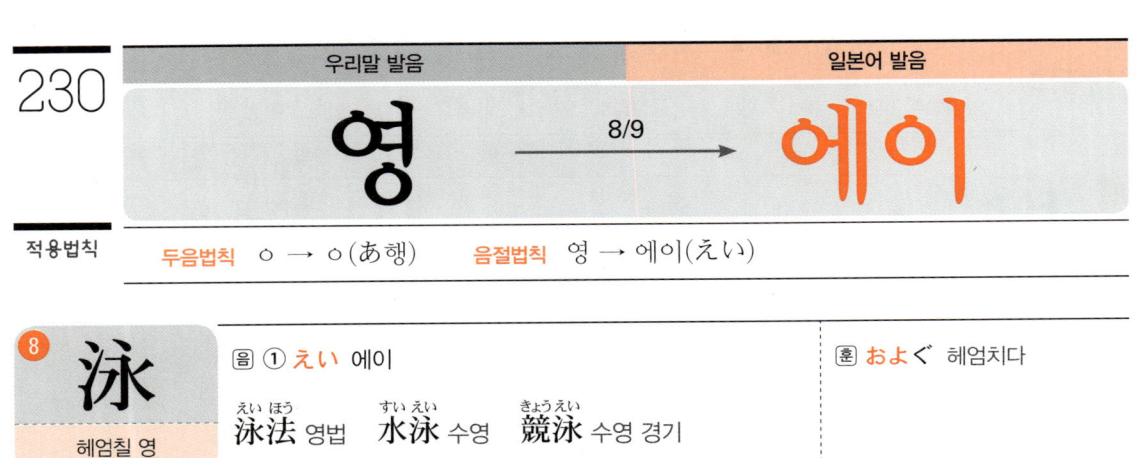

230 우리말 발음 영 → 일본어 발음 에이 8/9

적용법칙 두음법칙 ㅇ → ㅇ(あ행) 음절법칙 영 → 에이(えい)

| 8 | 泳 헤엄칠 영 | 음 ① えい 에이
泳法 영법 水泳 수영 競泳 수영 경기 | 훈 およぐ 헤엄치다 |

8 英 꽃부리 영
- 음 ① えい 에이
- 英雄(えいゆう) 영웅 英語(えいご) 영어 英文(えいぶん) 영문

9 栄 영화로울 영
- 음 ① えい 에이
- 栄養(えいよう) 영양 栄華(えいが) 영화 光栄(こうえい) 영광
- 훈 さかえる 번영하다
- はえる 돋보이다
- はえ 영광, 영예

5 永 길 영
- 음 ① えい 에이
- 永遠(えいえん) 영원 永久(えいきゅう) 영구 永眠(えいみん) 영면
- 훈 ながい 길다, 오래다

12 営 경영할 영
- 음 ① えい 에이
- 営業(えいぎょう) 영업 経営(けいえい) 경영 運営(うんえい) 운영 陣営(じんえい) 진영
- 훈 いとなむ 경영하다

9 映 비칠 영
- 음 ① えい 에이
- 映像(えいぞう) 영상 映画(えいが) 영화 上映(じょうえい) 상영 反映(はんえい) 반영
- 훈 うつる 비치다
- うつす 비추다
- はえる 빛나다, 비치다

12 詠 읊을 영
- 음 ① えい 에이
- 詠歌(えいか) 영가; 와카(和歌)를 읊음 詠嘆(えいたん) 영탄
- 훈 よむ (시가를) 읊다

15 影 그림자 영
- 음 ① えい 에이
- 影響(えいきょう) 영향 陰影(いんえい) 음영 撮影(さつえい) 촬영
- 훈 かげ 그림자

예외한자

7 迎 맞을 영
- 음 ① げい 게이
- 迎賓(げいひん) 영빈 迎合(げいごう) 영합 歓迎(かんげい) 환영
- 훈 むかえる 맞이하다

231

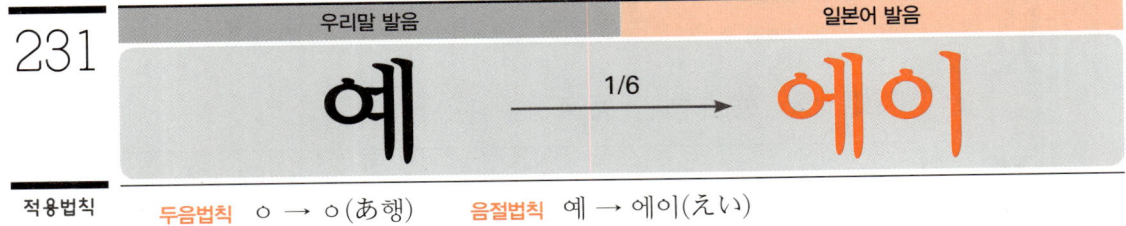

적용법칙　두음법칙 ㅇ → ㅇ(あ행)　음절법칙 예 → 에이(えい)

⑮ 鋭 날카로울 예

- 음 ① えい 에이
  - 鋭角 예각　鋭敏 예민　鋭利 예리　先鋭 첨예
- 훈 するどい 날카롭다, 예리하다

예외한자

4 予 미리 예
- 음 ① よ 요　予算 예산　予定 예정　予感 예감

13 預 맡길 예
- 음 ① よ 요　預金 예금　預託 예탁
- 훈 あずかる 맡다　あずける 맡기다

13 誉 칭찬할 예
- 음 ① よ 요　名誉 명예　栄誉 영예
- 훈 ほまれ 명예

7 芸 재주 예
- 음 ① げい 게이　芸術 예술　芸能 예능　工芸 공예

13 詣 이를 예
- 음 ① けい 케이　参詣 참배　造詣 조예
- 훈 もうでる 참배하다　初詣 새해 첫 참배

232

우리말 발음		일본어 발음
오	2/10 →	오

적용법칙 두음법칙 ㅇ → ㅇ(あ행)   음절법칙 오 → 오(お)

	한자	음	예시	훈
11	悪 미워할 오	① お 오	悪寒 오한 嫌悪 혐오 憎悪 증오	わるい 나쁘다
6	汚 더러울 오	① お 오	汚染 오염 汚点 오점 汚名 오명 汚物 오물	きたない 더럽다 よごす 더럽히다 よごれる 더러워지다

예외한자

	한자	음	예시	훈
4	五 다섯 오	① ご 고	五感 오감 五十音図 오십음도	いつ 다섯 いつつ 다섯(개) いつか 5일
4	午 낮 오	① ご 고	午前 오전 午後 오후 正午 정오	
14	誤 그르칠 오	① ご 고	誤解 오해 錯誤 착오 正誤 정오	あやまる 잘못하다
7	呉 나라 이름 오	① ご 고	呉服 포목; 주단 呉越同舟 오월동주	
10	娯 즐거워할 오	① ご 고	娯楽 오락	
10	悟 깨달을 오	① ご 고	覚悟 각오 悔悟 회오, 회개	さとる 깨닫다
13	傲 거만할 오	① ごう 고우	傲慢 오만 傲然 거만한 모양	
12	奥 속 오	① おう 오우	奥義 오의; 매우 깊은 뜻 深奥 심오	おく 깊숙한 곳 奥さん 사모님

233

우리말 발음		일본어 발음
옥	1/4 →	오쿠

적용법칙 두음법칙 ㅇ → ㅇ(あ행)   음절법칙 오 → 오(お)   받침법칙 ㄱ받침 → 쿠(く)

⑨ 屋 집 옥
- 음 ① おく 오쿠
  - 屋上 옥상 屋外 옥외 家屋 가옥
- 훈 ～や ～가게, ～장사
  - 部屋 방

예외한자

5 玉 구슬 옥
- 음 ① ぎょく 교쿠
  - 玉石 옥석 宝玉 보옥
- 훈 たま 구슬

14 獄 감옥 옥
- 음 ① ごく 고쿠
  - 獄死 옥사 地獄 지옥 脱獄 탈옥

7 沃 물댈 옥
- 음 ① よく 요쿠
  - 肥沃 비옥 沃地 옥토; 기름진 땅

234

우리말 발음		일본어 발음
온	2/2 →	온

적용법칙 두음법칙 ㅇ → ㅇ(あ행)   음절법칙 오 → 오(お)   받침법칙 ㄴ받침 → ㄴ(ん)

⑫ 温 따뜻할 온
- 음 ① おん 온
  - 温泉 온천 温室 온실 温度 온도 気温 기온
- 훈 あたたかい 따뜻하다
  - あたためる 따뜻하게 하다
  - あたたまる 따뜻해지다

16 穏 편안할 온
- 음 ① おん 온
  - 穏和 온화 穏健 온건 平穏 평온
- 훈 おだやかだ 평온하다

235

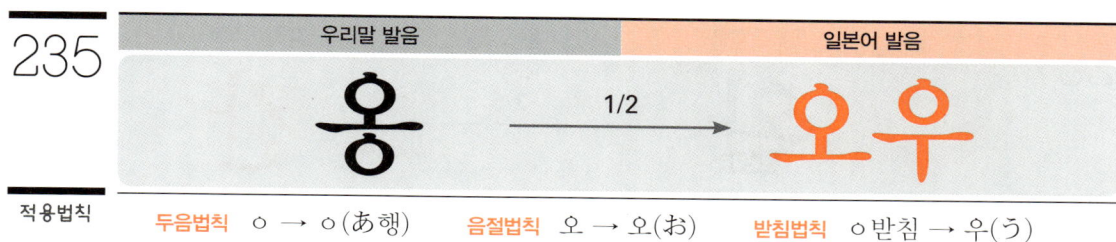

| 적용법칙 | 두음법칙 ㅇ → ㅇ(あ행) | 음절법칙 오 → 오(お) | 받침법칙 ㅇ받침 → 우(う) |

10 翁 늙은이 옹
- 음 ① おう 오우
  - 老翁(ろうおう) 노옹; 남자 노인

예외한자 16 擁 안을 옹
- 음 ① よう 요우
  - 擁護(ようご) 옹호 擁立(ようりつ) 옹립 抱擁(ほうよう) 포옹

236

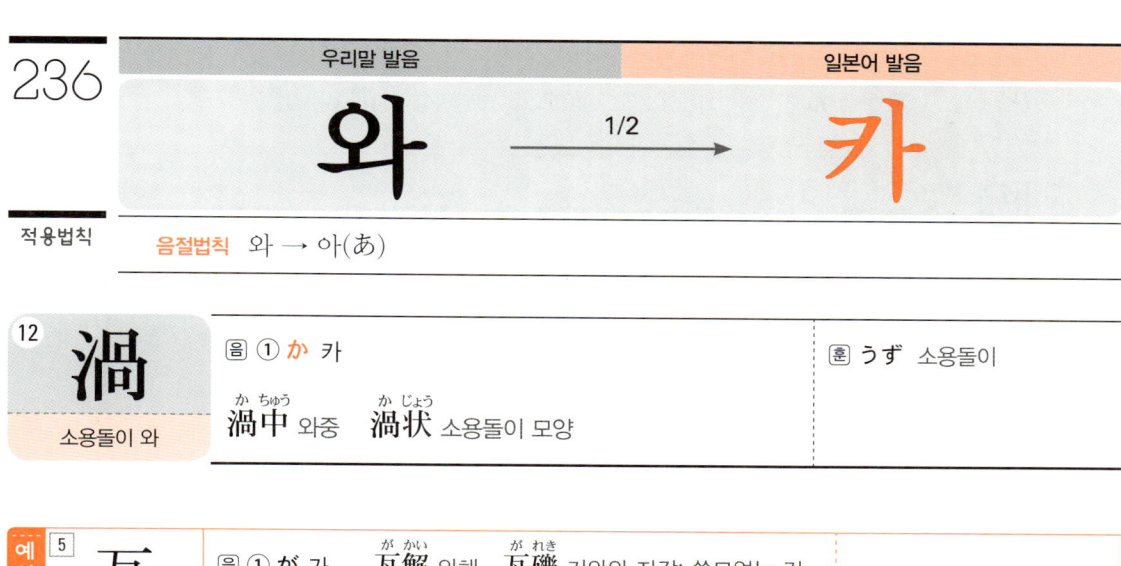

| 적용법칙 | 음절법칙 와 → 아(あ) |

12 渦 소용돌이 와
- 음 ① か 카
  - 渦中(かちゅう) 와중 渦状(かじょう) 소용돌이 모양
- 훈 うず 소용돌이

예외한자 5 瓦 기와 와
- 음 ① が 가
  - 瓦解(がかい) 와해 瓦礫(がれき) 기와와 자갈; 쓸모없는 것
  - 煉瓦(れんが) 벽돌
- 훈 かわら 기와

237

우리말 발음		일본어 발음
완	2/5 →	かん

적용법칙 　음절법칙 와 → 아(あ)　　받침법칙 ㄴ받침 → ん

7 **完** 완전할 완	음 ① **かん** 칸 かんせい　　かんぜん　　かんぺき　　みかん 完成 완성　完全 완전　完璧 완벽　未完 미완	
15 **緩** 느릴 완	음 ① **かん** 칸 かんわ　　かんきゅう　　かんまん 緩和 완화　緩急 완급　緩慢 완만	훈 **ゆるい** 느슨하다 　**ゆるやかだ** 완만하다 　**ゆるむ** 느슨해지다

예외한자	8 **玩** 희롱할 완	음 ① **がん** 간　がんぐ　　あいがん 玩具 완구　愛玩 애완	
	13 **頑** 완고할 완	음 ① **がん** 간　がんこ　　がんば　　がんきょう 頑固 완고　頑張る 분발하다　頑強 완강	
	12 **腕** 팔 완	음 ① **わん** 완　わんりょく　　わんしょう　　しゅわん 腕力 완력　腕章 완장　手腕 수완	훈 **うで** 팔

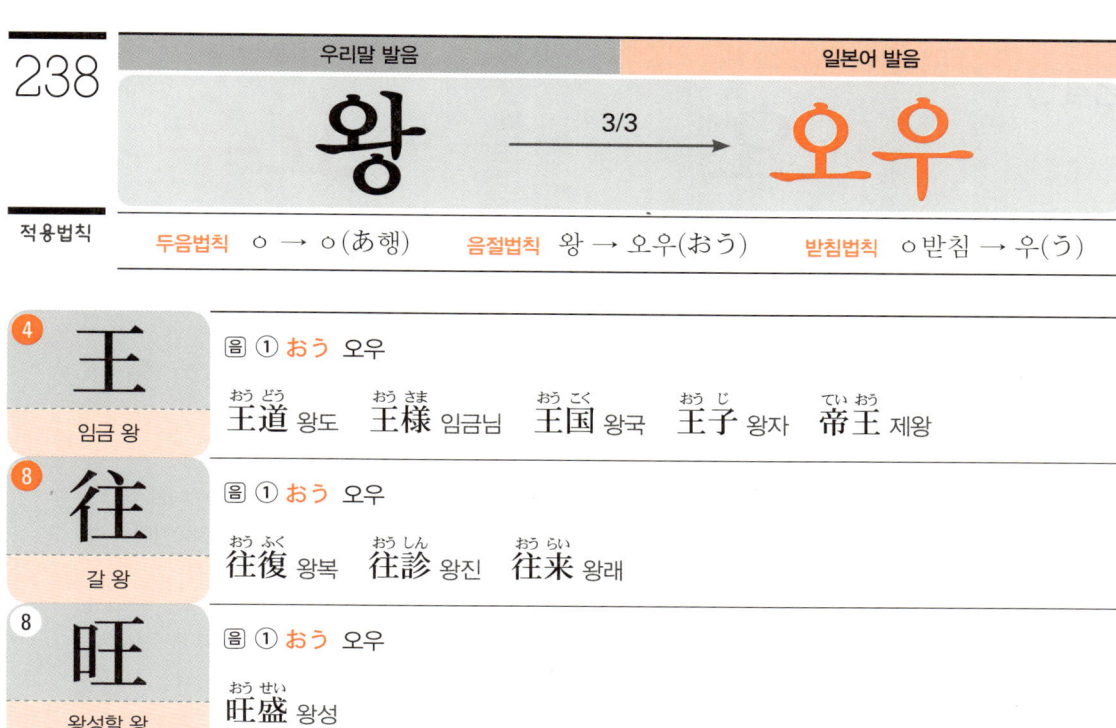

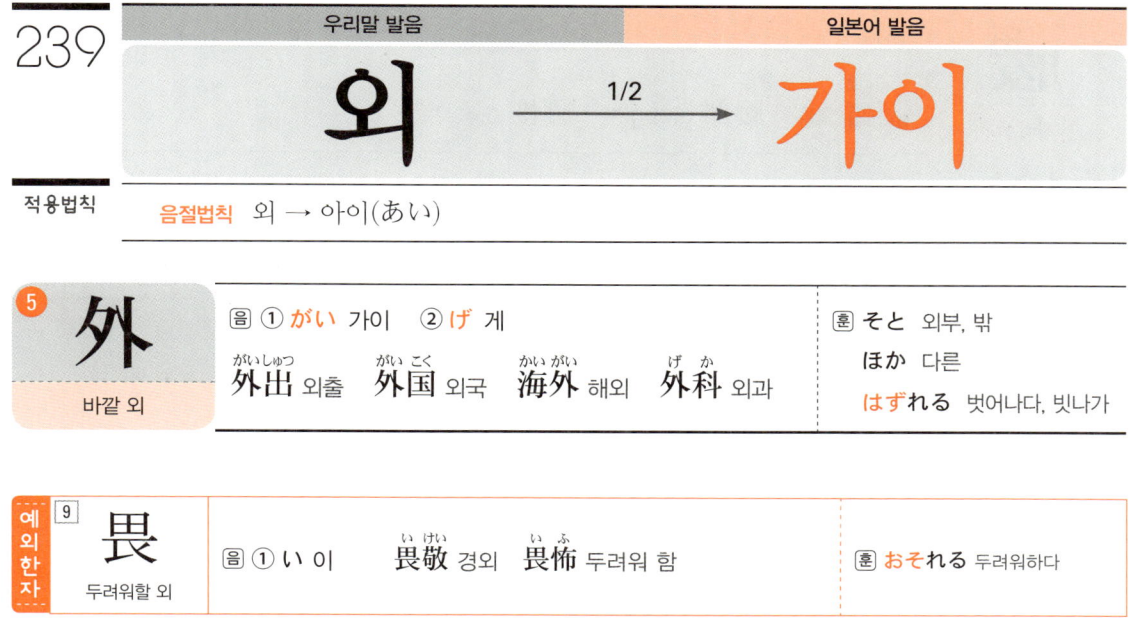

240

우리말 발음		일본어 발음
요	7/8 →	요우

적용법칙 두음법칙 ㅇ → ㅇ(あ행)   음절법칙 요 → 요우(よう)

---

18 曜 빛날 요
- 음 ① **よう** 요우
- 曜日(よう び) 요일   火曜日(か よう び) 화요일

9 要 구할 요
- 음 ① **よう** 요우
- 要件(よう けん) 요건   必要(ひつ よう) 필요   重要(じゅう よう) 중요
- 훈 **かなめ** 요점, 요소
- **いる** 필요하다

7 妖 요사할 요
- 음 ① **よう** 요우
- 妖婦(よう ふ) 요부   妖怪(よう かい) 요괴   妖艶(よう えん) 요염   妖精(よう せい) 요정
- 훈 **あやしい** 수상하다

12 搖 흔들릴 요
- 음 ① **よう** 요우
- 搖籃(よう らん) 요람   動搖(どう よう) 동요
- 훈 **ゆれる** 흔들리다
- **ゆする** 흔들다
- **ゆらす** 흔들다

13 腰 허리 요
- 음 ① **よう** 요우
- 腰痛(よう つう) 요통   腰部(よう ぶ) 허리 부분   腰椎(よう つい) 요추
- 훈 **こし** 허리

15 窯 가마 요
- 음 ① **よう** 요우
- 窯業(よう ぎょう) 요업; 가마를 이용하여 제품을 만드는 산업
- 훈 **かま** 가마

16 謠 노래 요
- 음 ① **よう** 요우
- 童謠(どう よう) 동요   民謠(みん よう) 민요   歌謠(か よう) 가요
- 훈 **うたい** 노래
- **うたう** 노래 부르다

예외한자

5 凹 오목할 요
- 음 ① **おう** 오우
- 凹凸(おう とつ) 요철   凹面鏡(おう めんきょう) 오목 거울   凹レンズ(おう レンズ) 오목 렌즈
- ◆ 凸凹(でこ ぼこ) 울퉁불퉁, 들쭉날쭉

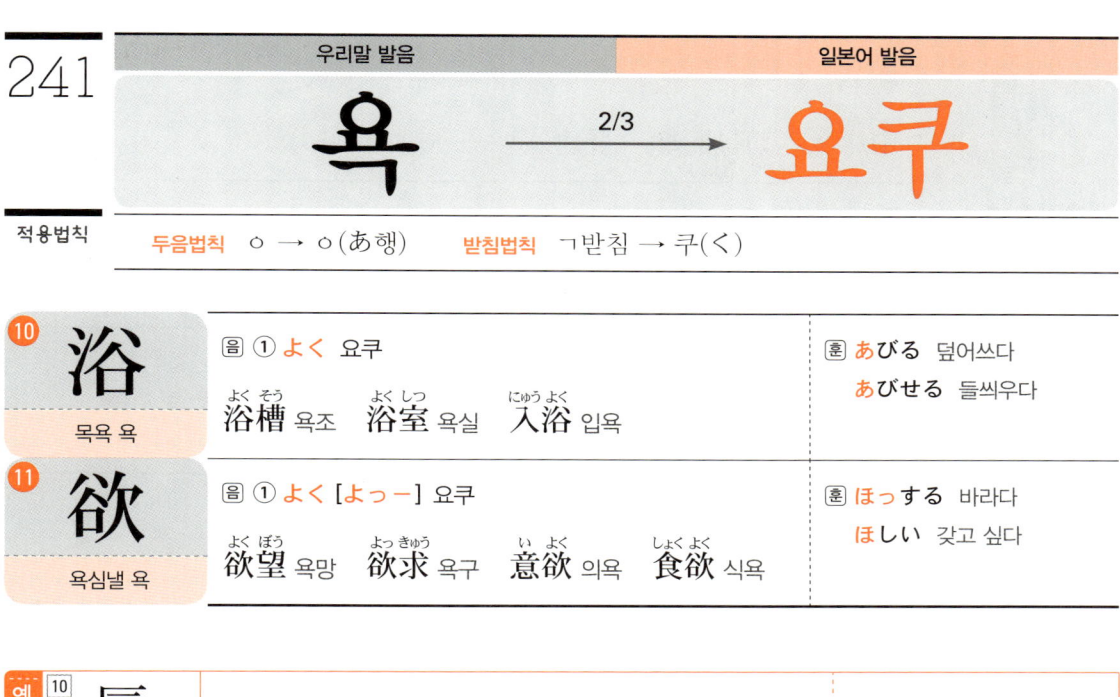

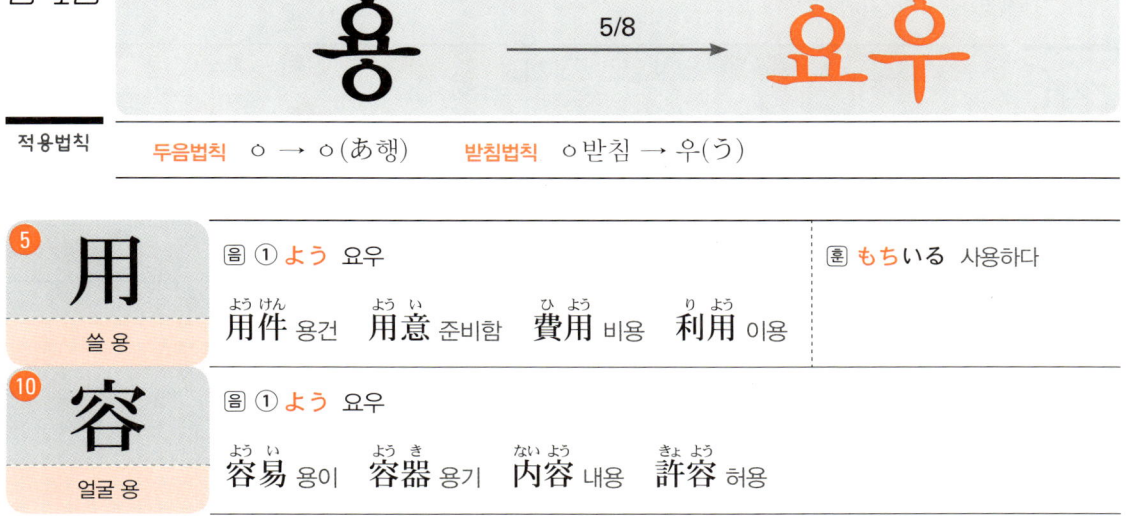

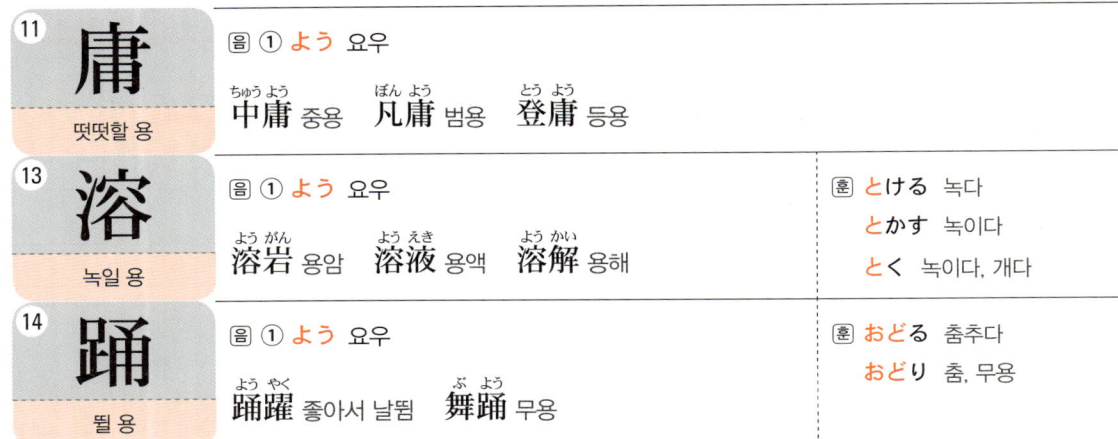

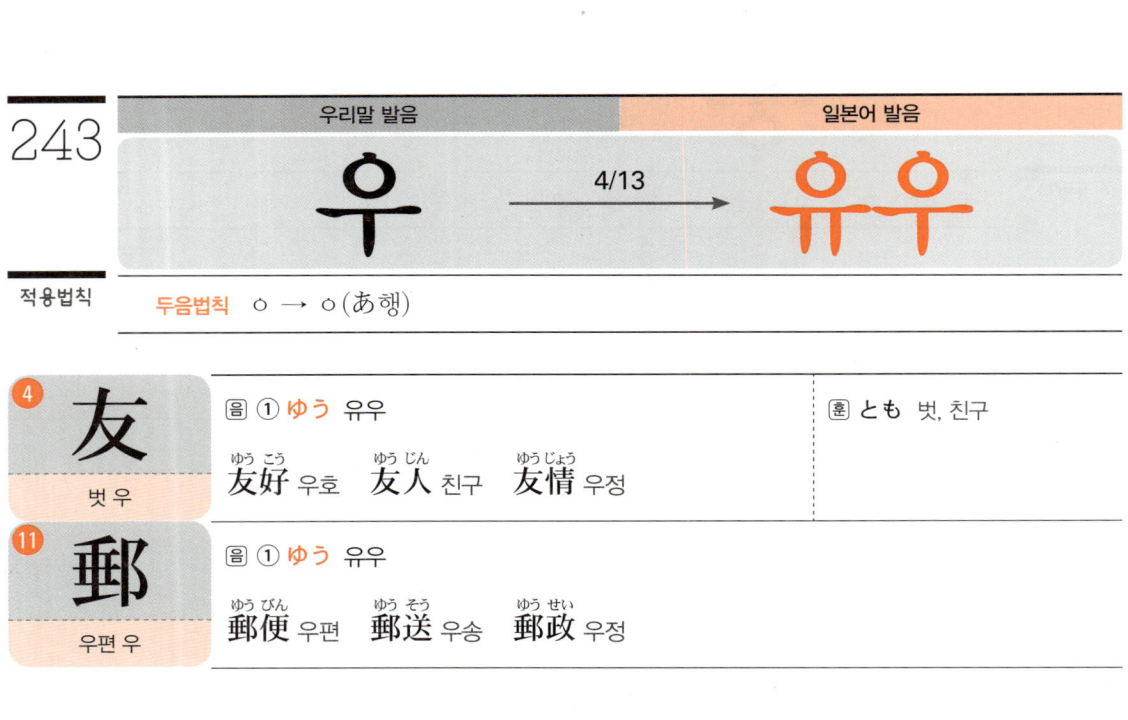

한자	음	예	훈
⑰ 優 넉넉할 우	① ゆう 유우	優雅 우아　優秀 우수　優勝 우승　俳優 배우	やさしい 상냥하다 すぐれる 뛰어나다
⑮ 憂 근심 우	① ゆう 유우	憂愁 우수　憂慮 우려　憂患 우환	うれえる 걱정하다 うれい 근심, 우려

예외한자

한자	음	예	훈
⑤ 右 오른쪽 우	① う 우 ② ゆう 유우	右翼 우익　右派 우파　右折 우회전 左右 좌우	みぎ 오른쪽
⑧ 雨 비 우	① う 우	雨季 우기　雨天 우천　降雨 강우	あめ 비
⑥ 羽 날개 우	① う 우	羽毛 깃털　羽化 우화 羽翼 날개, 도와주는 사람	は 날개, 우모 はね 날개
⑥ 宇 집 우	① う 우	宇宙 우주　宇内 천하　気宇 기개와 도량	
⑪ 偶 짝 우	① ぐう 구우	偶然 우연　偶像 우상　配偶 배우, 짝	
⑫ 隅 모퉁이 우	① ぐう 구우	一隅 일우; 한쪽 구석	すみ 모퉁이
⑫ 遇 만날 우	① ぐう 구우	待遇 대우　遭遇 조우　境遇 경우, 처지	
⑬ 愚 어리석을 우	① ぐ 구	愚昧 우매　愚直 우직　愚問 우문	おろかだ 어리석다
④ 牛 소 우	① ぎゅう 규우	牛乳 우유　牛肉 소고기	うし 소

244

우리말 발음		일본어 발음
운	2/3 →	うん

적용법칙 두음법칙 ㅇ → ㅇ(あ행)　받침법칙 ㄴ받침 → ん(ん)

⑫ 雲 구름 운
- [음] ① うん 운　　雲海 운해　星雲 성운　積雲 적운
- [훈] くも 구름

⑫ 運 운전할 운
- [음] ① うん 운　　運動 운동　運命 운명　運転 운전　幸運 행운
- [훈] はこぶ 나르다, 운반하다

예외한자 ⑲ 韻 운 운
- [음] ① いん 인　　韻律 운율　韻文 운문　音韻 음운　余韻 여운

245

우리말 발음		일본어 발음
울	1/1 →	우쓰

적용법칙 두음법칙 ㅇ → ㅇ(あ행)　받침법칙 ㄹ받침 → 쓰(つ)

㉙ 鬱 막힐 울
- [음] ① うつ [うっー] 우쓰　　鬱蒼 울창　鬱憤 울분　憂鬱 우울

246

우리말 발음		일본어 발음
웅	1/1 →	유우

적용법칙 두음법칙 ㅇ → ㅇ(あ행)　　받침법칙 ㅇ받침 → 우(う)

| 12 雄 수컷 웅 | 음 ① ゆう 유우
雄大 웅대　雄弁 웅변　英雄 영웅 | 훈 お〜 큰, 수컷
おす 수컷 |

247

우리말 발음		일본어 발음
원	7/13 →	엔

적용법칙 두음법칙 ㅇ → ㅇ(あ행)　　음절법칙 워 → 에(え)　　받침법칙 ㄴ받침 → ㄴ(ん)

4 円 둥글 원	음 ① えん 엔 円滑 원활　円満 원만　半円 반원　一円 일 엔	훈 まるい 둥글다
13 園 동산 원	음 ① えん 엔 園芸 원예　庭園 정원　公園 공원　楽園 낙원	훈 その 동산, 정원
13 遠 멀 원	음 ① えん 엔　② おん 온 遠足 소풍　遠近 원근　永遠 영원　久遠 영원	훈 とおい 멀다

	한자	음	예	훈
9	怨 원망할 원	① えん 엔 ② おん 온	怨恨(えんこん) 원한　怨声(えんせい) 원성　怨霊(おんりょう) 원령	
12	媛 미인 원	① えん 엔	淑媛(しゅくえん) 숙녀　才媛(さいえん) 재원; 재주가 뛰어난 젊은 여자	
12	援 도울 원	① えん 엔	援助(えんじょ) 원조　応援(おうえん) 응원　支援(しえん) 지원　声援(せいえん) 성원	
13	猿 원숭이 원	① えん 엔	犬猿(けんえん) 견원　類人猿(るいじんえん) 유인원	さる 원숭이

예외 한자

	한자	음	예	훈
4	元 으뜸 원	① げん 겐　② がん 간	元首(げんしゅ) 원수　元気(げんき) 원기, 건강한 모양　元日(がんじつ) 설날　元利(がんり) 원금과 이자	もと 으뜸, 시작
10	原 근원 원	① げん 겐	原因(げんいん) 원인　原則(げんそく) 원칙　高原(こうげん) 고원	はら 들판
13	源 근원 원	① げん 겐	源泉(げんせん) 원천　根源(こんげん) 근원　資源(しげん) 자원	みなもと 수원, 근원
10	員 관원 원	① いん 인	議員(ぎいん) 의원　委員(いいん) 위원　全員(ぜんいん) 전원　定員(ていいん) 정원　満員(まんいん) 만원	
10	院 집 원	① いん 인	病院(びょういん) 병원　入院(にゅういん) 입원　寺院(じいん) 사원　議院(ぎいん) 의원, 의회	
19	願 원할 원	① がん 간	願書(がんしょ) 원서　念願(ねんがん) 염원　志願(しがん) 지원	ねがう 바라다

248

우리말 발음		일본어 발음
월	1/2 →	에쓰

적용법칙 두음법칙 ㅇ → ㅇ(あ행)   음절법칙 워 → 에(え)   받침법칙 ㄹ받침 → 쓰(つ)

| 12 越 넘을 월 | 음 ① えつ [えっー] 에쓰 越権 월권 超越 초월 優越 우월 | 훈 こす 넘다, 건너다 こえる 넘다 |

| 예외한자 4 月 달 월 | 음 ① げつ [げっー] 게쓰 月末 월말 月給 월급 ② がつ [がっー] 가쓰 正月 정월 三月 3월 | 훈 つき 달 |

249

우리말 발음		일본어 발음
위	12/15 →	이

적용법칙 두음법칙 ㅇ → ㅇ(あ행)   음절법칙 위 → 이(い)

| 8 委 맡길 위 | 음 ① い 이 委員 위원 委託 위탁 委任 위임 委嘱 위촉 | 훈 ゆだねる 맡기다 |

| 7 位 자리 위 | 음 ① い 이 位置 위치 地位 지위 即位 즉위 | 훈 くらい 정도, 쯤 |

| 7 囲 둘레 위 | 음 ① い 이 囲碁 바둑 範囲 범위 包囲 포위 | 훈 かこむ 둘러싸다 かこう 둘러싸다 |

9	胃 밥통 위	음 ① い 이 胃癌 위암　胃炎 위염　胃液 위액　胃酸 위산	
9	為 할 위	음 ① い 이 為政者 위정자　行為 행위　作為 작위　無為 무위	
9	威 위엄 위	음 ① い 이 威厳 위엄　威勢 위세　威圧 위압　権威 권위　示威 시위	
11	尉 벼슬 위	음 ① い 이 尉官 위관　大尉 대위　中尉 중위	
11	萎 마를 위	음 ① い 이 萎縮 위축　萎靡 시들고 쇠해짐	훈 なえる 시들다
12	偉 위대할 위	음 ① い 이 偉大 위대　偉人 위인　偉容 위용	훈 えらい 위대하다
13	違 어길 위	음 ① い 이 違反 위반　違法 위법　違憲 위헌　相違 상이	훈 ちがう 다르다 ちがえる 달리하다
15	慰 위로할 위	음 ① い 이 慰安 위안　慰問 위문　慰労 위로	훈 なぐさめる 위로하다 なぐさむ 위안이 되다
16	緯 씨줄 위	음 ① い 이 緯線 위도선　緯度 위도　経緯 경위	

예외한자	16 衛 호위할 위	음 ① えい 에이　衛星 위성　衛生 위생　防衛 방위　護衛 호위　守衛 수위

예외한자			
6 危 위태할 위	음 ① き 키	危機 위기　危険 위험	훈 あぶない 위험하다 あやうい 위태롭다
11 偽 거짓 위	음 ① ぎ 기	偽造 위조　偽善 위선　真偽 진위	훈 にせ 가짜, 모조 いつわる 속이다

250

적용법칙　두음법칙 ㅇ → ㅇ(あ행)　음절법칙 유 → 유우(ゆう)

6 有 있을 유	음 ① ゆう 유우　② う 우	有益 유익　有名 유명　有無 유무	훈 ある 있다, 존재하다
12 遊 놀 유	음 ① ゆう 유우　② ゆ 유	遊園地 유원지　遊戯 유희　遊山 소풍	훈 あそぶ 놀다
9 幽 그윽할 유	음 ① ゆう 유우	幽霊 유령　幽玄 그윽함　幽閉 유폐	
11 悠 멀 유	음 ① ゆう 유우	悠久 유구　悠々自適 유유자적　悠然 유연; 침착하고 여유가 있음	
12 猶 오히려 유	음 ① ゆう 유우	猶予 유예　執行猶予 집행유예	
12 裕 넉넉할 유	음 ① ゆう 유우	裕福 유복　富裕 부유　余裕 여유	

14 誘 꾈 유	음 ① ゆう 유우　　誘拐(ゆうかい) 유괴　誘惑(ゆうわく) 유혹　勧誘(かんゆう) 권유	훈 さそう 권유하다, 꾀다

예외한자			
5 由 말미암을 유	음 ① ゆ 유　　由来(ゆらい) 유래　経由(けいゆ) 경유 ② ゆう 유우　理由(りゆう) 이유　自由(じゆう) 자유 ③ ゆい 유이　由緒(ゆいしょ) 유서		훈 よし 이유, 사정
8 油 기름 유	음 ① ゆ 유　　油脂(ゆし) 유지　石油(せきゆ) 석유		훈 あぶら 기름
12 愉 즐거울 유	음 ① ゆ 유　　愉快(ゆかい) 유쾌　愉悦(ゆえつ) 유열; 즐거워하고 기뻐함		
12 喩 깨우칠 유	음 ① ゆ 유　　比喩(ひゆ) 비유　隠喩(いんゆ) 은유		
16 諭 타이를 유	음 ① ゆ 유　　諭旨(ゆし) 권고　教諭(きょうゆ) 교유, 교사		훈 さとす 타이르다
18 癒 병나을 유	음 ① ゆ 유　　癒着(ゆちゃく) 유착　治癒(ちゆ) 치유　快癒(かいゆ) 쾌유		훈 いえる 병이 낫다 いやす (상처·병 등을) 고치다
15 遺 끼칠 유	음 ① い 이　　遺産(いさん) 유산　遺族(いぞく) 유족　遺骨(いこつ) 유골　遺失(いしつ) 유실 ② ゆい 유이　遺言(ゆいごん)・遺言(いごん) 유언		
14 維 맬 유	음 ① い 이　　維新(いしん) 유신　維持(いじ) 유지　繊維(せんい) 섬유		
16 儒 선비 유	음 ① じゅ 쥬　　儒教(じゅきょう) 유교　儒学(じゅがく) 유학		
9 柔 부드러울 유	음 ① じゅう 쥬우　柔道(じゅうどう) 유도　柔軟(じゅうなん) 유연함 ② にゅう 뉴우　柔弱(にゅうじゃく) 유약　柔和(にゅうわ) 유화		훈 やわらかい 부드럽다 やわらかだ 부드럽다
8 乳 젖 유	음 ① にゅう 뉴우　乳液(にゅうえき) 유액, 로션　乳児(にゅうじ) 젖먹이, 유아 牛乳(ぎゅうにゅう) 우유　母乳(ぼにゅう) 모유		훈 ち 젖 ちち 젖, 유방

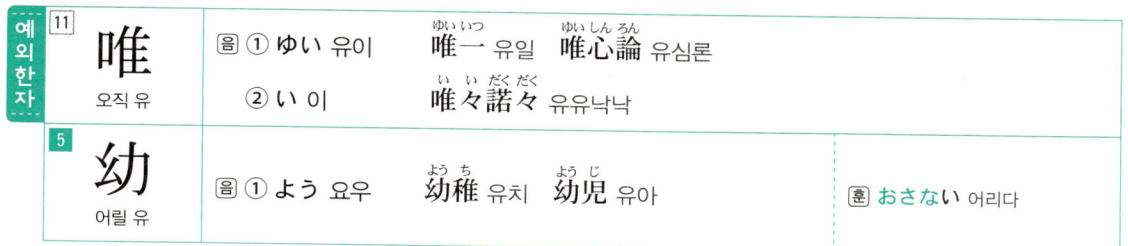

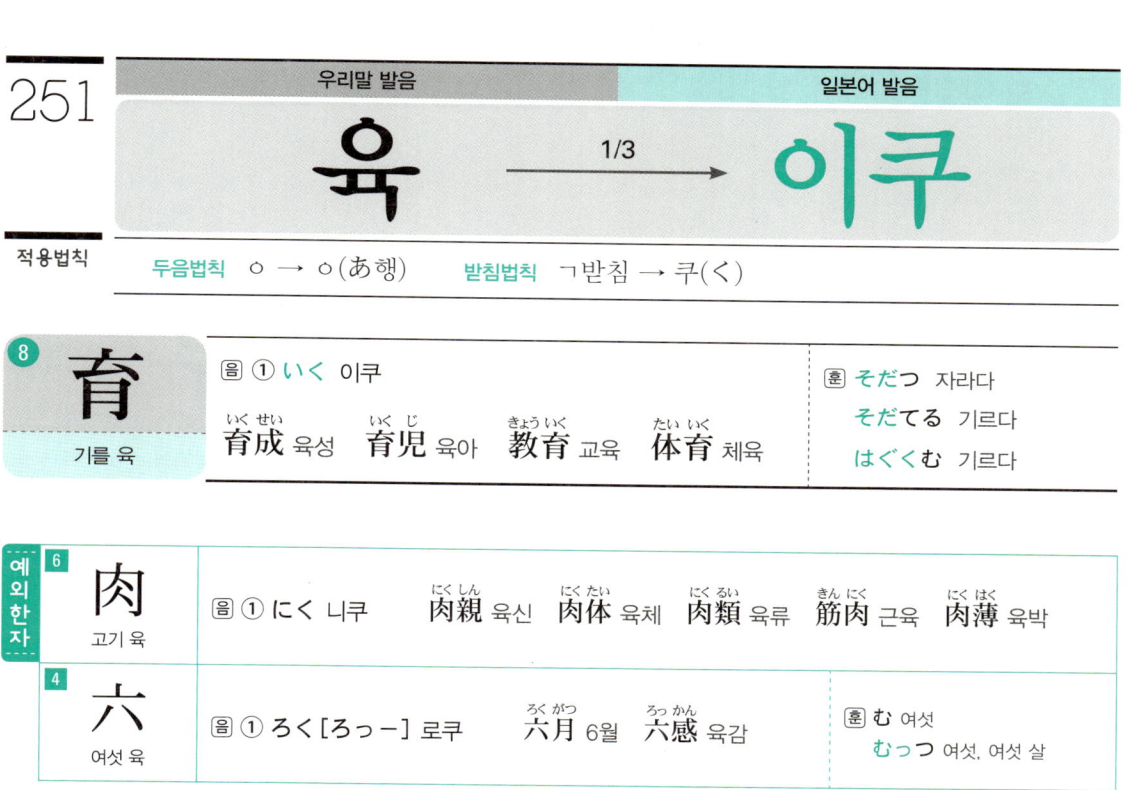

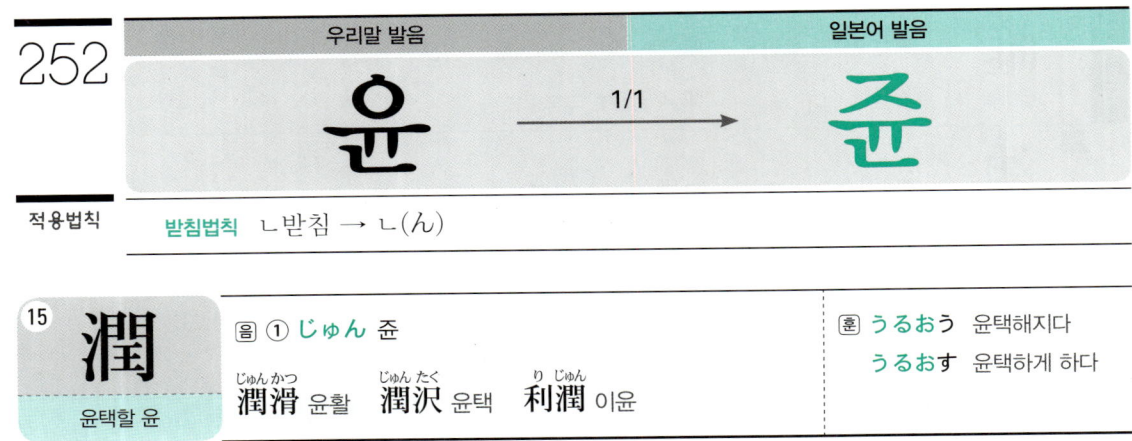

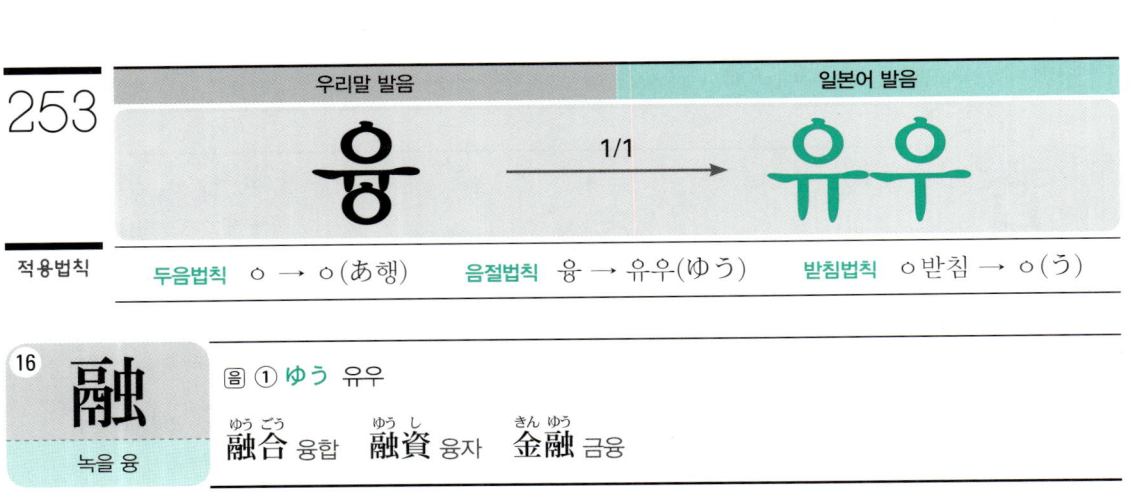

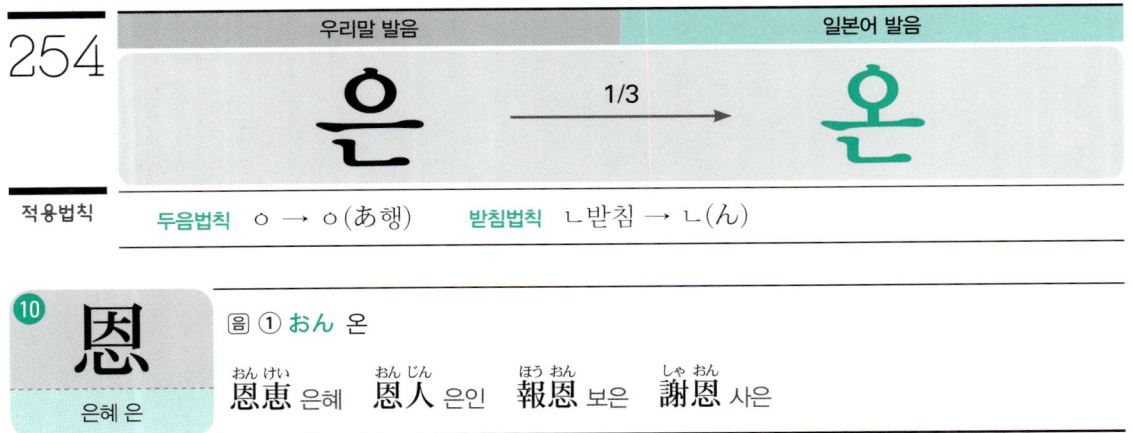

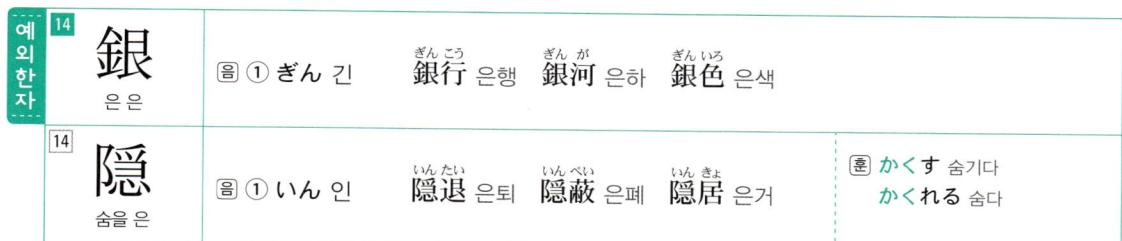

예외한자 14	銀 은 은	음 ① ぎん 긴 　銀行 은행　銀河 은하　銀色 은색	
14	隠 숨을 은	음 ① いん 인　隠退 은퇴　隠蔽 은폐　隠居 은거	훈 かくす 숨기다 かくれる 숨다

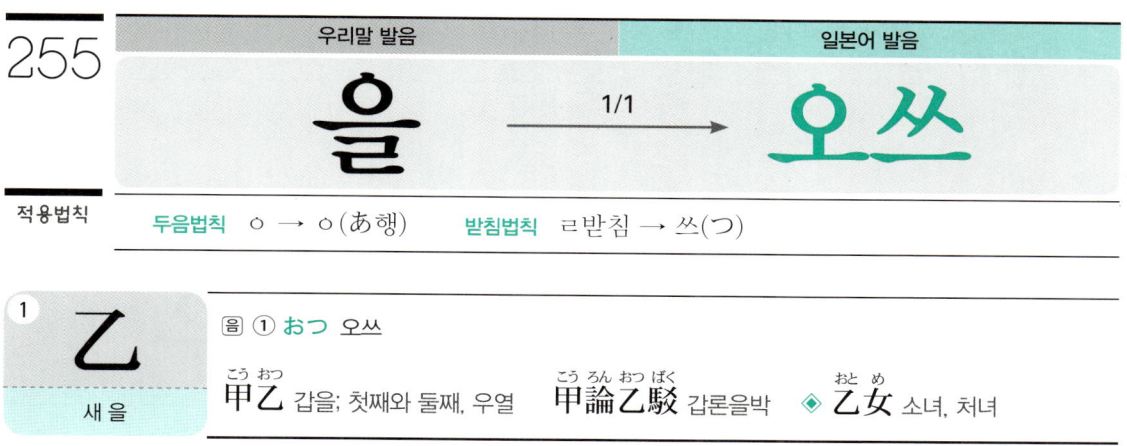

1	乙 새 을	음 ① おつ 오쓰 甲乙 갑을; 첫째와 둘째, 우열　甲論乙駁 갑론을박　◆乙女 소녀, 처녀

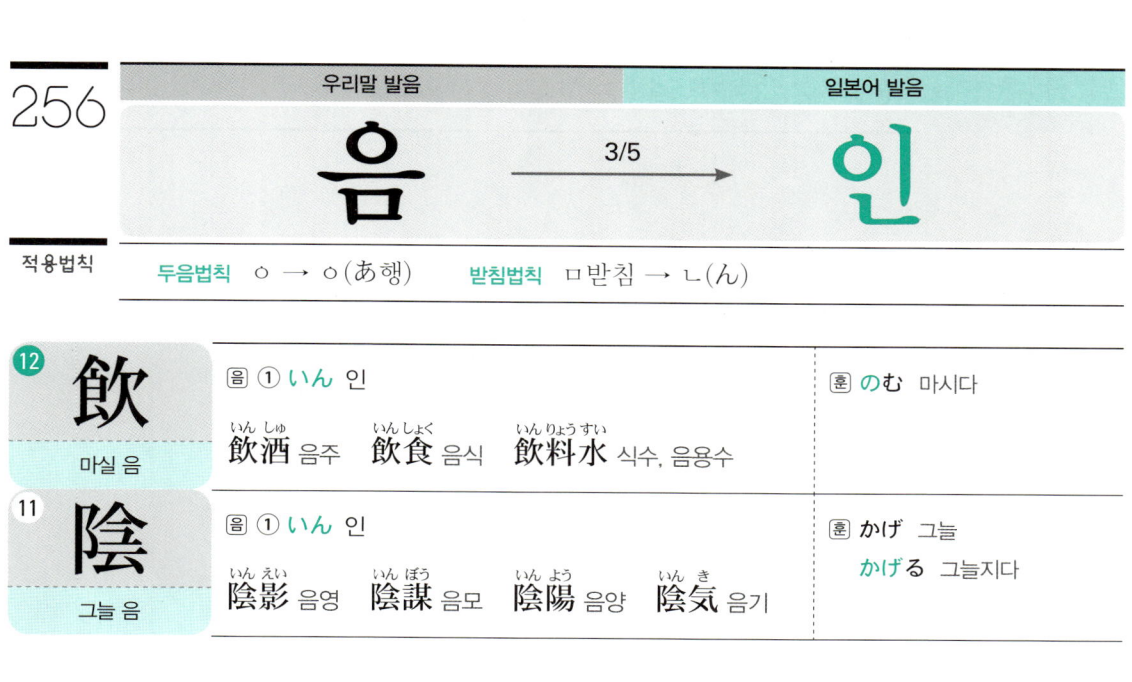

12	飲 마실 음	음 ① いん 인 飲酒 음주　飲食 음식　飲料水 식수, 음용수	훈 のむ 마시다
11	陰 그늘 음	음 ① いん 인 陰影 음영　陰謀 음모　陰陽 음양　陰気 음기	훈 かげ 그늘 かげる 그늘지다

| 11 | 淫
음란할 음 | 음 ① いん 인
淫行 음행　淫書 음서　淫乱 음란 | 훈 みだらだ 음란하다 |

| 예외한자 9 | 音
소리 음 | 음 ① おん 온　音楽 음악　発音 발음
② いん 인　子音 자음　母音 모음 | 훈 おと 소리
ね 소리 |
| 7 | 吟
읊을 음 | 음 ① ぎん 긴　吟味 음미　吟詠 음영; 시가를 읊음 | |

257

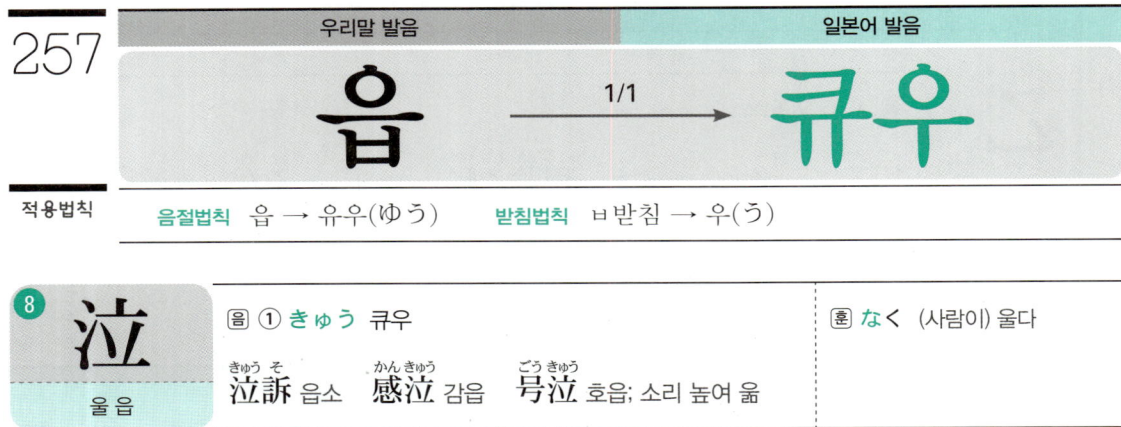

우리말 발음		일본어 발음
읍	1/1 →	큐우

적용법칙　음절법칙 읍 → 유우(ゆう)　받침법칙 ㅂ받침 → 우(う)

| 8 | 泣
울 읍 | 음 ① きゅう 큐우
泣訴 읍소　感泣 감읍　号泣 호읍; 소리 높여 욺 | 훈 なく (사람이) 울다 |

258

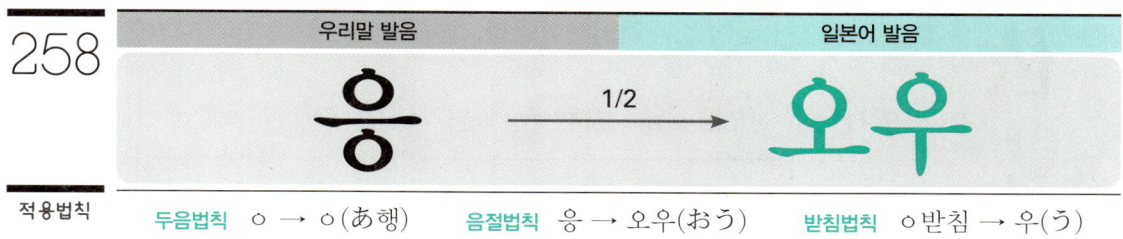

우리말 발음		일본어 발음
응	1/2 →	오우

적용법칙   **두음법칙** ㅇ → ㅇ(あ행)   **음절법칙** 응 → 오우(おう)   **받침법칙** ㅇ받침 → 우(う)

⑦ 応 응할 응	음 ① おう 오우 応援 응원 応急 응급 応対 응대 応答 응답	훈 こたえる 응하다, 대답하다

예외한자 ⑯ 凝 엉길 응	음 ① ぎょう 교우 凝視 응시 凝固 응고	훈 こる 결리다, 열중하다 こらす 집중시키다

259

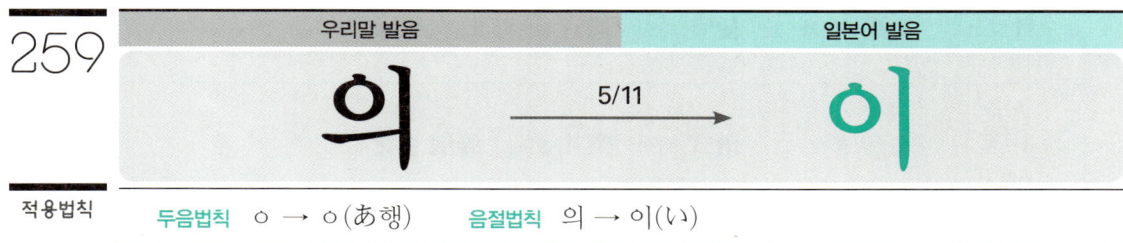

우리말 발음		일본어 발음
의	5/11 →	이

적용법칙   **두음법칙** ㅇ → ㅇ(あ행)   **음절법칙** 의 → 이(い)

⑦ 医 의원 의	음 ① い 이 医院 의원 医学 의학 医科 의과 医療 의료 名医 명의	
⑬ 意 뜻 의	음 ① い 이 意外 의외 意見 의견 意味 의미 同意 동의 決意 결의	
⑥ 衣 옷 의	음 ① い 이 衣食住 의식주 衣装 의상, 복장 衣服 의복	훈 ころも 옷

8 依 의지할 의	음 ① い 이 ② え 에	依存 의존 依頼 의뢰 依然 의연, 여전 帰依 귀의	
12 椅 의나무 의	음 ① い 이	椅子 의자	

예외한자 20 議 의논할 의	음 ① ぎ 기	議論 의논, 논의 議会 의회 会議 회의 異議 이의; 다른 의견	
13 義 옳을 의	음 ① ぎ 기	義務 의무 義理 의리 正義 정의	
14 疑 의심할 의	음 ① ぎ 기	疑問 의문 疑惑 의혹 容疑者 용의자	훈 うたがう 의심하다
8 宜 마땅할 의	음 ① ぎ 기	便宜 편의 適宜 적당 時宜 시의	
15 儀 거동 의	음 ① ぎ 기	儀式 의식 儀礼 의례 辞儀 인사, 절	
17 擬 비길 의	음 ① ぎ 기	擬声語 의성어 擬態語 의태어 模擬 모의	

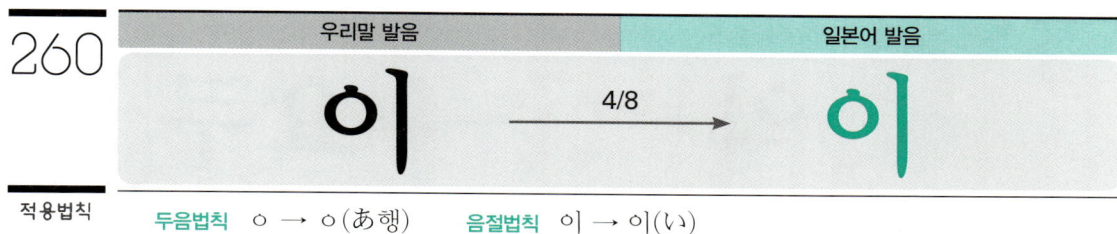

적용법칙 　두음법칙 ㅇ → ㅇ(あ행)　　음절법칙 이 → 이(い)

	한자	음	훈
5	以 써 이	음 ① い 이 以上 이상　以下 이하　以前 이전	
8	易 쉬울 이	음 ① い 이 容易 용이　安易 안이　簡易 간이	훈 やさしい 쉽다
11	移 옮길 이	음 ① い 이 移動 이동　移行 이행　移転 이전　推移 추이	훈 うつる 옮겨지다 　うつす 옮기다
11	異 다를 이	음 ① い 이 異常 이상　異論 이론　差異 차이	훈 ことなる 다르다

예외한자

	한자	음	훈
6	耳 귀 이	음 ① じ 지 耳鼻科 이비과　耳目 이목	훈 みみ 귀
15	餌 먹이 이	음 ① じ 지 食餌 식이; 먹을 것　好餌 좋은 미끼	훈 え・えさ 모이, 미끼, 사료 　餌食 희생물
2	二 두 이	음 ① に 니 二重 이중　二階 2층　二分 이분, 양분	훈 ふた 이, 양, 쌍 　ふたつ 둘, 두 개
6	弐 두 이	음 ① に 니 弐千 2천　弐万円 2만 엔	

261

우리말 발음		일본어 발음
익	2/5 →	요쿠

적용법칙 두음법칙 ㅇ → ㅇ(あ행)   받침법칙 ㄱ받침 → 쿠(く)

⑪ 翌 다음날 익	음 ① よく 요쿠 翌日 다음 날 翌朝 다음 날 아침		
⑰ 翼 날개 익	음 ① よく 요쿠 左翼 좌익 扶翼 부익; 도움	훈 つばさ 날개	
예외한자 ⑩ 益 더할 익	음 ① えき 에키 有益 유익 公益 공익 利益 이익 ② やく 야쿠 利益 (불교) 은혜		
⑬ 溺 빠질 익	음 ① でき 데키 溺死 익사 沈溺 침닉 耽溺 탐닉	훈 おぼれる 물에 빠지다, 익사하다, 열중하다	
⑩ 匿 숨길 익	음 ① とく 토쿠 匿名 익명 隱匿 은닉		

262

우리말 발음		일본어 발음
인	5/10 →	인

적용법칙 두음법칙 ㅇ → ㅇ(あ행)   음절법칙 이 → 이(い)   받침법칙 ㄴ받침 → ㄴ(ん)

④ 引 끌 인	음 ① いん 인 引用 인용 引退 은퇴 引率 인솔 索引 색인	훈 ひく 끌다, 당기다 ひける 기가 죽다

한자	음	훈
⑥ 印 도장 인	① いん 인 印刷 인쇄　印象 인상　封印 봉인	しるし 표시, 증거
⑥ 因 인할 인	① いん 인 因果 인과　敗因 패인　原因 원인　要因 요인	よる 기인하다, 따르다
⑨ 姻 혼인 인	① いん 인 姻戚 인척　姻族 인족, 인척　婚姻 혼인	
⑨ 咽 목구멍 인	① いん 인 咽喉 인후; 목구멍　咽頭 인두	

예외한자

한자	음	훈
② 人 사람 인	① じん 진　人生 인생　人口 인구 ② にん 닌　人形 인형　人気 인기	ひと 사람
④ 仁 어질 인	① じん 진　人德 인덕　仁義 인의　仁術 인술 ② に 니　仁王 인왕	
③ 刃 칼날 인	① じん 진　白刃 백인; 칼집에서 뽑은 칼	は (칼 따위의) 날
⑭ 認 인정할 인	① にん 닌　認定 인정　認可 인가　認識 인식 　　　　承認 승인　否認 부인	みとめる 인정하다
⑦ 忍 참을 인	① にん 닌　忍耐 인내　忍苦 인고　残忍 잔인함	しのぶ 참다, 숨다 しのばせる 감추다

263

우리말 발음		일본어 발음
일	1/4 →	이쓰

적용법칙 두음법칙 ㅇ → ㅇ(あ행)　음절법칙 이 → 이(い)　받침법칙 ㄹ받침 → 쓰(つ)

11 逸 달아날 일

- 음 ① いつ [いっー] 이쓰
  - 逸話 일화　逸脱 일탈　安逸 안일　◆ 逸する 놓치다, 벗어나다

예외한자

1 一 한 일
- 음 ① いち 이치　一度 한 번　万一 만일
- ② いつ [いっー] 이쓰　一般 일반　同一 동일
- 훈 ひと~ ~하나
- ひとつ 하나, 한 개

7 壱 한 일
- 음 ① いち 이치　壱万円 1만 엔

4 日 날 일
- 음 ① にち [にっー] 니치　日常 일상　日記 일기
- ② じつ 지쓰　連日 연일　当日 당일　平日 평일
- 훈 ひ 해, 날
- ~か ~날, ~일

264

우리말 발음		일본어 발음
임	2/3 →	닌

적용법칙 음절법칙 이 → 이(い)　받침법칙 ㅁ받침 → ㄴ(ん)

6 任 맡길 임
- 음 ① にん 닌　任務 임무　任命 임명　責任 책임
- 훈 まかす 맡기다
- まかせる 맡기다

7 妊 아이 밸 임
- 음 ① にん 닌　妊娠 임신　妊婦 임신부　避妊 피임　不妊 불임

 **예외한자 13** 賃 품삯 임
- 음 ① ちん 친   賃金 임금   賃貸 임대   運賃 운임

265

우리말 발음		일본어 발음
입	1/1 →	뉴우

적용법칙 음절법칙 입 → 유우(ゆう)   받침법칙 ㅂ받침 → 우(う)

2 入 들 입
- 음 ① にゅう 뉴우   入院 입원   入学 입학   記入 기입   収入 수입
- 훈 はいる 들어가다   いれる 넣다   いる 들어가다

266

우리말 발음		일본어 발음
잉	1/1 →	죠우

적용법칙 음절법칙 잉 → 요우(よう)   받침법칙 ㅇ받침 → 우(う)

11 剰 남을 잉
- 음 ① じょう 죠우   剰余 잉여   過剰 과잉

267

우리말 발음	일본어 발음
자 9/16 →	し

적용법칙 두음법칙 ス → ㅅ(さ행)

	한자	음	훈
3	子 아들 자	① し [-じ] 시 ② す 스 子孫(しそん) 자손　拍子(ひょうし) 박자　帽子(ぼうし) 모자　椅子(いす) 의자	こ 아이, 자식
8	姉 누이 자	① し 시 姉妹(しまい) 자매　実姉(じっし) 친언니, 친누나	あね (자기) 언니, 누나
13	資 재물 자	① し 시 資金(しきん) 자금　資格(しかく) 자격　資料(しりょう) 자료　物資(ぶっし) 물자	
9	姿 맵시 자	① し 시 姿勢(しせい) 자세　姿態(したい) 자태　風姿(ふうし) 풍채	すがた 모습
8	刺 찌를 자	① し 시 刺激(しげき) 자극　風刺(ふうし) 풍자　名刺(めいし) 명함	さす 찌르다 ささる 찔리다
10	恣 방자할 자	① し 시 恣意的(しいてき) 자의적　恣行(しこう) 방자한 행위	
12	紫 자줏빛 자	① し 시 紫外線(しがいせん) 자외선　紫煙(しえん) 담배 연기	むらさき 자색, 보랏빛
14	雌 암컷 자	① し 시 雌雄(しゆう) 자웅	め〜 암, 암컷 めす 암컷
16	諮 물을 자	① し 시 諮問(しもん) 자문	はかる 상의하다

예외한자				
6	字 글자 자	음 ① じ 지	字引 사전　文字 문자　活字 활자	훈 あざ 행정구역의 하나
6	自 스스로 자	음 ① じ 지 ② し 시	自由 자유　自身 자신 自然 자연	훈 みずから 자기 자신, 스스로
14	磁 자석 자	음 ① じ 지	磁器 자기　磁石 자석　磁力 자력	
12	滋 붙을 자	음 ① じ 지	滋味 좋은 맛　滋養分 자양분	
13	慈 사랑 자	음 ① じ 지	慈善 자선　慈愛 자애	훈 いつくしむ 사랑하다
8	者 놈 자	음 ① しゃ 샤	医者 의사　勝者 승자　作者 작자	훈 もの 사람
12	煮 삶을 자	음 ① しゃ 샤	煮沸 자비; 펄펄 끓임	훈 にる 삶다 にえる 삶아지다 にやす 끓다, 끓이다

268

우리말 발음: 작 — 2/4 → 일본어 발음: 사쿠

적용법칙 두음법칙 ㅈ → さ(さ행)   음절법칙 아 → 아(あ)   받침법칙 ㄱ받침 → 쿠(く)

7 作 지을 작
- 음 ① さく [さっー] 사쿠 ② さ 사
- 훈 つくる 만들다
- 作品(さくひん) 작품 作家(さっか) 작가 作業(さぎょう) 작업 作用(さよう) 작용

9 昨 어제 작
- 음 ① さく [さっー] 사쿠
- 昨年(さくねん) 작년 昨日(さくじつ) 어제 昨今(さっこん) 작금

예외한자 10 酌 따를 작
- 음 ① しゃく [ーじゃく] 샤쿠   情狀酌量(じょうじょうしゃくりょう) 정상 참작
- 훈 くむ 따라서 마시다

17 爵 벼슬 작
- 음 ① しゃく 샤쿠   爵位(しゃくい) 작위   侯爵(こうしゃく) 후작   男爵(だんしゃく) 남작

269

우리말 발음: 잔 — 1/2 → 일본어 발음: 산

적용법칙 두음법칙 ㅈ → さ(さ행)   음절법칙 아 → 아(あ)   받침법칙 ㄴ받침 → ん(ん)

10 栈 잔도 잔
- 음 ① さん 산
- 栈橋(さんばし) 잔교, 선창   栈道(さんどう) 잔도; 벼랑길

| 예외한자 10 | 残 남을 잔 | 음 ① ざん 잔　残念 아쉬움　残業 잔업 | 훈 のこる 남다
のこす 남기다 |

270

	우리말 발음		일본어 발음
	잠	1/3 →	산

적용법칙　두음법칙 ス → ㅅ(さ행)　음절법칙 아 → 아(あ)　받침법칙 ㅁ받침 → ん(ん)

| 10 | 蚕 누에 잠 | 음 ① さん 산
蚕業 잠업　蚕食 잠식　養蚕 양잠 | 훈 かいこ 누에 |

| 예외한자 15 | 暫 잠깐 잠 | 음 ① ざん 잔　暫定 잠정　暫時 잠시 | |
| 15 | 潜 잠길 잠 | 음 ① せん 센　潜水 잠수　潜在的 잠재적 | 훈 もぐる 잠수하다
ひそむ 숨다 |

법칙이 없는 한자	우리말 발음		일본어 발음
	잡	→	자쓰

| 14 | 雑 섞일 잡 | 음 ① ざつ [ざっー] 자쓰　② ぞう 조우
雑音 잡음　雑談 잡담　雑誌 잡지　雑巾 걸레　雑言 욕설 | |

271

우리말 발음		일본어 발음
장	4/19 →	소우

적용법칙 　두음법칙 ス → ス(さ행)　　음절법칙 앙 → 오우(おう)　　받침법칙 ㅇ받침 → 우(う)

⑫ **装** 꾸밀 장	음 ① そう 소우　② しょう 쇼우 装置 장치　装飾 장식　服装 복장　衣装 의상		훈 よそおう 꾸미다
⑥ **壮** 씩씩할 장	음 ① そう 소우 壮大 장대　壮観 장관　壮途 장도		
⑨ **荘** 장중할 장	음 ① そう 소우 荘厳 장엄　別荘 별장　山荘 산장		
⑫ **葬** 장사 장	음 ① そう 소우 葬式 장례식　埋葬 매장　火葬 화장		훈 ほうむる 매장하다

예외한자		
⑪ **章** 글 장	음 ① しょう 쇼우　勲章 훈장　文章 문장　憲章 헌장	
⑩ **将** 장수 장	음 ① しょう 쇼우　将来 장래　将棋 장기　将軍 장군	
⑭ **障** 막힐 장	음 ① しょう 쇼우　障害 장애　障壁 장벽　故障 고장	훈 さわる 방해가 되다
⑥ **匠** 장인 장	음 ① しょう 쇼우　巨匠 거장　名匠 명장　工匠 장인	
⑫ **掌** 손바닥 장	음 ① しょう 쇼우　掌握 장악　車掌 차장　合掌 합장	

예외한자 12 粧 단장할 장	음 ① しょう 쇼우	化粧 (けしょう) 화장	美粧 (びしょう) 미장; 예쁘게 가꿈		
13 奬 권면할 장	음 ① しょう 쇼우	奬学 (しょうがく) 장학	奬励 (しょうれい) 장려	勧奬 (かんしょう) 권장	
8 長 길 장	음 ① ちょう 쵸우	長官 (ちょうかん) 장관	長所 (ちょうしょ) 장점	成長 (せいちょう) 성장	훈 ながい 길다
11 帳 휘장 장	음 ① ちょう 쵸우	帳簿 (ちょうぼ) 장부	通帳 (つうちょう) 통장	手帳 (てちょう) 수첩	
13 腸 창자 장	음 ① ちょう 쵸우	腸炎 (ちょうえん) 장염	胃腸 (いちょう) 위장	大腸 (だいちょう) 대장	
11 張 베풀 장	음 ① ちょう 쵸우	主張 (しゅちょう) 주장	拡張 (かくちょう) 확장		훈 はる 펴다
12 場 마당 장	음 ① じょう 죠우	場外 (じょうがい) 장외	会場 (かいじょう) 회장	入場 (にゅうじょう) 입장	훈 ば 장소
3 丈 어른 장	음 ① じょう 죠우	丈夫 (じょうぶ) 튼튼함	頑丈 (がんじょう) 튼튼함		훈 たけ 키, 길이
15 蔵 감출 장	음 ① ぞう 조우	蔵書 (ぞうしょ) 장서	貯蔵 (ちょぞう) 저장		훈 くら 곳간, 창고
19 臟 오장 장	음 ① ぞう 조우	臟器 (ぞうき) 장기	心臟 (しんぞう) 심장	內臟 (ないぞう) 내장	肝臟 (かんぞう) 간장

예외한자				
7 材 재목 재	음 ① ざい 자이	材料 재료　取材 취재　人材 인재		
6 在 있을 재	음 ① ざい 자이	在留 재류　潜在 잠재　存在 존재		훈 ある 있다
10 財 재물 재	음 ① ざい 자이 ② さい 사이	財政 재정　財産 재산　財力 재력 財布 지갑		

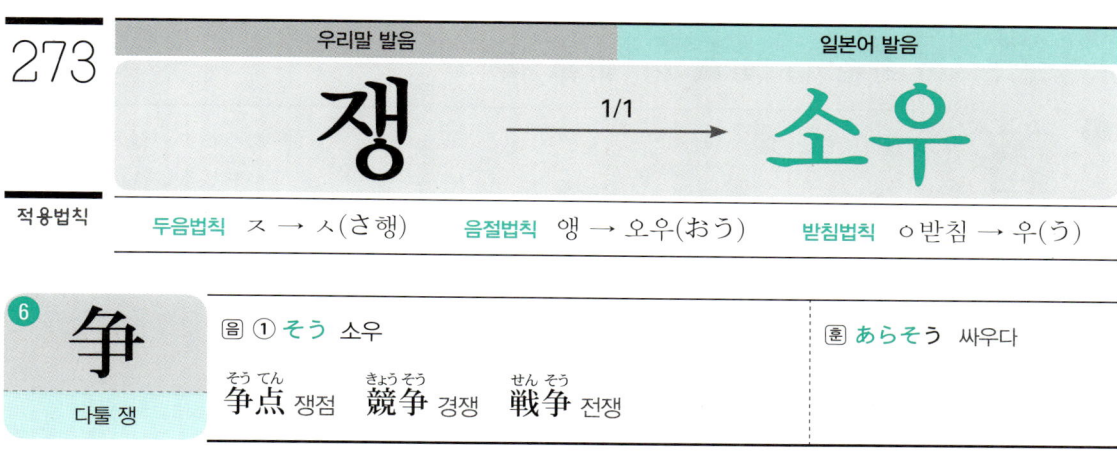

273　우리말 발음 **쟁** → 1/1 → 일본어 발음 **소우**

적용법칙　두음법칙 ス → ㅅ(さ행)　음절법칙 앵 → 오우(おう)　받침법칙 ㅇ받침 → 우(う)

6 争 다툴 쟁	음 ① そう 소우 争点 쟁점　競争 경쟁　戦争 전쟁	훈 あらそう 싸우다

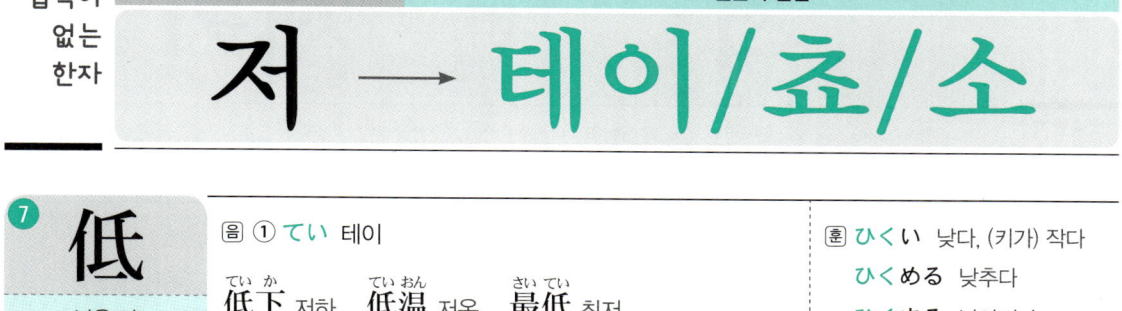

법칙이 없는 한자　우리말 발음 **저** → 일본어 발음 **테이/쵸/소**

7 低 낮을 저	음 ① てい 테이 低下 저하　低温 저온　最低 최저	훈 ひくい 낮다, (키가) 작다 ひくめる 낮추다 ひくまる 낮아지다

8 底 밑 저	음 ① てい 테이 てい し 底止 저지 てっ てい 徹底 철저 かい てい 海底 해저	훈 そこ 바닥
8 邸 집 저	음 ① てい 테이 てい たく 邸宅 저택 かん てい 官邸 관저 し てい 私邸 사저	
8 抵 막을 저	음 ① てい 테이 てい こう 抵抗 저항 てい しょく 抵触 저촉 てい とう 抵当 저당 たい てい 大抵 대개, 대부분	
12 貯 쌓을 저	음 ① ちょ 쵸 ちょ きん 貯金 저금 ちょ ぞう 貯蔵 저장 ちょ ちく 貯蓄 저축	
11 著 나타날 저	음 ① ちょ 쵸 ちょ しゃ 著者 저자 ちょ しょ 著書 저서 ちょ さく 著作 저작	훈 あらわす 저술하다 いちじるしい 현저하다
8 狙 노릴 저	음 ① そ 소 そ げき 狙撃 저격	훈 ねらう 노리다

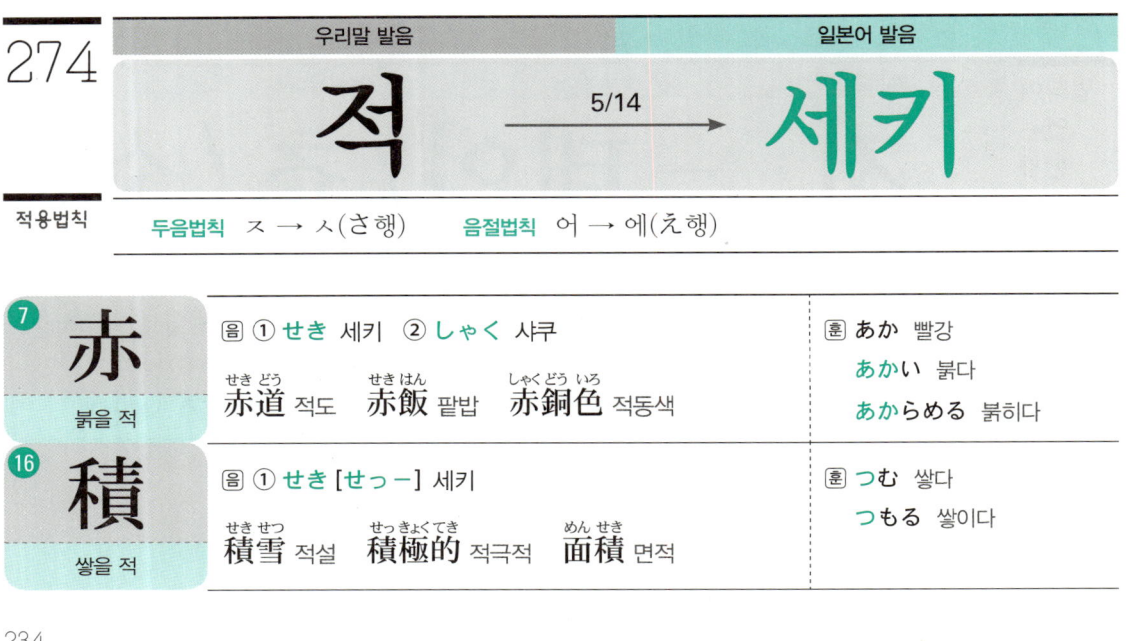

274

우리말 발음		일본어 발음
적	5/14 →	세키

적용법칙 두음법칙 ㅈ → さ(さ행)   음절법칙 ㅓ → 에(え행)

7 赤 붉을 적	음 ① せき 세키 ② しゃく 샤쿠 せき どう 赤道 적도 せき はん 赤飯 팥밥 しゃく どう いろ 赤銅色 적동색	훈 あか 빨강 あかい 붉다 あからめる 붉히다
16 積 쌓을 적	음 ① せき [せっー] 세키 せき せつ 積雪 적설 せっ きょく てき 積極的 적극적 めん せき 面積 면적	훈 つむ 쌓다 つもる 쌓이다

		음	훈
⑰ **績** 〈14〉 길쌈할 적		① せき 세키 せいせき 成績 성적　じっせき 実績 실적　ぎょうせき 業績 업적	
⑬ **跡** 발자취 적		① せき [-ぜき] 세키 きせき 奇跡 기적　しせき 史跡 사적　いせき 遺跡 유적	あと 자국, 흔적
⑳ **籍** 서적 적		① せき 세키 ざいせき 在籍 재적　こせき 戸籍 호적　こくせき 国籍 국적	

예외한자		음	훈
⑪ **笛** 피리 적		① てき 테키 きてき 汽笛 기적　けいてき 警笛 경적	ふえ 피리
⑧ **的** 과녁 적		① てき[てっー] 테키 てきちゅう 的中 적중　もくてき 目的 목적	まと 과녁
⑭ **適** 맞을 적		① てき 테키 てきおう 適応 적응　てきにん 適任 적임　てきとう 適当 적당	
⑮ **敵** 대적할 적		① てき 테키 てきぐん 敵軍 적군　てきし 敵視 적대시	かたき 적
⑭ **摘** 딸 적		① てき 테키 てきしゅつ 摘出 적출　してき 指摘 지적	つむ 뜯다, 따다
⑭ **滴** 물방울 적		① てき 테키 すいてき 水滴 물방울　てんてき 点滴 물방울	しずく 물방울 したたる 방울져 떨어지다
⑪ **寂** 고요할 적		① じゃく 쟈쿠 かんじゃく 閑寂 한적　せいじゃく 静寂 정적 ② せき 세키 せきばく 寂寞 적막	さびしい 쓸쓸하다 さびれる 쇠퇴하다
⑬ **賊** 도둑 적		① ぞく 조쿠 かいぞく 海賊 해적　とうぞく 盗賊 도적	
⑭ **嫡** 정실 적		① ちゃく 챠쿠 ちゃくし 嫡子 적자　ちゃくしゅつ 嫡出 적출; 본처 소생	

275 전 → 센 (7/17)

우리말 발음: 전
일본어 발음: セン

적용법칙: 두음법칙 ス → ㅅ(さ행)　음절법칙 어 → 에(え)　받침법칙 ㄴ받침 → ㄴ(ん)

---

⑬ 戦 싸울 전
- 음 ① せん 센
- 戦果(せんか) 전과　戦争(せんそう) 전쟁　挑戦(ちょうせん) 도전　苦戦(くせん) 고전
- 훈 いくさ 전쟁, 싸움　たたかう 싸우다

⑭ 銭 돈 전
- 음 ① せん 센
- 銭湯(せんとう) 대중목욕탕　金銭(きんせん) 금전
- 훈 ぜに 동전

⑨ 専 오로지 전
- 음 ① せん 센
- 専門(せんもん) 전문　専用(せんよう) 전용　専攻(せんこう) 전공
- 훈 もっぱら 오로지

⑩ 栓 나무못 전
- 음 ① せん 센
- 栓抜(せんぬ)き 병따개　消火栓(しょうかせん) 소화전

⑬ 詮 설명할 전
- 음 ① せん 센
- 所詮(しょせん) 결국, 어차피　詮索(せんさく) 탐색

⑬ 煎 달일 전
- 음 ① せん 센
- 煎餅(せんべい) 전병　煎薬(せんやく) 탕약　煎茶(せんちゃ) 달인 엽차
- 훈 いる 볶다, 달이다

⑭ 箋 편지 전
- 음 ① せん 센
- 箋註(せんちゅう) 주석　処方箋(しょほうせん) 처방전　便箋(びんせん) 편지지, 편선지

예외한자

⑪ 転 구를 전
- 음 ① てん 텐
- 転落(てんらく) 전락　転倒(てんとう) 전도　回転(かいてん) 회전
- 훈 ころがる 구르다　ころげる 구르다, 뒹굴다, 넘어지다　ころぶ 넘어지다

⑧ 典 법 전
- 음 ① てん 텐
- 典型(てんけい) 전형　辞典(じてん) 사전　法典(ほうてん) 법전

예외한자						
10	展 펼 전	음 ① てん 텐	展示 전시	展開 전개	発展 발전	
13	填 메울 전	음 ① てん 텐	填充 충전	補填 보충		
5	田 밭 전	음 ① でん 덴	田園 전원	塩田 염전	油田 유전	훈 た 논
13	電 번개 전	음 ① でん 덴	電気 전기	電話 전화	電力 전력 / 停電 정전	
6	伝 전할 전	음 ① でん 덴	伝言 전언	伝染 전염	宣伝 선전	훈 つたえる 전하다 / つたわる 전해지다
13	殿 대궐 전	음 ① でん 덴 ② てん 텐	殿堂 전당 御殿 궁전, 호화 주택	宮殿 궁전	本殿 본전	훈 との 주군의 높임말 / ～どの ～귀하
9	前 앞 전	음 ① ぜん 젠	前後 전후	前進 전진	以前 이전	훈 まえ 앞, 전
6	全 온전할 전	음 ① ぜん 젠	全部 전부	全力 전력	完全 완전	훈 まったく 완전히 / すべて 전부, 모두

276

우리말 발음		일본어 발음
절	4/5 →	세쓰

적용법칙 두음법칙 ス → ㅅ(さ행)   음절법칙 어 → 에(え)   받침법칙 ㄹ받침 → 쓰(つ)

4	切 끊을 절	음 ① せつ [せっー] 세쓰 ② さい 사이 切実 절실 切開 절개 親切 친절 一切 모두	훈 きる 끊다, 베다 / きれる 끊기다

⑦ 折 꺾을 절	음 ① せつ [せっー] 세쓰 折衷 절충　骨折 골절　屈折 굴절　挫折 좌절	훈 おる 접다 おり 때, 시기 おれる 접히다, 부러지다
⑬ 節 마디 절	음 ① せつ [せっー] 세쓰　② せち 세치 節約 절약　季節 계절　御節 설이나 명절 음식	훈 ふし 마디
⑨ 窃 도둑 절	음 ① せつ [せっー] 세쓰 窃盗 절도　窃取 절취　剽窃 표절	
예외한자 ⑫ 絶 끊을 절	음 ① ぜつ [ぜっー] 제쓰　絶望 절망　絶対 절대	훈 たえる 끊어지다 たやす 없애다, 끊어지게 하다 たつ 끊다

277　점 → 센

적용법칙　두음법칙 ス → ㅅ(さ행)　음절법칙 어 → 에(え)　받침법칙 ㅁ받침 → ㄴ(ん)

⑤ 占 점칠 점	음 ① せん 센 占領 점령　占有 점유　独占 독점	훈 しめる 차지하다 うらなう 점치다
예외한자 ⑧ 店 가게 점	음 ① てん 텐　店員 점원　開店 개점　本店 본점	훈 みせ 가게
⑨ 点 점 점	음 ① てん 텐　点線 점선　点火 점화　採点 채점　頂点 정점	

예외한자			
14	漸 점점 점	음 ① ぜん 젠　漸進的 점진적　漸次 점차	
11	粘 끈끈할 점	음 ① ねん 넨　粘液 점액　粘性 점성　粘土 점토	훈 ねばる 끈질기다

278　접 → 세쓰 (1/1)

적용법칙　두음법칙 ス → ㅅ(さ행)　음절법칙 어 → 에(え)

11	接 댈 접	음 ① せつ [せっー] 세쓰　接近 접근　接待 접대　直接 직접	훈 つぐ 잇다

279　정 → 세이 (7/25)

적용법칙　두음법칙 ス → ㅅ(さ행)　음절법칙 엉 → 에이(えい)

5	正 바를 정	음 ① せい 세이　② しょう 쇼우　正義 정의　公正 공정　正月 정월　正面 정면	훈 まさに 분명히, 확실히　ただす 바로잡다　ただしい 올바르다
16	整 가지런할 정	음 ① せい 세이　整備 정비　整理 정리　調整 조정	훈 ととのう 정돈되다　ととのえる 정리하다

	한자	음	단어	훈
14	静 고요할 정	① せい 세이 ② じょう 죠우	冷静(れいせい) 냉정 安静(あんせい) 안정 静脈(じょうみゃく) 정맥	しずかだ 고요하다 しずまる 조용해지다 しずめる 진정시키다
9	政 정사 정	① せい 세이 ② しょう 쇼우	政治(せいじ) 정치 政府(せいふ) 정부 行政(ぎょうせい) 행정 摂政(せっしょう) 섭정	まつりごと 정사, 정치
14	精 정성 정	① せい 세이 ② しょう 쇼우	精神(せいしん) 정신 精密(せいみつ) 정밀 精米(せいまい) 정미 精進(しょうじん) 정진 無精者(ぶしょうもの) 게으름뱅이	
4	井 우물 정	① せい 세이 ② じょう 죠우	油井(ゆせい) 유정 市井(しせい) 시정 天井(てんじょう) 천장	い 우물 井戸(いど) 우물
8	征 칠 정	① せい 세이	征服(せいふく) 정복 征伐(せいばつ) 정벌 出征(しゅっせい) 출정	

예외한자

	한자	음	단어	훈
8	定 정할 정	① てい 테이 ② じょう 죠우	定期(ていき) 정기 定食(ていしょく) 정식 定規(じょうぎ) 자, 모범 勘定(かんじょう) 계산	さだまる 정해지다 さだめる 정하다
10	庭 뜰 정	① てい 테이	庭園(ていえん) 정원 家庭(かてい) 가정 校庭(こうてい) 교정	にわ 뜰
11	停 머무를 정	① てい 테이	停止(ていし) 정지 停電(ていでん) 정전 調停(ちょうてい) 조정	
12	程 단위 정	① てい 테이	程度(ていど) 정도 過程(かてい) 과정 日程(にってい) 일정	ほど 정도, 쯤
7	呈 드릴 정	① てい 테이	呈示(ていじ) 제시 贈呈(ぞうてい) 증정 謹呈(きんてい) 근정	
7	廷 조정 정	① てい 테이	法廷(ほうてい) 법정 朝廷(ちょうてい) 조정 宮廷(きゅうてい) 궁정	

예외한자						
⑨ 亭 정자 정	음 ① てい 테이	亭主 (ていしゅ) 주인, 남편	料亭 (りょうてい) 요정			
⑨ 訂 바로잡을 정	음 ① てい 테이	訂正 (ていせい) 정정	改訂 (かいてい) 개정	校訂 (こうてい) 교정		
⑨ 貞 곧을 정	음 ① てい 테이	貞節 (ていせつ) 정절	貞操 (ていそう) 정조	童貞 (どうてい) 동정		
⑪ 偵 정탐할 정	음 ① てい 테이	偵察 (ていさつ) 정찰	探偵 (たんてい) 탐정	密偵 (みってい) 밀정		
⑬ 艇 거룻배 정	음 ① てい 테이	艦艇 (かんてい) 함정	漕艇 (そうてい) 조정	競艇 (きょうてい) 경정; 모터 보트 경주		
⑪ 情 뜻 정	음 ① じょう 죠우 ② せい[ぜい-] 세이	情報 (じょうほう) 정보 風情 (ふぜい) 운치, 정취, 모양	情熱 (じょうねつ) 정열	人情 (にんじょう) 인정	훈 なさけ 인정, 동정, 애정	
⑨ 浄 깨끗할 정	음 ① じょう 죠우	浄水 (じょうすい) 정수	浄化 (じょうか) 정화	洗浄 (せんじょう) 세정		
⑯ 錠 덩어리 정	음 ① じょう 죠우	錠剤 (じょうざい) 정제	錠前 (じょうまえ) 자물쇠	手錠 (てじょう) 수갑		
⑦ 町 밭두둑 정	음 ① ちょう 쵸우	町村 (ちょうそん) 도시와 시골	横丁 (よこちょう) 골목		훈 まち 마을	
② 丁 장정 정	음 ① ちょう 쵸우 ② てい 테이	包丁 (ほうちょう) 식칼 丁寧 (ていねい) 공손함	落丁 (らくちょう) 낙장; 책장이 빠짐 丁重 (ていちょう) 정중함			
⑪ 頂 정수리 정	음 ① ちょう 쵸우	頂上 (ちょうじょう) 정상	頂点 (ちょうてん) 정점	絶頂 (ぜっちょう) 절정	훈 いただく 받잡다 いただき 정상, 꼭대기	
⑫ 晶 수정 정	음 ① しょう 쇼우	結晶 (けっしょう) 결정	水晶 (すいしょう) 수정			

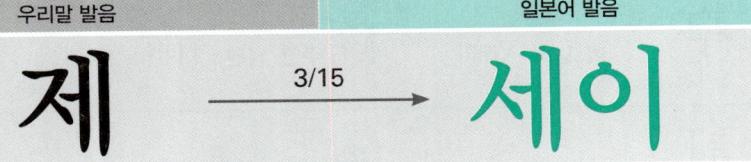

적용법칙 두음법칙 ス → ス(さ행)   음절법칙 에 → 에이(えい)

⑧ 制 억제할 제	음 ① せい 세이	制度 제도　制限 제한　規制 규제　統制 통제
⑭ 製 지을 제	음 ① せい 세이	製作 제작　製造 제조　鉄製 철제　木製 목제
⑧ 斉 같을 제	음 ① せい 세이	斉唱 제창　一斉 일제히

예외한자

⑦ 弟 아우 제	음 ① てい 테이 ② だい 다이 ③ で 데	師弟 사제　門弟 제자, 문하생 兄弟 형제 弟子 제자	훈 おとうと 남동생
⑫ 提 끌 제	음 ① てい 테이	提案 제안　提供 제공　前提 전제	훈 さげる (손에) 들다
⑫ 堤 방죽 제	음 ① てい 테이	堤防 제방　防波堤 방파제	훈 つつみ 둑, 제방
⑨ 帝 임금 제	음 ① てい 테이	帝国 제국　帝王 제왕　皇帝 황제	
⑪ 祭 제사 제	음 ① さい 사이	祭典 제전　祝祭 축제	훈 まつる 제사지내다 まつり 제례, 축제
⑭ 際 가 제	음 ① さい 사이	交際 교제　国際 국제	훈 きわ 가장자리

예외한자 11 済 건널 제	음 ① さい [ーざい] 사이	救済 구제　経済 경제	훈 すむ 끝나다 すます 끝내다
11 第 차례 제	음 ① だい 다이	第一 제일　次第 순서, 사정	
18 題 제목 제	음 ① だい 다이	題目 제목　宿題 숙제　問題 문제	
10 剤 약 지을 제	음 ① ざい 자이	調剤 조제　洗剤 세제　錠剤 정제	
15 諸 모든 제	음 ① しょ 쇼	諸君 제군　諸国 제국; 여러 나라	
10 除 덜 제	음 ① じょ 죠 ② じ 지	除外 제외　除去 제거　解除 해제 掃除 청소	훈 のぞく 제거하다

281

우리말 발음		일본어 발음
조	6/28 →	そ

적용법칙　두음법칙 ㅈ → ㅅ(さ행)　　음절법칙 ㅗ → ㅗ(お)

11 組 짤 조	음 ① そ 소	組織 조직　組成 조성　改組 개조	훈 くむ 짜다 くみ 조
9 祖 할아비 조	음 ① そ [ーぞ] 소	祖国 조국　元祖 원조　始祖 시조　先祖 선조	
8 阻 험할 조	음 ① そ 소	阻害 저해　阻止 저지	훈 はばむ 막다, 저지하다

	한자	음	예시	훈
10	租 세금 조	① そ 소	租税 조세　租借 조차	
11	粗 거칠 조	① そ 소	粗悪 조악　粗末 변변치 못함	あらい 조악하다
11	措 둘 조	① そ 소	措置 조치　措辞 조사　挙措 행동거지	

예외 한자

	한자	음	예시	훈
11	鳥 새 조	① ちょう 쵸우	鳥類 조류　白鳥 백조　野鳥 들새	とり 새
12	朝 아침 조	① ちょう 쵸우	朝刊 조간　朝食 조식　朝礼 조례	あさ 아침
15	調 고를 조	① ちょう 쵸우	調査 조사　好調 호조　強調 강조	しらべる 조사하다　ととのう 정돈되다　ととのえる 갖추다
6	兆 조짐 조	① ちょう 쵸우	兆候 징조　吉兆 길조　前兆 전조	きざす 조짐이 보이다　きざし 조짐, 징조
15	潮 조수 조	① ちょう 쵸우	潮流 조류　干潮 간조　風潮 풍조	しお 조수, 바닷물
4	弔 조상할 조	① ちょう 쵸우	弔問 조문　弔辞 조사　慶弔 경조	とむらう 애도하다
11	彫 새길 조	① ちょう 쵸우	彫刻 조각　木彫 목조	ほる 조각하다, 새기다
11	眺 바라볼 조	① ちょう 쵸우	眺望 조망; 멀리 바라봄	ながめる 바라보다
11	釣 낚을 조	① ちょう 쵸우	釣魚 조어; 낚시질	つる 낚다, 잡다

	한자	음	예	훈
예외한자 15	嘲 비웃을 조	① ちょう 쵸우	嘲弄 조롱　嘲笑 조소	あざける 비웃다
6	早 일찍 조	① そう 소우 ② さっ 삿	早退 조퇴　早期 조기　早朝 조조 早急 조급　早速 곧, 빨리	はやい 이르다 はやまる 빨라지다 はやめる 서두르다, 앞당기다
16	操 잡을 조	① そう 소우	操作 조작　操縱 조종	みさお 정도 あやつる 조종하다
11	曹 무리 조	① そう 소우	法曹 법조	
14	遭 만날 조	① そう 소우	遭難 조난　遭遇 조우	あう 만나다
15	槽 구유 조	① そう 소우	水槽 수조　浴槽 욕조	
17	燥 마를 조	① そう 소우	乾燥 건조　焦燥 초조	
19	藻 마름 조	① そう 소우	藻類 조류　海藻 해조	も 말, 수초
13	照 비칠 조	① しょう 쇼우	照明 조명　照準 조준	てる 비치다 てらす 비추다 てれる 쑥스러워하다
12	詔 고할 조	① しょう 쇼우	詔勅 조칙　詔書 조서	みことのり 칙서
7	助 도울 조	① じょ 죠	助手 조수　助言 조언　救助 구조	たすける 돕다 たすかる 도움이 되다
7	条 조목 조	① じょう 죠우	条件 조건　条約 조약　信条 신조	
10	造 지을 조	① ぞう 조우	造船 조선　構造 구조	つくる 만들다

282

우리말 발음		일본어 발음
족	1/2 →	소쿠

적용법칙 두음법칙 ス → ㅅ(さ행) 음절법칙 오 → 오(お) 받침법칙 ㄱ받침 → 쿠(く)

⑦ 足 발 족
- 음 ① そく [-ぞく] 소쿠
  - 足跡 족적　不足 부족　満足 만족
- 훈 あし 발
  - たす 더하다, 보태다
  - たりる 족하다

예외한자 ⑪ 族 겨레 족
- 음 ① ぞく 조쿠　家族 가족　民族 민족　遺族 유족

283

우리말 발음		일본어 발음
존	2/2 →	손

적용법칙 두음법칙 ス → ㅅ(さ행) 음절법칙 오 → 오(お) 받침법칙 ㄴ받침 → ㄴ(ん)

⑥ 存 있을 존
- 음 ① そん 손　② ぞん 존
  - 存在 존재　存続 존속　既存 기존　保存 보존

⑫ 尊 높을 존
- 음 ① そん [-ぞん] 손
  - 尊敬 존경　尊重 존중　自尊 자존
- 훈 とうとい(たっとい) 고귀하다
  - とうとぶ(たっとぶ) 공경하다

284

우리말 발음		일본어 발음
졸	1/2 →	소쓰

적용법칙 　두음법칙 ㅈ → ㅅ(さ행)　　음절법칙 오 → 오(お)　　받침법칙 ㄹ받침 → 쓰(つ)

卒 〔8〕 군사 졸
- 음 ① そつ [そっー] 소쓰
- 卒業 졸업　卒倒 졸도　兵卒 병졸

예외한자 **拙** 〔8〕 졸할 졸
- 음 ① せつ [せっー] 세쓰
- 拙劣 졸렬　拙作 졸작　拙速 졸속　拙稿 졸고
- 훈 つたない 서투르다, 어리석다

285

우리말 발음		일본어 발음
종	2/8 →	슈우

적용법칙 　두음법칙 ㅈ → ㅅ(さ행)　　받침법칙 ㅇ받침 → 우(う)

終 〔11〕 마칠 종
- 음 ① しゅう [ーじゅう] 슈우
- 終了 종료　終点 종점　最終 최종　始終 시종
- 훈 おわる 끝나다
- おえる 끝마치다

宗 〔8〕 마루 종
- 음 ① しゅう 슈우　② そう 소우
- 宗教 종교　宗派 종파　禅宗 선종　宗家 종가

예외한자 **種** 〔14〕 씨 종
- 음 ① しゅ 슈
- 種類 종류　種子 종자　人種 인종
- 훈 たね 씨

		음			훈	
예외한자 13	腫 부스럼 종	① しゅ 슈	腫瘍 종양　浮腫 부종　腫物 종기		はれる 붓다 はらす 붓게 하다	
10	從 좇을 종	① じゅう 쥬우 ② しょう 쇼우	從事 종사　從来 종래　服從 복종 從容 종용; 차분함		したがう 따르다 したがえる 정복하다, 거느리다	
16	縱 세로 종	① じゅう 쥬우	縱橫 종횡　操縱 조종		たて 세로	
20	鐘 쇠북 종	① しょう 쇼우	鐘楼 종루　警鐘 경종		かね 종	
15	踪 자취 종	① そう 소우	失踪 실종　踪跡 종적			

286

우리말 발음		일본어 발음
좌	2/4 →	사

적용법칙　두음법칙 ス → ㅅ(さ행)　음절법칙 와 → 아(あ)

		음		훈
5	左 왼 좌	① さ 사	左派 좌파　左右 좌우　左遷 좌천	ひだり 왼쪽
7	佐 도울 좌	① さ 사	補佐 보좌　大佐 대좌; 대령	

예외한자 10	座 자리 좌	① ざ 자	座席 좌석　座談 좌담　正座 정좌	すわる 앉다
10	挫 꺾을 좌	① ざ 자	挫折 좌절　挫傷 좌상　捻挫 염좌	

287

우리말 발음		일본어 발음
죄	1/1 →	자이

적용법칙 음절법칙 외 → 아이(あい)

⑬ 罪 허물 죄
- 음 ① ざい 자이
  - 罪人 죄인 罪悪 죄악 謝罪 사죄 犯罪 범죄
- 훈 つみ 죄

288

우리말 발음		일본어 발음
주	4/19 →	슈우

적용법칙 두음법칙 ス → ㅅ(さ행)

⑪ 週 주일 주
- 음 ① しゅう 슈우
  - 週刊 주간 週間 주간 週末 주말 毎週 매주

⑥ 州 고을 주
- 음 ① しゅう 슈우
  - 欧州 구주; 유럽 九州 규슈 (지명)
- 훈 す 모래섬

⑧ 周 두루 주
- 음 ① しゅう 슈우
  - 周知 주지 周囲 주위 円周 원주
- 훈 まわり 주위, 둘레

⑥ 舟 배 주
- 음 ① しゅう 슈우
  - 舟遊 뱃놀이 呉越同舟 오월동주
- 훈 ふね 배
  - ふな~ 배의

예외한자 9	昼 낮 주	음 ① ちゅう 츄우　昼夜 주야　白昼 백주	훈 ひる 낮
8	注 부을 주	음 ① ちゅう 츄우　注意 주의　注文 주문　発注 발주	훈 そそぐ 쏟다, 따르다
9	柱 기둥 주	음 ① ちゅう 츄우　柱石 주석　支柱 지주	훈 はしら 기둥
8	宙 집 주	음 ① ちゅう 츄우　宇宙 우주　宙返り 공중제비	
10	酎 진한 술 주	음 ① ちゅう 츄우　焼酎 소주	
15	鋳 부어 만들 주	음 ① ちゅう 츄우　鋳造 주조　鋳鉄 주철	훈 いる 주조하다
15	駐 머무를 주	음 ① ちゅう 츄우　駐車 주차　駐在 주재　常駐 상주	
5	主 주인 주	음 ① しゅ 슈　主演 주연　主張 주장 ② す 스　坊主 중, 주지	훈 ぬし 소유자, 주인 おもに 주로
10	酒 술 주	음 ① しゅ 슈　酒量 주량　酒宴 주연	훈 さけ 술 さか～ 술～
6	朱 붉을 주	음 ① しゅ 슈　朱肉 인주　朱印 주인　朱子学 주자학	
10	珠 구슬 주	음 ① しゅ[-じゅ] 슈　珠玉 주옥　真珠 진주	
7	走 달아날 주	음 ① そう 소우　走破 주파　走行 주행　競走 경주	훈 はしる 달리다
9	奏 연주할 주	음 ① そう 소우　演奏 연주　伴奏 반주　合奏 합주	훈 かなでる 연주하다

예외한자 8	呪 빌 주	음 ① じゅ 쥬　呪文 주문　呪術 주술　呪縛 주박	훈 のろう 저주하다
7	住 살 주	음 ① じゅう 쥬우　住所 주소　住宅 주택	훈 すむ 살다 すまう 살다

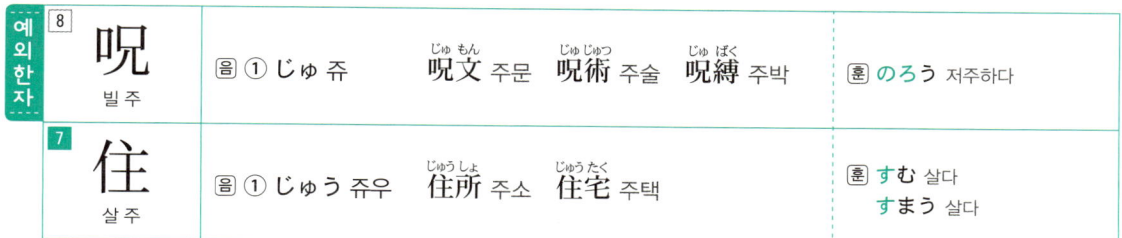

289

적용법칙　받침법칙　ㄱ받침 → 쿠(く)

6	竹 대 죽	음 ① ちく 치쿠 竹林 죽림　爆竹 폭죽　破竹 파죽	훈 たけ 대나무

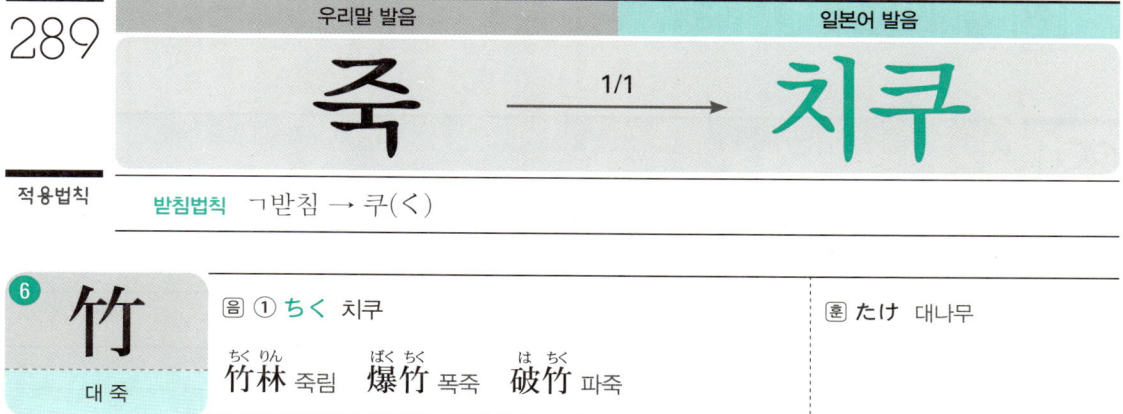

290

적용법칙　두음법칙　ス → ㅅ(さ행)　　받침법칙　ㄴ받침 → ㄴ(ん)

9	俊 준걸 준	음 ① しゅん 슌 俊秀 준수　俊傑 준걸　英俊 뛰어난 사람	

예외한자					
13 準 법도 준	음 ① じゅん 쥰	準備 준비	基準 기준	標準 표준	
10 准 승인할 준	음 ① じゅん 쥰	准将 준장	批准 비준		
15 遵 좇을 준	음 ① じゅん 쥰	遵守 준수	遵法 준법		

291

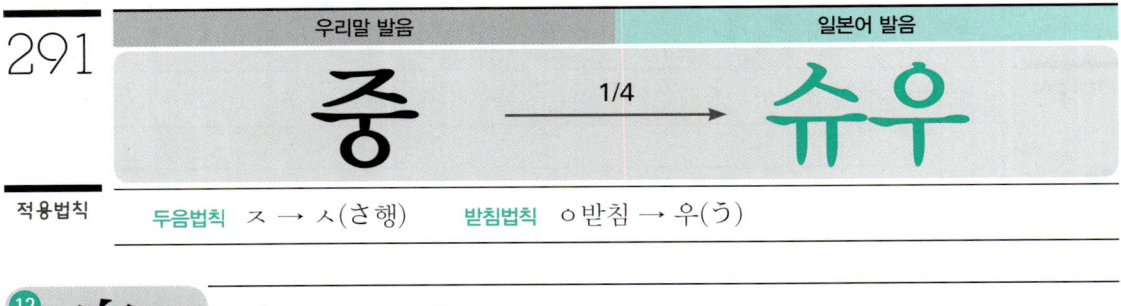

적용법칙　두음법칙　ス → ㅅ(さ행)　받침법칙　ㅇ받침 → 우(う)

12 衆 무리 중	음 ① しゅう 슈우　② しゅ 슈 観衆 관중　公衆 공중　民衆 민중　衆生 중생

예외한자					
4 中 가운데 중	음 ① ちゅう 츄우 ② じゅう 쥬우	中央 중앙 世界中 온 세계	中心 중심 一年中 일년 내내	中毒 중독	훈 なか 가운데
6 仲 버금 중	음 ① ちゅう 츄우	仲裁 중재	仲介 중개		훈 なか (인간 관계의) 사이
9 重 무거울 중	음 ① じゅう 쥬우 ② ちょう 쵸우	重要 중요 貴重 귀중	重視 중시 尊重 존중	重量 중량	훈 おもい 무겁다 かさなる 겹치다 かさねる 겹치다, 반복하다

292

우리말 발음		일본어 발음
즉	1/1 →	소쿠

적용법칙 두음법칙 ㅈ → さ(さ행)   받침법칙 ㄱ받침 → 쿠(く)

7 即 곧 즉
- 음 ① そく 소쿠
- 即位 즉위   即死 즉사   即席 즉석

293

우리말 발음		일본어 발음
즙	1/1 →	쥬우

적용법칙 음절법칙 읍 → 유우(ゆう)   받침법칙 ㅂ받침 → 우(う)

5 汁 진액 즙
- 음 ① じゅう 쥬우
- 果汁 과즙   墨汁 묵즙; 먹물
- 훈 しる 즙, 국

294

우리말 발음		일본어 발음
증	2/7 →	쇼우

적용법칙 두음법칙 ㅈ → さ(さ행)   받침법칙 ㅇ받침 → 우(う)

12 証 증거 증
- 음 ① しょう 쇼우
- 証明 증명   証拠 증거   心証 심증   免許証 면허증

10 症 증세 증	음 ① しょう 쇼우 症状 증상　症候 증후　重症 중증		

예외한자 **14** 増 더할 증	음 ① ぞう 조우 増加 증가　増減 증감　激増 격증		훈 ます 증가하다 ふえる 늘다 ふやす 늘리다, 증가시키다
14 憎 미워할 증	음 ① ぞう 조우 憎悪 증오　愛憎 애증		훈 にくい 밉다 にくむ 미워하다 にくらしい 얄밉다, 밉살스럽다
18 贈 줄 증	음 ① ぞう 조우　贈呈 증정　贈与 증여 　② そう 소우　寄贈・寄贈 기증		훈 おくる 선물하다
13 蒸 찔 증	음 ① じょう 죠우 蒸気 증기　蒸発 증발		훈 むす 찌다 むれる 뜸들다 むらす 뜸들이다
11 曽 일찍 증	음 ① そう 소우 曽祖父 증조부　曽祖母 증조모		

4 止 그칠 지	음 ① し 시 止血 지혈　中止 중지　禁止 금지		훈 とまる 그치다 とめる 멈추다
10 紙 종이 지	음 ① し 시 紙面 지면　表紙 표지　色紙 색지　用紙 용지		훈 かみ 종이

한자	음	훈
⑨ 指 손가락 지	음 ① し 시 指示 지시　指定 지정　指摘 지적　指導 지도	훈 ゆび 손가락 さす 가리키다
④ 支 지탱할 지	음 ① し 시 支持 지지　支店 지점　支出 지출	훈 ささえる 떠받치다, 지탱하다
⑦ 志 뜻 지	음 ① し 시 志願 지원　志望 지망　意志 의지	훈 こころざし 뜻 こころざす 지향하다
⑧ 枝 가지 지	음 ① し [−じ] 시 枝葉末節 하찮은 일　楊枝 이쑤시개	훈 えだ 가지
⑥ 至 이를 지	음 ① し [−じ] 시 至急 지급　至上 최상　至極 지극	훈 いたる 이르다, 도달하다
⑭ 誌 기록할 지	음 ① し 시 誌面 지면　雑誌 잡지　日誌 일지	
⑥ 旨 뜻 지	음 ① し 시 趣旨 취지　要旨 요지　論旨 논지	훈 むね 뜻
⑧ 祉 복 지	음 ① し 시 福祉 복지	
⑧ 肢 사지 지	음 ① し 시 肢体 지체　四肢 사지　下肢 하지　選択肢 선택지	
⑩ 脂 비계 지	음 ① し 시 脂肪 지방　油脂 유지　樹脂 수지	훈 あぶら 기름
⑮ 摯 잡을 지	음 ① し 시 真摯 진지함	

예외한자 ⑥	地 땅 지	음 ① ち 치 ② じ 지	地下 지하　地位 지위　地上 지상 地震 지진　地面 지면	
⑥	池 못 지	음 ① ち 치	電池 전지　貯水池 저수지	훈 いけ 연못
⑧	知 알 지	음 ① ち 치	知識 지식　知恵 지혜　通知 통지	훈 しる 알다
⑫	遲 더딜 지	음 ① ち 치	遲刻 지각　遲延 지연	훈 おくれる 늦다 おくらす 늦추다 おそい 느리다
⑨	持 가질 지	음 ① じ 지	持続 지속　維持 유지　支持 지지	훈 もつ 지니다, 들다

296

우리말 발음		일본어 발음
직	2/3 →	쇼쿠

적용법칙　두음법칙 ス → ㅅ(さ행)　받침법칙 ㄱ받침 → 쿠(く)

⑱	職 직분 직	음 ① しょく 쇼쿠	職員 직원　職業 직업　職務 직무　休職 휴직　就職 취직	
⑱	織 짤 직	음 ① しょく[しょっー] 쇼쿠　② しき 시키	織女 직녀　染織 염직　紡織 방직　組織 조직	훈 おる 짜다
예외한자 ⑧	直 곧을 직	음 ① ちょく[ちょっー] 쵸쿠 ② じき 지키	直接 직접　直行 직행 直筆 친필　正直 정직	훈 なおす 고치다, 바로잡다 なおる 고쳐지다 ただちに 곧, 즉각

297 진 → 신 (6/11)

적용법칙: 두음법칙 ㅈ → さ(さ행) | 음절법칙 이 → 이(い) | 받침법칙 ㄴ받침 → ん(ん)

	한자	음	훈
⑩	**真** 참 진	① しん 신 真理 진리　真剣 진지함　真偽 진의　写真 사진	ま 참, 사실, 진실
⑪	**進** 나아갈 진	① しん [-じん] 신 進化 진화　進行 진행　前進 전진　促進 촉진	すすむ 나아가다 すすめる 진행시키다
⑨	**津** 나루 진	① しん 신 興味津々 흥미진진	つ 나루터, 항구 津波 해일, 쓰나미
⑩	**振** 떨칠 진	① しん 신 振興 진흥　振動 진동　不振 부진	ふる 흔들다 ふるう 휘두르다 ふれる 흔들리다
⑫	**診** 진찰할 진	① しん 신 診察 진찰　診断 진단　誤診 오진	みる 진찰하다
⑮	**震** 진동할 진	① しん 신 震源 진원　震動 진동　地震 지진　強震 강진	ふるう 떨리다 ふるえる 떨리다

예외한자

	한자	음	훈
⑨	**珍** 보배 진	① ちん 친 珍品 진품　珍重 진중; 귀중함	めずらしい 드물다
⑪	**陳** 늘어놓을 진	① ちん 친 陳述 진술　陳列 진열　陳腐 진부	
⑱	**鎮** 진압할 진	① ちん 친 鎮圧 진압　鎮静 진정　鎮痛 진통	しずめる 진정시키다 しずまる 진정되다

예외한자	6 尽 다할 진	음 ① じん 진　尽力 진력　無尽蔵 무진장	훈 つくす 소진하다 つきる 없어지다 つかす 다하다
	10 陣 진칠 진	음 ① じん 진　陣営 진영　陣地 진지　敵陣 적진	

298　질 →(4/7)→ シツ

적용법칙　두음법칙 ス → シ(さ행)　　음절법칙 이 → 이(い)　　받침법칙 ㄹ받침 → ツ(つ)

15 質 바탕 질	음 ① しつ [しっ-] 시쓰　② しち [-じち] 시치 質問 질문　品質 품질　本質 본질　質屋 전당포	
5 叱 꾸짖을 질	음 ① しつ [しっ-] 시쓰 叱責 질책　叱咤 질타	훈 しかる 꾸짖다
10 疾 병 질	음 ① しつ [しっ-] 시쓰 疾患 질환　疾走 질주　悪疾 악질, 고질	
13 嫉 미워할 질	음 ① しつ [しっ-] 시쓰 嫉視 질시; 시기하여 봄　嫉妬 질투	

예외한자	10 秩 차례 질	음 ① ちつ 치쓰　秩序 질서
	11 窒 막을 질	음 ① ちつ [ちっ-] 치쓰　窒息 질식　窒素 질소

| 예외한자 [8] | 迭 바꿀 질 | 음 ① てつ 테쓰　　更迭(こうてつ) 경질 |

299

우리말 발음		일본어 발음
짐	1/1 →	친

적용법칙　음절법칙 이 → 이(い)　　받침법칙 ㅁ받침 → ん(ん)

| [10] | 朕 황제 자칭할 짐 | 음 ① ちん 친　　朕(ちん) 짐; 제왕 |

300

우리말 발음		일본어 발음
집	1/2 →	슈우

적용법칙　두음법칙 ス → ㅅ(さ행)　　음절법칙 입 → 유우(ゆう)　　받침법칙 ㅂ받침 → 우(う)

| [12] 集 모일 집 | 음 ① しゅう 슈우　　集中(しゅうちゅう) 집중　集団(しゅうだん) 집단　収集(しゅうしゅう) 수집 | 훈 あつまる 모이다　あつめる 모으다　つどう 모이다, 화합하다 |

| 예외한자 [11] 執 잡을 집 | 음 ① しつ[しっー] 시쓰　執行(しっこう) 집행　執筆(しっぴつ) 집필
② しゅう 슈우　執着(しゅうちゃく) 집착　執念(しゅうねん) 집념 | 훈 とる 잡다 |

301

우리말 발음		일본어 발음
징	3/3 →	쵸우

적용법칙 음절법칙 잉 → 요우(よう) 　　받침법칙 ㅇ받침 → 우(う)

14 徵 부를 징
- 음 ① ちょう 쵸우
- 徵候 징후 徵収 징수 特徵 특징 象徵 상징

15 澄 맑을 징
- 음 ① ちょう 쵸우
- 明澄 명징; 맑고 밝음 清澄 청징; 맑고 깨끗함
- 훈 すむ 맑다, 밝다
- すます 맑게 하다

18 懲 징계할 징
- 음 ① ちょう 쵸우
- 懲役 징역 懲戒 징계 懲罰 징벌
- 훈 こりる 질리다, 데다
- こらす 벌주다
- こらしめる 벌주다, 혼내다

302

우리말 발음		일본어 발음
차	1/6 →	사

적용법칙 두음법칙 ㅊ → ㅅ(さ행) 　　음절법칙 아 → 아(あ)

10 差 어긋날 차
- 음 ① さ 사
- 差異 차이 差別 차별 誤差 오차
- 훈 さす (조수 등이) 차다, 차오르다

예외한자

7 車 수레 차
- 음 ① しゃ 샤
- 車庫 차고 車種 차종 電車 전철
- 훈 くるま 자동차

14 遮 가릴 차
- 음 ① しゃ 샤
- 遮断 차단 遮光幕 차광막
- 훈 さえぎる 가리다

예외한자 6	次 버금 차	음 ① じ 지 ② し 시	次回(じかい) 다음번 目次(もくじ) 목차 次第(しだい) 순서, 경과	훈 つぐ 이어지다 つぎ 다음
10	借 빌릴 차	음 ① しゃく[しゃっー] 샤쿠	借用(しゃくよう) 차용 借金(しゃっきん) 빚	훈 かりる 빌리다, 꾸다
9	茶 차 차	음 ① ちゃ 챠 ② さ 사	お茶(ちゃ) 차, 다도 茶器(ちゃき) 다기 茶色(ちゃいろ) 갈색 茶道(さどう) 다도 喫茶店(きっさてん) 찻집	

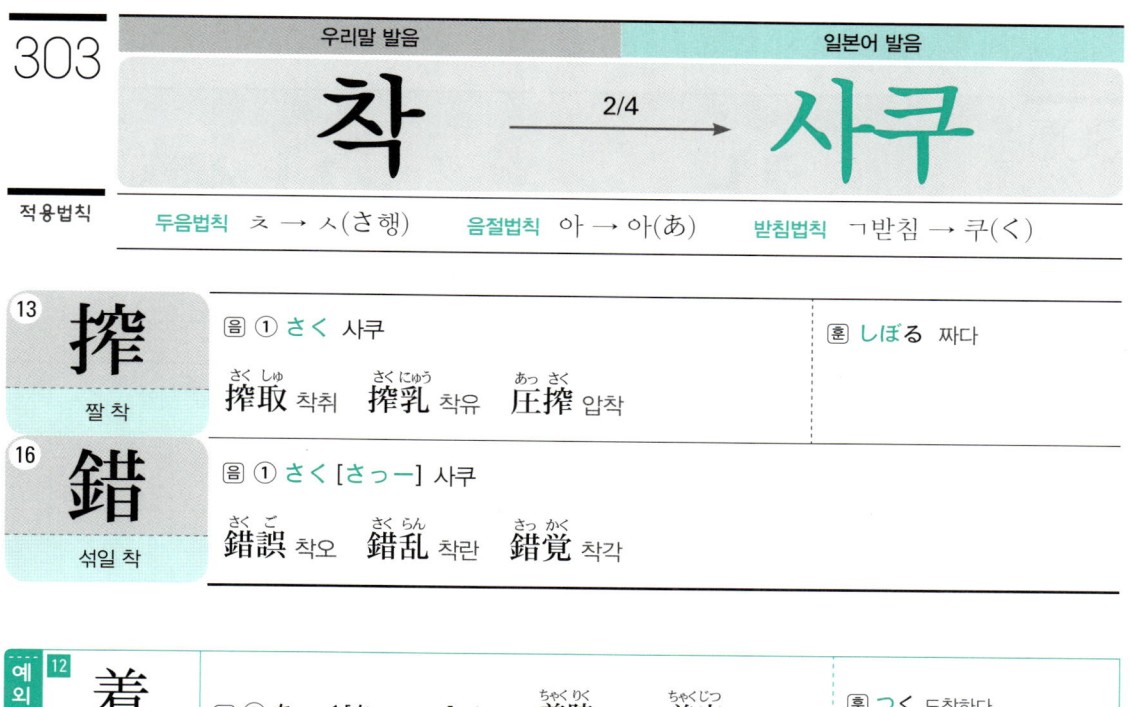

303 착 → 사쿠 (2/4)

적용법칙
- 두음법칙 ㅊ → ㅅ(さ행)
- 음절법칙 아 → 아(あ)
- 받침법칙 ㄱ받침 → 쿠(く)

13	搾 짤 착	음 ① さく 사쿠	搾取(さくしゅ) 착취 搾乳(さくにゅう) 착유 圧搾(あっさく) 압착	훈 しぼる 짜다
16	錯 섞일 착	음 ① さく[さっー] 사쿠	錯誤(さくご) 착오 錯乱(さくらん) 착란 錯覚(さっかく) 착각	

예외한자 12	着 붙을 착	음 ① ちゃく[ちゃっー] 챠쿠	着陸(ちゃくりく) 착륙 着実(ちゃくじつ) 착실	훈 つく 도착하다 きる (옷을) 입다
10	捉 잡을 착	음 ① そく 소쿠	捕捉(ほそく) 포착	훈 とらえる 잡다, 붙들다

304

우리말 발음		일본어 발음
찬	1/1 →	산

적용법칙 두음법칙 ㅊ → さ(さ행)   음절법칙 아 → 아(あ)   받침법칙 ㄴ받침 → ㄴ(ん)

15 贊 찬성할 찬
- 음 ① さん 산
- 賛成 さんせい 찬성   賛美 さんび 찬미   賞賛 しょうさん 칭찬

305

우리말 발음		일본어 발음
찰	5/5 →	사쓰

적용법칙 두음법칙 ㅊ → さ(さ행)   음절법칙 아 → 아(あ)   받침법칙 ㄹ받침 → 쓰(つ)

5 札 편지 찰
- 음 ① さつ 사쓰
- 改札 かいさつ 개찰   入札 にゅうさつ 입찰   表札 ひょうさつ 표찰, 문패
- 훈 ふだ 표, 팻말

14 察 살필 찰
- 음 ① さつ 사쓰
- 観察 かんさつ 관찰   警察 けいさつ 경찰   視察 しさつ 시찰   診察 しんさつ 진찰

8 刹 절 찰
- 음 ① さつ 사쓰   ② せつ 세쓰
- 名刹 めいさつ 명찰   古刹 こさつ 고찰   刹那 せつな 찰나

9 挨 맞닥뜨릴 찰
- 음 ① さつ 사쓰
- 挨拶 あいさつ 인사

17 擦 문지를 찰
- 음 ① さつ [さっー] 사쓰
- 擦過傷 さっかしょう 찰과상   摩擦 まさつ 마찰
- 훈 する 문지르다   すれる 스쳐서 닿다

306

우리말 발음		일본어 발음
참	2/3 →	산

적용법칙 두음법칙 ㅊ → ㅅ(さ행)   음절법칙 아 → 아(あ)   받침법칙 ㅁ받침 → ん(ん)

⑧ 参 (참여할 참)
- 음 ① さん 산
  - 参加 さんか 참가
  - 参考 さんこう 참고
  - 持参 じさん 지참
- 훈 まいる '오다, 가다'의 겸양어

⑪ 惨 (참혹할 참)
- 음 ① さん 산   ② ざん 잔
  - 惨劇 さんげき 참극
  - 惨事 さんじ 참사
  - 惨殺 ざんさつ 참살
- 훈 みじめだ 참혹하다, 비참하다

예외한자 ⑪ 斬 (벨 참)
- 음 ① ざん 잔
  - 斬殺 ざんさつ 참살
  - 斬首 ざんしゅ 참수
  - 斬新 ざんしん 참신
- 훈 きる 베다

307

우리말 발음		일본어 발음
창	3/5 →	소우

적용법칙 두음법칙 ㅊ → ㅅ(さ행)   음절법칙 앙 → 오우(おう)   받침법칙 ㅇ받침 → (う)

⑩ 倉 (곳집 창)
- 음 ① そう 소우
  - 倉庫 そうこ 창고
  - 穀倉 こくそう 곡창
- 훈 くら 창고

⑪ 窓 (창 창)
- 음 ① そう 소우
  - 窓外 そうがい 창 밖
  - 車窓 しゃそう 차창
  - 同窓 どうそう 동창
- 훈 まど 창

12 創 비롯할 창	음 ① そう 소우 創意 창의　創立 창립　創造 창조　独創 독창	훈 つくる 만들다

| 예외한자 | 11 唱
노래 창 | 음 ① しょう 쇼우
愛唱 애창　合唱 합창 | 훈 となえる 외다, 제창하다 |
| | 14 彰
밝을 창 | 음 ① しょう 쇼우
表彰 표창　顕彰 표창, 현창 | |

308　채 → 5/5 → 사이

우리말 발음 / 일본어 발음

적용법칙　두음법칙 ㅊ → ㅅ(さ행)　음절법칙 애 → 아이(あい)

11 菜 나물 채	음 ① さい 사이 菜食 채식　白菜 배추　野菜 채소	훈 な 채소
11 採 캘 채	음 ① さい 사이 採点 채점　採用 채용　採択 채택	훈 とる 채집하다, 채용하다
8 采 풍채 채	음 ① さい 사이 喝采 갈채　風采 풍채　文采 무늬, 색채	
11 彩 채색 채	음 ① さい 사이 彩色 채색　多彩 다채　色彩 색채	훈 いろどる 물들이다, 꾸미다
13 債 빚 채	음 ① さい 사이 債務 채무　債権 채권　負債 부채	

309

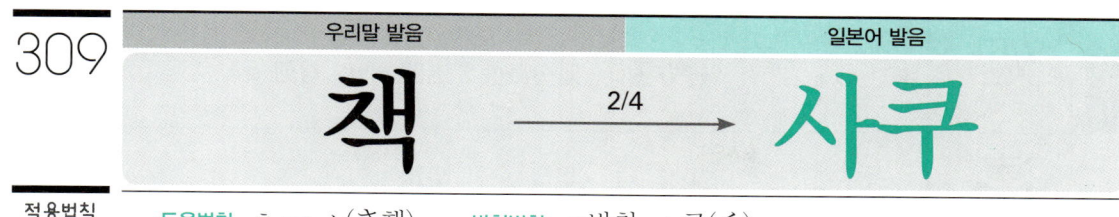

우리말 발음		일본어 발음
책	2/4	사쿠

적용법칙 　두음법칙 ㅊ → ㅅ(さ행)　　받침법칙 ㄱ받침 → 쿠(く)

⑫ 策 꾀 책
- 음 ① さく 사쿠
  - 策略 책략　政策 정책　対策 대책

⑨ 柵 울타리 책
- 음 ① さく 사쿠
  - 城柵 성책; 성의 울타리　鉄柵 철책

예외한자

⑤ 冊 책 책
- 음 ① さつ[さっー] 사쓰　冊子 책자　別冊 별책
- ② さく[ーざく] 사쿠　冊立 책봉

⑪ 責 꾸짖을 책
- 음 ① せき 세키　責任 책임　責務 책무　職責 직책
- 훈 せめる 꾸짖다

310

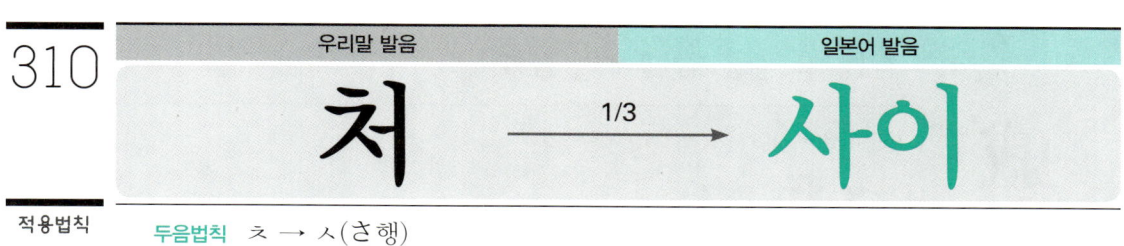

우리말 발음		일본어 발음
처	1/3	사이

적용법칙 　두음법칙 ㅊ → ㅅ(さ행)

⑧ 妻 아내 처
- 음 ① さい 사이
  - 妻子 처자　夫妻 부부　愛妻 애처
- 훈 つま 아내

예외한자	5 処 곳 처	음 ① しょ 쇼　処方 처방　処分 처분　処罰 처벌　対処 대처
	10 凄 쓸쓸할 처	음 ① せい 세이　清涼 처량　凄然 처연　凄惨 처참

311

우리말 발음	일본어 발음
척 4/7 →	세키

적용법칙　두음법칙 ㅊ → ㅅ(さ행)　음절법칙 어 → 에(え)

5 斥 물리칠 척	음 ① せき [せっ—] 세키 排斥 배척　斥候 척후, 정찰
10 隻 외짝 척	음 ① せき 세키 隻語 척어; 한 마디 말　一隻 (배) 한 척
10 脊 등마루 척	음 ① せき 세키 脊柱 척추; 등뼈　脊髄 척수　脊椎 척추
11 戚 겨레 척	음 ① せき 세키 親戚 친척　姻戚 인척

예외한자	4 尺 자 척	음 ① しゃく[—じゃく] 샤쿠　尺度 척도　縮尺 축척　巻き尺 줄자
	8 拓 열 척	음 ① たく 타쿠　拓本 탁본　干拓 간척　開拓 개척

| 예외한자 10 | 捗 칠 척 | 음 ① ちょく 쵸쿠　進捗 진척 |

312 천 → 센 (7/8)

적용법칙　두음법칙 ㅊ → ㅅ(さ행)　음절법칙 어 → 에(え)　받침법칙 ㄴ받침 → ん

3 千 일천 천	음 ① せん 센 千秋 천추, 천년　千差万別 천차만별	훈 ち 천, 수가 많음
3 川 내 천	음 ① せん 센 河川 하천　山川 산천	훈 かわ 강, 내
9 浅 얕을 천	음 ① せん 센 浅薄 천박　浅見 천견; 얕은 소견	훈 あさい 얕다
9 泉 샘 천	음 ① せん 센 温泉 온천　源泉 원천　間欠泉 간헐천	훈 いずみ 샘
13 践 밟을 천	음 ① せん 센 実践 실천	
15 遷 옮길 천	음 ① せん 센 遷都 천도　左遷 좌천　変遷 변천	
16 薦 천거할 천	음 ① せん 센 推薦 추천　自薦 자천; 스스로 추천함	훈 すすめる 추천하다

| 예외한자 [4] | 天 하늘 천 | 음 ① てん 텐　　天下 천하　天然 천연　雨天 우천 | 훈 あめ 하늘　◆ 天の川 은하수 |

313

우리말 발음		일본어 발음
철	4/5 →	テツ

적용법칙　음절법칙 어 → 에(え)　받침법칙 ㄹ받침 → 쓰(つ)

[13] 鉄 쇠 철	음 ① てつ [てっー] 테쓰 鉄道 철도　鉄骨 철골　地下鉄 지하철
[10] 哲 밝을 철	음 ① てつ 테쓰 哲人 철학자　哲学 철학　先哲 선현
[15] 徹 뚫을 철	음 ① てつ [てっー] 테쓰 徹夜 철야　徹底 철저　冷徹 냉철
[15] 撤 거둘 철	음 ① てつ [てっー] 테쓰 撤廃 철폐　撤去 철거　撤回 철회

| 예외한자 [5] | 凸 볼록할 철 | 음 ① とつ [とっー] 토쓰　凸レンズ 볼록 렌즈　凸版 볼록판　凹凸 요철 |

314

우리말 발음 **첨** 1/1 → 일본어 발음 **텐**

적용법칙 음절법칙 어 → 에(え)   받침법칙 ㅁ받침 → ㄴ(ん)

11 添 더할 첨

- 음 ① てん 텐
  - 添加 てんか 첨가
  - 添削 てんさく 첨삭
  - 添付 てんぷ 첨부
- 훈 そう 부합하다
  - そえる 덧붙이다

315

우리말 발음 **첩** 1/2 → 일본어 발음 **죠우**

적용법칙 받침법칙 ㅂ받침 → 우(う)

12 畳 거듭 첩

- 음 ① じょう 죠우
  - 畳語 じょうご 첩어; 같은 단어를 겹친 복합어
  - 重畳 ちょうじょう 중첩
- 훈 たたむ 접다
  - たたみ 다다미

예외한자 12 貼 붙을 첩

- 음 ① ちょう 쵸우
  - 貼付・貼付 ちょうふ・てんぷ 첨부
  - 貼用 ちょうよう 첩용
- 훈 はる 붙이다

316 청 → 세이 (4/6)

적용법칙: 두음법칙 ㅊ → さ(さ행)　　음절법칙 영 → 에이(えい)

⑧ **青** 푸를 청	음 ① せい 세이　② しょう [ーじょう] 쇼우 青春 청춘　青年 청년　群青色 군청색	훈 あお 청, 파랑, 푸른 색 あおい 파랗다, 푸르다
⑫ **晴** 갤 청	음 ① せい 세이 晴雨 청우; 날이 갬과 비가 옴　晴天 청천　快晴 쾌청	훈 はれる (하늘이) 개다 はらす (기분 등을) 풀다
⑪ **清** 맑을 청	음 ① せい 세이　② しょう 쇼우 清純 청순　清潔 청결　血清 혈청　清浄 청정	훈 きよい 맑다 きよまる 맑아지다 きよめる 깨끗이 하다
⑮ **請** 청할 청	음 ① せい 세이　② しん 신 請求 청구　申請 신청　要請 요청　普請 공사	훈 こう 청하다 うける 맡다

예외한자		
⑤ **庁** 관청 청	음 ① ちょう 쵸우　庁舎 청사　官庁 관청	
⑰ **聴** 들을 청	음 ① ちょう 쵸우　聴覚 청각　聴衆 청중　聴取 청취	훈 きく 듣다

317

우리말 발음		일본어 발음
체	3/7 →	テイ

적용법칙 음절법칙 에 → 에이(えい)

---

10 逓 (전할 체)

- 음 ① てい 테이
  - 逓信(ていしん) 체신, 逓減(ていげん) 체감

15 締 (맺을 체)

- 음 ① てい 테이
  - 締結(ていけつ) 체결, 締約(ていやく) 체약
- 훈 しまる 굳다, 죄이다
  - しめる 매다, 죄다

16 諦 (살필 체)

- 음 ① てい 테이
  - 諦念(ていねん) 체념, 諦観(ていかん) 체념함, 단념함, 要諦(ようてい) 요체, 요점
- 훈 あきらめる 포기하다

예외한자

7 体 (몸 체)

- 음 ① たい 타이
  - 体育(たいいく) 체육, 体験(たいけん) 체험, 体格(たいかく) 체격
  - ② てい 테이
  - 体裁(ていさい) 외관
- 훈 からだ 몸

11 逮 (잡을 체)

- 음 ① たい 타이
  - 逮捕(たいほ) 체포

12 替 (바꿀 체)

- 음 ① たい 타이
  - 交替(こうたい) 교체, 代替(だいたい) 대체
- 훈 かわる 바뀌다
  - かえる 바꾸다

13 滞 (막힐 체)

- 음 ① たい 타이
  - 滞在(たいざい) 체재, 渋滞(じゅうたい) 정체, 지체
- 훈 とどこおる 밀리다, 정체되다

318

우리말 발음		일본어 발음
초	1/12 →	**소**

적용법칙   두음법칙 ㅊ → ㅅ(さ행)   음절법칙 오 → 오(お)

⑱ **礎** 주춧돌 초	음 ① そ 소 礎石(そせき) 초석 基礎(きそ) 기초	훈 いしずえ 초석

예외한자			
⑧ **招** 부를 초	음 ① しょう 쇼우	招待(しょうたい) 초대 招請(しょうせい) 초청 招致(しょうち) 유치	훈 まねく 초대하다
⑦ **肖** 같을 초	음 ① しょう 쇼우	肖像(しょうぞう) 초상 不肖(ふしょう) 불초, 불초 자식	
⑦ **抄** 베낄 초	음 ① しょう 쇼우	抄本(しょうほん) (호적 등의) 초본 抄録(しょうろく) 초록	
⑫ **焦** 그을릴 초	음 ① しょう 쇼우	焦点(しょうてん) 초점 焦燥(しょうそう) 초조	훈 あせる 조급하게 굴다 こげる 눋다, 타다 こがれる 그을다, 타다
⑫ **硝** 초석 초	음 ① しょう 쇼우	硝煙(しょうえん) 초연; 화약 연기 硝酸(しょうさん) 질산 硝石(しょうせき) 초석	
⑰ **礁** 암초 초	음 ① しょう 쇼우	暗礁(あんしょう) 암초 さんご礁(しょう) 산호초 座礁(ざしょう) 좌초	
⑫ **酢** 초산 초	음 ① さく 사쿠	酢酸(さくさん) 초산	훈 す 식초
⑦ **初** 처음 초	음 ① しょ 쇼	初級(しょきゅう) 초급 初期(しょき) 초기 最初(さいしょ) 최초	훈 はつ 처음, 최초 はじめ 처음, 시작, 시초 はじめて 처음으로
⑨ **草** 풀 초	음 ① そう 소우	草案(そうあん) 초안 雑草(ざっそう) 잡초 薬草(やくそう) 약초	훈 くさ 풀

예외한자	[9] 秒 초 초	음 ① びょう 뵤우　秒針 초침　秒速 초속　寸秒 촌각	
	[12] 超 뛰어넘을 초	음 ① ちょう 쵸우　超越 초월　超過 초과	훈 こえる 초과하다 こす 초과하다

319

우리말 발음		일본어 발음
촉	→ 1/3 →	소쿠

적용법칙　두음법칙 ㅊ → ㅅ(さ행)　음절법칙 오 → 오(お)　받침법칙 ㄱ받침 → 쿠(く)

[9] 促 재촉할 촉	음 ① そく 소쿠 促進 촉진　促音 촉음　催促 재촉　督促 독촉	훈 うながす 재촉하다

예외한자	[13] 触 닿을 촉	음 ① しょく[しょっー] 쇼쿠　触感 촉감　接触 접촉	훈 ふれる 손을 대다 さわる 만지다
	[15] 嘱 부탁할 촉	음 ① しょく 쇼쿠　嘱望 촉망　嘱託 촉탁　委嘱 위촉	

320

우리말 발음		일본어 발음
촌	1/2 →	손

적용법칙 두음법칙 ㅊ → サ(さ행)   음절법칙 오 → 오(お)   받침법칙 ㄴ받침 → ン(ん)

7 村 마을 촌
- 음 ① そん 손
  - 村民 촌민   村落 촌락   農村 농촌
- 훈 むら 마을

예외한자 3 寸 마디 촌
- 음 ① すん 슨
  - 寸時 촌각   寸前 직전, 바로 앞   一寸先 한 치 앞

321

우리말 발음		일본어 발음
총	1/2 →	소우

적용법칙 두음법칙 ㅊ → サ(さ행)   음절법칙 오 → 오(お)   받침법칙 ㅇ받침 → 우(う)

14 総 거느릴 총
- 음 ① そう 소우
  - 総会 총회   総合 종합   総論 총론   総括 총괄

예외한자 14 銃 총 총
- 음 ① じゅう 쥬우
  - 銃撃 총격   銃声 총성   猟銃 엽총

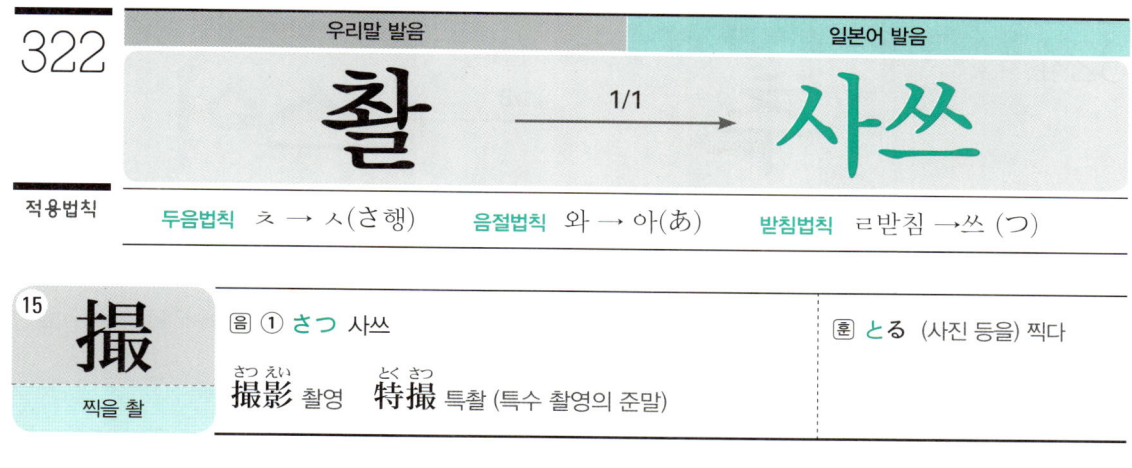

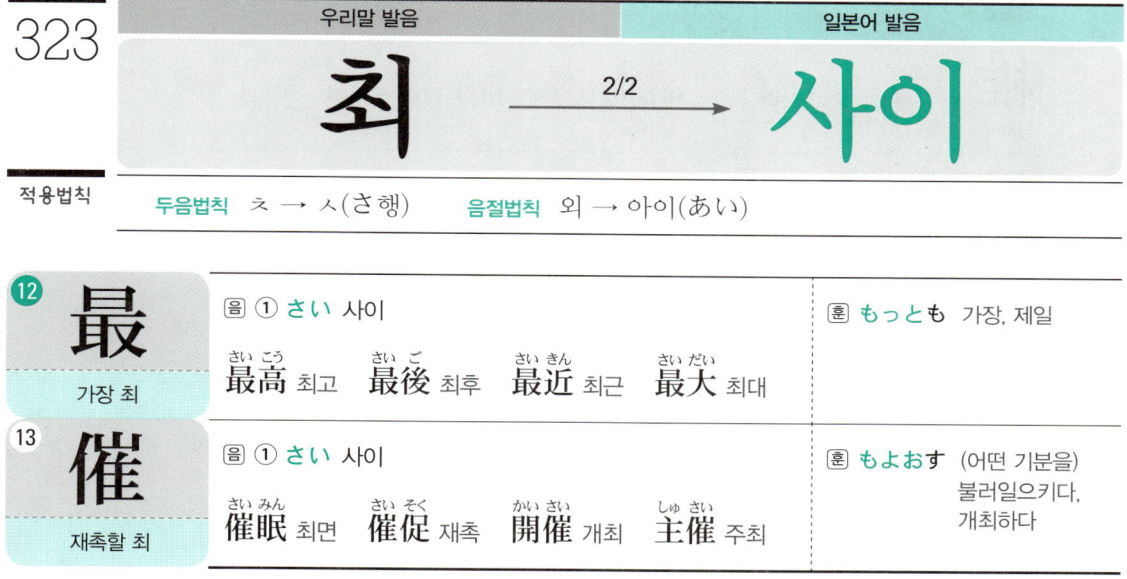

324

우리말 발음		일본어 발음
추	1/8 →	스이

적용법칙 두음법칙 ㅊ → ㅅ(さ행)

	한자	음	예시	훈
⑪	推 밀 추	① すい 스이	推進 추진, 推薦 추천, 推測 추측, 推理 추리	おす 추천하다, 추진시키다

예외한자				
⑨	追 따를 추	① つい 쓰이	追加 추가, 追放 추방, 追跡 추적	おう 뒤따르다, 좇다
⑫	椎 등뼈 추	① つい 쓰이	椎間板 추간판, 頚椎 경추; 목등뼈	
⑮	墜 떨어질 추	① つい 쓰이	墜落 추락, 撃墜 격추, 失墜 실추	
⑨	秋 가을 추	① しゅう 슈우	秋分 추분, 晩秋 만추	あき 가을
⑰	醜 더러울 추	① しゅう 슈우	醜聞 추문, 醜態 추태, 美醜 미추	みにくい 추하다
⑧	枢 지도리 추	① すう 스우	枢要 중요, 주요, 中枢 중추	
⑧	抽 뽑을 추	① ちゅう 츄우	抽象 추상, 抽出 추출	

325

우리말 발음		일본어 발음
축	2/8 →	슈쿠

적용법칙 두음법칙 ㅊ → ㅅ(さ행)   받침법칙 ㄱ받침 →쿠(く)

		음	훈
⑨	祝 빌 축	① しゅく 슈쿠　② しゅう 슈우 しゅくじつ　　しゅくてん　　しゅくふく　　しゅうげん 祝日 경축일　祝典 축전　祝福 축복　祝言 혼례	いわう 축하하다
⑰	縮 오그라들 축	① しゅく 슈쿠 しゅくしょう　　たんしゅく　　ぐんしゅく 縮小 축소　短縮 단축　軍縮 군축	ちぢむ 줄다, 주름지다 ちぢめる 줄이다 ちぢまる 줄어들다

예외한자			음	훈
16	築 쌓을 축		① ちく 치쿠　築造 축조　建築 건축　改築 개축	きずく 쌓다, 구축하다
10	畜 가축 축		① ちく 치쿠　畜産 축산　牧畜 목축　家畜 가축	
10	逐 쫓을 축		① ちく 치쿠　駆逐 구축　放逐 추방　角逐 각축	
13	蓄 쌓을 축		① ちく 치쿠　蓄積 축적　貯蓄 저축	たくわえる 비축하다, 쌓다
12	軸 굴대 축		① じく 지쿠　車軸 차축　主軸 주축　地軸 지축	
19	蹴 찰 축		① しゅう 슈우　一蹴 일축　蹴球 축구	ける 걷어차다

326

우리말 발음		일본어 발음
춘	1/1 →	슌

적용법칙 두음법칙 ㅊ → さ(さ행)   받침법칙 ㄴ받침 → ん(ん)

⑨ 春 봄 춘
- 음 ① しゅん 슌
  - 春分 춘분 春秋 춘추 青春 청춘
- 훈 はる 봄

327

우리말 발음		일본어 발음
출	1/1 →	슈쓰

적용법칙 두음법칙 ㅊ → さ(さ행)   받침법칙 ㄹ받침 → 쓰(つ)

⑤ 出 날 출
- 음 ① しゅつ [しゅつー] 슈쓰 ② すい 스이
  - 出現 출현 出席 출석 提出 제출 出納 출납
- 훈 でる 나가다
  - だす 내다, 제출하다

328

우리말 발음		일본어 발음
충	1/6 →	쇼우

적용법칙 두음법칙 ㅊ → さ(さ행)   받침법칙 ㅇ받침 → 우(う)

⑮ 衝 부딪칠 충
- 음 ① しょう 쇼우
  - 衝動 충동 衝突 충돌 緩衝 완충 折衝 절충

예외한자				
6	虫 벌레 충	음 ① ちゅう 츄우	昆虫 곤충　害虫 해충　幼虫 유충	훈 むし 벌레
8	忠 충성 충	음 ① ちゅう 츄우	忠告 충고　忠実 충실　不忠 불충	
7	沖 화할 충	음 ① ちゅう 츄우	沖積層 충적층　沖天 충천	훈 おき 앞바다
9	衷 정성 충	음 ① ちゅう 츄우	衷心 충심　苦衷 고충　折衷 절충	
6	充 가득할 충	음 ① じゅう 쥬우	充実 충실　充分 충분　補充 보충	훈 あてる 충당하다

329

우리말 발음　취　3/7　일본어 발음　스이

적용법칙　두음법칙　ㅊ → ㅅ(さ행)

7	吹 불 취	음 ① すい 스이 吹奏 취주, 연주　鼓吹 고취	훈 ふく 불다
8	炊 밥 지을 취	음 ① すい 스이 炊事 취사　炊飯器 밥솥　自炊 자취	훈 たく 밥을 짓다
11	酔 취할 취	음 ① すい 스이 心酔 심취　麻酔 마취　陶酔 도취	훈 よう 취하다

예외한자					
8	取 취할 취	음 ① しゅ 슈	取材 취재　取得 취득　聴取 청취		훈 とる 얻다
15	趣 달릴 취	음 ① しゅ 슈	趣味 취미　趣向 취향		훈 おもむき 멋
12	就 나아갈 취	음 ① しゅう 슈우 ② じゅ 쥬	就任 취임　就学 취학　去就 거취 成就 성취		훈 つく 취임하다 つける (자리, 지위에) 앉히다
9	臭 냄새 취	음 ① しゅう 슈우	悪臭 악취　体臭 체취		훈 くさい 악취가 나다 におう 냄새가 나다

330

우리말 발음		일본어 발음
측	2/2 →	소쿠

적용법칙　두음법칙 ㅊ → さ(さ행)　받침법칙 ㄱ받침 → 쿠(く)

11	側 곁 측	음 ① そく [そっー] 소쿠	側面 측면　側近 측근　船側 선측	훈 がわ 쪽, 측
12	測 측량할 측	음 ① そく [そっー] 소쿠	測定 측정　測量 측량　予測 예측　推測 추측	훈 はかる 측정하다

331

우리말 발음		일본어 발음
층	1/1 →	소우

적용법칙 　두음법칙　ㅊ → さ(さ행)　　음절법칙　응 → 오우(おう)　　받침법칙　ㅇ받침 → 우(う)

⑭ 層 층 층
- 음 ① そう 소우
- 高層 고층　地層 지층　下層 하층　断層 단층

332

우리말 발음		일본어 발음
치	1/9 →	시

적용법칙 　두음법칙　ㅊ → さ(さ행)　　음절법칙　이 → 이(い)

⑫ 歯 이 치
- 음 ① し 시
- 歯科 치과　歯石 치석　義歯 의치
- 훈 は 이, 이빨
- 入れ歯 의치, 틀니

예외 한자

⑬ 置 둘 치
- 음 ① ち 치　位置 위치　配置 배치　放置 방치
- 훈 おく 두다, 놓다

⑩ 値 값 치
- 음 ① ち 치　価値 가치　数値 수치
- 훈 ね (팔고 사는) 값
- あたい 값어치, 가치

⑩ 致 이를 치
- 음 ① ち 치　致死 치사　一致 일치　合致 합치
- 훈 いたす する (하다)의 겸양어

⑩ 恥 부끄러울 치
- 음 ① ち 치　恥辱 치욕　羞恥心 수치심
- 훈 はじ 수치
- はずかしい 부끄럽다

예외한자	[13] 痴 어리석을 치	음 ① ち 치	痴漢 치한　痴情 치정　音痴 음치	
	[13] 稚 어릴 치	음 ① ち 치	稚拙 치졸　稚魚 치어　幼稚 유치	
	[16] 緻 촘촘할 치	음 ① ち 치	緻密 치밀　精緻 정교하고 치밀함	
	[8] 治 다스릴 치	음 ① じ 지　②ち 치	政治 정치　退治 퇴치　治安 치안　治療 치료	훈 おさめる 수습하다　なおる (병이) 낫다　なおす 치료하다

333

우리말 발음		일본어 발음
칙	1/2 →	소쿠

적용법칙 　두음법칙 ㅊ → さ(さ행)　받침법칙 ㄱ받침 → 쿠(く)

[9] 則 법 칙	음 ① そく 소쿠	法則 법칙　規則 규칙　原則 원칙

예외한자 [9] 勅 칙서 칙	음 ① ちょく 쵸쿠	勅令 칙령　勅使 칙사　詔勅 조칙, 칙서

334

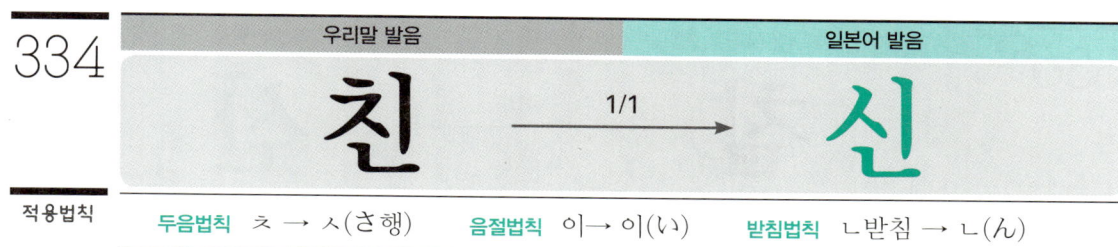

우리말 발음		일본어 발음
친	1/1 →	신

적용법칙 | 두음법칙 ㅊ → ㅅ(さ행) | 음절법칙 이 → 이(い) | 받침법칙 ㄴ받침 → ㄴ(ん)

⑯ 親 친할 친

[음] ① しん 신
　親切 친절　肉親 육신　両親 양친
　しんせつ　にくしん　りょうしん

[훈] おや 부모
　したしい 친하다
　したしむ 친하게 지내다

335

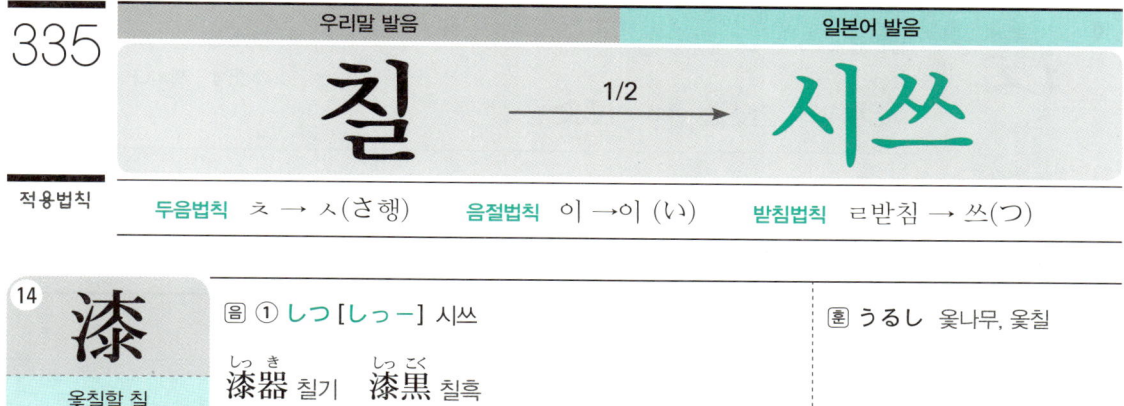

우리말 발음		일본어 발음
칠	1/2 →	시쓰

적용법칙 | 두음법칙 ㅊ → ㅅ(さ행) | 음절법칙 이 → 이(い) | 받침법칙 ㄹ받침 → 쓰(つ)

⑭ 漆 옻칠할 칠

[음] ① しつ [しっ―] 시쓰
　漆器 칠기　漆黒 칠흑
　しっき　　しっこく

[훈] うるし 옻나무, 옻칠

예외한자 ② 七 일곱 칠

[음] ① しち [しっ―] 시치
　七福神 칠복신　七宝 칠보
　しちふくじん　　しっぽう

[훈] なな 일곱
　ななつ 일곱, 일곱 살
　なのか 7일

336

우리말 발음		일본어 발음
침	4/5 →	신

적용법칙 두음법칙 ㅊ → サ(さ행)   음절법칙 이 → イ(い)   받침법칙 ㅁ받침 → ン(ん)

		음	훈
⑩	針 바늘 침	① しん 신 ほうしん 方針 방침　ししん 指針 지침　びょうしん 秒針 초침	はり 바늘
⑨	侵 침범할 침	① しん 신 しんがい 侵害 침해　しんにゅう 侵入 침입　しんりゃく 侵略 침략	おかす 침범하다
⑩	浸 적실 침	① しん 신 しんすい 浸水 침수　しんとう 浸透 침투　しんしょく 浸食 침식	ひたる 잠기다 ひたす 적시다
⑬	寝 잘 침	① しん 신 しんしょく 寝食 침식　しんぐ 寝具 침구　しゅうしん 就寝 취침	ねる 자다 ねかす 재우다

예외한자			
⑦	沈 잠길 침	① ちん 친 ちんたい 沈滞 침체　ちんちゃく 沈着 침착　ちんもく 沈黙 침묵	しずむ 잠기다 しずめる 가라앉히다

337

우리말 발음		일본어 발음
칭	1/1	쇼우

적용법칙 두음법칙 ㅊ → サ(さ행)　음절법칙 잉 → 요우(よう)　받침법칙 ㅇ받침 → 우(う)

10 称 일컬을 칭
- 음 ① しょう 쇼우
- 称賛(しょうさん) 칭찬　称号(しょうごう) 칭호　愛称(あいしょう) 애칭　名称(めいしょう) 명칭

338

우리말 발음		일본어 발음
쾌	1/1	카이

적용법칙 두음법칙 ㅋ → カ(か행)　음절법칙 왜 → 아이(あい)

7 快 유쾌할 쾌
- 음 ① かい 카이
- 快速(かいそく) 쾌속　快晴(かいせい) 쾌청　全快(ぜんかい) 완쾌　明快(めいかい) 명쾌
- 훈 こころよい 유쾌하다

339

우리말 발음		일본어 발음
타	1/6	타

적용법칙 두음법칙 ㅌ → タ(た행)　음절법칙 아 → 아(あ)

5 他 다를 타
- 음 ① た 타
- 他人(たにん) 타인　他国(たこく) 타국　他殺(たさつ) 타살
- 훈 ほか 다른 것, (어느 범위) 밖, 외

예외한자					
5	打 칠 타	음 ① だ 다	打撃 타격　打算 타산　打破 타파		훈 うつ 치다
7	妥 온당할 타	음 ① だ 다	妥協 타협　妥当 타당　妥結 타결		
11	唾 침 타	음 ① だ 다	唾液 침, 타액　唾腺 침샘		훈 つば 침
12	惰 게으를 타	음 ① だ 다	惰性 타성　怠惰 나태		
12	堕 떨어질 타	음 ① だ 다	堕落 타락　堕胎 낙태		

340

우리말 발음		일본어 발음
탁	3/4 →	타쿠

적용법칙　두음법칙 ㅌ → ㅌ(た행)　음절법칙 아 → 아(あ)　받침법칙 ㄱ받침 → 쿠(く)

8	卓 높을 탁	음 ① たく [たっ—] 타쿠 卓越 탁월　卓球 탁구　円卓 원탁　食卓 식탁
10	託 의지할 탁	음 ① たく 타쿠 託送 탁송　委託 위탁　信託 신탁　結託 결탁
17	濯 씻을 탁	음 ① たく 타쿠 洗濯 세탁

예외한자 16

濁 흐릴 탁
- 음 ① だく 다쿠 　濁流 탁류　濁音 탁음
- 훈 にごる 흐려지다　にごす 흐리게 하다

341

우리말 발음	일본어 발음
탄	4/5 → 탄

적용법칙　두음법칙 ㅌ → ㅌ(た행)　음절법칙 아 →아(あ)　받침법칙 ㄴ받침 → ん(ん)

9 炭 숯 탄
- 음 ① たん 탄　炭坑 탄갱　炭素 탄소　石炭 석탄　木炭 목탄
- 훈 すみ 숯

15 誕 태어날 탄
- 음 ① たん 탄　誕生日 생일　聖誕 성탄　生誕 탄생, 출생

13 嘆 탄식할 탄
- 음 ① たん 탄　嘆息 탄식　嘆声 탄성　驚嘆 경탄　悲嘆 비탄
- 훈 なげく 슬퍼하다　なげかわしい 한심하다

14 綻 옷 터질 탄
- 음 ① たん 탄　破綻 파탄; 결딴 남
- 훈 ほころびる (실밥이) 풀리다

예외한자 12

弾 탄알 탄
- 음 ① だん 단　弾力 탄력　弾圧 탄압　爆弾 폭탄
- 훈 たま 탄환, 총알　ひく (악기를) 치다　はずむ 튀다

342

우리말 발음		일본어 발음
탈	2/2 →	다쓰

적용법칙 음절법칙 아 → 아(あ)　받침법칙 ㄹ받침 → 쓰(つ)

⑪ 脱 벗을 탈	음 ① だつ [だっー] 다쓰 脱衣 탈의　脱落 탈락　脱線 탈선　逸脱 일탈	훈 ぬぐ (옷 등을) 벗다 　　ぬげる 벗겨지다
⑭ 奪 빼앗을 탈	음 ① だつ [だっー] 다쓰 奪還 탈환　奪取 탈취　強奪 강탈	훈 うばう 빼앗다

343

우리말 발음		일본어 발음
탐	1/2 →	탄

적용법칙 두음법칙 ㅌ → ㅌ(た행)　음절법칙 아 → 아(あ)　받침법칙 ㅁ받침 → ㄴ(ん)

⑪ 探 찾을 탐	음 ① たん 탄 探求 탐구　探検 탐험　探訪 탐방　探偵 탐정	훈 さがす 찾다 　　さぐる (더듬어) 찾다
예외한자 ⑪ 貪 탐낼 탐	음 ① どん 돈 貪欲 탐욕　貪婪 탐욕 貪食 탐식; 게걸스럽게 먹음	훈 むさぼる 탐하다, 　　　　　욕심을 부리다

344

우리말 발음		일본어 발음
탑	2/2 →	토우

적용법칙 두음법칙 ㅌ → ㅌ(た행)   음절법칙 압 → 오우(おう)   받침법칙 ㅂ받침 → 우(う)

塔 탑 탑 (12)
- 음 ① とう 토우
  - 石塔 (せきとう) 석탑   鉄塔 (てっとう) 철탑   尖塔 (せんとう) 첨탑

搭 태울 탑 (12)
- 음 ① とう 토우
  - 搭載 (とうさい) 탑재   搭乗 (とうじょう) 탑승

345

우리말 발음		일본어 발음
탕	1/1 →	토우

적용법칙 두음법칙 ㅌ → ㅌ(た행)   음절법칙 앙 → 오우(おう)   받침법칙 ㅇ받침 → 우(う)

湯 끓일 탕 (12)
- 음 ① とう 토우
  - 湯治 (とうじ) 탕치; 온천에서 요양함   銭湯 (せんとう) 대중탕
- 훈 ゆ 뜨거운 물

 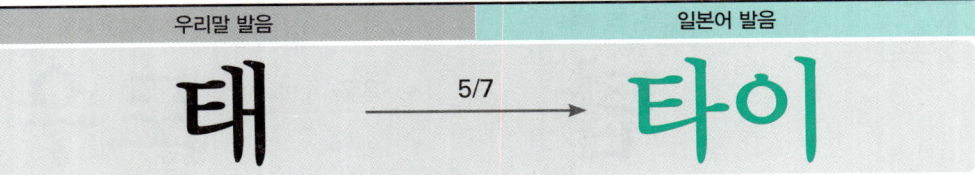

| 적용법칙 | 두음법칙 ㅌ → ㅌ(た행) 　　음절법칙 애 → 아이(あい) |

			음		훈
4	太 클 태		① たい 타이　② た 타	太陽(たいよう) 태양　太鼓(たいこ) 북　丸太(まるた) 통나무	ふとい 굵다 ふとる 살찌다
14	態 태도 태		① たい 타이	態度(たいど) 태도　状態(じょうたい) 상태　実態(じったい) 실태	
9	怠 게으를 태		① たい 타이	怠慢(たいまん) 태만　怠惰(たいだ) 나태　怠業(たいぎょう) 태업	なまける 게으리 하다 おこたる 게으리 하다
9	胎 아이밸 태		① たい 타이	胎児(たいじ) 태아　胎動(たいどう) 태동　母胎(ぼたい) 모태　受胎(じゅたい) 수태	
10	泰 클 태		① たい 타이	泰平(たいへい) 태평　泰然(たいぜん) 태연　安泰(あんたい) 평안, 안정	

예외한자

| 7 | 汰 사치할 태 | ① た 타 | 淘汰(とうた) 도태　御無沙汰(ごぶさた) 무소식; 오랫동안 격조함 |
| 14 | 駄 실을 태(타) | ① だ 다 | 駄作(ださく) 졸작　無駄(むだ) 쓸데없음　駄賃(だちん) 심부름 값 |

347

우리말 발음		일본어 발음
택	3/3 →	타쿠

적용법칙 두음법칙 ㅌ → ㅌ(た행)　받침법칙 ㄱ받침 → 쿠(く)

⑥ 宅 집 택
- 음 ① たく 타쿠
- 宅配 택배　自宅 자택　住宅 주택

⑦ 択 가릴 택
- 음 ① たく 타쿠
- 択一 택일　採択 채택　選択 선택

⑦ 沢 못 택
- 음 ① たく 타쿠
- 沢山 많이　光沢 광택　潤沢 윤택
- 훈 さわ 습지, 계곡

348

우리말 발음		일본어 발음
토	1/3 →	토

적용법칙 두음법칙 ㅌ → ㅌ(た행)　음절법칙 오 → 오(お)

⑥ 吐 토할 토
- 음 ① と 토
- 吐血 토혈　吐息 한숨　嘔吐 구토
- 훈 はく 토하다

예외한자

③ 土 흙 토
- 음 ① ど 도　土台 토대　土曜日 토요일
- ② と 토　土地 토지
- 훈 つち 땅

⑩ 討 칠 토
- 음 ① とう 토우　討論 토론　討伐 토벌　検討 검토
- 훈 うつ 공격하다

349

우리말 발음		일본어 발음
통	2/4 →	토우

적용법칙 두음법칙 ㅌ → ㅌ(た행) 음절법칙 오 → 오(お) 받침법칙 ㅇ받침 → 우(う)

⑫ **統** 거느릴 통	음 ① とう 토우 統一 통일 統計 통계 伝統 전통	훈 すべる 통합하다
⑫ **筒** 통 통	음 ① とう 토우 円筒 원통 水筒 수통 封筒 봉투	훈 つつ 통, 관

예외한자

⑩ **通** 통할 통	음 ① つう 쓰우 通信 통신 通行 통행 普通 보통 ② つ 쓰 通夜 (초상집에서의) 밤샘	훈 とおす 통과시키다 とおる 통하다 かよう 다니다
⑫ **痛** 아플 통	음 ① つう 쓰우 痛感 통감 苦痛 고통 頭痛 두통	훈 いたい 아프다 いたむ (몸이) 아프다 いためる 아프게 하다

350

우리말 발음		일본어 발음
퇴	2/2 →	타이

적용법칙 두음법칙 ㅌ → ㅌ(た행) 음절법칙 외 → 아이(あい)

⑨ **退** 물러날 퇴	음 ① たい 타이 退職 퇴직 退治 퇴치 衰退 쇠퇴	훈 しりぞく 물러나다 しりぞける 물리치다
⑪ **堆** 쌓을 퇴	음 ① たい 타이 堆積 퇴적 堆肥 퇴비	훈 うずたかい 산더미같다

351

우리말 발음		일본어 발음
투	3/4 →	토우

적용법칙 두음법칙 ㅌ → ㅌ(た행)

⑦ 投 던질 투	음 ① とう 토우 投手 투수 投票 투표 投資 투자	훈 なげる 던지다
10 透 통할 투	음 ① とう 토우 透視 투시 透明 투명 浸透 침투	훈 すく 틈이 나다 すかす 사이를 벌리다 すける 들여다 보다
18 鬪 싸울 투	음 ① とう 토우 鬪志 투지 鬪爭 투쟁 健鬪 건투 戰鬪 전투	훈 たたかう 싸우다

| 예외한자 8 妬 샘낼 투 | 음 ① と 토 嫉妬 질투 | 훈 ねたむ 샘내다, 질투하다 |

352

우리말 발음		일본어 발음
특	1/1 →	토쿠

적용법칙 두음법칙 ㅌ → ㅌ(た행)   받침법칙 ㄱ받침 → 쿠(く)

| 10 特 특별할 특 | 음 ① とく [とっー] 토쿠 特別 특별 特殊 특수 特急 특급 独特 독특 |

354

우리말 발음		일본어 발음
판	6/6 →	한

적용법칙 두음법칙 ㅍ → ㅎ(は행)　음절법칙 아 → 아(あ)　받침법칙 ㄴ받침 → ん(ん)

⑦ 坂 고개 판
- 음 ① はん 한
- 훈 さか 고개, 비탈길
- きゅうはん 急坂 가파른 언덕　とうはん 登坂 언덕을 오름

⑧ 板 널 판
- 음 ① はん [−ぱん] 한　② ばん 반
- 훈 いた 널빤지, 판자
- ごうはん 合板 합판　てっぱん 鉄板 철판　かんばん 看板 간판　こくばん 黒板 칠판

⑦ 判 판단할 판
- 음 ① はん [−ぱん] 한　② ばん 반
- はんけつ 判決 판결　はんてい 判定 판정　はんめい 判明 판명　しんぱん 審判 심판　さいばん 裁判 재판

⑧ 版 판목 판
- 음 ① はん [−ぱん／−ぱん] 한
- はんけん 版権 판권　はんが 版画 판화　どうばん 銅版 동판　しゅっぱん 出版 출판

⑦ 阪 비탈 판
- 음 ① はん 한
- はんしん 阪神 오사카와 고베　けいはん 京阪 교토와 오사카

⑪ 販 팔 판
- 음 ① はん 한
- はんばい 販売 판매　はんろ 販路 판로　しはん 市販 시판

355

우리말 발음		일본어 발음
팔	1/1 →	하치

적용법칙 두음법칙 ㅍ → ㅎ(は행)   음절법칙 아 → 아(あ)

② 八 여덟 팔

[음] ① はち [はっ−] 하치
八月 (はちがつ) 팔월   八十 (はちじゅう) 팔십   八角 (はっかく) 팔각

[훈] や 여덟, 팔
やっつ 여덟, 여덟 살
ようか 8일

356

우리말 발음		일본어 발음
패	1/2 →	하이

적용법칙 두음법칙 ㅍ → ㅎ(は행)   음절법칙 애 → 아이(あい)

⑪ 敗 패할 패

[음] ① はい [−ぱい] 하이
敗者 (はいしゃ) 패자   敗北 (はいぼく) 패배   失敗 (しっぱい) 실패   惜敗 (せきはい) 석패

[훈] やぶれる 패하다, 지다

예외한자 ⑲ 覇 으뜸 패

[음] ① は [−ぱ] 하   覇気 (はき) 패기   覇者 (はしゃ) 패자   覇権 (はけん) 패권   制覇 (せいは) 제패

357

우리말 발음		일본어 발음
팽	1/1 →	보우

적용법칙 음절법칙 앵 → 오우(おう)　받침법칙 ㅇ받침 → 우(う)

16 膨 불룩해질 팽
- 음 ① ぼう 보우
  - 膨大 팽대　膨張 팽창
- 훈 ふくらむ 부풀어 오르다
  - ふくれる 부풀다

358

우리말 발음		일본어 발음
편	4/5 →	헨

적용법칙 두음법칙 ㅍ → ㅎ(は행)　음절법칙 여 → 에(え)　받침법칙 ㄴ받침 → ん(ん)

15 編 엮을 편
- 음 ① へん [ーぺん] 헨
  - 編集 편집　編成 편성　短編 단편
- 훈 あむ 짜다

4 片 조각 편
- 음 ① へん [ーぺん] 헨
  - 片鱗 편린　破片 파편　断片 단편
- 훈 かた 조각, 쪽

11 偏 치우칠 편
- 음 ① へん 헨
  - 偏見 편견　偏向 편향　偏食 편식
- 훈 かたよる 치우치다

12 遍 두루 편
- 음 ① へん [ーぺん] 헨
  - 遍歴 편력　偏在 편재　普遍 보편　一遍 한 번, 1회

| 예외한자 9 | 便 편할 편 | 음 ① べん 벤
② びん 빈 | 便利 편리　便宜 편의　簡便 간편
便乗 편승　郵便 우편 | 훈 たより 편지, 소식 |

359

	우리말 발음	일본어 발음
	평 →1/2→	헤이

적용법칙　두음법칙 ㅍ → ㅎ(は행)　음절법칙 영 → 에이(えい)

| 5 | 平 평평할 평 | 음 ① へい 헤이 ② びょう 보우
平均 평균　平和 평화　公平 공평　平等 평등 | 훈 ひら 보통, 평평함
たいらだ 평평하다 |

| 예외한자 12 | 評 평론할 평 | 음 ① ひょう[-ぴょう] 효우　評判 평판　評価 평가　品評 품평 | |

360

	우리말 발음	일본어 발음
	폐 →5/7→	헤이

적용법칙　두음법칙 ㅍ → ㅎ(は행)　음절법칙 예 → 에이(えい)

| 10 | 陛 섬돌 폐 | 음 ① へい 헤이
陛下 폐하 | |

| 11 | 閉 닫을 폐 | 음 ① へい[-ぺい] 헤이
閉店 폐점　閉幕 폐막　密閉 밀폐 | 훈 しめる 닫다
しまる 닫히다
とじる 닫다, 닫히다 |

15 幣 비단 폐
- 음 ① ヘイ 헤이
- 貨幣 화폐　紙幣 지폐　造幣 조폐

15 弊 폐단 폐
- 음 ① へい 헤이
- 弊害 폐해　弊社 폐사　疲弊 피폐

15 蔽 덮을 폐
- 음 ① へい [ーぺい] 헤이
- 遮蔽 차폐; 가리고 덮음　隱蔽 은폐

예외한자

9 肺 허파 폐
- 음 ① はい [ーぱい] 하이
- 肺活量 폐활량　肺炎 폐렴　肺病 폐병

12 廃 폐할 폐
- 음 ① はい [ーぱい] 하이
- 廃車 폐차　廃棄 폐기
- 훈 すたる 쇠퇴하다
  すたれる 쇠퇴하다

361

우리말 발음	일본어 발음
포	호

3/12

적용법칙　두음법칙　ㅍ → ㅎ(は행)　음절법칙　오 → 오(お)

10 捕 잡을 포
- 음 ① ほ 호
- 捕獲 포획　捕手 포수　捕虜 포로　逮捕 체포
- 훈 とらえる 붙잡다
  つかまえる 잡다
  つかまる 잡히다, 붙잡히다

10 哺 먹을 포
- 음 ① ほ 호
- 哺乳類 포유류

15 舗 펼 포

음 ① ほ [ーぽ] 호

舗装(ほそう) 포장　舗道(ほどう) 포장도로　店舗(てんぽ) 점포

예외한자 5 包 쌀 포	**음** ① ほう[ーぽう] 호우	包容(ほうよう) 포용　包囲(ほうい) 포위	
8 抱 안을 포	**음** ① ほう[ーぽう] 호우	抱負(ほうふ) 포부　辛抱(しんぼう) 참음	**훈** だく 안다 いだく 둘러싸다, 안다 かかえる 안다, 껴안다
8 泡 물거품 포	**음** ① ほう[ーぽう] 호우	気泡(きほう) 기포　発泡(はっぽう) 발포	**훈** あわ 거품
9 胞 세포 포	**음** ① ほう[ーぽう] 호우	胞子(ほうし) 포자　同胞(どうほう) 동포　細胞(さいぼう) 세포	
10 砲 대포 포	**음** ① ほう[ーぽう] 호우	砲撃(ほうげき) 포격　砲火(ほうか) 포화　発砲(はっぽう) 발포	
13 飽 배부를 포	**음** ① ほう 호우	飽食(ほうしょく) 포식　飽和(ほうわ) 포화	**훈** あきる 질리다 あかす 질리게 하다
15 褒 칭찬할 포	**음** ① ほう[ーぽう] 호우	褒賞(ほうしょう) 포상　褒章(ほうしょう) 포장	**훈** ほめる 칭찬하다
5 布 베 포	**음** ① ふ[ーぷ] 후	布巾(ふきん) 행주　布団(ふとん) 이불　分布(ぶんぷ) 분포	**훈** ぬの 천, 무명
8 怖 두려워할 포	**음** ① ふ 후	恐怖(きょうふ) 공포	**훈** こわい 무섭다

362

우리말 발음		일본어 발음
폭	1/3 →	후쿠

적용법칙 　두음법칙　ㅍ → ㅎ(は행)　　받침법칙　ㄱ받침 → 쿠(く)

12 幅 폭 폭
- 음 ① ふく [－ぷく] 후쿠
  - 画幅 화폭　増幅 증폭　振幅 진폭
- 훈 はば 폭

예외한자 15 暴 사나울 폭
- 음 ① ぼう 보우　暴行 폭행　暴力 폭력　乱暴 난폭
  - ② ばく 바쿠　暴露 폭로
- 훈 あばく 폭로하다
  - あばれる 날뛰다

19 爆 폭발할 폭
- 음 ① ばく 바쿠　爆破 폭파　爆発 폭발　原爆 원폭

363

우리말 발음		일본어 발음
표	5/5 →	효우

적용법칙 　두음법칙　ㅍ → ㅎ(は행)　　음절법칙　요 → 요우(よう)

8 表 겉죽 표
- 음 ① ひょう [－ぴょう] 효우
  - 表紙 표지　表示 표시　代表 대표　発表 발표
- 훈 おもて 겉
  - あらわす 표현하다
  - あらわれる 나타나다

11 票 표 표
- 음 ① ひょう [－ぴょう] 효우
  - 票決 표결　投票 투표　伝票 전표

15 標 표시 표
- 음 ① ひょう 효우
  - 標準 표준　標本 표본　目標 목표

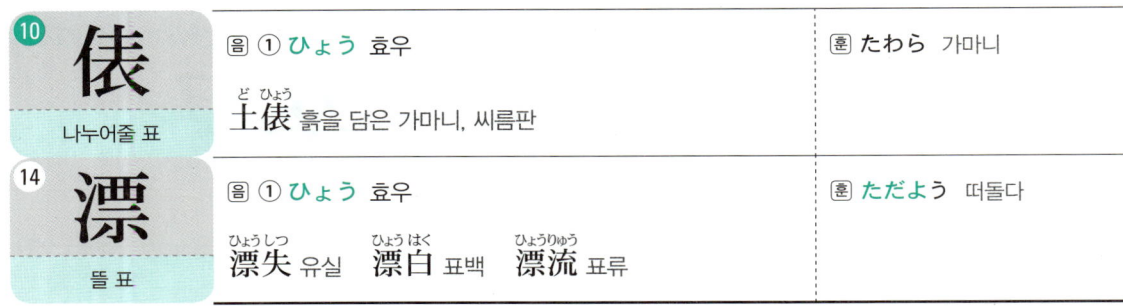

10 俵 나누어줄 표	음 ① ひょう 효우 土俵(どひょう) 흙을 담은 가마니, 씨름판	훈 たわら 가마니
14 漂 뜰 표	음 ① ひょう 효우 漂失(ひょうしつ) 유실 漂白(ひょうはく) 표백 漂流(ひょうりゅう) 표류	훈 ただよう 떠돌다

364

우리말 발음		일본어 발음
품	1/1 →	힌

적용법칙 두음법칙 ㅍ → ㅎ(は행)   받침법칙 ㅁ받침 → ん(ん)

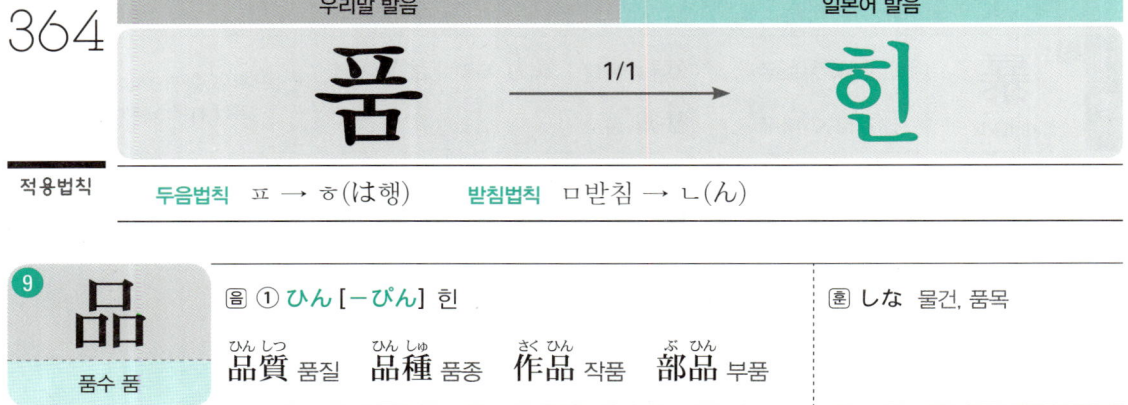

9 品 품수 품	음 ① ひん [-ぴん] 힌 品質(ひんしつ) 품질 品種(ひんしゅ) 품종 作品(さくひん) 작품 部品(ぶひん) 부품	훈 しな 물건, 품목

365

우리말 발음		일본어 발음
풍	1/2 →	후우

적용법칙 두음법칙 ㅍ → ㅎ(は행)   받침법칙 ㅇ받침 → 우(う)

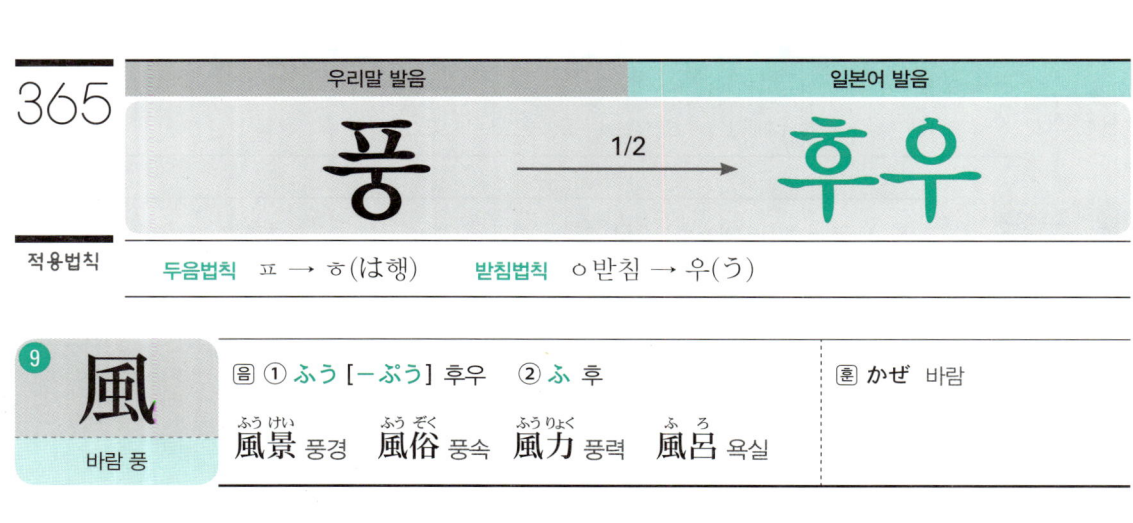

9 風 바람 풍	음 ① ふう [-ぷう] 후우 ② ふ 후 風景(ふうけい) 풍경 風俗(ふうぞく) 풍속 風力(ふうりょく) 풍력 風呂(ふろ) 욕실	훈 かぜ 바람

| 예외한자 13 | 豊 풍성할 풍 | [음] ① ほう 호우　豊作 풍작　豊富 풍부　豊満 풍만 | [훈] ゆたかだ 풍부하다 |

366

우리말 발음		일본어 발음
피	6/6 →	히

적용법칙　두음법칙　ㅍ → ㅎ(は행)　　음절법칙　이 → 이(い)

5 皮 가죽 피	[음] ① ひ [-ぴ] 히　皮膚 피부　皮肉 비꼼　皮相 피상　脱皮 탈피	[훈] かわ 가죽
8 彼 저 피	[음] ① ひ 히　彼我 피아; 그와 나　彼岸 피안	[훈] かれ 그 사람　◆ 彼女 かのじょ 그녀, 여자친구
8 披 나눌 피	[음] ① ひ 히　披露 피로　披見 문서 등을 펴 봄	
10 疲 피곤할 피	[음] ① ひ 히　疲弊 피폐　疲労 피로	[훈] つかれる 피로하다
10 被 입을 피	[음] ① ひ [-ぴ] 히　被害 피해　被服 피복　被告 피고	[훈] こうむる (피해를) 입다
16 避 피할 피	[음] ① ひ 히　避暑 피서　避難 피난　待避 대피　逃避 도피	[훈] さける 피하다

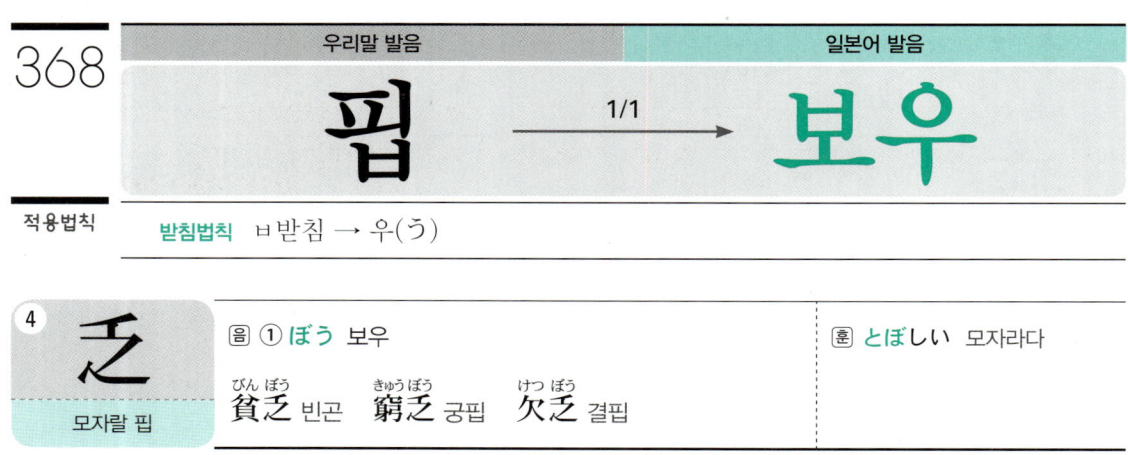

369 하 → 카 (5/6)

우리말 발음: 하 → **일본어 발음**: カ

적용법칙: 두음법칙 ㅎ → ㅋ(か행) 음절법칙 아 → 아(あ)

3 下 아래 하	음 ① か 카 ② げ 게 下降 하강 下流 하류 下品 천함 下水 하수	훈 した 아래 さげる 내리다 さがる 내려가다
7 何 어찌 하	음 ① か 카 幾何学 기하학	훈 なに・なん 무엇
10 夏 여름 하	음 ① か 카 ② げ 게 夏期 하기 夏季 하계 初夏 초여름 夏至 하지	훈 なつ 여름
10 荷 짐 하	음 ① か 카 荷重 하중 出荷 출하 入荷 입하	훈 に 짐
8 河 물 하	음 ① か [ーが] 카 河川 하천 河口 하구 運河 운하	훈 かわ 강

예외한자

12 賀 축하할 하	음 ① が 가 謹賀 근하 年賀 연하; 신년 축하 祝賀 축하

370

우리말 발음		일본어 발음
학	1/2 →	가쿠

적용법칙 음절법칙 아 → 아(あ)　　받침법칙 ㄱ받침 → 쿠(く)

⑧ 学 배울 학
- 음 ① がく 가쿠
  - 学生 학생　学校 학교　見学 견학
- 훈 まなぶ 배우다

예외한자 ⑨ 虐 사나울 학
- 음 ① ぎゃく 갸쿠
  - 虐殺 학살　虐待 학대
- 훈 しいたげる 학대하다

371

우리말 발음		일본어 발음
한	5/7 →	칸

적용법칙 두음법칙 ㅎ → ㅋ(か행)　음절법칙 아 → 아(あ)　받침법칙 ㄴ받침 → ㄴ(ん)

⑫ 寒 찰 한
- 음 ① かん 칸
  - 寒波 한파　寒冷 한랭　悪寒 오한
- 훈 さむい 춥다

⑬ 漢 한나라 한
- 음 ① かん 칸
  - 漢字 한자　漢方 한방　悪漢 악한　門外漢 문외한

⑥ 汗 땀 한
- 음 ① かん 칸
  - 汗顔 아주 창피함　発汗 발한　多汗症 다한증
- 훈 あせ 땀

12	閑 한가할 한	음 ① かん 칸	閑散 한산 閑寂 한적 閑職 한직	
18	韓 나라 이름 한	음 ① かん 칸	韓国 한국 韓国語 한국어 韓国人 한국인	

예외한자				
9	限 한할 한	음 ① げん 겐	限界 한계 限度 한도 制限 제한	훈 かぎる 한정하다
9	恨 한 한	음 ① こん 콘	悔恨 회한 痛恨 통한	훈 うらむ 원망하다 うらめしい 원망스럽다

372

우리말 발음		일본어 발음
할	2/2 →	카쓰

적용법칙 두음법칙 ㅎ → ㅋ(か행)   음절법칙 아 → 아(あ)   받침법칙 ㄹ받침 → 쓰(つ)

12	割 나눌 할	음 ① かつ [かっー] 카쓰	割愛 할애 割拠 할거 分割 분할	훈 わる 나누다 われる 갈라지다 さく 찢다, 쪼개다
17	轄 다스릴 할	음 ① かつ 카쓰	管轄 관할 直轄 직할 統轄 통할	

373

우리말 발음		일본어 발음
함	2/3 →	칸

적용법칙 두음법칙 ㅎ → ㅋ(か행)   음절법칙 아 → 아(あ)   받침법칙 ㅁ받침 → ㄴ(ん)

10 陷 빠질 함
- 음 ① かん 칸
- 陷落 함락   陷没 함몰   欠陷 결함
- 훈 おちいる 빠지다
- おとしいれる 빠뜨리다

21 艦 싸움배 함
- 음 ① かん 칸
- 艦船 함선   艦艇 함정   軍艦 군함   潜水艦 잠수함

예외한자 7 含 머금을 함
- 음 ① がん 간
- 含有 함유   含蓄 함축
- 훈 ふくむ 포함하다
- ふくめる 포함하다

374

우리말 발음		일본어 발음
합	1/1 →	고우

적용법칙 음절법칙 압 → 오우(おう)   받침법칙 ㅂ받침 → 우(う)

6 合 합할 합
- 음 ① ごう 고우   ② がつ [がっー] 가쓰
- 合格 합격   合意 합의   結合 결합   合宿 합숙
- 훈 あう 맞다, 만나다
- あわせる 보태다, 합치다

375

우리말 발음		일본어 발음
항	5/5 →	코우

적용법칙　**두음법칙** ㅎ → ㅋ(か행)　**음절법칙** 앙 → 오우(おう)　**받침법칙** ㅇ받침 → 우(う)

港 (12) 항구 항
- 음 ① こう 코우
  - 港湾 항만　空港 공항　出港 출항
- 훈 みなと 항구

航 (10) 배 항
- 음 ① こう 코우
  - 航空 항공　航海 항해　帰航 귀항

抗 (7) 대항할 항
- 음 ① こう 코우
  - 抗争 항쟁　抗議 항의　抵抗 저항　反抗 반항

恒 (9) 항상 항
- 음 ① こう 코우
  - 恒星 항성　恒常 항상　恒例 항례, 상례

項 (12) 조목 항
- 음 ① こう 코우
  - 項目 항목　事項 사항　条項 조항

376

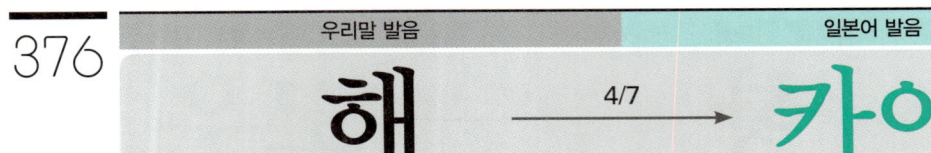

우리말 발음		일본어 발음
해	4/7 →	カイ

적용법칙 두음법칙 ㅎ → ㅋ(か행)   음절법칙 애 → 아이(あい)

---

⑨ 海 바다 해
- 음 ① かい 카이
- 海外 해외　海岸 해안　領海 영해
- 훈 うみ 바다

⑬ 解 풀 해
- 음 ① かい 카이　② げ 게
- 解答 해답　解決 해결　理解 이해　解毒 해독
- 훈 とく 풀다
  - とける 풀리다, 녹다
  - とかす (머리를) 빗다

⑬ 楷 본보기 해
- 음 ① かい 카이
- 楷書 해서(체); 서체 중의 하나

⑯ 諧 화할 해
- 음 ① かい 카이
- 諧謔 해학　和諧 화해; 화목함

예외한자

⑩ 害 해칠 해
- 음 ① がい 가이　害悪 해악　害毒 해독　被害 피해　損害 손해

⑬ 該 해당할 해
- 음 ① がい 가이　該当 해당　該博 해박　当該 당해, 해당

⑯ 骸 뼈 해
- 음 ① がい 가이　骸骨 해골　遺骸 유해　死骸 시체

377

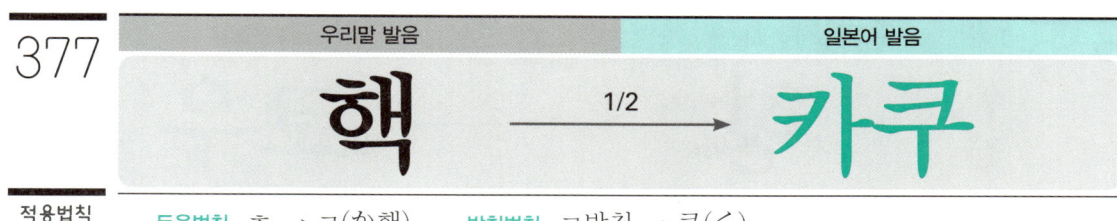

우리말 발음		일본어 발음
핵	1/2 →	카쿠

적용법칙 두음법칙 ㅎ → ㅋ(か행)   받침법칙 ㄱ받침 → 쿠(く)

10 核 씨 핵
- 음 ① かく 카쿠
- 核心 핵심 核家族 핵가족 核反応 핵반응 結核 결핵

예외한자 8 劾 캐물을 핵
- 음 ① がい 가이 弾劾 탄핵

378

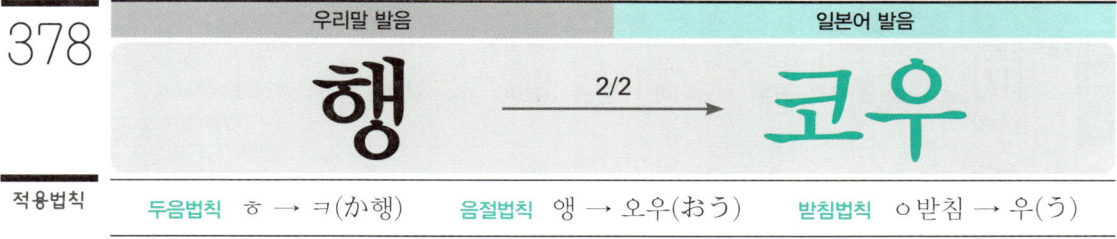

우리말 발음		일본어 발음
행	2/2 →	코우

적용법칙 두음법칙 ㅎ → ㅋ(か행)   음절법칙 앵 → 오우(おう)   받침법칙 ㅇ받침 → 우(う)

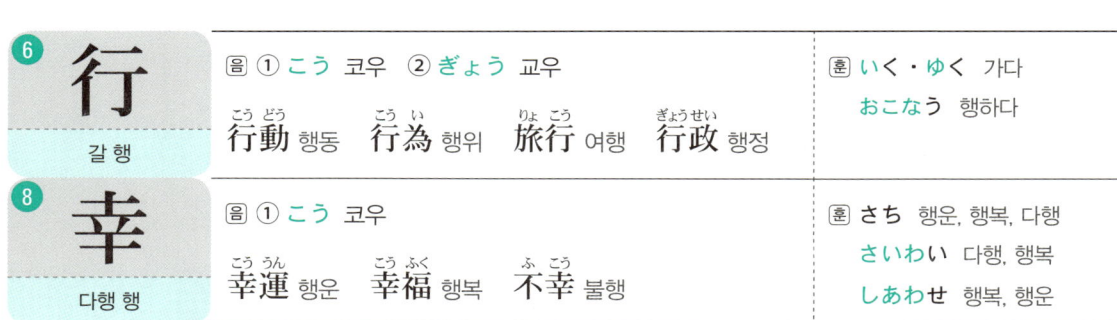

6 行 갈 행
- 음 ① こう 코우 ② ぎょう 교우
- 行動 행동 行為 행위 旅行 여행 行政 행정
- 훈 いく・ゆく 가다   おこなう 행하다

8 幸 다행 행
- 음 ① こう 코우
- 幸運 행운 幸福 행복 不幸 불행
- 훈 さち 행운, 행복, 다행   さいわい 다행, 행복   しあわせ 행복, 행운

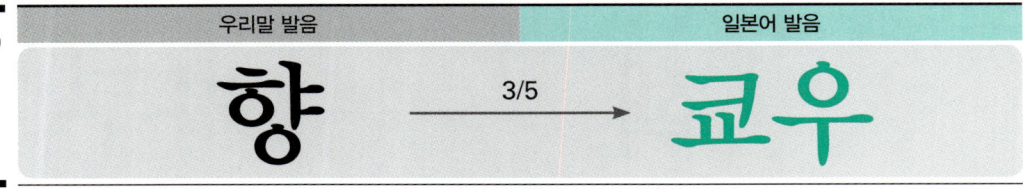

| 적용법칙 | 두음법칙 ㅎ → ヵ(か행) | 음절법칙 양 → 요우(よう) | 받침법칙 ㅇ받침 → 우(う) |

⑪ 郷 시골 향	음 ① きょう 쿄우 ② ごう 고우 きょうしゅう 郷愁 향수　きょうり 郷里 고향　こきょう 故郷 고향　ざいごう 在郷 재향	훈 さと 마을, 시골
⑧ 享 누릴 향	음 ① きょう 쿄우 きょうじゅ 享受 향수　きょうねん 享年 향년　きょうらく 享楽 향락	
⑳ 響 울릴 향	음 ① きょう 쿄우 えいきょう 影響 영향　おんきょう 音響 음향　はんきょう 反響 반향	훈 ひびく 울리다

예외한자			
⑥ 向 향할 향	음 ① こう 코우　こうじょう 向上 향상　けいこう 傾向 경향　ほうこう 方向 방향	훈 むこう 맞은편 むく 향하다 むける 향하다
⑨ 香 향기 향	음 ① こう 코우　こうすい 香水 향수　ほうこう 芳香 방향 ② きょう 쿄우　きょうしゃ 香車 (일본 장기의) 말의 하나	훈 かおり 향기 かおる 향기가 나다

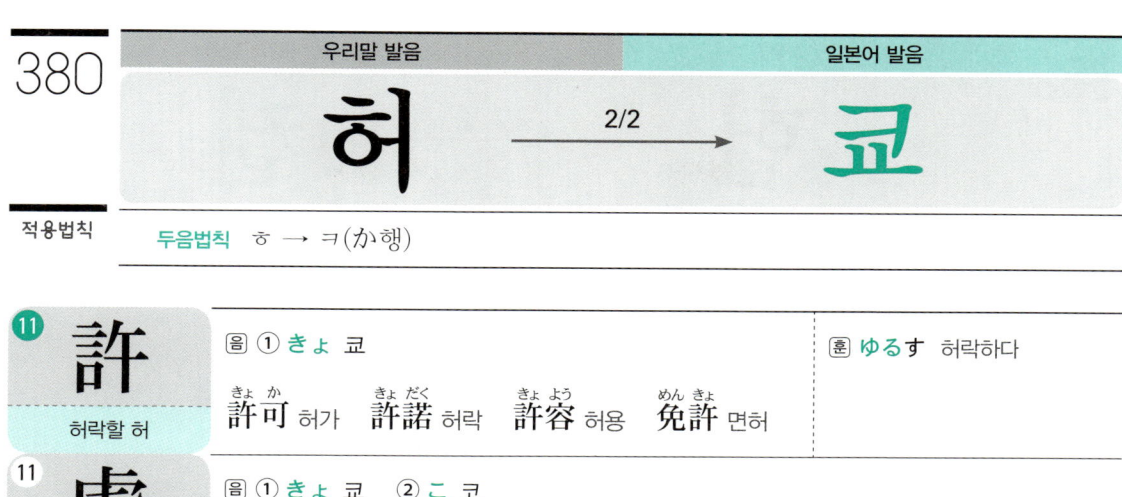

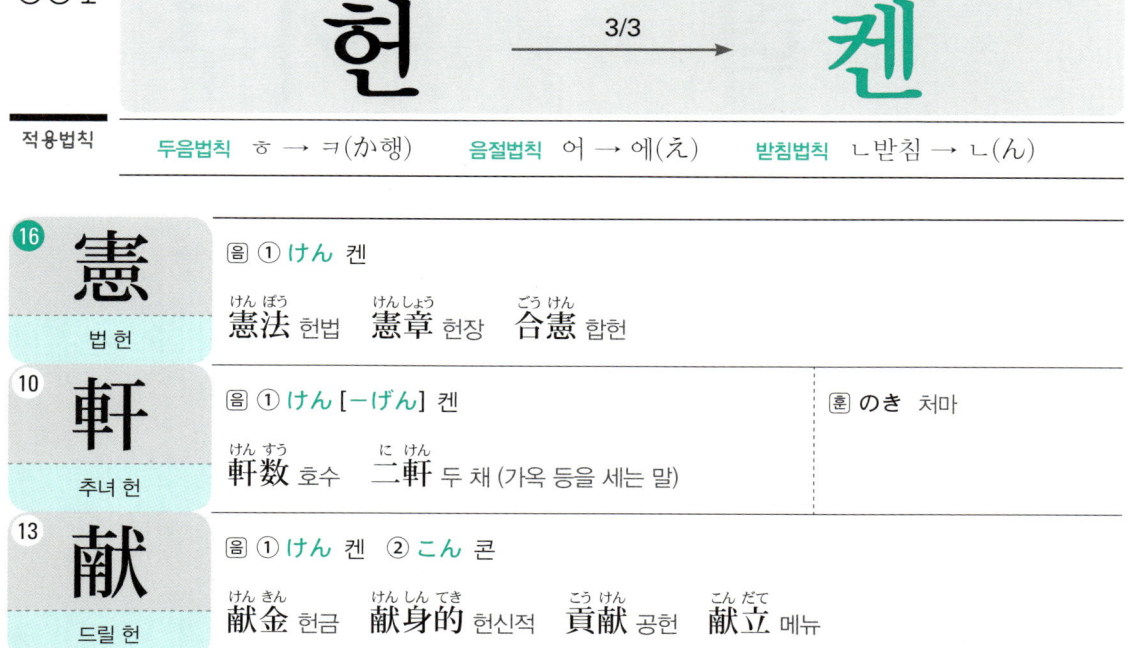

382

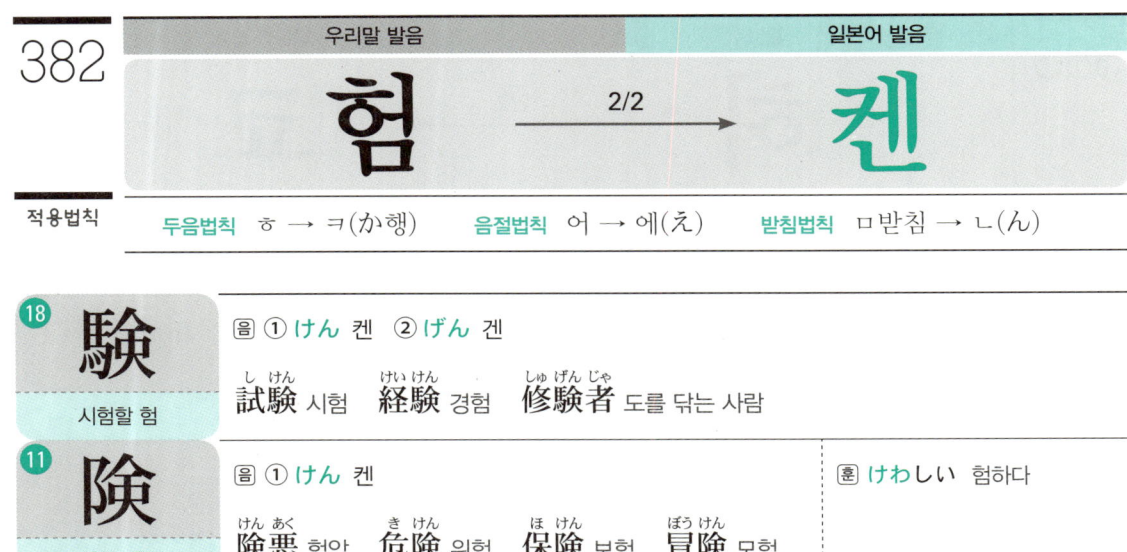

우리말 발음: 험 → 일본어 발음: 켄 (2/2)

적용법칙: 두음법칙 ㅎ → ㅋ(か행)　음절법칙 어 → 에(え)　받침법칙 ㅁ받침 → ㄴ(ん)

18 驗 시험할 험
- 음 ① けん 켄 ② げん 겐
- 試験 시험　経験 경험　修験者 도를 닦는 사람

11 険 험할 험
- 음 ① けん 켄
- 険悪 험악　危険 위험　保険 보험　冒険 모험
- 훈 けわしい 험하다

383

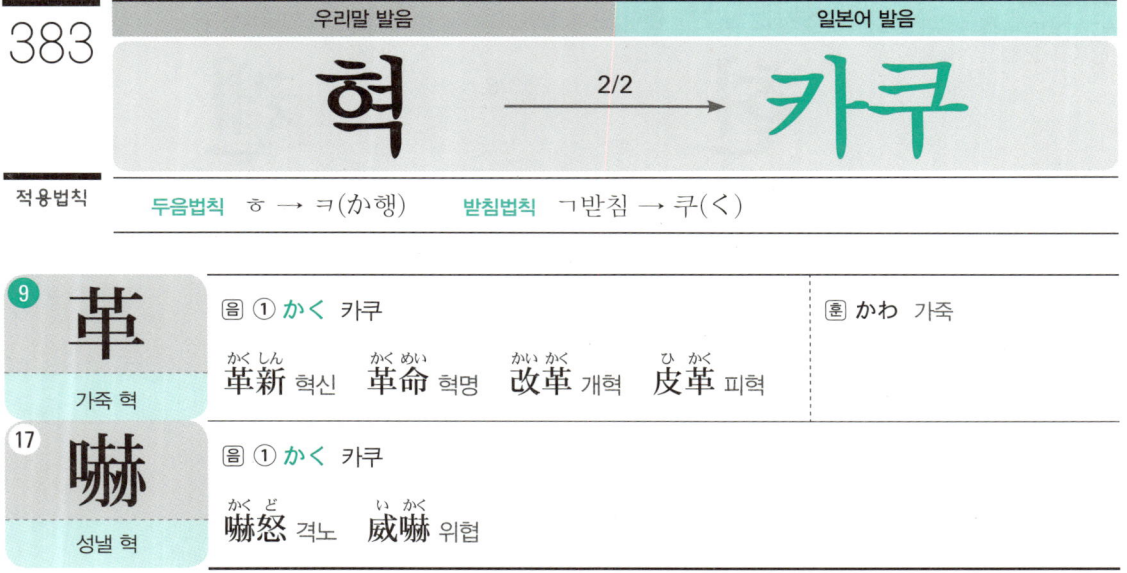

우리말 발음: 혁 → 일본어 발음: 카쿠 (2/2)

적용법칙: 두음법칙 ㅎ → ㅋ(か행)　받침법칙 ㄱ받침 → 쿠(く)

9 革 가죽 혁
- 음 ① かく 카쿠
- 革新 혁신　革命 혁명　改革 개혁　皮革 피혁
- 훈 かわ 가죽

17 嚇 성낼 혁
- 음 ① かく 카쿠
- 嚇怒 격노　威嚇 위협

384 현 → 켄 (4/8)

적용법칙: 두음법칙 ㅎ → ヵ(か행)　음절법칙 여 → 에(え)　받침법칙 ㄴ받침 → ン(ん)

9 県 (고을 현)
- 음 ① けん 켄
- 県立 현립　県庁 현청　県民 현민

16 賢 (어질 현)
- 음 ① けん 켄
- 賢人 현인　賢明 현명　先賢 선현
- 훈 かしこい 현명하다, 영리하다

18 顕 (나타날 현)
- 음 ① けん 켄
- 顕著 현저　顕微鏡 현미경

20 懸 (매달 현)
- 음 ① けん 켄　② け 케
- 懸命 열심히 함　懸賞 현상　懸念 걱정
- 훈 かける 걸다, 달다
- かかる 걸리다

예외한자

11 現 (나타날 현)
- 음 ① げん 겐
- 現在 현재　現実 현실　表現 표현
- 훈 あらわれる 나타나다
- あらわす 나타내다

5 玄 (검을 현)
- 음 ① げん 겐
- 玄関 현관　玄米 현미　幽玄 유현, 그윽함

8 弦 (활시위 현)
- 음 ① げん 겐
- 弦楽器 현악기　下弦 하현
- 훈 つる 현, 활시위

11 舷 (뱃전 현)
- 음 ① げん 겐
- 舷側 뱃전　右舷 우현　左舷 좌현

385

우리말 발음		일본어 발음
혈	2/2 →	케쓰

적용법칙 두음법칙 ㅎ → ヵ(か행)   음절법칙 여 → 에(え)   받침법칙 ㄹ받침 → 쓰(つ)

⑥ 血 피 혈
- 음 ① けつ [けっー] 케쓰
  - 血液 혈액   血管 혈관   貧血 빈혈
- 훈 ち 피

⑤ 穴 구멍 혈
- 음 ① けつ [けっー] 케쓰
  - 穴居 혈거   洞穴 동굴   墓穴 묘혈
- 훈 あな 구멍

386

우리말 발음		일본어 발음
혐	1/1 →	켄

적용법칙 두음법칙 ㅎ → ヵ(か행)   음절법칙 여 → 에(え)   받침법칙 ㅁ받침 → ㄴ(ん)

⑬ 嫌 혐의할 혐
- 음 ① けん 켄   ② げん 겐
  - 嫌悪 혐오   嫌疑 혐의   機嫌 기분
- 훈 いやだ 싫다
  - きらう 싫어하다

387

우리말 발음	일본어 발음
협	쿄우

5/5

적용법칙 두음법칙 ㅎ → ㅋ(か행)   음절법칙 엽 → 요우(よう)   받침법칙 ㅂ받침 → 우(う)

---

⑧ 協 화합할 협
- 음 ① きょう 쿄우
- きょうどう 協同 협동　きょうかい 協会 협회　きょうりょく 協力 협력　だきょう 妥協 타협

---

⑨ 峡 골짜기 협
- 음 ① きょう 쿄우
- きょうこく 峡谷 협곡　かいきょう 海峡 해협　さんきょう 山峡 산골짜기

---

⑨ 挟 낄 협
- 음 ① きょう 쿄우
- きょうさつ 挟殺 협살　きょうげき 挟撃 협공
- 훈 はさむ 끼우다 / はさまる 끼이다

---

⑨ 狭 좁을 협
- 음 ① きょう 쿄우
- きょうぎ 狭義 협의　きょうしん 狭心 협심　へんきょう 偏狭 편협
- 훈 せまい 좁다 / せばめる 좁히다 / せばまる 좁아지다

---

⑩ 脅 으를 협
- 음 ① きょう 쿄우
- きょうはく 脅迫 협박　きょうい 脅威 위협
- 훈 おどす 협박하다 / おどかす 위협하다

388

우리말 발음		일본어 발음
형	5/6 →	케이

적용법칙 **두음법칙** ㅎ → ㅋ(か행) **음절법칙** 영 → 에이(えい)

5 兄 형 형	음 ① けい 케이 ② きょう 쿄우 父兄(ふけい) 부형 実兄(じっけい) 친형 兄弟(きょうだい) 형제	훈 あに 형, 오빠
7 形 형상 형	음 ① けい 케이 ② ぎょう 교우 形式(けいしき) 형식 形態(けいたい) 형태 図形(ずけい) 도형 人形(にんぎょう) 인형	훈 かた 형태, 모양 かたち 모양
9 型 거푸집 형	음 ① けい 케이 類型(るいけい) 유형 模型(もけい) 모형 典型(てんけい) 전형	훈 かた 모형, 형식
6 刑 형벌 형	음 ① けい 케이 刑事(けいじ) 형사 刑罰(けいばつ) 형벌 死刑(しけい) 사형	
11 蛍 개똥벌레 형	음 ① けい 케이 蛍光(けいこう) 형광 蛍雪(けいせつ) 형설	훈 ほたる 반딧불이, 개똥벌레

예외한자	
16 衡 저울 형	음 ① こう 코우 均衡(きんこう) 균형 平衡(へいこう) 평형

389

우리말 발음		일본어 발음
혜	1/1 →	케이

적용법칙 두음법칙 ㅎ → ㅋ(か행) 음절법칙 예 → 에이(えい)

恵 (은혜 혜) [10]

[음] ① けい 케이 ② え 에

恵沢(けいたく) 혜택　恩恵(おんけい) 은혜　知恵(ちえ) 지혜

[훈] めぐむ 은혜를 베풀다

390

우리말 발음		일본어 발음
호	5/10 →	코

적용법칙 두음법칙 ㅎ → ㅋ(か행) 음절법칙 오 → 오(お)

戸 (지게 호) [4]

[음] ① こ[-ご] 코

戸籍(こせき) 호적　戸主(こしゅ) 호주　上戸(じょうご) 술꾼

[훈] と 문짝

湖 (호수 호) [12]

[음] ① こ 코

湖水(こすい) 호수　湖畔(こはん) 호반　淡水湖(たんすいこ) 담수호

[훈] みずうみ 호수

呼 (부를 호) [8]

[음] ① こ 코

呼応(こおう) 호응　呼吸(こきゅう) 호흡　呼称(こしょう) 호칭

[훈] よぶ 부르다

虎 (범 호) [8]

[음] ① こ 코

虎穴(こけつ) 호랑이 굴　猛虎(もうこ) 맹호　龍虎(りゅうこ) 용호

[훈] とら 호랑이

弧 (나무활 호) [9]

[음] ① こ 코

弧状(こじょう) 호상; 활의 등처럼 굽은 모양　括弧(かっこ) 괄호　円弧(えんこ) 원호

예외한자 20 護 보호할 호	음 ① ご 고	護身 호신 看護 간호 保護 보호	
4 互 서로 호	음 ① ご 고	相互 상호 互換性 호환성	훈 たがい 서로, 쌍방
5 号 부르짖을 호	음 ① ごう 고우	号外 호외 番号 번호 記号 기호	
14 豪 호걸 호	음 ① ごう 고우	豪雨 호우 豪華 호화 富豪 부호	
6 好 좋아할 호	음 ① こう 코우	好意 호의 好況 호황 好調 호조	훈 このむ 좋아하다 すく 좋아하다

391

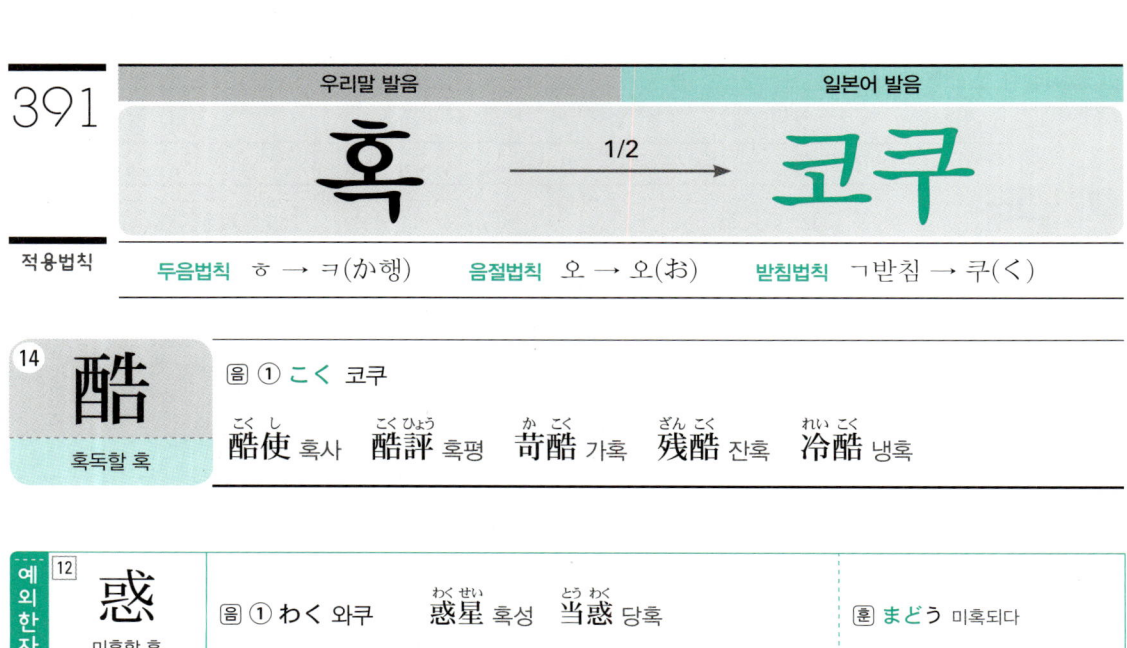

14 酷 혹독할 혹	음 ① こく 코쿠	酷使 혹사 酷評 혹평 苛酷 가혹 残酷 잔혹 冷酷 냉혹	
예외한자 12 惑 미혹할 혹	음 ① わく 와쿠	惑星 혹성 当惑 당혹	훈 まどう 미혹되다

392

우리말 발음		일본어 발음
혼	3/3 →	콘

적용법칙 두음법칙 ㅎ → ㅋ(か행)　음절법칙 오 → 오(お)　받침법칙 ㄴ받침 → ん(ん)

⑪ 混 섞을 혼
- 음 ① こん 콘
  - 混合 こんごう 혼합　混同 こんどう 혼동　混乱 こんらん 혼란
- 훈 まじる 섞이다 / まぜる 섞다 / こむ 붐비다, 혼잡하다

⑪ 婚 혼인할 혼
- 음 ① こん 콘
  - 婚姻 こんいん 혼인　婚約 こんやく 약혼　結婚 けっこん 결혼

⑭ 魂 넋 혼
- 음 ① こん 콘
  - 商魂 しょうこん 상혼　霊魂 れいこん 영혼　闘魂 とうこん 투혼
- 훈 たましい 혼, 영혼

393

우리말 발음		일본어 발음
홍	2/2 →	코우

적용법칙 두음법칙 ㅎ → ㅋ(か행)　음절법칙 오 → 오(お)　받침법칙 ㅇ받침 → 우(う)

⑨ 紅 붉을 홍
- 음 ① こう 코우　② く 쿠
  - 紅白 こうはく 홍백　紅茶 こうちゃ 홍차　紅葉 こうよう 단풍　真紅 しんく 진홍
- 훈 べに 주홍색, 연지 / くれない 선홍색

⑨ 洪 넓을 홍
- 음 ① こう 코우
  - 洪水 こうずい 홍수　洪積世 こうせきせい 홍적세, 빙하 시대

394

우리말 발음		일본어 발음
화	7/10 →	カ

적용법칙 두음법칙 ㅎ → ヵ(か행)   음절법칙 와 → 아(あ)

---

④ 火 불 화
- 음 ① か カ
  - 火山 화산   火災 화재   消火 소화
- 훈 ひ 불
  - 花火 불꽃

⑦ 花 꽃 화
- 음 ① か カ
  - 花壇 화단   花瓶 화병   生花 생화
- 훈 はな 꽃

④ 化 화할 화
- 음 ① か カ   ② け ケ
  - 化石 화석   化学 화학   文化 문화   化粧 화장
- 훈 ばける 변신하다
  - ばかす 속이다

⑪ 貨 화폐 화
- 음 ① か カ
  - 貨物 화물   貨幣 화폐   通貨 통화

⑩ 華 화려할 화
- 음 ① か [ーが] カ   ② け [ーげ] ケ
  - 繁華街 번화가   栄華 영화   散華 산화
- 훈 はなやかだ 화려하다

⑬ 禍 재앙 화
- 음 ① か カ
  - 禍根 화근   禍福 화복   惨禍 참화

⑬ 靴 구두 화
- 음 ① か カ
  - 製靴 제화   軍靴 군화
- 훈 くつ 신발

예외한자			
8 画 그림 화	음 ① が 가	画家 화가　画集 화집　画室 화실　映画 영화	
13 話 말할 화	음 ① わ 와	話題 화제　会話 회화　童話 동화	훈 はなす 이야기하다 はなし 이야기
8 和 화목할 화	음 ① わ 와 ② お 오	和解 화해　和食 일식　平和 평화 和尚 화상, 스님	훈 やわらぐ 누그러지다 なごやかだ 화목하다

395

우리말 발음		일본어 발음
확	3/3 →	카쿠

적용법칙　두음법칙 ㅎ → ㅋ(か행)　음절법칙 와 → 아(あ)　받침법칙 ㄱ받침 → 쿠(く)

15 確 확실할 확	음 ① かく [かっ―] 카쿠 確認 확인　確固 확고　確定 확정　正確 정확	훈 たしかだ 확실하다 たしかめる 확신하다
8 拡 늘릴 확	음 ① かく 카쿠 拡大 확대　拡張 확장　拡散 확산	
18 穫 거둘 확	음 ① かく 카쿠 収穫 수확	

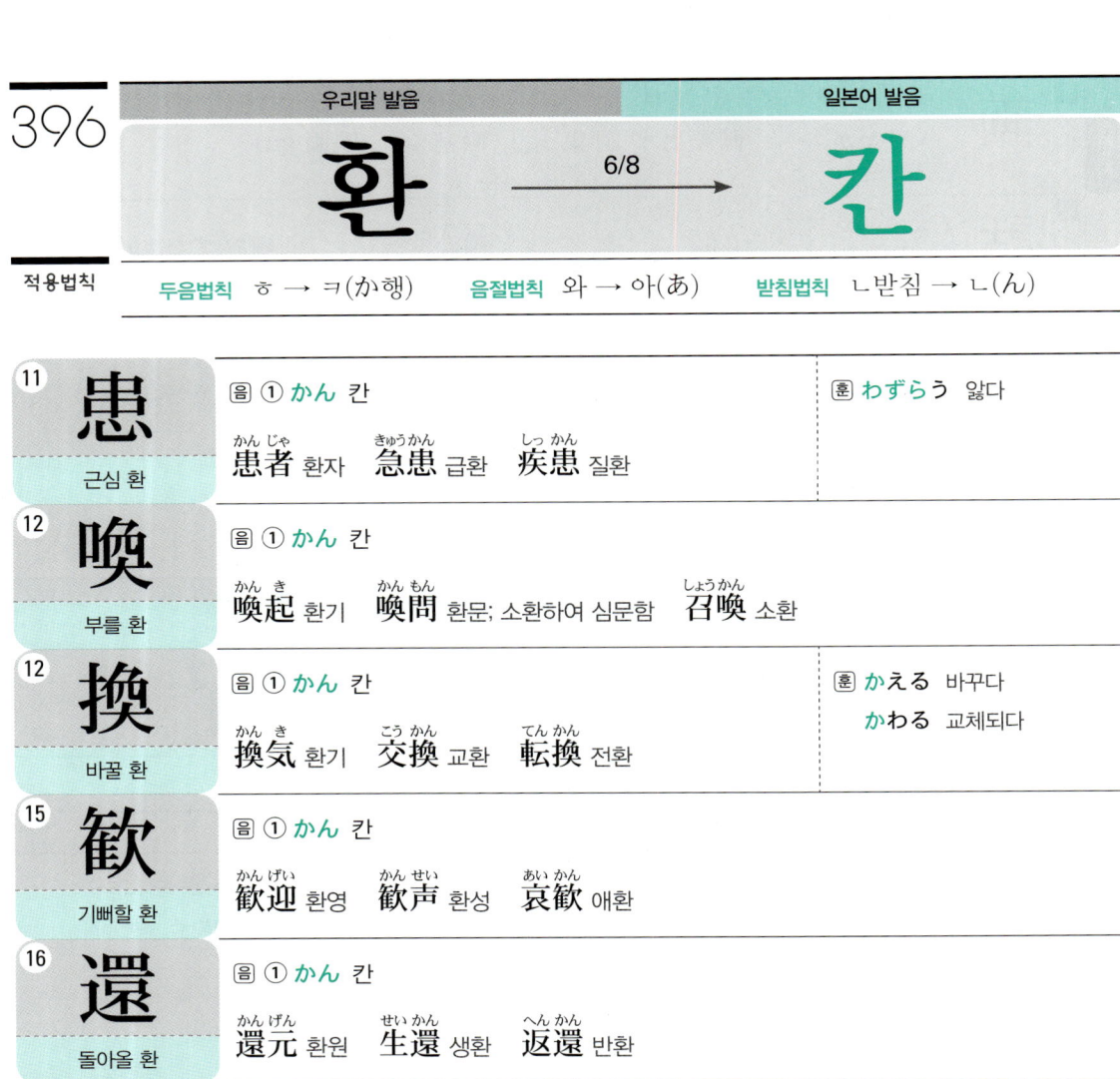

397

우리말 발음		일본어 발음
활	2/2 →	카쓰

적용법칙 두음법칙 ㅎ → ㅋ(か행)　음절법칙 와 → 아(あ)　받침법칙 ㄹ받침 → 쓰(つ)

⑨ 活 살 활
- 음 ① かつ [かっ-] 카쓰
- 活躍(かつやく) 활약　活動(かつどう) 활동　活力(かつりょく) 활력　活発(かっぱつ) 활발　生活(せいかつ) 생활

⑬ 滑 미끄러울 활
- 음 ① かつ [かっ-] 카쓰　② こつ [こっ-] 코쓰
- 滑空(かつくう) 활공　滑走(かっそう) 활주　円滑(えんかつ) 원활　滑稽(こっけい) 해학, 익살
- 훈 すべる 미끄러지다
- なめらかだ 매끄럽다

398

우리말 발음		일본어 발음
황	4/5 →	코우

적용법칙 두음법칙 ㅎ → ㅋ(か행)　음절법칙 왕 → 오우(おう)　받침법칙 ㅇ받침 → 우(う)

⑪ 黄 누를 황
- 음 ① こう 코우　② おう 오우
- 黄泉(こうせん) 저승　黄金時代(おうごんじだい) 황금 시대
- 훈 き 황(색), 노랑
- 黄色(きいろ) 황색, 노란색

⑨ 皇 임금 황
- 음 ① こう 코우　② おう 오우
- 皇位(こうい) 황위　皇族(こうぞく) 황족　皇子(おうじ) 황태자

⑨ 荒 거칠 황
- 음 ① こう 코우
- 荒天(こうてん) 악천후　荒廃(こうはい) 황폐　荒野(こうや) 황야
- 훈 あらい 거칠다
- あれる 거칠어지다
- あらす 손상하다, 해치다

⑫ 慌 다급할 황
- 음 ① こう 코우
- 恐慌(きょうこう) 공황
- 훈 あわてる 당황하다
- あわただしい 어수선하다

| 예외한자 | 況 모양 황 | 음 ① きょう 쿄우　不況 불황　好況 호황　状況 상황 |

399　회 → 6/7 → 카이

적용법칙　두음법칙 ㅎ → ㅋ(か행)　음절법칙 외 → 아이(あい)

6 会 만날 회	음 ① かい 카이　② え 에　会社 회사　会話 회화　会釈 가벼운 인사	훈 あう 만나다
6 回 돌 회	음 ① かい 카이　② え 에　回収 회수　回向 죽은 사람을 위해 명복을 빎	훈 まわる 돌다　まわす 돌리다
12 絵 그림 회	음 ① かい 카이　② え 에　絵画 회화　絵本 그림책　図絵 화집	
6 灰 재 회	음 ① かい 카이　灰白色 회백색　石灰水 석회수	훈 はい 재　灰色 회색, 잿빛
9 悔 뉘우칠 회	음 ① かい 카이　悔悟 회오　悔恨 회한　後悔 후회	훈 くやしい 분하다　くやむ 후회하다　くいる 뉘우치다
16 懐 품을 회	음 ① かい 카이　懐古 회고　懐中 품안　述懐 술회	훈 ふところ 품　なつかしい 그립다　なつかしむ 그리워하다

예외한자 13	賄 뇌물 회	음 ① わい 와이　賄賂 뇌물　収賄 수회; 뇌물을 받음	훈 まかなう 마련하다

400

	우리말 발음	일본어 발음
	획	2/2 → 카쿠

적용법칙　두음법칙 ㅎ → ㅋ(か행)　받침법칙 ㄱ받침 → 쿠(く)

8 画 꾀할 획	음 ① かく [かっ—] 카쿠　画策 획책　画期的 획기적　計画 계획	
16 獲 얻을 획	음 ① かく 카쿠　獲得 획득　捕獲 포획　乱獲 남획	훈 える 얻다, 획득하다

401

	우리말 발음	일본어 발음
	횡	1/1 → 오우

적용법칙　음절법칙 욍 → 오우(おう)　받침법칙 ㅇ받침 → 우(う)

15 横 가로 횡	음 ① おう 오우　横死 횡사　横断 횡단　横領 횡령　専横 전횡	훈 よこ 가로

402

우리말 발음		일본어 발음
효	3/4 →	코우

적용법칙 두음법칙 ㅎ → ㅋ(か행)

⑧ 効 본받을 효
- 음 ① こう 코우
- 効果 효과   効力 효력   有効 유효
- 훈 きく (효과가) 있다, 듣다

⑦ 孝 효도 효
- 음 ① こう 코우
- 孝行 효행, 효도   孝道 효도   親孝行 효도, 효행   親不孝 불효 (자식)

14 酵 술 괼 효
- 음 ① こう 코우
- 酵素 효소   酵母 효모   発酵 발효

예외한자 12 暁 새벽 효
- 음 ① ぎょう 교우   暁星 효성; 샛별   早暁 첫새벽
- 훈 あかつき 새벽

403

우리말 발음		일본어 발음
후	5/8 →	코우

적용법칙 두음법칙 ㅎ → ㅋ(か행)

⑩ 候 기후 후
- 음 ① こう 코우
- 候補 후보   気候 기후   兆候 징후
- 훈 そうろう 계시다

한자	음	훈
⑨ 厚 두터울 후	① こう 코우 厚生 후생　温厚 온후　濃厚 농후	あつい 두껍다, 두텁다
⑥ 后 왕후 후	① こう [－ごう] 코우 后妃 후비; 임금의 아내　太后 태후　皇后 황후	
⑨ 侯 제후 후	① こう 코우 侯爵 후작　王侯 왕후　諸侯 제후	
⑫ 喉 목구멍 후	① こう 코우 喉頭 후두　咽喉 인후	のど 목구멍

예외한자

한자	음	훈
⑥ 朽 썩을 후	① きゅう 큐우　不朽 불후　老朽 노후	くちる (나무가) 썩다
⑬ 嗅 맡을 후	① きゅう 큐우　嗅覚 후각　嗅官 후각 기관	かぐ 냄새 맡다
⑨ 後 뒤 후	① ご 고　午後 오후　最後 최후 ② こう 코우　後悔 후회　後半 후반	あと 뒤, 다음 のち 후, 다음, 나중 うしろ 뒤(쪽)

404

우리말 발음		일본어 발음
훈	3/3 →	쿤

적용법칙 두음법칙 ㅎ → ㅋ(か행)　받침법칙 ㄴ받침 → ㄴ(ん)

10 訓 가르칠 훈
- 음 ① くん 쿤
- 訓示 훈시　訓練 훈련　音訓 음훈　教訓 교훈

15 勳 공 훈
- 음 ① くん 쿤
- 勳章 훈장　殊勳 수훈　武勳 무훈

16 薫 향기 훈
- 음 ① くん 쿤
- 薫育 훈육　薫製 훈제　薫風 훈풍
- 훈 かおる 향기가 나다

405

우리말 발음		일본어 발음
훼	1/1 →	키

적용법칙 두음법칙 ㅎ → ㅋ(か행)　음절법칙 웨 → 이(い)

13 毀 헐 훼
- 음 ① き 키
- 毀損 훼손　破毀 파훼; 깨트려 헐어버림

406

우리말 발음		일본어 발음
휘	2/3 →	키

적용법칙 두음법칙 ㅎ → ㅋ(か행)　음절법칙 위 → 이(い)

12 揮 휘두를 휘
- 음 ① き 키
- 揮発 휘발　指揮 지휘　発揮 발휘

15 輝 빛날 휘
- 음 ① き 키
- 輝石 휘석　光輝 광휘, 빛남, 명예
- 훈 かがやく 빛나다

예외한자 13 彙 무리 휘
- 음 ① い 이
- 彙報 휘보; 종류별로 정리한 기록　語彙 어휘

407

우리말 발음		일본어 발음
휴	1/2 →	큐우

적용법칙 두음법칙 ㅎ → ㅋ(か행)　음절법칙 유 → 유우(ゆう)

6 休 쉴 휴
- 음 ① きゅう 큐우
- 休憩 휴식　休日 휴일　連休 연휴
- 훈 やすむ 쉬다
- やすまる 편안해지다
- やすめる 편안하게 하다

예외한자 13 携 가질 휴
- 음 ① けい 케이
- 携帯 휴대　提携 제휴
- 훈 たずさえる 휴대하다
- たずさわる 종사하다

408

우리말 발음		일본어 발음
흉	2/2 →	쿄우

적용법칙 두음법칙 ㅎ → ㅋ(か행)   받침법칙 ㅇ받침 → 우(う)

⑩ 胸 가슴 흉
- 음 ① きょう 쿄우
  - 胸中(きょうちゅう) 흉중
  - 胸部(きょうぶ) 흉부
  - 度胸(どきょう) 배짱
- 훈 むね 가슴, 마음

④ 凶 흉할 흉
- 음 ① きょう 쿄우
  - 凶悪(きょうあく) 흉악
  - 凶器(きょうき) 흉기
  - 凶作(きょうさく) 흉작
  - 吉凶(きっきょう) 길흉

409

우리말 발음		일본어 발음
흑	1/1 →	코쿠

적용법칙 두음법칙 ㅎ → ㅋ(か행)   받침법칙 ㄱ받침 → 쿠(く)

⑪ 黒 검을 흑
- 음 ① こく 코쿠
  - 黒板(こくばん) 칠판
  - 暗黒(あんこく) 암흑
  - 漆黒(しっこく) 칠흑
- 훈 くろ 검정
  - くろい 검다

410

우리말 발음		일본어 발음
흔	1/1 →	콘

적용법칙 두음법칙 ㅎ → ㅋ(か행)   받침법칙 ㄴ받침 → ㄴ(ん)

11 痕 — 흔적 흔

음 ① こん 콘
痕跡 흔적   血痕 혈흔   弾痕 탄흔

훈 あと 자국

411

우리말 발음		일본어 발음
흡	1/1 →	큐우

적용법칙 두음법칙 ㅎ → ㅋ(か행)   음절법칙 읍 → 유우(ゆう)   받침법칙 ㅂ받침 → 우(う)

6 吸 — 마실 흡

음 ① きゅう 큐우
吸収 흡수   吸引 흡인   呼吸 호흡

훈 すう (공기 따위를) 들이마시다

412

우리말 발음		일본어 발음
흥	1/1 →	코우

적용법칙 두음법칙 ㅎ → ㅋ(か행)   음절법칙 응 → 오우(おう)   받침법칙 ㅇ받침 → 우(う)

16 興 — 일어날 흥

음 ① こう 코우   ② きょう 쿄우
興奮 흥분   振興 신흥   復興 부흥   興味 흥미

훈 おこる 흥하다
   おこす 부흥시키다

413

우리말 발음		일본어 발음
희	2/4 →	キ

적용법칙   두음법칙 ㅎ → ㅋ(か행)   음절법칙 의 → 이(い)

⑦ 希 바랄 희
- 음 ① き 키
- 希少 희소   希薄 희박   希望 희망   古希 고희

⑫ 喜 기쁠 희
- 음 ① き 키
- 喜劇 희극   喜怒哀楽 희로애락   歓喜 환희
- 훈 よろこぶ 기뻐하다

예외한자 ⑮ 戯 희롱할 희
- 음 ① ぎ 기
- 戯曲 희곡   戯画 희화   遊戯 유희
- 훈 たわむれる 희롱하다

⑰ 犠 희생 희
- 음 ① ぎ 기
- 犠牲 희생   犠牲打 희생타

414

우리말 발음		일본어 발음
힐	1/1 →	キッ

적용법칙   두음법칙 ㅎ → ㅋ(か행)   음절법칙 이 → 이(い)   받침법칙 ㄹ받침 → ッ(つ)

⑬ 詰 힐난할 힐
- 음 ① きつ [きっー] 키쯔
- 詰問 힐문   詰責 힐책   難詰 책망, 질책
- 훈 つめる 채워 넣다
- つまる 꽉차다
- つむ 막히다

제3장

부록

- 법칙 적용 일람표
- 상용한자 중 음독이 없는 한자 및 일본 한자

법칙 적용 일람표

한자 배열은 법칙 적용 한자(색자), 예외한자의 순서이다.

ㄱ

번호	발음	일본어 발음	확률	두음법칙	음절법칙	받침법칙
001 p.18	가	카 (か)	12/13	ㄱ → ㅋ	아 → 아	
			家 歌 加 仮 価 可 佳 苛 架 嫁 暇 稼 街			
002 p.19	각	카쿠 (かく)	5/8	ㄱ → ㅋ	아 → 아	ㄱ받침 → 쿠
			角 各 覚 閣 殻 却 脚 刻			
003 p.20	간	칸 (かん)	7/9	ㄱ → ㅋ	아 → 아	ㄴ받침 → ㄴ
			間 刊 幹 干 看 簡 肝 墾 懇			
004 p.21	갈	카쓰 (かつ)	4/4	ㄱ → ㅋ	아 → 아	ㄹ받침 → 쓰
			喝 渇 葛 褐			
005 p.22	감	칸 (かん)	8/10	ㄱ → ㅋ	아 → 아	ㅁ받침 → ㄴ
			感 甘 勘 敢 堪 監 憾 鑑 減 紺			
006 p.23	갑	코우 (こう)	1/1	ㄱ → ㅋ	압 → 오우	ㅂ받침 → 우
			甲			
007 p.24	강	코우 (こう)	6/8	ㄱ → ㅋ	앙 → 오우	ㅇ받침 → 우
			康 講 降 鋼 江 綱 強 剛			
008 p.25	개	카이 (かい)	4/9	ㄱ → ㅋ	애 → 아이	
			開 改 介 皆 慨 蓋 概 箇 個			
009 p.26	객	캬쿠 (きゃく)	1/1	ㄱ → ㅋ		ㄱ받침 → 쿠
			客			
010 p.26	갱	코우 (こう)	2/2	ㄱ → ㅋ	앵 → 오우	ㅇ받침 → 우
			更 坑			
011 p.27	거	쿄 (きょ)	7/7	ㄱ → ㅋ		
			去 挙 居 巨 拠 拒 距			
012 p.28	건	켄 (けん)	4/6	ㄱ → ㅋ	어 → 에	ㄴ받침 → ㄴ
			建 健 件 鍵 乾 巾			
013 p.29	걸	케쓰 (けつ)	1/1	ㄱ → ㅋ	어 → 에	ㄹ받침 → 쓰
			傑			

번호	한글	일본어	비율	규칙1	규칙2	규칙3
014 p.29	검	ケン (けん)	3/3	ㄱ → ㅋ	어 → 에	ㅁ받침 → ㄴ
			検 倹 剣			
015 p.30	게	ケイ (けい)	2/2	ㄱ → ㅋ	에 → 에이	
			掲 憩			
016 p.30	격	カク (かく)	2/4	ㄱ → ㅋ		ㄱ받침 → 쿠
			格 隔 激 撃			
017 p.31	견	ケン (けん)	7/7	ㄱ → ㅋ	여 → 에	ㄴ받침 → ㄴ
			犬 見 絹 肩 堅 遣 繭			
018 p.32	결	ケツ (けつ)	4/4	ㄱ → ㅋ	여 → 에	ㄹ받침 → 쓰
			決 欠 結 潔			
019 p.32	겸	ケン (けん)	2/2	ㄱ → ㅋ	여 → 에	ㅁ받침 → ㄴ
			兼 謙			
020 p.33	경	ケイ (けい)	10/20	ㄱ → ㅋ	영 → 에이	
			軽 径 景 経 敬 警 茎 傾 慶 憬 京 競 鏡 境 驚 鯨 耕 更 梗 硬			
021 p.35	계	ケイ (けい)	9/14	ㄱ → ㅋ	예 → 에이	
			計 係 系 契 啓 渓 継 稽 鶏 界 階 械 戒 季			
022 p.37	고	コ (こ)	11/17	ㄱ → ㅋ	오 → 오	
			古 庫 固 故 股 孤 枯 雇 鼓 錮 顧 考 高 稿 拷 告 苦			
023 p.39	곡	コク (こく)	2/3	ㄱ → ㅋ	오 → 오	ㄱ받침 → 쿠
			谷 穀 曲			
024 p.39	곤	コン (こん)	2/2	ㄱ → ㅋ	오 → 오	ㄴ받침 → ㄴ
			困 昆			
025 p.40	골	コツ (こつ)	1/1	ㄱ → ㅋ	오 → 오	ㄹ받침 → 쓰
			骨			
026 p.40	공	コウ (こう)	7/12	ㄱ → ㅋ	오 → 오	ㅇ받침 → 우
			工 公 功 孔 攻 貢 控 共 供 恐 恭 空			
027 p.41	과	カ (か)	6/7	ㄱ → ㅋ	와 → 아	
			科 果 課 過 菓 寡 誇			
028 p.42	곽	カク (かく)	1/1	ㄱ → ㅋ	와 → 아	ㄱ받침 → 쿠
			郭			

No.	한자	일본어 음	개수	규칙		
029 p.43	관	カン (かん)	12/12	ㄱ → カ	와 → ア	ㄴ받침 → ン
			館 官 管 観 関 慣 缶 冠 貫 棺 款 寛			
030 p.44	괄	カツ (かつ)	1/1	ㄱ → カ	와 → ア	ㄹ받침 → ツ
			括			
031 p.45	광	コウ (こう)	3/4	ㄱ → カ	왕 → オウ	ㅇ받침 → ウ
			広 光 鉱 狂			
032 p.45	괴	カイ (かい)	4/4	ㄱ → カ	외 → アイ	
			怪 拐 塊 壊			
033 p.46	교	キョウ (きょう)	3/9	ㄱ → カ	요 → ヨウ	
			教 橋 矯 校 交 巧 郊 絞 較			
034 p.47	구	キュウ (きゅう)	9/22	ㄱ → カ		
			九 究 球 求 救 久 旧 丘 臼 口 構 勾 拘 溝 購 区 句 駆 欧 殴 具 惧			
035 p.49	국	コク (こく)	1/3	ㄱ → カ		ㄱ받침 → ク
			国 局 菊			
036 p.50	군	クン (くん)	1/4	ㄱ → カ		ㄴ받침 → ン
			君 軍 郡 群			
037 p.51	굴	クツ (くつ)	3/3	ㄱ → カ		ㄹ받침 → ツ
			屈 掘 窟			
038 p.51	궁	キュウ (きゅう)	3/3	ㄱ → カ		ㅇ받침 → ウ
			弓 宮 窮			
039 p.52	권	ケン (けん)	4/6	ㄱ → カ	워 → エ	ㄴ받침 → ン
			券 権 拳 圏 巻 勧			
040 p.53	궤	キ (き)	2/3	ㄱ → カ	웨 → イ	
			机 軌 潰			
041 p.53	귀	キ (き)	4/4	ㄱ → カ	위 → イ	
			帰 貴 鬼 亀			
042 p.54	규	キュウ (きゅう)	1/3	ㄱ → カ	유 → ユウ	
			糾 規 叫			
043 p.55	균	キン (きん)	2/3	ㄱ → カ		ㄴ받침 → ン
			均 菌 亀			

338

번호	발음	일본어 발음	확률	두음법칙	음절법칙	받침법칙
044 p.55	극	쿄쿠 (きょく)	1/4	ㄱ → ㅋ		ㄱ받침 → 쿠
			極 劇 隙 克			
045 p.56	근	킨 (きん)	6/7	ㄱ → ㅋ		ㄴ받침 → ㄴ
			近 勤 筋 斤 僅 謹 根			
046 p.57	금	킨 (きん)	5/6	ㄱ → ㅋ		ㅁ받침 → ㄴ
			金 禁 琴 錦 襟 今			
047 p.58	급	큐우 (きゅう)	4/4	ㄱ → ㅋ	읍 → 유우	ㅂ받침 → 우
			急 級 給 及			
048 p.58	긍	코우 (こう)	1/1	ㄱ → ㅋ	응 → 오우	ㅁ받침 → ㄴ
			肯			
049 p.59	기	키 (き)	25/28	ㄱ → ㅋ	이 → 이	
			気 汽 記 起 期 紀 旗 器 機 基 寄 己 伎 企 忌 岐 祈 奇 既 飢 幾 棋 棄 畿 騎 技 欺 碁			
050 p.62	긴	킨 (きん)	1/1	ㄱ → ㅋ	이 → 이	ㄴ받침 → ㄴ
			緊			
051 p.62	끽	키쓰 (きつ)	1/1	ㄱ → ㅋ	이 → 이	
			喫			

ㄴ

번호	발음	일본어 발음	확률	두음법칙	음절법칙	받침법칙
052 p.63	나	나 (な)	2/2	ㄴ → ㄴ	아 → 아	
			那 奈			
053 p.63	난	난 (なん)	1/2	ㄴ → ㄴ	아 → 아	ㄴ받침 → ㄴ
			難 暖			
054 p.64	남	난 (なん)	1/2	ㄴ → ㄴ	아 → 아	ㅁ받침 → ㄴ
			南 男			
055 p.64	납	노우 (のう)	1/1	ㄴ → ㄴ	압 → 오우	ㅂ받침 → 우
			納			
056 p.65	내	나이 (ない)	1/2	ㄴ → ㄴ	애 → 아이	
			内 耐			

번호	발음	일본어 발음	확률	두음법칙	음절법칙	받침법칙
057 p.65	년	넨 (ねん)	1/1 年	ㄴ → ㄴ	여 → 에	ㄴ받침 → ㄴ
058 p.66	념	넨 (ねん)	2/2 念 捻	ㄴ → ㄴ	여 → 에	ㅁ받침 → ㄴ
059 p.66	녕	네이 (ねい)	1/1 寧	ㄴ → ㄴ	영 → 에이	
060 p.67	노	도 (ど)	3/3 努 奴 怒		오 → オ	
061 p.67	농	노우 (のう)	2/2 農 濃	ㄴ → ㄴ	오 → オ	ㅇ받침 → 우
062 p.68	뇌	노우 (のう)	2/2 脳 悩	ㄴ → ㄴ		
063 p.68	뇨	뇨우 (にょう)	1/1 尿	ㄴ → ㄴ	요 → 요우	
064 p.69	능	노우 (のう)	1/1 能	ㄴ → ㄴ	응 → 오우	ㅇ받침 → 우
065 p.69	니	니 (に)	1/2 尼 泥	ㄴ → ㄴ	이 → イ	

ㄷ

번호	발음	일본어 발음	확률	두음법칙	음절법칙	받침법칙
066 p.70	다	타 (た)	1/1 多	ㄷ → ㅌ	아 → ア	
067 p.70	단	탄 (たん)	6/10 短 単 丹 旦 端 鍛 団 断 段 壇	ㄷ → ㅌ	아 → ア	ㄴ받침 → ㄴ
068 p.71	달	타쓰 (たつ)	1/1 達	ㄷ → ㅌ	아 → ア	ㄹ받침 → 쓰
069 p.72	담	탄 (たん)	3/5 担 胆 淡 談 曇	ㄷ → ㅌ	아 → ア	ㅁ받침 → ㄴ

번호	한글	일본어	비율	규칙1	규칙2	규칙3
070 p.72	답	토우(とう)	2/2	ㄷ → ㅌ	압 → 오우	ㅂ받침 → 우
			答 踏			
071 p.73	당	토우(とう)	4/5	ㄷ → ㅌ	앙 → 오우	ㅇ받침 → 우
			当 党 糖 唐 堂			
072 p.74	대	타이(たい)	7/10	ㄷ → ㅌ	애 → 아이	
			対 待 帯 隊 貸 袋 戴 大 台 代			
073 p.75	덕	토쿠(とく)	1/1	ㄷ → ㅌ		ㄱ받침 → 쿠
			徳			
074 p.75	도	토(と)	6/22	ㄷ → ㅌ	오 → 오	
			都 徒 途 渡 塗 賭 刀 島 到 逃 倒 桃 陶 悼 盗 稲 道 導 挑 跳 図 度			
075 p.77	독	토쿠(とく)	2/5	ㄷ → ㅌ	오 → 오	ㄱ받침 → 쿠
			督 篤 読 毒 独			
076 p.78	돈	톤(とん)	2/2	ㄷ → ㅌ	오 → 오	ㄴ받침 → ㄴ
			豚 頓			
077 p.79	돌	토쓰(とつ)	1/1	ㄷ → ㅌ	오 → 오	ㄹ받침 → 쓰
			突			
078 p.79	동	토우(とう)	4/12	ㄷ → ㅌ	오 → 오	ㅇ받침 → 우
			冬 東 凍 棟 同 動 童 銅 洞 胴 瞳 憧			
079 p.80	두	토우(とう)	3/4	ㄷ → ㅌ		
			頭 豆 痘 斗			
080 p.81	둔	톤(とん)	1/2	ㄷ → ㅌ		ㄴ받침 → ㄴ
			屯 鈍			
081 p.82	득	토쿠(とく)	1/1	ㄷ → ㅌ		ㄱ받침 → 쿠
			得			
082 p.82	등	토우(とう)	6/6	ㄷ → ㅌ	응 → 오우	ㅇ받침 → 우
			登 等 灯 謄 藤 騰			

ㄹ

번호	발음	일본어 발음	확률	두음법칙	음절법칙	받침법칙
083 p.83	라	라 (ら)	2/2 裸 羅	ㄹ → ㄹ	아 → 아	
084 p.83	락	라쿠 (らく)	4/5 楽 落 絡 酪 諾	ㄹ → ㄹ	아 → 아	ㄱ받침 → 쿠
085 p.84	란	란 (らん)	3/3 乱 卵 欄	ㄹ → ㄹ	아 → 아	ㄴ받침 → ㄴ
086 p.85	랄	라쓰 (らつ)	1/1 辣	ㄹ → ㄹ	아 → 아	ㄹ받침 → 쓰
087 p.85	람	란 (らん)	3/3 覧 濫 藍	ㄹ → ㄹ	아 → 아	ㅁ받침 → ㄴ
088 p.86	랑	로우 (ろう)	4/4 朗 郎 浪 廊	ㄹ → ㄹ	앙 → 오우	ㅇ받침 → 우
089 p.87	래	라이 (らい)	1/1 来	ㄹ → ㄹ	애 → 아이	
090 p.87	랭	레이 (れい)	1/1 冷	ㄹ → ㄹ		
091 p.87	략	랴쿠 (らく)	1/1 略	ㄹ → ㄹ	야 → 야	ㄱ받침 → 쿠
092 p.88	량	료우 (りょう)	5/5 両 良 量 涼 糧	ㄹ → ㄹ	양 → 요우	ㅇ받침 → 우
093 p.88	려	레이 (れい)	3/7 戻 励 麗 旅 侶 慮 呂	ㄹ → ㄹ		
094 p.89	력	레키 (れき)	2/3 歴 暦 力	ㄹ → ㄹ	여 → 에	
095 p.90	련	렌 (れん)	4/4 練 連 恋 錬	ㄹ → ㄹ	여 → 에	ㄴ받침 → ㄴ
096 p.91	렬	레쓰 (れつ)	4/4 列 劣 烈 裂	ㄹ → ㄹ	여 → 에	ㄹ받침 → 쓰

번호	한자음	일본음	개수	규칙1	규칙2	규칙3
097 p.91	렴	렌 (れん)	1/1	ㄹ → ㄹ	여 → 에	ㅁ받침 → ㄴ
			廉			
098 p.92	렵	료우 (りょう)	1/1	ㄹ → ㄹ	엽 → 요우	ㅂ받침 → 우
			猟			
099 p.92	령	레이 (れい)	5/6	ㄹ → ㄹ	영 → 에이	
			令 鈴 零 霊 齢 領			
100 p.93	례	레이 (れい)	3/3	ㄹ → ㄹ	예 → 에이	
			礼 例 隷			
101 p.93	로	로 (ろ)	3/6	ㄹ → ㄹ	오 → 오	
			路 炉 露 労 老 虜			
102 p.94	록	로쿠 (ろく)	2/3	ㄹ → ㄹ	오 → 오	ㄱ받침 → 쿠
			録 麓 緑			
103 p.95	론	론 (ろん)	1/1	ㄹ → ㄹ	오 → 오	ㄴ받침 → ㄴ
			論			
104 p.95	롱	로우 (ろう)	2/2	ㄹ → ㄹ	오 → 오	ㅇ받침 → 우
			弄 籠			
105 p.96	뢰	라이 (らい)	2/3	ㄹ → ㄹ	외 → 아이	
			雷 頼 賂			
106 p.96	료	료우 (りょう)	6/6	ㄹ → ㄹ	요 → 요우	
			料 了 僚 寮 療 瞭			
107 p.97	롱	류우 (りゅう)	1/1	ㄹ → ㄹ		ㅇ받침 → 우
			竜			
108 p.98	루	루이 (るい)	3/5	ㄹ → ㄹ		
			涙 累 塁 楼 漏			
109 p.98	류	류우 (りゅう)	4/6	ㄹ → ㄹ	유 → 유우	
			流 留 柳 硫 類 瑠			
110 p.99	륙	리쿠 (りく)	1/1	ㄹ → ㄹ		ㄱ받침 → 쿠
			陸			
111 p.100	륜	린 (りん)	2/2	ㄹ → ㄹ		ㄴ받침 → ㄴ
			輪 倫			

번호	발음	일본어 발음	확률	두음법칙	음절법칙	받침법칙
112 p.100	률	리쓰 (りつ)	3/3	ㄹ → ㄹ		ㄹ받침 → 쓰
			率 律 慄			
113 p.101	륭	류우 (りゅう)	1/1	ㄹ → ㄹ	융 → 유우	ㅇ받침 → 우
			隆			
114 p.101	릉	료우 (りょう)	1/1	ㄹ → ㄹ		ㅇ받침 → 우
			陵			
115 p.101	리	리 (り)	9/10	ㄹ → ㄹ	이 → 이	
			里 理 利 裏 吏 痢 履 璃 離 厘			
116 p.103	린	린 (りん)	1/1	ㄹ → ㄹ	이 → 이	ㄴ받침 → ㄴ
			隣			
117 p.103	림	린 (りん)	2/2	ㄹ → ㄹ	이 → 이	ㅁ받침 → ㄴ
			林 臨			
118 p.104	립	류우 (りゅう)	1/2	ㄹ → ㄹ	입 → 유우	ㅂ받침 → 우
			粒 立			

ㅁ

번호	발음	일본어 발음	확률	두음법칙	음절법칙	받침법칙
119 p.104	마	마 (ま)	4/5	ㅁ → ㅁ	아 → 아	
			麻 摩 磨 魔 馬			
120 p.105	막	마쿠 (まく)	2/3	ㅁ → ㅁ	아 → 아	ㄱ받침 → 쿠
			幕 膜 漠			
121 p.106	만	만 (まん)	4/7	ㅁ → ㅁ	아 → 아	ㄴ받침 → ㄴ
			万 満 慢 漫 晩 蛮 湾			
122 p.107	말	마쓰 (まつ)	2/2	ㅁ → ㅁ	아 → 아	ㄹ받침 → 쓰
			末 抹			
123 p.107	망	모우 (もう)	2/6	ㅁ → ㅁ	앙 → 오우	ㅇ받침 → 우
			妄 網 望 亡 忘 忙			
124 p.108	매	마이 (まい)	5/11	ㅁ → ㅁ	애 → 아이	
			毎 妹 枚 昧 埋 売 買 梅 媒 罵 魅			

번호	한글	일본어	비율	규칙1	규칙2	규칙3
125 p.109	맥	먀쿠 (みゃく)	1/2	ㅁ → ㅁ		ㄱ받침 → 쿠
			脈 麦			
126 p.110	맹	모우 (もう)	2/3	ㅁ → ㅁ	앵 → 오우	ㅇ받침 → 우
			盲 猛 盟			
127 p.110	면	멘 (めん)	4/6	ㅁ → ㅁ	여 → 에	ㄴ받침 → ㄴ
			面 綿 免 麺 勉 眠			
128 p.111	멸	메쓰 (めつ)	1/2	ㅁ → ㅁ	여 → 에	ㄹ받침 → 쓰
			滅 蔑			
129 p.112	명	메이 (めい)	6/6	ㅁ → ㅁ	영 → 에이	
			名 明 鳴 命 冥 銘			
130 p.113	모	보 (ぼ)	4/14		오 → 오	
			母 暮 募 慕 某 冒 帽 貌 謀 毛 耗 侮 矛 模			
131 p.114	목	모쿠 (もく)	1/4	ㅁ → ㅁ	오 → 오	ㄱ받침 → 쿠
			目 木 牧 睦			
132 p.115	몰	보쓰 (ぼつ)	1/1		오 → 오	ㄹ받침 → 쓰
			没			
133 p.115	몽	무 (む)	1/1	ㅁ → ㅁ		
			夢			
134 p.115	묘	묘우 (みょう)	1/5	ㅁ → ㅁ	요 → 요우	
			妙 苗 描 猫 墓			
135 p.116	무	무 (む)	3/7	ㅁ → ㅁ		
			無 務 霧 武 舞 貿 茂			
136 p.117	묵	모쿠 (もく)	1/2	ㅁ → ㅁ		ㄱ받침 → 쿠
			黙 墨			
137 p.118	문	몬 (もん)	3/5	ㅁ → ㅁ		ㄴ받침 → ㄴ
			門 問 紋 文 聞			
138 p.119	미	미 (み)	2/8	ㅁ → ㅁ	이 → 이	
			味 未 美 尾 眉 微 迷 米			
139 p.120	민	민 (みん)	1/2	ㅁ → ㅁ	이 → 이	ㄴ받침 → ㄴ
			民 敏			

번호	발음	일본어 발음	확률	두음법칙	음절법칙	받침법칙
140 p.120	밀	미쓰 (みつ)	2/2 密 蜜	ㅁ → ㅁ	이 → 이	ㄹ받침 → 쓰

ㅂ

번호	발음	일본어 발음	확률	두음법칙	음절법칙	받침법칙
141 p.121	박	하쿠 (はく)	7/10 博 迫 拍 泊 剥 舶 薄 朴 撲 縛	ㅂ → ㅎ	아 → 아	ㄱ받침 → 쿠
142 p.122	반	한 (はん)	10/12 半 反 飯 班 伴 般 畔 斑 搬 頒 返 盤	ㅂ → ㅎ	아 → 아	ㄴ받침 → ㄴ
143 p.123	발	하쓰 (はつ)	2/5 発 髪 抜 鉢 勃	ㅂ → ㅎ	아 → 아	ㄹ받침 → 쓰
144 p.124	방	호우 (ほう)	6/13 方 放 訪 芳 邦 倣 防 坊 妨 房 肪 紡 傍	ㅂ → ㅎ	앙 → 오우	ㅇ받침 → 우
145 p.126	배	하이 (はい)	7/12 配 俳 拝 背 杯 排 輩 倍 培 陪 賠 北	ㅂ → ㅎ	애 → 아이	
146 p.127	백	하쿠 (はく)	2/3 白 伯 百			ㄱ받침 → 쿠
147 p.128	번	한 (はん)	3/5 煩 繁 藩 番 翻	ㅂ → ㅎ		ㄴ받침 → ㄴ
148 p.128	벌	바쓰 (ばつ)	3/3 伐 罰 閥			ㄹ받침 → 쓰
149 p.129	범	한 (はん)	5/6 犯 氾 汎 帆 範 凡	ㅂ → ㅎ		ㅁ받침 → ㄴ
150 p.130	법	호우 (ほう)	1/1 法	ㅂ → ㅎ		ㅂ받침 → 우
151 p.130	벽	헤키 (へき)	3/3 壁 璧 癖	ㅂ → ㅎ	여 → 에	
152 p.131	변	헨 (へん)	2/4 変 辺 便 弁	ㅂ → ㅎ	여 → 에	ㄴ받침 → ㄴ

번호	한글	일본어 음	비율	변환규칙			한자
153 p.131	별	베쓰 (べつ)	1/1	여 → 에	ㄹ받침 → 쓰		別
154 p.132	병	헤이 (へい)	7/9	ㅂ → ㅎ	영 → 에이		兵 並 丙 併 柄 塀 餅 病 瓶
155 p.133	보	호 (ほ)	3/7	ㅂ → ㅎ	오 → 오		步 保 補 報 宝 普 譜
156 p.134	복	후쿠 (ふく)	7/8	ㅂ → ㅎ		ㄱ받침 → 쿠	服 福 復 複 腹 伏 覆 僕
157 p.135	본	혼 (ほん)	1/1	ㅂ → ㅎ	오 → 오	ㄴ받침 → ㄴ	本
158 p.1354	봉	호우 (ほう)	5/7	ㅂ → ㅎ	오 → 오	ㅇ받침 → 우	奉 俸 峰 蜂 縫 棒 封
159 p.136	부	후 (ふ)	18/24	ㅂ → ㅎ			父 負 夫 付 府 婦 富 扶 附 訃 赴 浮 符 腐 敷 膚 賦 副 復 否 部 簿 剖
160 p.139	북	호쿠 (ほく)	1/1	ㅂ → ㅎ		ㄱ받침 → 쿠	北
161 p.139	분	훈 (ふん)	7/10	ㅂ → ㅎ		ㄴ받침 → ㄴ	粉 奮 紛 雰 噴 墳 憤 分 奔 盆
162 p.140	불	후쓰 (ふつ)	1/3	ㅂ → ㅎ		ㄹ받침 → 쓰	払 不 仏
163 p.141	붕	호우 (ほう)	1/1	ㅂ → ㅎ		ㅇ받침 → 우	崩
164 p.141	비	히 (ひ)	12/16	ㅂ → ㅎ	이 → 이		悲 飛 費 比 肥 非 批 秘 妃 卑 扉 碑 鼻 備 泌 沸
165 p.143	빈	힌 (ひん)	4/4	ㅂ → ㅎ	이 → 이	ㄴ받침 → ㄴ	貧 浜 賓 頻
166 p.143	빙	효우 (ひょう)	1/1	ㅂ → ㅎ	잉 → 요우	ㅇ받침 → 우	氷

ㅅ

번호	발음	일본어 발음	확률	두음법칙	음절법칙	받침법칙
167 p.144	사	사 (さ)	5/35	ㅅ → ㅅ	아 → 아	
			査 砂 沙 唆 詐 四 糸 思 仕 死 使 士 史 司 師 飼 私 詞 伺 嗣 賜 社 写 舎 謝 射 捨 斜 赦 寺 事 辞 似 邪 蛇			
168 p.147	삭	사쿠 (さく)	1/1	ㅅ → ㅅ	아 → 아	ㄱ받침 → 쿠
			削			
169 p.147	산	산 (さん)	6/6	ㅅ → ㅅ	아 → 아	ㄴ받침 → ㄴ
			山 算 産 散 酸 傘			
170 p.148	살	사쓰 (さつ)	1/1	ㅅ → ㅅ	아 → 아	ㄹ받침 → 쓰
			殺			
171 p.148	삼	산 (さん)	1/2	ㅅ → ㅅ	아 → 아	ㅁ받침 → ㄴ
			三 森			
172 p.149	삽	소우 (そう)	1/2	ㅅ → ㅅ	압 → 오우	ㅂ받침 → 우
			挿 渋			
173 p.149	상	소우 (そう)	6/19	ㅅ → ㅅ	앙 → 오우	ㅇ받침 → 우
			相 想 桑 爽 喪 霜 商 象 賞 傷 床 尚 祥 詳 償 上 状 常 像			
174 p.151	새	사이 (さい)	1/2	ㅅ → ㅅ	애 → 아이	
			塞 璽			
175 p.152	색	쇼쿠 (しょく)	1/3	ㅅ → ㅅ		ㄱ받침 → 쿠
			色 索 塞			
176 p.152	생	세이 (せい)	3/3	ㅅ → ㅅ		
			生 省 牲			
177 p.153	서	쇼 (しょ)	5/12	ㅅ → ㅅ		
			書 暑 署 庶 緒 西 逝 婿 誓 序 叙 徐			
178 p.154	석	세키 (せき)	6/7	ㅅ → ㅅ	어 → 에	
			夕 石 昔 席 析 惜 釈			
179 p.155	선	센 (せん)	11/15	ㅅ → ㅅ	어 → 에	ㄴ받침 → ㄴ
			先 船 線 選 宣 仙 扇 旋 腺 羨 鮮 善 禅 膳 繕			

번호	한글	일본어	개수	자음변화	모음변화	받침변화
180 p.157	설	세쓰 (せつ)	3/4	ㅅ → ㅅ	어 → 에	ㄹ받침 → 쓰
			雪 説 設 舌			
181 p.157	섬	센 (せん)	1/1	ㅅ → ㅅ	어 → 에	ㅁ받침 → ㄴ
			繊			
182 p.158	섭	쇼우 (しょう)	1/2	ㅅ → ㅅ		ㅂ받침 → 우
			渉 摂			
183 p.158	성	세이 (せい)	10/11	ㅅ → ㅅ	엉 → 에이	
			声 星 成 省 性 盛 聖 誠 姓 醒 城			
184 p.160	세	세이 (せい)	2/7	ㅅ → ㅅ	에 → 에이	
			世 勢 細 歳 説 税 洗			
185 p.161	소	소 (そ)	5/19	ㅅ → ㅅ	오 → 오	
			素 疎 訴 塑 遡 小 少 昭 消 焼 笑 召 沼 宵 紹 巣 掃 騒 所			
186 p.163	속	소쿠 (そく)	2/5	ㅅ → ㅅ	오 → 오	ㄱ받침 → 쿠
			速 束 続 属 俗			
187 p.163	손	손 (そん)	3/3	ㅅ → ㅅ	오 → 오	ㄴ받침 → ㄴ
			孫 損 遜			
188 p.164	솔	소쓰 (そつ)	1/1	ㅅ → ㅅ	오 → 오	ㄹ받침 → 쓰
			率			
189 p.164	송	소우 (そう)	1/3	ㅅ → ㅅ	오 → 오	ㅇ받침 → 우
			送 松 訟			
190 p.165	쇄	사이 (さい)	2/4	ㅅ → ㅅ	왜 → 아이	
			殺 砕 刷 鎖			
191 p.166	쇠	스이 (すい)	1/1	ㅅ → ㅅ		
			衰			
192 p.166	수	스이 (すい)	7/33	ㅅ → ㅅ		
			水 垂 帥 粋 遂 睡 穂 修 収 囚 秀 袖 羞 愁 酬 手 首 守 狩 殊 受 授 樹 寿 需 隋 髄 捜 痩 獣 須 数 輸			
193 p.169	숙	슈쿠 (しゅく)	4/6	ㅅ → ㅅ		ㄱ받침 → 쿠
			宿 叔 淑 粛 熟 塾			
194 p.170	순	슌 (しゅん)	1/9	ㅅ → ㅅ		ㄴ받침 → ㄴ
			瞬 順 純 巡 旬 盾 殉 循 唇			

번호	발음	일본어 발음	확률	두음법칙	음절법칙	받침법칙
195 p.171	술	쥬쯔 (じゅつ)	2/2 述 術			ㄹ받침 → 쯔
196 p.171	숭	스우 (すう)	1/1 崇	ㅅ → ㅅ		ㅇ받침 → 우
197 p.172	습	슈우 (しゅう)	3/4 拾 習 襲 湿	ㅅ → ㅅ	읍 → 유우	ㅇ받침 → 우
198 p.173	승	소우 (そう)	1/7 僧 勝 承 升 昇 乗 縄	ㅅ → ㅅ	응 → 오우	ㅇ받침 → 우
199 p.174	시	시 (し)	7/11 市 矢 始 詩 試 視 施 時 示 侍 是	ㅅ → ㅅ	이 → 이	
200 p.175	식	쇼쿠 (しょく)	5/8 食 植 拭 殖 飾 式 識 息	ㅅ → ㅅ		ㄱ받침 → 쿠
201 p.176	신	신 (しん)	12/14 新 申 身 神 臣 信 辛 伸 娠 紳 慎 薪 迅 腎	ㅅ → ㅅ	이 → 이	ㄴ받침 → ㄴ
202 p.178	실	시쯔 (しつ)	2/3 室 失 実	ㅅ → ㅅ	이 → 이	ㄹ받침 → 쯔
203 p.178	심	신 (しん)	4/6 心 深 芯 審 甚 尋	ㅅ → ㅅ	이 → 이	ㅁ받침 → ㄴ
204 p.179	십	쥬우 (じゅう)	1/1 十			ㅂ받침 → 우
205 p.180	쌍	소우 (そう)	1/1 双	ㅆ → ㅅ	앙 → 오우	ㅇ받침 → 우
206 p.180	씨	시 (し)	1/1 氏	ㅆ → ㅅ	이 → 이	

ㅇ

번호	발음	일본어 발음	확률	두음법칙	음절법칙	받침법칙
207 p.180	아	아 (あ)	1/7 亜 芽 我 牙 雅 餓 児	ㅇ → ㅇ	아 → 아	

#	한	일	비율	자음	모음	받침
208 p.181	악	아쿠 (あく)	2/5	ㅇ → ㅇ	아 → 아	ㄱ받침 → 쿠
			悪 握 楽 岳 顎			
209 p.182	안	안 (あん)	2/5	ㅇ → ㅇ	아 → 아	ㄴ받침 → ㄴ
			安 案 顔 岸 眼			
210 p.183	알	에쓰 (えつ)	1/1	ㅇ → ㅇ		ㄹ받침 → 쓰
			謁			
211 p.183	암	안 (あん)	1/2	ㅇ → ㅇ	아 → 아	ㅁ받침 → ㄴ
			暗 岩			
212 p.184	압	오우 (おう)	1/2	ㅇ → ㅇ	압 → 오우	ㅂ받침 → 우
			押 圧			
213 p.184	앙	오우 (おう)	1/2	ㅇ → ㅇ	앙 → 오우	ㅇ받침 → 우
			央 仰			
214 p.185	애	아이 (あい)	4/6	ㅇ → ㅇ	애 → 아이	
			愛 哀 挨 曖 涯 崖			
215 p.186	액	야쿠 (やく)	1/3	ㅇ → ㅇ		ㄱ받침 → 쿠
			厄 液 額			
216 p.186	앵	오우 (おう)	1/1	ㅇ → ㅇ	앵 → 오우	ㅇ받침 → 우
			桜			
217 p.187	야	야 (や)	3/3	ㅇ → ㅇ	야 → 야	
			夜 野 冶			
218 p.187	약	야쿠 (やく)	3/5	ㅇ → ㅇ	야 → 야	ㄱ받침 → 쿠
			薬 約 躍 弱 若			
219 p.188	양	요우 (よう)	7/11	ㅇ → ㅇ	양 → 요우	ㅇ받침 → 우
			羊 洋 陽 様 養 揚 瘍 壌 嬢 譲 醸			
220 p.190	억	오쿠 (おく)	3/4	ㅇ → ㅇ		ㄱ받침 → 쿠
			億 憶 臆 抑			
221 p.191	언	겐 (げん)	1/1	ㅇ → ㅇ		ㄴ받침 → ㄴ
			言			
222 p.191	엄	겐 (げん)	1/1	ㅇ → ㅇ		ㅁ받침 → ㄴ
			厳			

번호	한글	일본어 음	개수	변환규칙			한자
223 p.191	업	교우 (ぎょう)	1/1			ㅂ받침 → う	業
224 p.192	여	요 (よ)	2/4	ㅇ → ○			余 与 女 如
225 p.192	역	에키 (えき)	3/7	ㅇ → ○	여 →에		駅 易 疫 役 訳 域 逆
226 p.193	연	엔 (えん)	7/11	ㅇ → ○	여 →에	ㄴ받침 → ん	演 延 沿 宴 煙 鉛 縁 研 然 燃 軟
227 p.195	열	에쓰 (えつ)	2/3	ㅇ → ○	여 →에	ㄹ받침 → つ	悦 閲 熱
228 p.195	염	엔 (えん)	3/4	ㅇ → ○	여 →에	ㅁ받침 → ん	塩 炎 艶 染
229 p.196	엽	요우 (よう)	1/1	ㅇ → ○	엽 → 요우	ㅂ받침 → う	葉
230 p.196	영	에이 (えい)	8/9	ㅇ → ○	영 → 에이		泳 英 栄 永 営 映 詠 影 迎
231 p.198	예	에이 (えい)	1/6	ㅇ → ○	예 → 에이		鋭 予 預 誉 芸 詣
232 p.199	오	오 (お)	2/10	ㅇ → ○	오 → 오		悪 汚 五 午 誤 呉 娯 悟 傲 奥
233 p.200	옥	오쿠 (おく)	1/4	ㅇ → ○	오 → 오	ㄱ받침 → く	屋 玉 獄 沃
234 p.200	온	온 (おん)	2/2	ㅇ → ○	오 → 오	ㄴ받침 → ん	温 穏
235 p.201	옹	오우 (おう)	1/2	ㅇ → ○	오 → 오	ㅇ받침 → う	翁 擁
236 p.201	와	카 (か)	1/2		와 → 아		渦 瓦
237 p.202	완	칸 (かん)	2/5		와 → 아	ㄴ받침 → ん	完 緩 玩 頑 腕

번호	한글	일본어	비율	변화		
238 p.203	왕	오우 (おう)	3/3	ㅇ → ㅇ	왕 → 오우	ㅇ받침 → 우
			王 往 旺			
239 p.203	외	가이 (がい)	1/2		외 → 아이	
			外 畏			
240 p.204	요	요우 (よう)	7/8	ㅇ → ㅇ	요 → 요우	
			曜 要 妖 揺 腰 窯 謡 凹			
241 p.205	욕	요쿠 (よく)	2/3	ㅇ → ㅇ		ㄱ받침 → ク
			浴 欲 辱			
242 p.205	용	요우 (よう)	5/8	ㅇ → ㅇ		ㅇ받침 → 우
			用 容 庸 溶 踊 勇 湧 冗			
243 p.206	우	유우 (ゆう)	4/13	ㅇ → ㅇ		
			友 郵 優 憂 右 雨 羽 宇 偶 隅 遇 愚 牛			
244 p.208	운	운 (うん)	2/3	ㅇ → ㅇ		ㄴ받침 → ㄴ
			雲 運 韻			
245 p.208	울	우쯔 (うつ)	1/1	ㅇ → ㅇ		ㄹ받침 → ツ
			鬱			
246 p.209	웅	유우 (ゆう)	1/1	ㅇ → ㅇ		ㅇ받침 → 우
			雄			
247 p.209	원	엔 (えん)	7/13	ㅇ → ㅇ	워 → 에	ㄴ받침 → ㄴ
			円 園 遠 怨 媛 援 猿 元 原 源 員 院 願			
248 p.211	월	에쯔 (えつ)	1/2	ㅇ → ㅇ	워 → 에	ㄹ받침 → ツ
			越 月			
249 p.211	위	이 (い)	12/15	ㅇ → ㅇ	위 → 이	
			委 位 囲 胃 為 威 尉 萎 偉 違 慰 緯 衛 危 偽			
250 p.213	유	유우 (ゆう)	7/20	ㅇ → ㅇ	유 → 유우	
			有 遊 幽 悠 猶 裕 誘 由 油 愉 喩 諭 癒 遺 維 儒 柔 乳 唯 幼			
251 p.215	육	이쿠 (いく)	1/3	ㅇ → ㅇ		ㄱ받침 → ク
			育 肉 六			
252 p.216	윤	쥰 (じゅん)	1/1			ㄴ받침 → ㄴ
			潤			

No.	한글	일본어	비율	변화1	변화2	변화3
253 p.216	융	유우 (ゆう)	1/1	○ → ○	융 → 유우	○받침 → 우
			融			
254 p.216	은	온 (おん)	1/3	○ → ○		ㄴ받침 → ㄴ
			恩 銀 隠			
255 p.217	을	오쓰 (おつ)	1/1	○ → ○		ㄹ받침 → 쓰
			乙			
256 p.217	음	인 (いん)	3/5	○ → ○		ㅁ받침 → ㄴ
			飲 陰 淫 音 吟			
257 p.218	읍	큐우 (きゅう)	1/1		읍 → 유우	ㅂ받침 → 우
			泣			
258 p.219	응	오우 (おう)	1/2	○ → ○	응 → 오우	○받침 → 우
			応 凝			
259 p.219	의	이 (い)	5/11	○ → ○	의 → 이	
			医 意 衣 依 椅 議 義 疑 宜 儀 擬			
260 p.221	이	이 (い)	4/8	○ → ○	이 → 이	
			以 易 移 異 耳 餌 二 弐			
261 p.222	익	요쿠 (よく)	2/5	○ → ○		ㄱ받침 → 쿠
			翌 翼 益 溺 匿			
262 p.222	인	인 (いん)	5/10	○ → ○	이 → 이	ㄴ받침 → ㄴ
			引 印 因 姻 咽 人 仁 刃 認 忍			
263 p.224	일	이쓰 (いつ)	1/4	○ → ○	이 → 이	ㄹ받침 → 쓰
			逸 一 壱 日			
264 p.224	임	닌 (にん)	2/3		이 → 이	ㅁ받침 → ㄴ
			任 妊 賃			
265 p.225	입	뉴우 (にゅう)	1/1		입 → 유우	ㅂ받침 → 우
			入			
266 p.225	잉	죠우 (じょう)	1/1		잉 → 요우	○받침 → 우
			剰			

ㅈ

번호	발음	일본어 발음	확률	두음법칙	음절법칙	받침법칙
267 p.226	자	시 (し)	9/16	ㅈ → ㅅ		
			子 姉 資 姿 刺 恣 紫 雌 諮 字 自 磁 滋 慈 者 煮			
288 p.228	작	사쿠 (さく)	2/4	ㅈ → ㅅ	아 → 아	ㄱ받침 → 쿠
			作 昨 酌 爵			
269 p.228	잔	산 (さん)	1/2	ㅈ → ㅅ	아 → 아	ㄴ받침 → ㄴ
			桟 残			
270 p.229	잠	산 (さん)	1/3	ㅈ → ㅅ	아 → 아	ㅁ받침 → ㄴ
			蚕 暫 潜			
271 p.230	장	소우 (そう)	4/19	ㅈ → ㅅ	앙 → 오우	ㅇ받침 → 우
			装 壮 荘 葬 章 将 障 匠 掌 粧 奬 長 帳 腸 張 場 丈 蔵 臓			
272 p.232	재	사이 (さい)	8/11	ㅈ → ㅅ	애 → 아이	
			才 再 災 裁 宰 栽 斎 載 材 在 財			
273 p.233	쟁	소우 (そう)	1/1	ㅈ → ㅅ	앵 → 오우	ㅇ받침 → 우
			争			
274 p.234	적	세키 (せき)	5/14	ㅈ → ㅅ	어 → 에	
			赤 積 績 跡 籍 笛 的 適 敵 摘 滴 寂 賊 嫡			
275 p.236	전	센 (せん)	7/17	ㅈ → ㅅ	어 → 에	ㄴ받침 → ㄴ
			戦 銭 専 栓 詮 煎 箋 転 典 展 塡 田 電 伝 殿 前 全			
276 p.237	절	세쓰 (せつ)	4/5	ㅈ → ㅅ	어 → 에	ㄹ받침 → 쓰
			切 折 節 窃 絶			
277 p.238	점	센 (せん)	1/5	ㅈ → ㅅ	어 → 에	ㅁ받침 → ㄴ
			占 店 点 漸 粘			
278 p.239	접	세쓰 (せつ)	1/1	ㅈ → ㅅ	어 → 에	
			接			
279 p.239	정	세이 (せい)	7/25	ㅈ → ㅅ	엉 → 에이	
			正 整 静 政 精 井 征 定 庭 停 程 呈 廷 亭 訂 貞 偵 艇 情 浄 錠 町 丁 頂 晶			

#	한글	음독	비율	규칙	한자
280 p.242	제	세이 (せい)	3/15	ㅈ→サ　에→에이	制 製 斉 弟 提 堤 帝 祭 際 済 第 題 剤 諸 除
281 p.243	조	소 (そ)	6/28	ㅈ→サ　오→오	組 祖 阻 租 粗 措 鳥 朝 調 兆 潮 弔 彫 眺 釣 嘲 早 操 曹 遭 槽 燥 藻 照 詔 助 条 造
282 p.246	족	소쿠 (そく)	1/2	ㅈ→サ　오→오　ㄱ받침→쿠	足 族
283 p.246	존	손 (そん)	2/2	ㅈ→サ　오→오　ㄴ받침→ン	存 尊
284 p.247	졸	소쓰 (そつ)	1/2	ㅈ→サ　오→오　ㄹ받침→쓰	卒 拙
285 p.247	종	슈우 (しゅう)	2/8	ㅈ→サ　ㅇ받침→우	終 宗 種 腫 従 縦 鐘 踪
286 p.248	좌	사 (さ)	2/4	ㅈ→サ　와→아	左 佐 座 挫
287 p.49	죄	자이 (ざい)	1/1	외→아이	罪
288 p.49	주	슈우 (しゅう)	4/19	ㅈ→サ	週 州 周 舟 昼 注 柱 宙 酎 鋳 駐 主 酒 朱 珠 走 奏 呪 住
289 p.51	죽	치쿠 (ちく)	1/1	ㄱ받침→쿠	竹
290 p.251	준	슌 (しゅん)	1/4	ㅈ→サ　ㄴ받침→ン	俊 準 准 遵
291 p.252	중	슈우 (しゅう)	1/4	ㅈ→サ　ㅇ받침→우	衆 中 仲 重
292 p.253	즉	소쿠 (そく)	1/1	ㅈ→サ　ㄱ받침→쿠	即
293 p.253	즙	쥬우 (じゅう)	1/1	읍→유우　ㅂ받침→우	汁
294 p.253	증	쇼우 (しょう)	2/7	ㅈ→サ　ㅇ받침→우	証 症 増 憎 贈 蒸 曽

번호	발음	일본어 발음	확률	두음법칙	음절법칙	받침법칙
295 p.254	지	시 (し)	13/18	ㅈ → ㅅ	이 → 이	
			止 紙 指 支 志 枝 至 誌 旨 祉 肢 脂 摯 地 池 知 遲 持			
296 p.56	직	쇼쿠 (しょく)	2/3	ㅈ → ㅅ		ㄱ받침 → 쿠
			職 織 直			
297 p.257	진	신 (しん)	6/11	ㅈ → ㅅ	이 → 이	ㄴ받침 → ㄴ
			真 進 津 振 診 震 珍 陳 鎮 尽 陣			
298 p.258	질	시쓰 (しつ)	4/7	ㅈ → ㅅ	이 → 이	ㄹ받침 → 쓰
			質 叱 疾 嫉 秩 窒 迭			
299 p.259	짐	친 (ちん)	1/1		이 → 이	ㅁ받침 → ㄴ
			朕			
300 p.259	집	슈우 (しゅう)	1/2	ㅈ → ㅅ	입 → 유우	ㅂ받침 → 우
			集 執			
301 p.260	징	쵸우 (ちょう)	3/3		잉 → 요우	ㅇ받침 → 우
			徴 澄 懲			

ㅊ

번호	발음	일본어 발음	확률	두음법칙	음절법칙	받침법칙
302 p.260	차	사 (さ)	1/6	ㅊ → ㅅ	아 → 아	
			差 車 遮 次 借 茶			
303 p.2261	착	사쿠 (さく)	2/4	ㅊ → ㅅ	아 → 아	ㄱ받침 → 쿠
			搾 錯 着 捉			
304 p.262	찬	산 (さん)	1/1	ㅊ → ㅅ	아 → 아	ㄴ받침 → ㄴ
			贊			
305 p.262	찰	사쓰 (さつ)	5/5	ㅊ → ㅅ	아 → 아	ㄹ받침 → 쓰
			札 察 刹 拶 擦			
306 p.263	참	산 (さん)	2/3	ㅊ → ㅅ	아 → 아	ㅁ받침 → ㄴ
			參 慘 斬			
307 p.263	창	소우 (そう)	3/5	ㅊ → ㅅ	앙 → 오우	ㅇ받침 → 우
			倉 窓 創 唱 彰			

#	한자	음독	빈도	변환규칙		
308 p.264	채	사이 (さい)	5/5	ㅊ → ㅅ	애 → 아이	
			菜 採 采 彩 債			
309 p.65	책	사쿠 (さく)	2/4	ㅊ → ㅅ		ㄱ받침 → 쿠
			策 柵 冊 責			
310 p.265	처	사이 (さい)	1/3	ㅊ → ㅅ		
			妻 処 凄			
311 p.266	척	세키 (せき)	4/7	ㅊ → ㅅ	어 → 에	
			斥 隻 脊 戚 尺 拓 捗			
312 p.267	천	센 (せん)	7/8	ㅊ → ㅅ	어 → 에	ㄴ받침 → ㄴ
			千 川 浅 泉 践 遷 薦 天			
313 p.268	철	테쓰 (てつ)	4/5		어 → 에	ㄹ받침 → 쓰
			鉄 哲 徹 撤 凸			
314 p.269	첨	텐 (てん)	7/25		어 → 에	ㅁ받침 → ㄴ
			添			
315 p.269	첩	죠우 (じょう)	1/2			ㅂ받침 → 우
			畳 貼			
316 p.270	청	세이 (せい)	4/6	ㅊ → ㅅ	엉 → 에이	
			青 晴 清 請 庁 聴			
317 p.271	체	테이 (てい)	3/7		에 → 에이	
			逓 締 諦 体 逮 替 滞			
318 p.272	초	소 (そ)	1/12	ㅊ → ㅅ	오 → 오	
			礎 招 肖 抄 焦 硝 礁 酢 初 草 秒 超			
319 p.273	촉	소쿠 (そく)	1/3	ㅊ → ㅅ	오 → 오	ㄱ받침 → 쿠
			促 触 嘱			
320 p.274	촌	손 (そん)	1/2	ㅊ → ㅅ	오 → 오	ㄴ받침 → ㄴ
			村 寸			
321 p.274	총	소우 (そう)	1/2	ㅊ → ㅅ	오 → 오	ㅇ받침 → 우
			総 銃			
322 p.275	촬	사쓰 (さつ)	1/1	ㅊ → ㅅ	와 → 아	ㄹ받침 → 쓰
			撮			

번호	한글	음독	빈도	규칙		
323 p.275	최	사이 (さい)	2/2	ㅊ→ㅅ	외→아이	
			最 催			
324 p.276	추	스이 (すい)	1/8	ㅊ→ㅅ		
			推 追 椎 墜 秋 醜 枢 抽			
325 p.277	축	슈쿠 (しゅく)	2/8	ㅊ→ㅅ		ㄱ받침→쿠
			祝 縮 築 畜 逐 蓄 軸 蹴			
326 p.278	춘	슌 (しゅん)	1/1	ㅊ→ㅅ		ㄴ받침→ㄴ
			春			
327 p.278	출	슈쓰 (しゅつ)	1/1	ㅊ→ㅅ		ㄹ받침→쓰
			出			
328 p.278	충	쇼우 (しょう)	1/6	ㅊ→ㅅ		ㅇ받침→우
			衝 虫 忠 沖 衷 充			
329 p.279	취	스이 (すい)	3/7	ㅊ→ㅅ		
			吹 炊 酔 取 趣 就 臭			
330 p.280	측	소쿠 (そく)	2/2	ㅊ→ㅅ		ㄱ받침→쿠
			側 測			
331 p.281	층	소우 (そう)	1/1	ㅊ→ㅅ	응→오우	ㅇ받침→우
			層			
332 p.281	치	시 (し)	1/9	ㅊ→ㅅ	이→이	
			歯 置 値 致 恥 痴 稚 緻 治			
333 p.282	칙	소쿠 (そく)	1/2	ㅊ→ㅅ		ㄱ받침→쿠
			則 勅			
334 p.283	친	신 (しん)	1/1	ㅊ→ㅅ	이→이	ㄴ받침→ㄴ
			親			
335 p.283	칠	시쓰 (しつ)	1/2	ㅊ→ㅅ	이→이	ㄹ받침→쓰
			漆 七			
336 p.284	침	신 (しん)	4/5	ㅊ→ㅅ	이→이	ㅁ받침→ㄴ
			針 侵 浸 寝 沈			
337 p.285	칭	쇼우 (しょう)	1/1	ㅊ→ㅅ	잉→요우	ㅇ받침→우
			称			

ㅋ

번호	발음	일본어 발음	확률	두음법칙	음절법칙	받침법칙
338 p.285	쾌	카이 (かい)	1/1	ㅋ → ㅋ	왜 → 아이	
			快			

ㅌ

번호	발음	일본어 발음	확률	두음법칙	음절법칙	받침법칙
339 p.285	타	타 (た)	1/6	ㅌ → ㅌ	아 → 아	
			他 打 妥 唾 惰 堕			
340 p.286	탁	타쿠 (たく)	3/4	ㅌ → ㅌ	아 → 아	ㄱ받침 → 쿠
			卓 託 濯 濁			
341 p.287	탄	탄 (たん)	4/5	ㅌ → ㅌ	아 → 아	ㄴ받침 → ㄴ
			炭 誕 嘆 綻 弾			
342 p.288	탈	다쓰 (だつ)	2/2		아 → 아	ㄹ받침 → 쓰
			脱 奪			
343 p.288	탐	탄 (たん)	1/2	ㅌ → ㅌ	아 → 아	ㅁ받침 → ㄴ
			探 貪			
344 p.289	탑	토우 (とう)	2/2	ㅌ → ㅌ	압 → 오우	ㅂ받침 → 우
			塔 搭			
345 p.289	탕	토우 (とう)	1/1	ㅌ → ㅌ	앙 → 오우	ㅇ받침 → 우
			湯			
346 p.290	태	타이 (たい)	5/7	ㅌ → ㅌ	애 → 아이	
			太 態 怠 胎 泰 汰 駄			
347 p.291	택	타쿠 (たく)	3/3	ㅌ → ㅌ		ㄱ받침 → 쿠
			宅 択 沢			
348 p.291	토	토 (と)	1/3	ㅌ → ㅌ	오 → 오	
			吐 土 討			
349 p.292	통	토우 (とう)	2/4	ㅌ → ㅌ	오 → 오	ㅇ받침 → 우
			統 筒 通 痛			

번호	발음	일본어 발음	확률	두음법칙	음절법칙	받침법칙
350 p.292	퇴	타이 (たい)	2/2	ㅌ → ㅌ	외 → 아이	
			退 堆			
351 p.293	투	토우 (とう)	3/4	ㅌ → ㅌ		
			投 透 鬪 妬			
352 p.293	특	토쿠 (とく)	1/1	ㅌ → ㅌ		ㄱ받침 → 쿠
			特			

ㅍ

번호	발음	일본어 발음	확률	두음법칙	음절법칙	받침법칙
353 p.294	파	하 (は)	4/6	ㅍ → ㅎ	아 → 아	
			波 破 派 把 婆 罷			
354 p.295	판	한 (はん)	6/6	ㅍ → ㅎ	아 → 아	ㄴ받침 → ㄴ
			坂 板 判 版 阪 販			
355 p.296	팔	하치 (はち)	1/1	ㅍ → ㅎ	아 → 아	
			八			
356 p.296	패	하이 (はい)	1/2	ㅍ → ㅎ	애 → 아이	
			敗 覇			
357 p.297	팽	보우 (ぼう)	1/1		앵 → 오우	ㅇ받침 → 우
			膨			
358 p.297	편	헨 (へん)	4/5	ㅍ → ㅎ	여 → 에	ㄴ받침 → ㄴ
			編 片 偏 遍 便			
359 p.298	평	헤이 (へい)	1/2	ㅍ → ㅎ	영 → 에이	
			平 評			
360 p.298	폐	헤이 (へい)	5/7	ㅍ → ㅎ	예 → 에이	
			陛 閉 幣 弊 蔽 肺 廢			
361 p.299	포	호 (ほ)	3/12	ㅍ → ㅎ	오 → 오	
			捕 哺 舖 包 抱 泡 胞 砲 飽 襃 布 怖			
362 p.301	폭	후쿠 (ふく)	1/3	ㅍ → ㅎ		ㄱ받침 → 쿠
			幅 暴 爆			

번호	발음	일본어 발음	확률	두음법칙	음절법칙	받침법칙
363 p.301	표	효우 (ひょう)	5/5 表 票 標 俵 漂	ㅍ → ㅎ	요 → 요우	
364 p.302	품	힌 (ひん)	1/1 品	ㅍ → ㅎ		ㅁ받침 → ㄴ
365 p.302	풍	후우 (ふう)	1/2 風 豊	ㅍ → ㅎ		ㅇ받침 → 우
366 p.303	피	히 (ひ)	6/6 皮 彼 披 疲 被 避	ㅍ → ㅎ	이 → 이	
367 p.304	필	히쓰 (ひつ)	3/3 筆 必 匹	ㅍ → ㅎ	이 → 이	ㄹ받침 → 쓰
368 p.304	핍	보우 (ぼう)	1/1 乏			ㅂ받침 → 우

ㅎ

번호	발음	일본어 발음	확률	두음법칙	음절법칙	받침법칙
369 p.305	하	카 (か)	5/6 下 何 夏 荷 河 賀	ㅎ → ㅋ	아 → 아	
370 p.306	학	가쿠 (がく)	1/2 学 虐		아 → 아	ㄱ받침 → 쿠
371 p.306	한	칸 (かん)	5/7 寒 漢 汗 閑 韓 限 恨	ㅎ → ㅋ	아 → 아	ㄴ받침 → ㄴ
372 p.307	할	카쓰 (かつ)	2/2 割 轄	ㅎ → ㅋ	아 → 아	ㄹ받침 → 쓰
373 p.308	함	칸 (かん)	2/3 陷 艦 含	ㅎ → ㅋ	아 → 아	ㅁ받침 → ㄴ
374 p.308	합	고우 (ごう)	1/1 合		압 → 오우	ㅂ받침 → 우
375 p.309	항	코우 (こう)	5/5 港 航 抗 恒 項	ㅎ → ㅋ	앙 → 오우	ㅇ받침 → 우

번호	한글	일본어	빈도	변환1	변환2	변환3
376 p.310	해	カイ (かい)	4/7	ㅎ → ヵ	애 → 아이	
			海 解 楷 諧 害 該 骸			
377 p.311	핵	カク (かく)	1/2	ㅎ → ヵ		ㄱ받침 → ク
			核 劾			
378 p.311	행	コウ (こう)	2/2	ㅎ → ヵ	앵 → 오우	ㅇ받침 → ウ
			行 幸			
379 p.312	향	キョウ (きょう)	3/5	ㅎ → ヵ	양 → 요우	ㅇ받침 → ウ
			郷 享 響 向 香			
380 p.313	허	キョ (きょ)	2/2	ㅎ → ヵ		
			許 虚			
381 p.313	헌	ケン (けん)	3/3	ㅎ → ヵ	어 → 에	ㄴ받침 → ン
			憲 軒 献			
382 p.314	험	ケン (けん)	2/2	ㅎ → ヵ	어 → 에	ㅁ받침 → ン
			験 険			
383 p.314	혁	カク (かく)	2/2	ㅎ → ヵ		ㄱ받침 → ク
			革 赫			
384 p.315	현	ケン (けん)	4/8	ㅎ → ヵ	여 → 에	ㄴ받침 → ン
			県 賢 顕 懸 現 玄 弦 舷			
385 p.316	혈	ケツ (けつ)	2/2	ㅎ → ヵ	여 → 에	ㄹ받침 → ツ
			血 穴			
386 p.316	혐	ケン (けん)	1/1	ㅎ → ヵ	여 → 에	ㅁ받침 → ン
			嫌			
387 p.317	협	キョウ (きょう)	5/5	ㅎ → ヵ	엽 → 요우	ㅂ받침 → ウ
			協 峡 挟 狭 脅			
388 p.318	형	ケイ (けい)	5/6	ㅎ → ヵ	영 → 에이	
			兄 形 型 刑 蛍 衡			
389 p.319	혜	ケイ (けい)	1/1	ㅎ → ヵ	예 → 에이	
			恵			
390 p.319	호	コ (こ)	5/10	ㅎ → ヵ	오 → 오	
			戸 湖 呼 虎 弧 護 互 号 豪 好			

번호	한글	음독	비율	변화1	변화2	변화3	한자
391 p.320	혹	コク (こく)	1/2	ㅎ → ㅋ	오 → 오	ㄱ받침 → 쿠	酷 惑
392 p.321	혼	コン (こん)	3/3	ㅎ → ㅋ	오 → 오	ㄴ받침 → ン	混 婚 魂
393 p.321	홍	コウ (こう)	2/2	ㅎ → ㅋ	오 → 오	ㅇ받침 → 우	紅 洪
394 p.322	화	カ (か)	7/10	ㅎ → ㅋ	와 → 아		火 花 化 貨 華 禍 靴 画 話 和
395 p.323	확	カク (かく)	3/3	ㅎ → ㅋ	와 → 아	ㄱ받침 → 쿠	確 拡 穫
396 p.324	환	カン (かん)	6/8	ㅎ → ㅋ	와 → 아	ㄴ받침 → ン	患 喚 換 歓 還 環 丸 幻
397 p.325	활	カツ (かつ)	2/2	ㅎ → ㅋ	와 → 아	ㄹ받침 → ツ	活 滑
398 p.325	황	コウ (こう)	4/5	ㅎ → ㅋ	왕 → 오우	ㅇ받침 → 우	黄 皇 荒 慌 況
399 p.326	회	カイ (かい)	6/7	ㅎ → ㅋ	외 → 아이		会 回 絵 灰 悔 懷 賄
400 p.327	획	カク (かく)	2/2	ㅎ → ㅋ		ㄱ받침 → 쿠	画 獲
401 p.327	횡	オウ (おう)	1/1		욍 → 오우	ㅇ받침 → 우	横
402 p.328	효	コウ (こう)	3/4	ㅎ → ㅋ			効 孝 酵 暁
403 p.328	후	コウ (こう)	5/8	ㅎ → ㅋ			候 厚 后 侯 喉 朽 嗅 後
404 p.330	훈	クン (くん)	3/3	ㅎ → ㅋ		ㄴ받침 → ン	訓 勲 薫
405 p.330	훼	キ (き)	1/1	ㅎ → ㅋ	웨 → 이		毀

번호	한글	일본어	빈도	변환1	변환2	변환3
406 p.331	휘	키 (き)	2/3	ㅎ → ㅋ	위 → 이	
			揮 輝 彙			
407 p.331	휴	큐우 (きゅう)	1/2	ㅎ → ㅋ	유 → 유우	
			休 携			
408 p.332	흉	쿄우 (きょう)	2/2	ㅎ → ㅋ		ㅇ받침 → 우
			胸 凶			
409 p.332	흑	코쿠 (こく)	1/1	ㅎ → ㅋ		ㄱ받침 → 쿠
			黒			
410 p.333	흔	콘 (こん)	1/1	ㅎ → ㅋ		ㄴ받침 → ㄴ
			痕			
411 p.333	흡	큐우 (きゅう)	1/1	ㅎ → ㅋ	읍 → 유우	ㅂ받침 → 우
			吸			
412 p.333	흥	코우 (こう)	1/1	ㅎ → ㅋ	응 → 오우	ㅇ받침 → 우
			興			
413 p.334	희	키 (き)	2/4	ㅎ → ㅋ	의 → 이	
			希 喜 戲 犧			
414 p.334	힐	키쯔 (きつ)	1/1	ㅎ → ㅋ	의 → 이	ㄹ받침 → 쯔
			詰			

법칙이 없는 한자

법칙은 없으나 상용한자에 포함되는 한자로 각 한자에 대한 자세한 내용은 〈제2장 3법칙에 따른 일본어 한자 읽기〉를 참고한다.

① **길** 吉　p.62 → 키치(きち)로 읽는다.

② **랍** 拉　p.86 → 라(ら)로 읽는다.

③ **물** 物　p.118 → 부쯔(ぶつ)로 읽는다.

④ **어** 語 魚 漁 御　p.189 → 고(ご), 교(ぎょ), 료우(りょう)로 읽는다.

⑤ **잡** 雜　p.229 → 자쯔(ざつ)로 읽는다.

⑥ **저** 低 底 邸 抵 貯 著 狙　p.233 → 테이(てい), 쵸(ちょ), 소(そ)로 읽는다.

상용한자 중 음독이 없는 한자

훈독의 한자 부분은 색자로 표시하였다.

岬	곶 갑	훈	みさき 곶, 갑
岡	산등성이 강	훈	おか 언덕
裾	자락 거	훈	すそ 옷단, 옷자락
据	힘써 일할 거	훈	すえる 설치하다, 눈여겨 보다
乞	빌 걸	훈	こう 바라다, 청하다
鎌	낫 겸	훈	かま 낫 / 鎌倉(かまくら) 가마쿠라 (지명)
頃	이랑 경	훈	ころ ~쯤, ~경
届	이를 계	훈	とどける 보내다, 신고하다 / とどく 도착하다
尻	꽁무니 고	훈	しり・けつ 엉덩이
鍋	노구솥 과	훈	なべ 냄비, 냄비요리
串	꿸 관	훈	くし 꼬치
掛	걸 괘	훈	かける 걸다 / かかる 걸리다, 가설되다
駒	망아지 구	훈	こま 망아지, 장기의 말
堀	도랑 굴	훈	ほり 해자, 도랑
扱	다룰 급	훈	あつかう 취급하다, 다루다
埼	갑 기	훈	埼玉(さいたま) 사이타마 (지명)
崎	산길 험할 기	훈	さき 산부리
肌	살 기	훈	はだ 살갗, 피부
娘	각시 낭 (랑)	훈	むすめ 딸
匂	향내 내	훈	におう 향기가 나다
但	다만 단	훈	ただし 단, 혹은
嵐	남기 람	훈	あらし 폭풍

鹿	사슴 록	훈	しか 사슴
滝	여울 롱	훈	たき 폭포
瀬	여울 뢰	훈	せ 여울
梨	배나무 리	훈	なし 배
皿	그릇 명	훈	さら 접시
芋	토란 모	훈	いも 감자, 고구마, 토란 등의 총칭
畝	밭이랑 묘	훈	うね 밭이랑, 이랑
蚊	모기 문	훈	か 모기
弥	두루 미	훈	弥生(やよい) 야요이, 음력 3월의 다른 이름
謎	수수께끼 미	훈	なぞ 수수께끼
釜	가마 부	훈	かま 가마
棚	선반 붕	훈	たな 선반
卸	짐부릴 사	훈	おろす 도매하다 / おろし 도매
杉	삼나무 삼	훈	すぎ 삼나무
箱	상자 상	훈	はこ 상자
潟	개펄 석	훈	かた 석호, 간척지, 개펄
咲	꽃필 소	훈	さく (꽃이) 피다
誰	누구 수	훈	だれ 누구
膝	무릎 슬	훈	ひざ 무릎
柿	감나무 시	훈	かき 감
闇	숨을 암	훈	やみ 어둠
俺	나 엄	훈	おれ 나 (남자가 자신을 지칭하는 대명사)

刈	풀벨 예	훈	かる 베다, 깎다	芝	지초 지	훈	しば 잔디
宛	완연할 완	훈	あてる 붙이다 / あて ~앞	且	또 차	훈	かつ 한편으로는, 게다가
又	또 우	훈	また 또, 다시	塚	무덤 총	훈	つか 무덤, 분묘
虞	염려할 우	훈	おそれ 염려	枕	베개 침	훈	まくら 베개
熊	곰 웅	훈	くま 곰	貝	조개 패	훈	かい 조개
垣	담 원	훈	かき 담, 울타리	唄	염불소리 패	훈	うた 노래
茨	가시나무 자	훈	いばら 가시나무	坪	평평할 평	훈	つぼ 평
箸	젓가락 저	훈	はし 젓가락	浦	물가 포	훈	うら 물가, 해변
繰	고치 켤 조	훈	くる (실 등을) 감다, (책장을) 차례로 넘기다	鶴	학 학	훈	つる 학
				桁	차꼬 항	훈	けた (숫자의) 자릿수, 규모, 수준
爪	손톱 조	훈	つめ・つま 손톱				
株	그루 주	훈	かぶ 그루터기, 주식	脇	옆구리 협	훈	わき 옆구리, 옆, 곁
肘	팔꿈치 주	훈	ひじ 팔꿈치	頬	뺨 협	훈	ほお・ほほ 뺨, 볼
漬	물에 담글 지	훈	つける 담그다 / つかる 잠기다	虹	무지개 홍	훈	にじ 무지개
				姫	계집 희	훈	ひめ 공주

일본 한자

일본에서 만들어진 한자로 총 획수 순으로 정렬하였다.

丼	훈	どんぶり・どん 덮밥
込	훈	こむ 담다
枠	훈	わく 테, 테두리
畑	훈	はたけ 밭
峠	훈	とうげ 고개
栃	훈	とち 칠엽수 (일본 원산의 나무)
働	훈	はたらく 일하다

총획색인

오른쪽 숫자는 한자가 나온 페이지를 표시한다.

1획

乙	새 을	217
一	한 일	224

2획

九	아홉 구	47
刀	칼 도	76
力	힘 력	90
了	마칠 료	96
十	열 십	179
又	또 우	367
二	두 이	221
人	사람 인	223
入	들 입	225
丁	장정 정	241
七	일곱 칠	283
八	여덟 팔	296

3획

干	방패 간	21
巾	수건 건	28
乞	빌 걸	366
工	장인 공	40
久	오랠 구	48
口	입 구	48
弓	활 궁	51
及	미칠 급	58
己	몸 기	60
大	큰 대	74
万	일만 만	106
亡	망할 망	108
凡	무릇 범	130
士	선비 사	145
山	뫼 산	147
三	석 삼	148
上	윗 상	151
夕	저녁 석	154
小	작을 소	161
与	줄 여	192
女	계집 여 (녀)	192
刃	칼날 인	223
子	아들 자	226
丈	어른 장	231
才	재주 재	232
千	일천 천	267
川	내 천	267
寸	마디 촌	274
土	흙 토	291
下	아래 하	305
丸	둥글 환	324

4획

介	중개할 개	25
犬	개 견	31
欠	이지러질 결	32
公	공평할 공	40
孔	구멍 공	40
勾	굽을 구	48
区	구역 구	49
斤	근 근	56
今	이제 금	57
内	안 내	65
匂	향내 내	366
丹	붉을 단	70
斗	말 두	81
屯	모일 둔	81
毛	털 모	114
木	나무 목	114
文	글월 문	118
反	돌이킬 반	122
方	모 방	124
父	아비 부	136
夫	사내 부	136
分	나눌 분	140
不	아닐 불 (부)	140
仏	부처 불	140
比	견줄 비	141
少	적을 소	161
水	물 수	166
収	거둘 수	167
手	손 수	167
升	되 승	173
心	마음 심	178
双	쌍 쌍	180
氏	성 씨	180
牙	어금니 아	181
厄	재앙 액	186
予	미리 예	198
刈	풀벨 예	367
五	다섯 오	199
午	낮 오	199
王	임금 왕	203
冗	쓸데없을 용	206
友	벗 우	206
牛	소 우	207
円	둥글 원	209
元	으뜸 원	210
月	달 월	211
六	여섯 육	215
引	끌 인	222
仁	어질 인	223
日	날 일	224
切	끊을 절	237
井	우물 정	240
爪	손톱 조	367
弔	조상할 조	244
中	가운데 중	252
止	그칠 지	254
支	지탱할 지	255
尺	자 척	266
天	하늘 천	268
太	클 태	290
片	조각 편	297
匹	짝 필	304
乏	모자랄 핍	304
戸	지게 호	319
互	서로 호	320

火	불 화	322	辺	가 변	131	冊	책 책	265	
化	화할 화	322	弁	말 잘할 변	131	処	곳 처	266	
幻	허깨비 환	324	丙	남녘 병	132	斥	물리칠 척	266	
凶	흉할 흉	332	本	근본 본	135	凸	볼록할 철	268	
			付	줄 부	136	庁	관청 청	270	
	5획		払	떨칠 불	140	出	날 출	278	
加	더할 가	18	氷	얼음 빙	143	他	다를 타	285	
可	옳을 가	18	四	넉 사	144	打	칠 타	286	
刊	책 펴낼 간	20	仕	벼슬 사	144	平	평평할 평	298	
甘	달 감	22	史	역사 사	145	包	쌀 포	300	
甲	갑옷 갑	23	司	맡을 사	145	布	베 포	300	
去	갈 거	27	写	베낄 사	146	皮	가죽 피	303	
巨	클 거	27	生	날 생	152	必	반드시 필	304	
古	옛 고	37	石	돌 석	154	玄	검을 현	315	
尻	꽁무니 고	366	仙	신선 선	156	穴	구멍 혈	316	
功	공 공	40	世	대 세	160	兄	형 형	318	
広	넓을 광	45	召	부를 소	162	号	부르짖을 호	320	
巧	공교로울 교	47	囚	가둘 수	167	丼	덮밥	367	
旧	옛 구	48	市	저자 시	174	込	담다	367	
丘	언덕 구	48	矢	화살 시	174				
句	글 구	49	示	보일 시	175		**6획**		
奴	종 노	67	申	진술할 신	176	仮	거짓 가	18	
尼	여승 니	69	失	잃을 실	178	各	각각 각	19	
旦	아침 단	70	圧	누를 압	184	江	강 강	24	
台	토대 대	75	央	가운데 앙	184	件	사건 건	28	
代	대신할 대	75	永	길 영	197	考	생각할 고	38	
冬	겨울 동	79	玉	구슬 옥	200	曲	굽을 곡	39	
令	명령할 령	92	瓦	기와 와	201	共	함께 공	41	
礼	예도 례	93	外	바깥 외	203	缶	두레박 관	43	
立	설 립	104	凹	오목할 요	204	光	빛 광	45	
末	끝 말	107	用	쓸 용	205	交	사귈 교	46	
皿	그릇 명	366	右	오른쪽 우	207	臼	절구 구	48	
母	어미 모	113	由	말미암을 유	214	机	책상 궤	53	
矛	창 모	114	幼	어릴 유	215	叫	부르짖을 규	54	
目	눈 목	114	以	써 이	221	扱	다룰 급	366	
未	아닐 미	119	田	밭 전	237	気	기운 기	59	
民	백성 민	120	占	점칠 점	238	伎	재간 기	60	
半	반 반	122	正	바를 정	239	企	꾀할 기	60	
北	달아날 배	127	左	왼 좌	248	肌	살 기	366	
	북녘 북	139	主	주인 주	250	吉	길할 길	62	
白	흰 백	127	汁	진액 즙	253	年	해 년	65	
犯	범할 범	129	叱	꾸짖을 질	258	多	많을 다	70	
氾	넘칠 범	129	且	또 차	367	団	둥글 단	71	
			札	편지 찰	262				

当	마땅할 당	73	衣	옷 의	219	后	왕후 후	329
同	한가지 동	80	耳	귀 이	221	朽	썩을 후	329
灯	등잔 등	82	弐	두 이	221	休	쉴 휴	331
両	두 량	88	印	도장 인	223	吸	마실 흡	333
列	줄 렬	91	因	인할 인	223			
劣	못할 렬	91	任	맡길 임	224		**7획**	
老	늙을 로	94	字	글자 자	227	角	뿔 각	19
吏	관리 리	102	自	스스로 자	227	却	물리칠 각	20
妄	망령될 망	107	壮	씩씩할 장	230	肝	간 간	21
忙	바쁠 망	108	匠	장인 장	230	改	고칠 개	25
毎	매양 매	108	再	두 재	232	更	다시 갱	26
名	이름 명	112	在	있을 재	233		고칠 경	34
芋	토란 모	366	争	다툴 쟁	233	坑	구덩이 갱	26
米	쌀 미	119	伝	전할 전	237	見	볼 견	31
朴	순박할 박	121	全	온전할 전	237	決	정할 결	32
百	일백 백	127	兆	조짐 조	244	系	계통 계	35
伐	칠 벌	128	早	일찍 조	245	戒	경계할 계	36
汎	넓을 범	129	存	있을 존	246	告	고할 고	38
帆	돛 범	129	州	고을 주	249	谷	골짜기 곡	39
伏	엎드릴 복	134	舟	배 주	249	困	곤란할 곤	39
妃	왕비 비	142	朱	붉을 주	250	攻	칠 공	40
糸	실 사	144	竹	대 죽	251	串	꿸 관	366
死	죽을 사	145	仲	버금 중	252	狂	미칠 광	45
寺	절 사	146	至	이를 지	255	究	연구할 구	47
色	빛 색	152	旨	뜻 지	255	求	구할 구	47
西	서녘 서	153	地	땅 지	256	局	판 국	50
先	먼저 선	155	池	못 지	256	君	임금 군	50
舌	혀 설	157	芝	지초 지	367	均	고를 균	55
成	이룰 성	158	尽	다할 진	258	克	이길 극	56
守	지킬 수	168	次	버금 차	261	近	가까울 근	56
巡	순행할 순	170	虫	벌레 충	279	汽	김 기	59
旬	열흘 순	170	充	가득할 충	279	忌	꺼릴 기	60
式	법 식	176	宅	집 택	291	岐	가닥 나뉠 기	60
迅	빠를 신	177	吐	토할 토	291	技	재주 기	61
安	편안할 안	182	汗	땀 한	306	那	어찌 나	63
仰	우러를 앙	184	合	합할 합	308	男	사내 남	64
羊	양 양	188	行	갈 행	311	努	힘쓸 노	67
如	같을 여	192	向	향할 향	312	尿	오줌 뇨	68
汚	더러울 오	199	血	피 혈	316	但	다만 단	366
羽	날개 우	207	刑	형벌 형	318	対	대답할 대	74
宇	집 우	207	好	좋아할 호	320	図	그림 도	77
危	위태할 위	213	会	만날 회	326	豆	콩 두	81
有	있을 유	213	回	돌 회	326	乱	어지러울 란	84
肉	고기 육	215	灰	재 회	326			

卵	알 란	84	身	몸 신	176	即	곧 즉	253
来	올 래	87	臣	신하 신	177	志	뜻 지	255
冷	찰 랭	87	辛	매울 신	177	車	수레 차	260
良	어질 량	88	伸	펼 신	177	体	몸 체	271
戻	되돌려줄 려	88	芯	골풀 심	179	肖	같을 초	272
励	힘쓸 려	89	亜	버금 아	180	抄	베낄 초	272
呂	음률 려	89	我	나 아	181	初	처음 초	272
労	수고로울 로	94	児	아이 아	181	村	마을 촌	274
弄	희롱할 롱	95	冶	풀무 야	187	沖	화할 충	279
里	마을 리	101	抑	누를 억	190	吹	불 취	279
利	이로울 리	102	言	말씀 언	191	沈	잠길 침	284
忘	잊을 망	108	余	남을 여	192	快	유쾌할 쾌	285
売	팔 매	109	役	부릴 역	193	妥	온당할 타	286
麦	보리 맥	109	迎	맞을 영	197	汰	사치할 태	290
没	빠질 몰	115	芸	재주 예	198	択	가릴 택	291
妙	묘할 묘	115	呉	나라 이름 오	199	沢	못 택	291
尾	꼬리 미	119	沃	물댈 옥	200	投	던질 투	293
伴	짝 반	122	完	완전할 완	202	把	잡을 파	294
返	돌이킬 반	123	妖	요사할 요	204	坂	고개 판	295
抜	뺄 발	124	位	자리 위	211	判	판단할 판	295
芳	꽃다울 방	125	囲	둘레 위	211	阪	비탈 판	295
邦	나라 방	125	吟	읊을 음	218	貝	조개 패	367
防	막을 방	125	応	응할 응	219	何	어찌 하	305
坊	동네 방	125	医	의원 의	219	含	머금을 함	308
妨	방해할 방	125	忍	참을 인	223	抗	대항할 항	309
伯	맏 백	127	壱	한 일	224	形	형상 형	318
別	다를 별	131	妊	아이 밸 임	224	花	꽃 화	322
兵	군사 병	132	作	지을 작	228	孝	효도 효	328
扶	도울 부	137	災	재앙 재	232	希	바랄 희	334
否	아닐 부	138	材	재목 재	233			
批	비평할 비	142	低	낮을 저	233	**8획**		
沙	모래 사	144	赤	붉을 적	234	価	값 가	18
私	사사로울 사	145	折	꺾을 절	238	佳	아름다울 가	18
伺	엿볼 사	145	呈	드릴 정	240	苛	가혹할 가	18
社	모일 사	145	廷	조정 정	240	刻	새길 각	20
似	같을 사	146	町	밭두둑 정	241	岬	곶 갑	366
杉	삼나무 삼	366	弟	아우 제	242	岡	산등성이 강	366
床	평상 상	150	助	도울 조	245	居	살 거	27
状	모양 상	151	条	조목 조	245	拠	의지할 거	27
序	차례 서	154	足	발 족	246	拒	막을 거	27
声	소리 성	158	佐	도울 좌	248	肩	어깨 견	31
束	묶을 속	163	走	달아날 주	250	径	지름길 경	33
秀	빼어날 수	167	住	살 주	251	茎	줄기 경	33
寿	목숨 수	168	肘	팔꿈치 주	367			

京	서울 경	34	牧	칠 목	114	垂	드리울 수	166
季	계절 계	36	苗	싹 묘	116	受	받을 수	168
届	이를 계	366	武	군사 무	117	叔	아재비 숙	169
固	굳을 고	37	茂	무성할 무	117	述	지을 술	171
股	넓적다리 고	37	門	문 문	118	昇	오를 승	173
苦	괴로울 고	38	物	물건 물	118	始	비로소 시	174
昆	맏이 곤	39	味	맛 미	119	侍	모실 시	175
供	이바지할 공	41	弥	두루 미	366	実	열매 실	178
空	빌 공	41	迫	핍박할 박	121	芽	싹 아	181
果	과실 과	42	拍	손뼉칠 박	121	岳	큰 산 악	182
官	벼슬 관	43	泊	배 댈 박	121	岸	언덕 안	182
怪	괴이할 괴	45	放	놓을 방	124	岩	바위 암	183
拐	유인할 괴	46	房	방 방	125	押	누를 압	184
拘	잡을 구	48	肪	기름 방	125	夜	밤 야	187
欧	노래할 구	49	拝	절 배	126	若	어릴 약	188
殴	때릴 구	49	杯	잔 배	126	易	바꿀 역	193
具	갖출 구	49	法	법 법	130		쉬울 이	221
国	나라 국	49	並	아우를 병	132		끌 연	193
屈	굽을 굴	51	併	아우를 병	132	延	물 따라 내려갈 연	194
券	문서 권	52	歩	걸을 보	133	沿	불꽃 염	195
金	쇠 금	57	宝	보배 보	133	炎	헤엄칠 영	196
肯	긍정할 긍	58	服	옷 복	134	泳	꽃부리 영	197
祈	빌 기	60	奉	받들 봉	135	英	희롱할 완	202
奇	기이할 기	60	府	마을 부	136	玩	완연할 완	367
奈	나락 나	63	附	붙일 부	137	宛	갈 왕	203
念	생각 념	66	阜	언덕 부	137	往	왕성할 왕	203
泥	진흙 니	69	奔	달아날 분	140	旺	비 우	207
担	멜 담	72	肥	살찔 비	141	雨	맡길 위	211
到	이를 도	76	非	아닐 비	142	委	기름 유	214
毒	독할 독	78	泌	분비할 비	142	油	젖 유	214
突	부딪칠 돌	79	沸	끓을 비	142	乳	기를 육	215
東	동녘 동	79	使	하여금 사	145	育	울 읍	218
拉	끌 랍	86	舎	집 사	146	泣	의지할 의	220
例	법식 례	93	事	일 사	146	依	마땅할 의	220
炉	화로 로	94	邪	간사할 사	146	宜	누이 자	226
林	수풀 림	103	尚	오히려 상	150	姉	찌를 자	226
抹	바를 말	107	昔	옛 석	154	刺	놈 자	227
妹	손아랫누이 매	108	析	쪼갤 석	154	者	길 장	231
枚	낱 매	108	性	성품 성	159	長	밑 저	234
盲	소경 맹	110	姓	성 성	159	底	집 저	234
免	면할 면	111	沼	늪 소	162	邸	막을 저	234
明	밝을 명	112	所	바 소	162	抵	노릴 저	234
命	목숨 명	112	松	소나무 송	165	狙	과녁 적	235
侮	업신여길 모	114	刷	인쇄할 쇄	165	的	법 전	236
						典		

한자	훈음	페이지
店	가게 점	238
征	칠 정	240
定	정할 정	240
制	억제할 제	242
齊	같을 제	242
阻	험할 조	243
卒	군사 졸	247
拙	졸할 졸	247
宗	마루 종	247
周	두루 주	249
注	부을 주	250
宙	집 주	250
呪	빌 주	251
枝	가지 지	255
祉	복 지	255
肢	사지 지	255
知	알 지	256
直	곧을 직	256
迭	바꿀 질	259
刹	절 찰	262
參	참여할 참	263
采	풍채 채	264
妻	아내 처	265
拓	열 척	266
青	푸를 청	270
招	부를 초	272
枢	지도리 추	276
抽	뽑을 추	276
忠	충성 충	279
炊	밥 지을 취	279
取	취할 취	280
治	다스릴 치	282
枕	베개 침	367
卓	높을 탁	286
妬	샘낼 투	293
波	물결 파	294
板	널 판	295
版	판목 판	295
坪	평평할 평	367
抱	안을 포	300
泡	물거품 포	300
怖	두려워할 포	300
表	거죽 표	301
彼	저 피	303
披	나눌 피	303
河	물 하	305
学	배울 학	306
劾	캐물을 핵	311
幸	다행 행	311
享	누릴 향	312
弦	활시위 현	315
協	화합할 협	317
呼	부를 호	319
虎	범 호	319
画	그림 화	323
	꾀할 획	327
和	화목할 화	323
拡	늘릴 확	323
況	모양 황	326
効	본받을 효	328
枠	테두리	367

9획

한자	훈음	페이지
架	걸칠 가	18
看	볼 간	21
皆	모두 개	25
客	손님 객	26
建	세울 건	28
計	셈할 계	35
係	걸릴 계	35
契	맺을 계	35
界	경계 계	36
故	연고 고	37
孤	외로울 고	37
枯	마를 고	37
拷	두드릴 고	38
科	과목 과	41
冠	갓 관	43
括	쌀 괄	44
郊	들 교	47
軍	군사 군	50
卷	책 권	52
軌	굴레 궤	53
糾	꼴 규	54
急	급할 급	58
級	등급 급	58
紀	벼리 기	59
南	남녘 남	64
耐	견딜 내	65
怒	성낼 노	67
単	홑 단	70
段	층계 단	71
胆	쓸개 담	72
待	기다릴 대	74
逃	달아날 도	76
挑	돋울 도	77
度	법도 도	77
独	홀로 독	78
洞	골 동	80
郎	사내 랑	86
侶	짝 려	89
柳	버들 류	99
律	법 률	100
厘	리 리	102
昧	어두울 매	108
面	낯 면	110
某	아무 모	113
冒	무릅쓸 모	113
美	아름다울 미	119
眉	눈썹 미	119
迷	미혹할 미	119
発	필 발	123
勃	우쩍 일어날 발	124
背	등 배	126
変	변할 변	131
便	똥오줌 변	131
	편할 편	298
柄	자루 병	132
保	보호할 보	133
封	봉할 봉	136
負	짐질 부	136
訃	부고 부	137
赴	다다를 부	137
盆	동이 분	140
飛	날 비	141
卑	낮을 비	142
査	조사할 사	144
砂	모래 사	144
思	생각 사	144
卸	짐부릴 사	366
削	깎을 삭	147

相	서로 상	149	胃	밥통 위	212	衷	정성 충	279
省	절약할 생	152	爲	할 위	212	臭	냄새 취	280
	살필 성	159	威	위엄 위	212	則	법 칙	282
牲	희생 생	152	幽	그윽할 유	213	勅	칙서 칙	282
叙	펼 서	154	柔	부드러울 유	214	侵	침범할 침	284
宣	베풀 선	155	音	소리 음	218	炭	숯 탄	287
星	별 성	158	姻	혼인 인	223	怠	게으를 태	290
城	성 성	159	咽	목구멍 인	223	胎	아이밸 태	290
洗	씻을 세	160	姿	맵시 자	226	退	물러날 퇴	292
昭	밝을 소	161	茨	가시나무 자	367	派	물 갈래 파	294
咲	꽃필 소	366	昨	어제 작	228	肺	허파 폐	299
俗	풍속 속	163	莊	장중할 장	230	胞	세포 포	300
送	보낼 송	164	專	오로지 전	236	品	품수 품	302
砕	부술 쇄	165	前	앞 전	237	風	바람 풍	302
帥	장수 수	166	窃	도둑 절	238	虐	사나울 학	306
首	머리 수	168	点	점 점	238	限	한할 한	307
狩	사냥할 수	168	政	정사 정	240	恨	한 한	307
盾	방패 순	170	亭	정자 정	241	恒	항상 항	309
拾	주울 습	172	訂	바로잡을 정	241	海	바다 해	310
乗	탈 승	173	貞	곧을 정	241	香	향기 향	312
施	베풀 시	174	浄	깨끗할 정	241	革	가죽 혁	314
柿	감나무 시	366	帝	임금 제	242	県	고을 현	315
是	옳을 시	175	祖	할아비 조	243	峡	골짜기 협	317
食	밥 식	175	昼	낮 주	250	挟	낄 협	317
拭	씻을 식	175	柱	기둥 주	250	狭	좁을 협	317
神	귀신 신	176	奏	연주할 주	250	型	거푸집 형	318
信	믿을 신	177	俊	준걸 준	251	弧	나무활 호	319
室	집 실	178	重	무거울 중	252	紅	붉을 홍	321
甚	심할 심	179	指	손가락 지	255	洪	넓을 홍	321
哀	슬플 애	185	持	가질 지	256	虹	무지개 홍	367
約	약속할 약	187	津	나루 진	257	活	살 활	325
洋	큰 바다 양	188	珍	보배 진	257	皇	임금 황	325
疫	염병 역	193	茶	차 차	261	荒	거칠 황	325
逆	거스릴 역	193	捗	맞닥뜨릴 찰	262	悔	뉘우칠 회	326
研	갈 연	194	柵	울타리 책	265	厚	두터울 후	329
染	물들 염	196	浅	얕을 천	267	侯	제후 후	329
栄	영화로울 영	197	泉	샘 천	267	後	뒤 후	329
映	비칠 영	197	草	풀 초	272	畑	밭	367
屋	집 옥	200	秒	초 초	273	峠	고개	367
畏	두려워할 외	203	促	재촉할 촉	273	栃	칠엽수	367
要	구할 요	204	追	따를 추	276			
勇	날랠 용	206	秋	가을 추	276	**10획**		
怨	원망할 원	210	祝	빌 축	277			
垣	담 원	367	春	봄 춘	278	家	집 가	18

降	내릴 강	24	恋	사모할 련	90	桑	뽕나무 상	149
剛	굳셀 강	24	烈	매울 렬	91	祥	상서로울 상	150
個	낱개 개	25	料	헤아릴 료	96	索	찾을 색	152
挙	들 거	27	竜	용 룡	97	書	글 서	153
倹	검소할 검	29	涙	눈물 루	98	逝	갈 서	153
剣	칼 검	29	流	흐를 류	98	徐	천천히 할 서	154
格	격식 격	30	留	머무를 류	99	席	자리 석	154
兼	겸할 겸	32	倫	인륜 륜	100	扇	부채 선	156
耕	밭갈 경	34	馬	말 마	105	素	질박할 소	161
庫	창고 고	37	埋	묻을 매	108	消	끌 소	161
高	높을 고	38	梅	매화 매	109	笑	웃을 소	162
骨	뼈 골	40	脈	맥 맥	109	宵	밤 소	162
貢	바칠 공	41	勉	힘쓸 면	111	速	빠를 속	163
恐	두려울 공	41	眠	잠잘 면	111	孫	손자 손	163
恭	공손할 공	41	冥	어두울 명	112	衰	쇠약할 쇠	166
校	학교 교	46	耗	소모할 모	114	粋	순수할 수	166
郡	고을 군	50	畝	밭이랑 묘	366	修	닦을 수	167
宮	집 궁	51	紋	무늬 문	118	袖	소매 수	167
拳	주먹 권	52	蚊	모기 문	366	殊	다를 수	168
帰	돌아갈 귀	53	敏	민첩할 민	120	捜	찾을 수	168
鬼	귀신 귀	54	剥	벗길 박	121	純	순수할 순	170
根	뿌리 근	57	班	나눌 반	122	殉	따라죽을 순	170
記	기록할 기	59	般	옮길 반	122	唇	입술 순	171
起	일어날 기	59	畔	물가 반	123	時	때 시	175
既	이미 기	61	倣	본받을 방	125	息	숨쉴 식	176
飢	굶주릴 기	61	紡	실 뽑을 방	125	娠	아이밸 신	177
納	바칠 납	64	配	나눌 배	126	案	책상 안	182
娘	각시 낭 (랑)	366	俳	광대 배	126	挨	칠 애	185
悩	번뇌할 뇌	68	倍	곱 배	126	桜	벚꽃 앵	186
能	능할 능	69	病	병들 병	132	弱	약할 약	188
党	무리 당	73	俸	녹봉 봉	135	俺	나 엄	366
唐	당나라 당	73	峰	봉우리 봉	135	宴	잔치 연	194
帯	띠 대	74	浮	뜰 부	137	悦	기쁠 열	195
徒	무리 도	75	剖	쪼갤 부	138	娯	즐거워할 오	199
途	길 도	76	釜	가마 부	366	悟	깨달을 오	199
島	섬 도	76	粉	가루 분	139	翁	늙은이 옹	201
倒	넘어질 도	76	紛	어지러울 분	139	浴	목욕 욕	205
桃	복숭아 도	76	秘	숨길 비	142	辱	욕 욕	205
凍	얼 동	79	浜	물가 빈	143	容	얼굴 용	205
胴	큰 창자 동	80	唆	부추길 사	144	原	근원 원	210
朗	밝을 랑	86	師	스승 사	145	員	관원 원	210
浪	물결 랑	86	射	쏠 사	146	院	집 원	210
旅	나그네 려	89	殺	죽일 살	148	恩	은혜 은	216
連	이을 련	90	挿	꽂을 삽	149	益	더할 익	222

匿	숨길 익	222	畜	가축 축	277	渴	목마를 갈	21
恣	방자할 자	226	逐	쫓을 축	277	勘	헤아릴 감	22
酌	따를 작	228	値	값 치	281	紺	감색 감	23
棧	잔도 잔	228	致	이를 치	281	康	편안할 강	24
殘	남을 잔	229	恥	부끄러울 치	281	强	굳셀 강	24
蠶	누에 잠	229	針	바늘 침	284	据	힘써 일할 거	366
將	장수 장	230	浸	적실 침	284	健	건강할 건	28
宰	재상 재	232	稱	일컬을 칭	285	乾	마를 건	28
栽	심을 재	232	託	의지할 탁	286	揭	높이 들 게	30
財	재물 재	233	泰	클 태	290	経	경서 경	33
栓	나무못 전	236	討	칠 토	291	梗	줄기 경	34
展	펼 전	237	通	통할 통	292	頃	이랑 경	366
庭	뜰 정	240	透	통할 투	293	啓	열 계	35
劑	약 지을 제	243	特	특별할 특	293	溪	시내 계	35
除	덜 제	243	破	깨뜨릴 파	294	械	기계 계	36
租	세금 조	244	唄	염불소리 패	367	控	당길 공	41
造	지을 조	245	陛	섬돌 폐	298	菓	과자 과	42
從	좇을 종	248	捕	잡을 포	299	郭	성 곽	42
座	자리 좌	248	哺	먹을 포	299	貫	꿸 관	44
挫	꺾을 좌	248	砲	대포 포	300	掛	걸 괘	366
酎	진한 술 주	250	俵	나누어줄 표	302	教	가르칠 교	46
酒	술 주	250	疲	피곤할 피	303	球	구슬 구	47
珠	구슬 주	250	被	입을 피	303	救	구원할 구	48
株	그루 주	367	夏	여름 하	305	懼	두려워할 구	49
准	승인할 준	252	荷	짐 하	305	菊	국화 국	50
症	증세 증	254	陷	빠질 함	308	掘	팔 굴	51
紙	종이 지	254	航	배 항	309	堀	도랑 굴	366
脂	비계 지	255	害	해칠 해	310	亀	거북 귀	54
眞	참 진	257	核	씨 핵	311		터질 균	55
振	떨칠 진	257	軒	추녀 헌	313	規	법 규	54
陣	진칠 진	258	脅	으릅협	317	菌	버섯 균	55
疾	병 질	258	惠	은혜 혜	319	基	터 기	60
秩	차례 질	258	華	화려할 화	322	寄	부칠 기	60
朕	황제 자칭할 짐	259	候	기후 후	328	埼	갑 기	366
差	어긋날 차	260	訓	가르칠 훈	330	崎	산길 험할 기	366
借	빌릴 차	261	胸	가슴 흉	332	捻	비틀 념	66
捉	잡을 착	261	桁	차꼬 항	367	脳	뇌 뇌	68
倉	곳집 창	263	脇	옆구리 협	367	斷	끊을 단	71
凄	쓸쓸할 처	266	姬	계집 희	367	淡	묽을 담	72
隻	외짝 척	266				堂	집 당	73
脊	등마루 척	266	**11획**			袋	자루 대	74
捗	칠 척	267	殻	껍질 각	20	都	도읍 도	75
哲	밝을 철	268	脚	다리 각	20	陶	질그릇 도	76
逓	전할 체	271	喝	꾸짖을 갈	21	悼	슬퍼할 도	76

盗	도둑 도	77	商	장사 상	150	偽	거짓 위	213
豚	돼지 돈	78	常	항상 상	151	悠	멀 유	213
動	움직일 동	80	庶	여러 서	153	唯	오직 유	215
得	얻을 득	82	惜	아낄 석	155	陰	그늘 음	217
略	간략할 략	87	釈	풀 석	155	淫	음란할 음	218
涼	서늘할 량	88	船	배 선	155	移	옮길 이	221
猟	사냥할 렵	92	旋	돌 선	156	異	다를 이	221
鹿	사슴 록	366	雪	눈 설	157	翌	다음날 익	222
累	여러 루	98	設	베풀 설	157	逸	달아날 일	224
陸	뭍 륙	99	渉	건널 섭	158	剰	남을 잉	225
率	비율 률	100	盛	성할 성	159	章	글 장	230
	거느릴 솔	164	細	가늘 세	160	帳	휘장 장	231
隆	높을 륭	101	紹	이을 소	162	張	베풀 장	231
陵	언덕 릉	101	巣	새집 소	162	斎	재계할 재	232
理	다스릴 리	102	掃	쓸 소	162	著	나타날 저	234
梨	배나무 리	366	訟	송사 송	165	笛	피리 적	235
粒	낟알 립	104	羞	부끄러울 수	167	寂	고요할 적	235
麻	삼 마	104	授	줄 수	168	転	구를 전	236
望	바랄 망	108	宿	잘 숙	169	粘	끈끈할 점	239
猛	사나울 맹	110	淑	맑을 숙	169	接	댈 접	239
描	그릴 묘	116	粛	엄숙할 숙	169	停	머무를 정	240
猫	고양이 묘	116	術	재주 술	171	偵	정탐할 정	241
務	힘쓸 무	116	崇	높일 숭	171	情	뜻 정	241
問	물을 문	118	習	익힐 습	172	頂	정수리 정	241
密	빽빽할 밀	120	視	볼 시	174	祭	제사 제	242
舶	큰 배 박	121	紳	큰 띠 신	177	済	건널 제	243
訪	찾을 방	124	深	깊을 심	178	第	차례 제	243
排	물리칠 배	126	悪	악할 악	181	組	짤 조	243
培	북돋을 배	127		미워할 오	199	粗	거칠 조	244
陪	도울 배	127	眼	눈 안	182	措	둘 조	244
瓶	병 병	132	涯	물가 애	185	鳥	새 조	244
婦	며느리 부	136	崖	언덕 애	185	彫	새길 조	244
符	부신 부	137	液	진 액	186	眺	바라볼 조	244
副	버금 부	138	野	들 야	187	釣	낚을 조	244
部	떼 부	138	魚	물고기 어	189	曹	무리 조	245
崩	무너질 붕	141	訳	통변할 역	193	族	겨레 족	246
貧	가난할 빈	143	域	지경 역	193	終	마칠 종	247
捨	버릴 사	146	軟	연할 연	194	週	주일 주	249
斜	비낄 사	146	欲	욕심낼 욕	205	曽	일찍 증	254
赦	용서할 사	146	庸	떳떳할 용	206	進	나아갈 진	257
蛇	뱀 사	146	郵	우편 우	206	陳	늘어놓을 진	257
産	낳을 산	147	偶	짝 우	207	窒	막을 질	258
渋	떫을 삽	149	尉	벼슬 위	212	執	잡을 집	259
爽	시원할 상	150	萎	마를 위	212	惨	참혹할 참	263

斬	벨 참	263	間	사이 간	20	等	무리 등	82
窓	창 창	263	葛	칡 갈	22	落	떨어질 락	83
唱	노래 창	264	敢	감히 감	22	絡	이을 락	84
菜	나물 채	264	堪	견딜 감	22	嵐	남기 람	366
採	캘 채	264	減	덜 감	23	廊	행랑 랑	86
彩	채색 채	264	開	열 개	25	量	헤아릴 량	88
責	꾸짖을 책	265	距	떨어질 거	27	裂	찢어질 렬	91
戚	겨레 척	266	檢	검사할 검	29	壘	진 루	98
添	더할 첨	269	堅	굳을 견	31	硫	유황 류	99
淸	맑을 청	270	結	맺을 결	32	痢	이질 리	102
逮	잡을 체	271	輕	가벼울 경	33	滿	찰 만	106
推	밀 추	276	景	경치 경	33	晩	늦을 만	106
醉	취할 취	279	敬	공경할 경	33	蠻	오랑캐 만	106
側	곁 측	280	硬	굳을 경	34	湾	물굽이 만	106
唾	침 타	286	階	계단 계	36	買	살 매	109
脫	벗을 탈	288	雇	품살이 고	37	媒	중매 매	109
探	찾을 탐	288	過	지날 과	42	募	모을 모	113
貪	탐낼 탐	288	棺	관 관	44	帽	모자 모	113
堆	쌓을 퇴	292	款	정성 관	44	無	없을 무	116
婆	할미 파	294	絞	목맬 교	47	貿	바꿀 무	117
販	팔 판	295	圈	우리 권	52	博	넓을 박	121
敗	패할 패	296	貴	귀할 귀	53	飯	밥 반	122
偏	치우칠 편	297	極	지극할 극	55	斑	얼룩 반	123
閉	닫을 폐	298	勤	부지런할 근	56	傍	곁 방	125
票	표 표	301	筋	힘줄 근	56	番	차례 번	128
鄕	시골 향	312	琴	거문고 금	57	塀	담장 병	132
許	허락할 허	313	給	줄 급	58	補	기울 보	133
虛	빌 허	313	期	기약할 기	59	報	갚을 보	133
險	험할 험	314	幾	몇 기	61	普	넓을 보	133
現	나타날 현	315	棋	바둑 기	61	復	회복할 복	134
舷	뱃전 현	315	欺	속일 기	61		다시 부	138
螢	개똥벌레 형	318	喫	마실 끽	62	棒	몽둥이 봉	136
混	섞을 혼	321	短	짧을 단	70	富	넉넉할 부	137
婚	혼인할 혼	321	達	통달할 달	71	雰	안개 분	139
貨	화폐 화	322	答	대답할 답	72	棚	선반 붕	366
患	근심 환	324	隊	무리 대	74	悲	슬플 비	141
黃	누를 황	325	貸	빌릴 대	74	費	소비할 비	141
黑	검을 흑	332	渡	건널 도	76	扉	문짝 비	142
痕	흔적 흔	333	道	길 도	77	備	갖출 비	142
			棟	용마루 동	79	詐	속일 사	144
	12획		童	아이 동	80	詞	말 사	145
			痘	마마 두	81	散	흩을 산	147
街	거리 가	19	鈍	둔할 둔	81	傘	우산 산	148
覚	깨달을 각	19	登	오를 등	82	森	나무 빽빽할 삼	148

喪	초상 상	150	遊	놀 유	213	軸	굴대 축	277
象	코끼리 상	150	猶	오히려 유	213	就	나아갈 취	280
暑	더울 서	153	裕	넉넉할 유	213	測	측량할 측	280
婿	사위 서	153	愉	즐거울 유	214	歯	이 치	281
善	착할 선	156	喩	깨우칠 유	214	惰	게으를 타	286
税	세금 세	160	飲	마실 음	217	堕	떨어질 타	286
疎	성길 소	161	椅	의나무 의	220	弾	탄알 탄	287
訴	하소연할 소	161	紫	자줏빛 자	226	塔	탑 탑	289
焼	불사를 소	162	滋	붙을 자	227	搭	태울 탑	289
属	붙을 속	163	煮	삶을 자	227	湯	끓일 탕	289
遂	드디어 수	166	装	꾸밀 장	230	統	거느릴 통	292
随	따를 수	168	葬	장사 장	230	筒	통 통	292
痩	여윌 수	168	掌	손바닥 장	230	痛	아플 통	292
須	모름지기 수	169	粧	단장할 장	231	遍	두루 편	297
順	순할 순	170	場	마당 장	231	評	평론할 평	298
循	돌 순	171	裁	마름 재	232	廃	폐할 폐	299
湿	젖을 습	172	貯	쌓을 저	234	幅	폭 폭	301
勝	이길 승	173	絶	끊을 절	238	筆	붓 필	304
植	심을 식	175	程	단위 정	240	賀	축하할 하	305
殖	번식할 식	175	晶	수정 정	241	寒	찰 한	306
尋	찾을 심	179	提	끌 제	242	閑	한가할 한	307
握	잡을 악	181	堤	방죽 제	242	割	나눌 할	307
陽	볕 양	188	朝	아침 조	244	港	항구 항	309
揚	날릴 양	188	詔	고할 조	245	項	조목 항	309
御	어거할 어	190	尊	높을 존	246	湖	호수 호	319
然	그럴 연	194	衆	무리 중	252	惑	미혹할 혹	320
葉	잎 엽	196	証	증거 증	253	喚	부를 환	324
営	경영할 영	197	遅	더딜 지	256	換	바꿀 환	324
詠	읊을 영	197	診	진찰할 진	257	慌	다급할 황	325
奥	속 오	199	集	모일 집	259	絵	그림 회	326
温	따뜻할 온	200	着	붙을 착	261	暁	새벽 효	328
渦	소용돌이 와	201	創	비롯할 창	264	喉	목구멍 후	329
腕	팔 완	202	策	꾀 책	265	揮	휘두를 휘	331
揺	흔들릴 요	204	畳	거듭 첩	269	喜	기쁠 희	334
湧	물 솟을 용	206	貼	붙을 첩	269			
隅	모퉁이 우	207	晴	갤 청	270	**13획**		
遇	만날 우	207	替	바꿀 체	271			
雲	구름 운	208	焦	그을릴 초	272	嫁	시집갈 가	19
運	운전할 운	208	礎	초석 초	272	暇	한가할 가	19
雄	수컷 웅	209	酢	초산 초	272	幹	줄기 간	20
媛	미인 원	210	超	뛰어넘을 초	273	褐	굵은 베옷 갈	22
援	도울 원	210	塚	무덤 총	367	感	느낄 감	22
越	넘을 월	211	最	가장 최	275	慨	분개할 개	25
偉	위대할 위	212	椎	등뼈 추	276	蓋	덮을 개	25

裾	자락 거	366	漠	사막 막	105	腎	콩팥 신	177
傑	뛰어날 걸	29	盟	맹세할 맹	110	雅	아담할 아	181
隔	막힐 격	30	滅	멸망할 멸	111	暗	어두울 암	183
絹	비단 견	31	睦	화목할 목	114	愛	사랑 애	185
遣	보낼 견	31	夢	꿈 몽	115	業	업 업	191
傾	기울어질 경	33	墓	무덤 묘	116	煙	연기 연	194
継	이을 계	35	微	작을 미	119	鉛	납 연	194
鼓	북 고	38	搬	운반할 반	123	塩	소금 염	195
誇	자랑할 과	42	頒	반포할 반	123	預	맡길 예	198
寬	너그러울 관	44	鉢	바리때 발	124	譽	칭찬할 예	198
鑛	쇳돌 광	45	煩	번거로울 번	128	詣	이를 예	198
塊	덩어리 괴	46	福	복 복	134	傲	거만할 오	199
較	비교할 교	47	腹	배 복	134	頑	완고할 완	202
溝	도랑 구	48	蜂	벌 봉	135	腰	허리 요	204
群	무리 군	50	飼	먹일 사	145	溶	녹일 용	206
窟	굴 굴	51	嗣	이을 사	145	愚	어리석을 우	207
勧	권할 권	52	辞	말 사	146	虞	염려할 우	367
隙	틈 극	56	想	생각할 상	149	園	동산 원	209
僅	겨우 근	56	傷	상할 상	150	遠	멀 원	209
禁	금할 금	57	詳	자세할 상	150	猿	원숭이 원	210
棄	버릴 기	61	塞	변방 새	151	源	근원 원	210
碁	바둑 기	61		막힐 색	152	違	어길 위	212
暖	따뜻할 난	63	署	관청 서	153	意	뜻 의	219
農	농사 농	67	腺	샘 선	156	義	옳을 의	220
塗	바를 도	76	羨	부러워할 선	156	溺	빠질 익	222
跳	뛸 도	77	禅	사양할 선	156	賃	품삯 임	225
督	감독할 독	77	摂	당길 섭	158	資	재물 자	226
頓	조아릴 돈	78	聖	성인 성	159	慈	사랑 자	227
裸	벌거숭이 라	83	誠	정성 성	159	奬	권면할 장	231
楽	즐길 락	83	勢	기세 세	160	腸	창자 장	231
	풍류 악	182	歲	해 세	160	載	실을 재	232
酪	진한 유즙 락	84	塑	토우 소	161	跡	발자취 적	235
廉	청렴할 렴	91	続	이을 속	163	賊	도둑 적	235
鈴	방울 령	92	損	덜 손	164	戦	싸울 전	236
零	떨어질 령	92	睡	졸 수	167	詮	설명할 전	236
路	길 로	93	愁	근심 수	167	煎	달일 전	236
慮	사로잡을 로	94	酬	잔 돌릴 수	167	塡	메울 전	237
滝	여울 롱	366	数	셀 수	169	電	번개 전	237
雷	우레 뢰	96	僧	중 승	173	殿	대궐 전	237
賂	뇌물 뢰	96	詩	글귀 시	174	節	마디 절	238
楼	다락 루	98	試	시험할 시	174	艇	거룻배 정	241
慄	떨릴 률	100	飾	꾸밀 식	176	照	비칠 조	245
裏	속 리	102	新	새 신	176	腫	부스럼 종	248
幕	휘장 막	105	慎	삼갈 신	177	罪	허물 죄	249

한자	뜻/음	쪽	한자	뜻/음	쪽	한자	뜻/음	쪽
準	법도 준	252	穀	곡식 곡	39	碑	비석 비	142
蒸	찔 증	254	寡	적을 과	42	鼻	코 비	142
嫉	미워할 질	258	管	대롱 관	43	算	셈할 산	147
搾	짤 착	261	関	빗장 관	43	酸	초 산	147
債	빚 채	264	慣	익숙할 관	43	像	형상 상	151
践	밟을 천	267	構	얽을 구	48	緒	실마리 서	153
鉄	쇠 철	268	駆	몰 구	49	誓	맹세할 서	153
滞	막힐 체	271	旗	기 기	59	説	말씀 설	157
触	닿을 촉	273	寧	편안할 녕	66		달랠 세	160
催	재촉할 최	275	端	끝 단	70	遡	거슬러 올라갈 소	161
蓄	쌓을 축	277	徳	큰 덕	75	遜	겸손할 손	164
置	둘 치	281	稲	벼 도	77	需	구할 수	168
痴	어리석을 치	282	読	읽을 독	78	塾	글방 숙	170
稚	어릴 치	282	銅	구리 동	80	様	모양 양	188
寝	잘 침	284	辣	매울 랄	85	瘍	종기 양	189
嘆	탄식할 탄	287	歴	지낼 력	89	語	말씀 어	189
飽	배부를 포	300	暦	책력 력	89	漁	고기잡을 어	189
豊	풍성할 풍	303	練	익힐 련	90	駅	역 역	192
漢	한나라 한	306	領	옷깃 령	93	演	행할 연	193
解	풀 해	310	緑	푸를 록	95	誤	그르칠 오	199
楷	본보기 해	310	僚	동료 료	97	獄	감옥 옥	200
該	해당할 해	310	漏	샐 루	98	踊	뛸 용	206
献	드릴 헌	313	瑠	유리 류	99	熊	곰 웅	367
嫌	혐의할 혐	316	膜	막 막	105	誘	꾈 유	214
禍	재앙 화	322	慢	거만할 만	106	維	맬 유	214
靴	구두 화	322	漫	부질없을 만	106	銀	은 은	217
話	말할 화	323	網	그물 망	107	隠	숨을 은	217
滑	미끄러울 활	325	綿	솜 면	110	疑	의심할 의	220
賄	뇌물 회	327	蔑	업신여길 멸	111	認	인정할 인	223
嗅	맡을 후	329	鳴	울 명	112	雌	암컷 자	226
毀	헐 훼	330	銘	새길 명	112	磁	자석 자	227
彙	무리 휘	331	暮	저물 모	113	雑	섞일 잡	229
携	가질 휴	331	慕	사모할 모	113	障	막힐 장	230
詰	힐난할 힐	334	貌	모양 모	113	適	맞을 적	235
働	일하다	367	模	법 모	114	摘	딸 적	235
			墨	먹 묵	117	滴	물방울 적	235
			聞	들을 문	118	嫡	정실 적	235

14획

한자	뜻/음	쪽
歌	노래 가	18
閣	누각 각	20
綱	벼리 강	24
概	대개 개	25
箇	낱개 개	25
境	경계 경	34

한자	뜻/음	쪽
蜜	꿀 밀	120
髪	터럭 발	124
罰	벌줄 벌	129
閥	문벌 벌	129
複	겹칠 복	134
僕	종 복	134
腐	썩을 부	137

한자	뜻/음	쪽
銭	돈 전	236
箋	편지 전	236
漸	점점 점	239
静	고요할 정	240
精	정성 정	240
製	지을 제	242
際	가 제	242

遭	만날 조	245	踏	밟을 답	73	億	억 억	190
種	씨 종	247	導	인도할 도	77	緣	인연 연	194
增	더할 증	254	憧	동경할 동	80	閱	볼 열	195
憎	미워할 증	254	諾	대답할 락	84	熱	더울 열	195
誌	기록할 지	255	慮	생각할 려	89	影	그림자 영	197
漬	물에 담글 지	367	靈	신령 령	92	銳	날카로울 예	198
徵	부를 징	260	論	논의할 론	95	緩	느릴 완	202
遮	가릴 차	260	寮	동료 료	97	窯	가마 요	204
察	살필 찰	262	輪	바퀴 륜	100	憂	근심 우	207
彰	밝을 창	264	履	신 리	102	慰	위로할 위	212
總	거느릴 총	274	璃	유리 리	102	遺	끼칠 유	214
銃	총 총	274	摩	문지를 마	104	潤	윤택할 윤	216
層	층 층	281	罵	꾸짖을 매	109	儀	거동 의	220
漆	옻칠할 칠	283	魅	도깨비 매	109	餌	먹이 이	221
綻	옷 터질 탄	287	舞	춤출 무	117	暫	잠깐 잠	229
奪	뺏앗을 탈	288	黙	말없을 묵	117	潛	잠길 잠	229
態	태도 태	290	撲	두드릴 박	122	藏	감출 장	231
馱	싫을 태 (타)	290	盤	쟁반 반	123	箸	젓가락 저	367
漂	뜰 표	302	輩	무리 배	126	敵	대적할 적	235
豪	호걸 호	320	賠	배상할 배	127	諸	모든 제	243
酷	혹독할 혹	320	範	법 범	129	調	고를 조	244
魂	넋 혼	321	餅	떡 병	132	潮	조수 조	244
酵	술 괼 효	328	敷	펼 부	137	嘲	비웃을 조	245
			膚	살갗 부	138	槽	구유 조	245
	15획		賦	구실 부	138	踪	자취 종	248
稼	농사 가	19	噴	뿜을 분	139	鑄	부어 만들 주	250
監	볼 감	22	墳	무덤 분	140	駐	머무를 주	250
擊	칠 격	30	憤	성낼 분	140	遵	좇을 준	252
潔	깨끗할 결	32	賓	손 빈	143	摯	잡을 지	255
慶	경사 경	34	賜	줄 사	145	震	진동할 진	257
憬	깨달을 경	34	賞	상줄 상	150	質	바탕 질	258
稽	머무를 계	35	箱	상자 상	366	澄	맑을 징	260
稿	볏짚 고	38	潟	개펄 석	366	贊	찬성할 찬	262
課	부과할 과	42	線	줄 선	155	遷	옮길 천	267
駒	망아지 구	366	選	가릴 선	155	徹	뚫을 철	268
窮	궁할 궁	51	穗	이삭 수	167	撤	거둘 철	268
權	권세 권	52	誰	누구 수	366	請	청할 청	270
潰	무너질 궤	53	熟	익을 숙	170	締	맺을 체	271
劇	심할 극	55	膝	무릎 슬	366	囑	부탁할 촉	273
器	그릇 기	59	繩	노 승	173	撮	찍을 촬	275
畿	경기 기	61	審	살필 심	179	墜	떨어질 추	276
緊	요긴할 긴	62	餓	주릴 아	181	衝	부딪칠 충	278
談	말씀 담	72	謁	아뢸 알	183	趣	달릴 취	280
			養	기를 양	188	誕	태어날 탄	287

罷	파할 파	294	謀	꾀할 모	113	憲	법 헌	313
編	엮을 편	297	薄	엷을 박	121	賢	어질 현	315
幣	비단 폐	299	縛	묶을 박	122	衡	저울 형	318
弊	폐단 폐	299	繁	번성할 번	128	還	돌아올 환	324
蔽	덮을 폐	299	壁	벽 벽	130	懷	품을 회	326
舖	펼 포	300	縫	꿰맬 봉	135	獲	얻을 획	327
褒	칭찬할 포	300	奮	떨칠 분	139	薰	향기 훈	330
暴	사나울 폭	301	膳	반찬 선	156	興	일어날 흥	333
標	표시 표	301	醒	깰 성	159			
頰	뺨 협	367	樹	나무 수	168		**17획**	
確	확실할 확	323	獸	짐승 수	169			
歡	기뻐할 환	324	輸	실어낼 수	169	懇	정성 간	21
橫	가로 횡	327	薪	섶나무 신	177	講	익힐 강	24
勳	공 훈	330	藥	약 약	187	鍵	열쇠 건	28
輝	빛날 휘	331	壤	흙 양	189	謙	겸손할 겸	32
戱	희롱할 희	334	孃	계집애 양	189	鍋	노구솥 과	366
			憶	생각할 억	190	矯	바로잡을 교	46
	16획		燃	불탈 연	194	購	살 구	48
			穩	편안할 온	200	謹	삼가할 근	56
墾	개간할 간	21	擁	안을 옹	201	鍛	단련할 단	71
憾	섭섭할 감	23	謠	노래 요	204	戴	일 대	74
鋼	강철 강	24	緯	씨줄 위	212	瞳	눈동자 동	80
憩	쉴 게	30	衛	호위할 위	212	謄	베낄 등	82
激	과격할 격	30	諭	타이를 유	214	覽	볼 람	85
錮	막을 고	38	儒	선비 유	214	齡	나이 령	92
館	집 관	43	融	녹을 융	216	療	병 고칠 료	97
壞	무너질 괴	46	凝	엉길 응	219	瞭	밝을 료	97
橋	다리 교	46	諮	물을 자	226	謎	수수께끼 미	366
錦	비단 금	57	積	쌓을 적	234	頻	빈번할 빈	143
機	베틀 기	60	整	가지런할 정	239	謝	사례할 사	146
濃	짙을 농	67	錠	덩어리 정	241	霜	서리 상	150
壇	제단 단	71	操	잡을 조	245	償	갚을 상	150
曇	날 흐릴 담	72	縱	세로 종	248	鮮	고울 선	156
糖	사탕 당	73	錯	섞일 착	261	纖	가늘 섬	157
賭	내기 도	76	薦	천거할 천	267	闇	숨을 암	366
篤	두터울 독	78	諦	살필 체	271	曖	가릴 애	185
頭	머리 두	80	築	쌓을 축	277	臆	가슴 억	190
鍊	단련할 련	90	緻	촘촘할 치	282	嚴	엄할 엄	191
隷	종 례	93	親	친할 친	283	優	넉넉할 우	207
錄	기록할 록	94	濁	흐릴 탁	287	擬	비길 의	220
賴	믿을 뢰	96	膨	불룩해질 팽	297	翼	날개 익	222
隣	이웃 린	103	避	피할 피	303	爵	벼슬 작	228
磨	갈 마	104	諧	화할 해	310	績	길쌈할 적	235
麵	밀가루 면	111	骸	뼈 해	310	燥	마를 조	245

擦	문지를 찰	262
聽	들을 청	270
礁	암초 초	272
醜	더러울 추	276
縮	오그라들 축	277
濯	씻을 탁	286
轄	다스릴 할	307
嚇	성낼 혁	314
環	고리 환	324
犧	희생 희	334

18획

簡	편지 간	21
繭	누에고치 견	31
鎌	낫 겸	366
觀	볼 관	43
襟	옷깃 금	57
騎	말탈 기	61
難	어려울 난	63
藤	등나무 등	82
濫	넘칠 람	85
藍	쪽 람	85
糧	양식 량	88
類	무리 류	99
臨	임할 림	103
藩	울타리 번	128
翻	펄럭일 번	128
璧	구슬 벽	130
癖	버릇 벽	130
覆	엎을 복	134
繕	기울 선	156
騷	시끄러울 소	162
鎖	쇠사슬 쇄	165
瞬	눈 깜짝할 순	170
顎	턱 악	182
顔	얼굴 안	182
額	이마 액	186
曜	빛날 요	204
癒	병나을 유	214
題	제목 제	243
贈	줄 증	254
職	직분 직	256
織	짤 직	256
鎭	진압할 진	257
懲	징계할 징	260
礎	주춧돌 초	272
鬪	싸울 투	293
韓	나라 이름 한	307
驗	시험할 험	314
顯	나타날 현	315
穫	거둘 확	323

19획

警	경계할 경	33
鏡	거울 경	34
鯨	고래 경	34
鷄	닭 계	36
羅	벌일 라	83
麗	고울 려	89
麓	산기슭 록	94
瀨	여울 뢰	366
離	떠날 리	102
霧	안개 무	116
譜	계보 보	133
簿	장부 부	138
璽	옥새 새	151
髓	골수 수	168
識	알 식	176
艶	고울 염	196
韻	운 운	208
願	원할 원	210
臟	오장 장	231
藻	마름 조	245
繰	고치 켤 조	367
蹴	찰 축	277
霸	으뜸 패	296
爆	폭발할 폭	301

20획

競	다툴 경	34
騰	오를 등	83
欄	난간 란	84
讓	사양할 양	189
釀	술 빚을 양	189
議	의논할 의	220
籍	서적 적	235
鐘	쇠북 종	248
響	울릴 향	312
懸	매달 현	315
護	보호할 호	320

21획

顧	돌아볼 고	38
露	이슬 로	94
魔	마귀 마	105
躍	뛸 약	187
鶴	학 학	367
艦	싸움배 함	308

22획

驚	놀랄 경	34
籠	대바구니 롱	95
襲	엄습할 습	172

23획

鑑	거울 감	23

29획

鬱	막힐 울	208